Die Wunden der Freiheit

Die Wunden der Freiheit

Der Kampf der Indianer Nordamerikas gegen die weiße Eroberung und Unterdrückung

Selbstzeugnisse, Dokumente, Kommentare

Herausgegeben
vom Council of Interracial Books for Children

Aktualisiert von Claus Biegert

Lamuv Taschenbuch 155

Originaltitel: Chronicles of American Indian Protest

Bitte fordern Sie unser kostenloses Gesamtverzeichnis an:
Lamuv Verlag, Postfach 26 05, D-37016 Göttingen

Gedruckt auf 100 RC Book Paper
100 Prozent Recycling-Papier
der Firma Steinbeis Temming Papier GmbH, Glückstadt

1. Auflage Mai 1994

Umschlaggestaltung: Gerhard Steidl
unter Verwendung eines Fotos
von Rick Smolan/CONTACT Press Images/FOCUS
Gesamtherstellung: Steidl, Göttingen
Printed in Germany
ISBN 3-88977-368-0

Inhaltsverzeichnis

Vorwort zur deutschen Ausgabe

Als die Wounded-Knee-Prozesse gegen Russell Means und mich stattfanden, gingen in unserem Büro Bittschriften aus Europa ein, die von annähernd 250 000 Leuten unterzeichnet waren und die wir an den Bundesrichter weiterleiteten. Nach achteinhalb Monaten Verhandlung, nach 21 000 Seiten Abschriften und Zeugenaussagen, die insgesamt 19 Bände füllen, endete der Prozeß mit der Erklärung des Richters, die Regierung habe sich während des Prozeßverlaufs Verfehlungen zuschulden kommen lassen.

Wir waren wieder frei, um für unser Volk zu arbeiten.

Als ich deshalb gebeten wurde, ein Vorwort für dieses Buch zu schreiben, sagte ich sofort zu, zunächst aus Dankbarkeit, aber auch aus der moralischen Überzeugung heraus, daß dieses Kapitel amerikanischen Unrechts vielleicht wegen der enormen Anstrengung unserer europäischen Helfer beendet wurde. Daher eine Botschaft von uns an diejenigen, die dieses Buch lesen: Denn nur solange internationale Aufmerksamkeit sich auf die armen Leute, auf die Eingeborenen, richtet und nur wenn Unterstützung erfolgt wie in unserem Fall, wird der Lauf der Geschichte sich zu unseren Gunsten verändern.

Als Wounded Knee begann, am 23. Februar 1973, konnten viele weiße Amerikaner nicht ganz die Gründe begreifen, warum Indianer als letzte verzweifelte Maßnahme, Veränderungen zum Besseren herbeizuführen, ihre Waffen erhoben. Sie konnten nicht glauben, daß Indianer immer noch in Elendsquartieren hausten und ein Leben, bestimmt von Hunger, Selbstmord, Alkoholismus, Mord, Kolonialismus und Frustration, gründlich satt hatten. Erst nachdem wir die Verpflichtung eingegangen waren, für das, woran wir glauben, notfalls zu sterben, mußten sie die bittere Wahrheit erkennen. Erst dann erkannten sie, daß wir Nationen von Gefangenen im eigenen Land sind, Kriegsgefangene im längsten unerklärten Krieg der Geschichte Amerikas. Wir gingen nicht nach Wounded Knee, nur um vom Hunger befreit zu werden, den wir dem BIA verdanken, sondern um uns von allen Mächten zu befreien, die unsere natürliche, wirtschaftliche, soziale und politische Lebensordnung unterdrücken. Geteilte Freiheit ist nicht unser Ziel, und wir werden nie mit weniger als dem Ganzen zufrieden sein. Um das zu begreifen, muß man die Denkweise unseres Volkes verstehen.

Der Große Geist hat uns Indianern die westliche Hemisphäre anvertraut. Er trug uns auf, die Gesetze der animalischen Nationen zu respektieren, die Gesetze der Vierbeiner, der Vögel, der Bäume, der Pflanzen, der Flüsse und der Fische. Er trug uns auf, der Erde in gleicher Weise zurückzugeben, was wir ihr entnahmen. Das haben wir mindestens 60 000 Jahre lang getan. Er trug uns auf, mit Hilfe der Pfeife und der Trommeln zu beten und Dank zu sagen, indem wir um den Pappel-Baum tanzen, jenen Baum, der für uns Leben bedeutet. Er trug uns nicht auf, das Wesen des Waschbären so zu verändern, daß er versucht, wie ein Biber oder Eichkätzchen zu werden, oder das Reh zu veranlassen, wie der Elch zu sein. Daran haben wir uns gehalten. Wir haben auf das Gleichgewicht geachtet. Wir versuchten nicht, die Anweisungen des Großen Geistes ins Gegenteil zu verkehren oder seinen Ring zu zerbrechen. Dann aber kamen die Weißen. Sie töteten die Büffel und die Pappeln und zerstörten den Ring der Nation.

Der weiße Mann hat von uns verlangt, zu werden wie er. Er hat von uns verlangt, die alten Lehren zu vergessen und seinen Weg zu gehen. Wir haben seine Lebensweise gesehen und wissen, daß sie sich nicht nach dem Großen Geist richtet.

Wir haben den Cayahuga-Fluß in Flammen aufgehen sehen, wir haben Luft geatmet im Land des Feuersteins, so streng, daß unsere Lungen es nicht ertragen konnten. Viele Fische sind gestorben von den Abfällen der Bergwerke. Manche Fischarten kann man nicht mehr essen, weil sich das Gift des Fortschritts in ihnen angesammelt hat.

Der weiße Mann verlangt von uns, in Reservationen zu leben, nach Gesetzen, die in Washington gemacht werden. Er verlangt von uns, keine eigenen Entscheidungen zu treffen. Wir haben ihm lange zugehört, aber wenn wir zu ihm sprachen, hatte er keine Ohren, und wenn wir versuchten, ihm etwas beizubringen, hatte er keine Augen dafür. Er hat so lange Zeit geredet, daß er vergessen hat, wie man zuhört. Jetzt aber sind wir fertig mit ihm. Wir reden nicht mehr und hören ihm nicht mehr zu. Es ist ihm nicht länger erlaubt, unser Heim zu betreten und uns zu berauben. Wir müssen von nun an nur noch die Sprache unserer Vorväter sprechen und wieder ausschließlich dem Großen Geist zuhören.

Und wenn der weiße Mann wiederkommt, werden wir ihm unsere Lebensweise anbieten. Falls er aber die Wahl trifft, nicht lernen zu wollen, wird er für immer von unserem Land verbannt werden.

Wir fühlen in uns, daß wir zu jeder Zeit bereit sind, wieder nach Wounded Knee zu gehen, um den Ring der Nation wiederherzustellen. Diesmal lag die Bedeutung darin, daß Indianer und Nichtindianer zusammenkamen, um mittels einer letzten verzweifelten Anstrengung unsere Mutter Erde zu retten. Und für den Fall, daß die Geschichtsschreibung unsere Namen nicht aufzeichnen sollte, werden wir in der Gewißheit sterben, daß in tausend Jahren vielleicht irgend jemand eine Seite aufschlägt und eine Träne weint um Big Foot, Buddy Lamont und Wounded Knee und sich an ein dunkles Zeitalter erinnert.

Für alle Leute, die Wert darauf legen, beten wir jeden Tag, denn es waren eure Gebete, die wir hörten, damals, so weit weg, in einem fernen Land namens Wounded Knee.

1975 Dennis Banks

Vorbemerkung der Herausgeber

Das Buch «Chronicles of American Indian Protest» hat in der hier vorliegenden deutschen Ausgabe erhebliche Veränderungen erfahren (siehe Anhang).

Das Kernstück bildet der aus dem Amerikanischen übersetzte und um zirka ein Drittel gekürzte Text. Die Verringerung des Umfangs war notwendig, um das Buch einer großen Leserschaft zu einem möglichst niedrigen Preis zugänglich zu machen.

Es wurde versucht, die Dokumente so auszuwählen, daß die Vielfalt indianischer Einstellungen und Vorgehensweisen gegen die weißen Eindringlinge, die die amerikanische Ausgabe aufzeigt, sichtbar bleibt. Zwei Dokumente wurden ausgetauscht, um auch interne Auseinandersetzungen der Indianer zu veranschaulichen. Auf mehrere Kapitel, die sich auf den Zeitraum von 1860 bis 1890 beziehen, wurde verzichtet. Dieser Zeitraum wird jedoch eingehend berücksichtigt in der neu hinzugefügten Zeittafel, die dem Leser besonders bei der Lektüre der Dokumente als Orientierungshilfe dienen soll. Außerdem sei zum Studium dieser Epoche verwiesen auf das Buch von Dee Brown «Begrabt mein Herz an der Biegung des Flusses» (Hamburg, 1. Auflage 1972), das eine ausführliche und von indianischen Historikern anerkannte Schilderung der Situation der Indianer und ihrer Kämpfe gegen die Amerikaner gibt.

Für den Zeitraum von 1971 bis 1994, das heißt vom Erscheinen der amerikanischen Erstauflage des Buches bis zur Veröffentlichung der vorliegenden Ausgabe, wurden neuere Dokumente eingefügt, die die Weiterentwicklung der Kampfformen der Indianer in Nordamerika darstellen.

Durch die Art der Kürzungen und Ergänzungen wird besonderes Gewicht gelegt auf den Freiheitskampf der Indianer in diesem Jahrhundert, insbesondere im letzten Jahrzehnt. Damit unterscheidet sich dieses Buch von einer immer noch vorherrschenden westlichen Geschichtsschreibung, die den Widerstand der Indianer in den USA als seit dem Ende des 19. Jahrhunderts gebrochen betrachtet und ihre Geschichte dort enden läßt.

Zuerst kommt das Geschäft 1622

Die erste ständige Kolonie des weißen Mannes in dem Land, das heute USA heißt, war Jamestown. Diese Kolonie befand sich innerhalb des Gebietes der Powhatan-Föderation der Algonquin-Nationen. Sie konnte nur auf Grund der Gastfreundschaft der Algonquin überleben. Ungefähr 200 Gemeinden waren in der indianischen Föderation zusammengeschlossen, und jede einzelne Nation und jede einzelne Gemeinde genoß weitgehende Autonomie. So konnte sich während der ersten Jahre des Bestehens der englischen Kolonie die eine oder andere Gemeinde gegen die häufigen Plünderungen durch Kolonisten wehren und gegen die Engländer vorgehen, ohne daß die ganze Föderation in den Krieg hineingezogen wurde. Es dauerte zwar länger, aber es war doch möglich, die gemeinsame Wut und den Widerstand des ganzen Powhatan-Volkes herauszufordern. Die Jamestown-Kolonisten brauchten fünfzehn Jahre (von 1607 bis 1622), um einen massiven Angriff der Föderation zu provozieren.

Die Kolonisten waren von einer englischen Aktiengesellschaft nach ‹Amerika› geschickt worden: von Geschäftsleuten, die nur der finanzielle Gewinn lockte. Da sie zuerst schwach waren und kaum in der Lage zu überleben, waren sie von den Nahrungsmitteln der Indianer abhängig. Das Interesse zu überleben und eine wohldurchdachte Geschäftspolitik diktierten die Notwendigkeit freundlicher Beziehungen mit einem Volk, von dem die Direktoren der Londoner Gesellschaft einen ansehnlichen Handelsgewinn erwarteten. Die Großzügigkeit der Powhatan war nicht zu leugnen. Nach Aussagen von Kapitän John Smith erhielten die Kolonisten «Getreide und gebackenes Brot». Das Getreide war Mais, und den Europäern bis dato unbekannt. Die Indianer zeigten ihnen zuerst, daß Mais eßbar war. Dann lehrten sie die Kolonisten, wie er anzupflanzen und zu kultivieren war. Das indianische Getreide ermöglichte es den Engländern zu überleben. Doch entsprechend ihrer Händlermoral hielt sie nicht einmal der Hunger von einem vorteilhaften Tausch ab. Als die Kolonisten während des Winters 1608/09 die Powhatan aufsuchten, um sie um Getreide zu bitten, berichteten zwei jener frühesten Siedler folgendes: «... wir brachten den König dazu, uns 10 Quarter Getreide für einen Kupferkessel zu geben, der Präsident (Kapitän John Smith) schätzte den Realwert des Getreides viel höher ein ...» Es dauerte nicht lange, so handelten die Kolonisten ein englisches Scheffel Getreide für einen Quadratzoll Kupfer. Und später, als die Kolonisten dank der Umstände und des schlauen Han-

dels das Getreide selbst besaßen und die Indianer es unbedingt brauchten, handelten die Engländer 400 englische Scheffel gegen eine «Hypothek auf alle ihre Länder».

Das Getreide der Indianer ermöglichte es den Kolonisten zu überleben. Eine andere landwirtschaftliche Errungenschaft der Indianer aber brachte ihnen den Profit, nach dem sie ausgeschickt worden waren: der Tabak, für den in Europa sogleich ein großer, gewinnreicher Markt entstand. Getreide und Tabak wachsen selbstverständlich in der Erde. So ist es nur folgerichtig, daß die Kolonisten das Land in ihren Besitz bekommen wollten. Und zwar nicht irgendwelches Land, sie wollten Felder, die die Indianer schon bearbeitet hatten. Kapitän John Smith beschrieb, welche enorme Anstrengung es die Kolonisten während ihrer ersten Zeit in Amerika kostete, 40 Morgen Land zu roden.

Die nahe indianische Gemeinde Kecoughtan hatte Maisfelder – mehr als 2000 Morgen. Dieselbe Händlermoral, die den Frieden profitabel gemacht hatte, fand jetzt den Angriff noch profitabler. Kecoughtan wurde eingenommen und die Bewohner vertrieben. Im gleichen Maße, wie die Zahl der Kolonisten zunahm, nahmen auch die Plünderungen und die Provokationen gegen die Powhatan zu.

*William Brandon gibt in «***The American Heritage Book of Indians***» ein Beispiel dafür, wie die Kolonisten eine Situation herbeiführten, die sie in den Besitz indianischer Felder brachte.*

Die Siedler ließen ihr Vieh die uneingezäunten Gärten der Indianer verwüsten. Die Schweine waren die größten Schädlinge. Wenn aber ein Indianer gegen ein Schwein vorging, griff der Besitzer des Schweins ihn an. Revanchierten sich dafür Freunde des Indianers bei dem Besitzer des Schweins, so brannten die Engländer daraufhin eine indianische Siedlung nieder und töteten ein Dutzend Leute. (Der zweithäufigste Name der Algonquin für die Engländer war «Halsabschneider».) ...

Und wieder ernteten die Weißen die Früchte eines Stück Landes und nicht die Indianer, die sich abgemüht hatten, es zu roden und meistens auch zu bepflanzen und zu kultivieren.

Wahunsonacock – von den Engländern und auch in unseren Geschichtsbüchern König Powhatan genannt – bemühte sich ständig, den Frieden nicht nur zwischen den verschiedenen Algonquin-Gemeinden und -Nationen in der Föderation, sondern auch zwischen diesen und den weißen Eindringlingen aufrechtzuerhalten. Die Engländer behaupteten, sie hätten den dringenden Wunsch, in Frieden zu leben, und Wahunsonacock wollte ihnen glauben. «Ich bin nicht so dumm», so sagte er zu Kapitän John Smith, «um nicht zu wissen, daß es besser ist, gutes Fleisch zu essen, gesund zu sein, ruhig mit meinen Frauen und Kindern zu schlafen und mit den Engländern zu lachen und fröhlich zu sein ...» Er konnte sich nicht vorstellen, daß die Engländer ihrerseits «so dumm» sein könnten, und so mühte er sich geduldig, Vorfall um Vorfall zu bereinigen (einschließlich der Entführung seiner eigenen Tochter, der berühmten Pocahontas), um es nicht zum Krieg zwischen den Kolonisten und der Föderation kommen zu lassen. Aber Wahunsonacock war ein alter Mann, er starb 1618. Ihm folgte sein Bruder Opechancanough, dessen Einstellung den Kolonisten gegenüber viel weniger optimistisch war – und, wie die Geschichte erwiesen hat, viel realistischer. Am 22. März 1622 führte Opechancanough einen Angriff der Föderation gegen die weißen Siedlungen, und innerhalb weniger Stunden waren eine Anzahl dieser Siedlungen ausgelöscht und 347 Kolonisten tot. Vier Jahre vorher war dies die Gesamtzahl der weißen Siedler im Gebiet der Föderation gewesen. In diesen vier Jahren aber war die weiße Bevölkerung viermal so groß geworden, während die Powhatan verheerende Verluste durch Krankheiten, die aus Europa eingeschleppt wurden, erlitten hatten. Die Powhatan-Föderation hatte vier Jahre zu lang Geduld geübt.

Ein Angehöriger der Londoner Aktiengesellschaft berichtete über den Angriff der Powhatan und wertete seine Bedeutung mit den Begriffen der Händlermoral, die die Kolonie beherrschte. Das folgende Dokument bringt Auszüge aus diesem Bericht. Man beachte, daß im ersten Absatz sogar der Verlust von 347 weißen Kolonisten von diesem ‹Herrn› der Aktiengesellschaft als vorteilhaft angesehen wird, denn seine einzige Sorge ist der Profit, der aus der ‹Plantage› herausgeholt werden kann. Welchen Wert in diesem Zusammenhang das Leben von Indianern hat, ist nur zu klar.

Auszüge aus «Eine Erklärung über den Zustand der Kolonie und zu den Vorgängen in Virginia unter Berücksichtigung des barbarischen Massakers, hinterlistig verübt in einer Zeit des Friedens und des Bündnisses durch die ungläubigen Eingeborenen an den Engländern am 22. März 1622», von Edward Waterhouse. Amtliche Veröffentlichung, London, 1622

... Das sind also die Einzelheiten des Massakers ..., wobei uns hinterlistig und grausam das Schlimmste angetan wurde oder vielmehr den Eingeborenen selbst; denn wessen Verständnis ist so gering, um nicht zu erkennen, daß sich das alles schließlich zum Vorteil für die Pflanzung auswirken muß, und der Verlust dieses Blutes den Körper gesünder macht, was durch folgende Gründe offenbar wird.

...Weil unsere Hände, bisher durch Freundlichkeit und fairen Umgang gebunden, jetzt – nach der hinterhältigen Gewalttätigkeit der Wilden – frei sind, den Knoten nicht zu lösen, sondern zu durchhauen: So daß wir, die bislang nur im Besitz ihres brachliegenden Landes waren und in kostspieliger Weise ihre Wünsche erfüllen mußten, jetzt im Namen des Kriegs- und Völkerrechts in das Land einmarschieren und diejenigen vernichten können, die uns vernichten wollten. Dadurch werden wir in den Besitz ihrer kultivierten Felder kommen, die mühselige Hakke in ein siegreiches Schwert verwandeln (was sowohl leichter und gewinnbringender als auch ruhmreicher ist), und wir werden die Früchte fremder Arbeit ernten. Nun werden wir das gerodete Gelände all ihrer Siedlungen (die sich an den fruchtbarsten Stellen des Landes befinden) besetzen ...

... Denn es ist viel leichter, sie zu unterwerfen, als sie zu zivilisieren, da sie ein rohes, barbarisches und nacktes Volk sind ... Außerdem sind viele gleichzeitig und sehr schnell zu unterwerfen, während Erziehung sich mit dem einzelnen beschäftigen muß; sie erstreckt sich über einen langen Zeitraum und ist sehr mühselig. Abgesehen davon kann der Sieg auf vielerlei Arten errungen werden: durch Anwendung von Gewalt, indem man eine Hungersnot herbeiführt und ihr Getreide verbrennt, ihre Boote, Kanus und Häuser vernichtet, ihre Reusen zerstört, sie während der Jagd angreift, durch die sie den größten Teil ihres Unterhalts für den Winter einbringen müssen. Wir können sie mit unseren Pferden und Bluthunden verfolgen und jagen, mit Doggen, die sie zerreißen, denn sie halten diese nackten, gebräunten, deformierten Wilden für nichts anderes als wilde Tiere und fallen so schrecklich über sie her, daß die Wilden sie mehr als ihre alten Teufel fürchten ... Auf diese und mannigfaltige andere Arten, wie sie bei der Flucht auf ihre Feinde zuzutreiben, die rund um sie wohnen, und diese gegen sie aufhetzen, kann ihre Vernichtung und Unterwerfung bald herbeigeführt werden ...

... Denn die Indianer, die früher als Freunde benutzt wurden, können jetzt zur Sklaverei und Fronarbeit gezwungen werden und als Arbeitskräfte dienen. Selbst der einfachste Pflanzer kann sich vollständig seiner Muße widmen und Beschäftigungen nachgehen, die höherer Art sind, derweil die Wilden die niedere Arbeit wie das Graben in den Minen und ähnliches verrichten; einige von ihnen können auch zum Dienst auf die Sommerinseln geschickt werden.

In den «Gesetzen und Verordnungen, beschlossen von der Generalversammlung in Virginia, am 5. März 1623 bis 1624», wird der folgende Befehl gegeben:
Daß Anfang nächsten Juli die Einwohner jeder Korporation die benachbarten Wilden angreifen sollen, wie wir es letztes Jahr getan haben. Im Dienst Verwundete sollen auf öffentliche Kosten wiederhergestellt werden. Falls jemand verkrüppelt werden sollte, wird er vom Land unterhalten werden, entsprechend seiner Person und seinem Wert.

So führten die Kolonisten, den Ratschlägen von Leuten wie Waterhouse folgend, einen sorgfältig geplanten Krieg, Jahr für Jahr. 1641 koordinierte Opechancanough, zu der Zeit hoch in den Neunzigern und so schwach, daß er nicht mehr allein laufen konnte, einen zweiten großen Angriff gegen die Unterdrücker. Hunderte von Siedlern wurden an einem einzigen Tag getötet. Schließlich wurde er gefangengenommen und erschossen, der Aufstand niedergeschlagen.

1642, zwanzig Jahre nach dem ersten indianischen Angriff von 1622, hatte der weiße Mann die Powhatan entlang dem Unterlauf der Flüsse James und York regelrecht ausgerottet. Einzelne Powhatan-Stämme wurden gezwungen, separate Friedensverträge mit den Kolonisten zu unterzeichnen. Die Indianer, die sich weigerten, in die ihnen zugedachten Reservationen zu gehen, wurden entweder als Sklaven verkauft, getötet oder sie flohen in das weniger bevölkerte Chesapeake Bay-Gebiet. Zur Zeit der amerikanischen Revolution waren nur noch etwa 1000 Indianer der Powhatan-Föderation am Leben.

König Philips Ruf nach Vergeltung 1675

Während sich die Powhatan gegen die weißen Siedler von Jamestown wehrten, wurden andere indianische Nationen im Norden ebenfalls von kolonialistischen Kriegsbanden überfallen, die von Geschäftsleuten in England, Schweden und den Niederlanden ausgeschickt wurden. Eine dieser Aktiengesellschaften, die Plymouth Company in England, warb Kapitän John Smith an, den Norden in ihrem Auftrag zu erforschen. Dies geschah 1614, und Smith besuchte an der Küste von Massachusetts im Gebiet der Wampanoag eine Siedlung, die Patuxet genannt wurde. Kapitän Smith benannte die Siedlung zu Ehren seiner Arbeitgeber in Plymouth um.

Die Einwohner der Siedlung nannten sie jedoch noch immer Patuxet, als im folgenden Jahr ein englischer Sklavenhändler, Kapitän Hunt, dort eintraf. Er raubte eine Anzahl Indianer und ließ, um die Sache perfekt zu machen, die Pocken zurück. Bis 1619 wütete die Seuche bei den Wampanoag und ihren unmittelbaren Nachbarn im Norden, den Massachusett. Schätzungen zufolge verloren die Wampanoag zwei Drittel ihrer Bevölkerung und die Massachusett 90 Prozent.

Nach der Seuche erschienen 1620 die Pilgerväter, eine religiöse Gruppe aus England, die das Exil gewählt hatte und von einer Aktiengesellschaft finanziert wurde, die nicht zur Plymouth Company gehörte. Die Pilgerväter hatten die Absicht, sich unmittelbar nördlich von Jamestown anzusiedeln, aber ihr Schiffskapitän brachte sie zu weit in den Norden und sie landeten statt dessen im Wampanoag-Gebiet, in Plymouth. Dort war niemand mehr am Leben, der mit ihnen über den Namen des Ortes hätte streiten können. Sie fanden auch gut gerodete Felder vor, die sie sofort als ihre eigenen beanspruchten.

Ihre Haltung hinsichtlich der Pockenepidemie, die ihnen den Weg geebnet hatte, stellte einige Jahre später ein puritanischer Kolonist folgendermaßen dar: Die Seuche sei «die wunderbare Vorbereitung des Herrn Jesus Christus, seiner Vorsehung für die Heimstatt seines Volkes in der westlichen Welt», und er dankte dem Herrn noch besonders dafür, daß die Seuche «hauptsächlich junge Männer und Kinder, die Träger der Fortpflanzung», getötet hatte.

Andere Aktiengesellschaften, wie die Massachusetts Bay Company, folgten bald den Pilgern in das Wamponoag-Gebiet. Wie in Jamestown, so wurden auch hier die ersten Kolonisten gastfreundlich aufgenommen.

Massassoit, der Häuptling der Wampanoag, schloß mit den Plymouth-Siedlern Freundschaft, die er sein Leben lang aufrechterhielt. Massassoits Besuch in der Kolonie, bei dem er Nahrungsmittel als Geschenke zum Thanksgiving Day überreichte, ist Legende geworden und ein oft in unseren Geschichtsbüchern dargestelltes Ereignis. Es soll die Freundschaft zwischen verschiedenen Rassen symbolisieren, die selbst damals mehr in der Phantasie als in der Wirklichkeit existierte. Obwohl Massassoit durch die Anschaffung von Gewehren und Pferden profitierte und obwohl diese Freundschaft, an der er so lange festhielt, vertieft wurde, als ihm ein Siedler von Plymouth, der ihn während einer Krankheit behandelte, das Leben rettete, hatte doch Massassoits eigenes Volk lange vor seinem Tod im Jahre 1622 gelernt, die Weißen zu hassen. Es hatte Grund dazu: Wampanoag-Land, das sich 1620 von der Narragansett-Bucht bis Kap Cod erstreckte, schmolz durch die Plünderungen des weißen Mannes zusammen, bis die «eingeborenen Eigentümer eingeschränkt waren auf einige wenige Landzungen, die in das Meer hineinragen. Die wichtigste davon ist jetzt Bristol in Rhode Island ... So waren sie an drei Seiten vom Meer umgeben und an der vierten der sich ständig nähernden Woge der Zivilisation ausgesetzt.»

Diese ‹Zivilisation› erließ Gesetze, die die Todesstrafe für Gotteslästerung vorsah – was auch für Indianer galt, die sich weigerten, die Religion der Kolonisten anzunehmen. Die Gesetze verboten jede indianische Aktivität am puritanischen Sabbat. Die Gerichtshöfe erhoben Anklage gegen Indianer wegen «unbefugten Betretens» von Land, das die Kolonisten jetzt als ihr eigenes bezeichneten. Sie verurteilten die Indianer und warfen sie ins Gefängnis – und das nicht nur, wenn die Kolonisten das Land tatsächlich nutzten. Koloniale «Obrigkeit« drohte außerdem jedem Häuptling Repressalien an, der sich den eifrigen Bemühungen weißer Missionare entgegenstellte.

Als Massassoit starb, war sein Volk mehr als aufgebracht. Es forderte, daß der neue Häuptling ständigen weißen Übergriffen nicht mehr tatenlos zusehen sollte. Der neue Führer war Massassoits Sohn. Er hatte den englischen Namen Alexander bekommen. Auch sein jüngerer Bruder hatte einen englischen Namen bekommen: Philip. Alexander war bereit, sich der Willkür des weißen Mannes entgegenzustellen, und das wiederum empörte die Kolonisten. Kurze Zeit nachdem er die Häuptlingswürde übernommen hatte, befahlen ihm die Kolonisten, vor ihnen zu erscheinen und eine ‹Treueerklärung› abzugeben. Als Alexander sich weigerte, sofort ihrem Ruf zu folgen, ließen die Kolonisten ihn von Soldaten abholen. Während des eingehenden Verhörs, das folgte, erlitt Alexander einen Fieberanfall. Er starb, während seine Freunde ihn nach Hause zurücktrugen.

Einige seiner Leute sagten, er sei wegen der Demütigung an gebroche-

nem Herzen gestorben. Andere sagten, er sei vergiftet worden. Sein Tod verstärkte den Haß noch, den sein Volk bereits fühlte. Philip konnte den Tod seines Bruders nie verwinden. Als neuer Häuptling begann er sogleich, Vorbereitungen für einen Vergeltungsschlag zu treffen. Jahrelang bemühte sich Philip, die benachbarten indianischen Nationen für einen großen Kriegszug zu vereinen, um den weißen Eindringlingen den Garaus zu machen. Er sammelte Waffen und errichtete im Wald Schmieden zur Herstellung von Gewehren. Als König Philip 1675 den Kolonisten schließlich den Krieg erklärte, war es ihm gelungen, ungefähr 20000 Indianer für seine Sache zu gewinnen.*

Aber bis 1675 waren bereits 50000 weiße Kolonisten in Neuengland. Trotz des ungleichen Verhältnisses griffen Philips Truppen 52 von den 90 Städten der Siedler an, einschließlich Plymouth selbst, wo sie sechzehn Häuser niederbrannten. Zwölf Städte wurden vollständig zerstört und annähernd 1000 Kolonisten getötet. Dann jedoch erfolgte der Gegenschlag, wobei sich die zahlenmäßige und waffentechnische Überlegenheit des weißen Mannes bemerkbar machte. Einer nach dem anderen wurden die wichtigsten Anführer der Indianer in der Schlacht getötet oder von kleinmütigen Gefolgsleuten, die angesichts der weißen Übermacht die Hoffnung verloren, verraten. Philips Frau und sein Sohn wurden gefangengenommen und als Sklaven auf die Westindischen Inseln verkauft. Im August 1676 schien die Sache der Indianer verloren, obwohl Philip sich weigerte, die Niederlage anzuerkennen. Als einer seiner Gefährten äußerte, daß sie sich vielleicht ergeben sollten, wurde Philip so wütend, daß er den Defätisten töten ließ. Der Bruder dieses Mannes lief prompt zum Feind über und rächte sich, indem er die Soldaten der Kolonisten zu Philips Lager führte, wo dieser aus dem Hinterhalt überfallen und getötet wurde.

Mit seinem Tod brachen die Überbleibsel der Föderation auseinander. Philips Kopf wurde abgeschlagen und nach Plymouth gebracht, wo man ihn auf einen Pfahl spießte und 25 Jahre öffentlich ausstellte. Die Worte jedoch, die so oft ein Echo in den Herzen von Philips indianischen Zuhörern gefunden hatten, haben die Zeiten überdauert, wie das folgende Dokument zeigt.

* Zur Stabilisierung der weißen Vorherrschaft wurden einflußreiche Indianerpersönlichkeiten mit den Insignien weißer Macht ausgestattet.

Rede König Philips, wiedergegeben in einer Ansprache von William Apes, überschrieben «Lobrede auf König Philip», gehalten im Odeon in Boston, 1836

Brüder – ihr seht dieses weite Land vor uns, das der Große Geist unseren Vätern und uns gegeben hat. Ihr seht die Büffel und das Wild, die unsere Nahrung sind. Brüder, ihr seht unsere Frauen und Kinder, die von uns Essen und Kleidung erwarten; und ihr seht jetzt den Feind vor uns, der unverschämt und mutwillig geworden ist; ihr seht, daß all unsere uralten Bräuche verachtet werden. Die Verträge, die wir und unsere Väter abgeschlossen haben, sind gebrochen, und unsere Würde ist verletzt, unsere Versammlungen an der Feuerstelle werden verachtet wie auch die uralten Bräuche unserer Väter. Unsere Brüder wurden vor unseren Augen ermordet, und ihre Geister rufen uns auf zur Vergeltung. Brüder, diese Menschen aus der unbekannten Welt werden unsere Wälder abholzen, unsere Jagdgründe und Felder zerstören, uns und unsere Kinder von den Gräbern unserer Väter und von unseren Versammlungsplätzen vertreiben; sie werden unsere Frauen und Kinder versklaven.

Diese Erklärung wurde in der Lobrede von William Apes, einem Indianer, im Odeon Club in Boston wiedergegeben, 150 Jahre nach König Philips Tod. Apes' Rede war eine Verteidigung der Indianer und ein Angriff auf die weißen, rassistischen Institutionen im Amerika um die Mitte des 19. Jahrhunderts. Nachdem Apes seine Ansprache beendet hatte, verließ er den Odeon Club, ging die Federal-Straße entlang und wurde nie wieder gesehen.

Zwischen zwei Fronten
1684

Im Jahre 1608, als die Franzosen ihre erste ständige Kolonie (Quebec) im heutigen Kanada gründeten, hatten sie schon 70 Jahre gewinnreicher Geschäftserfahrung in der Neuen Welt hinter sich. Die Gewinne erzielten sie, indem sie Felle, hauptsächlich Biberfelle, im Handel mit den Indianern eintauschten. Die englischen Kolonisten weiter im Süden zerstörten die indianischen Kulturen so schnell wie nur möglich. Die Franzosen dagegen fanden es gewinnbringender, Nutznießer der zwischen den indianischen Nationen entwickelten Handelsordnungen zu werden. Die französischen Händler waren überdies von den Indianern abhängig, von ihren Kenntnissen der Wälder, der Wasserwege, der Gewohnheiten der Biber und von solchen Hilfsmitteln wie Schneeschuhen und Birkenrindenkanus – indianischen Erfindungen, die es ihnen ermöglichten, sich frei in der Welt, die sie bewohnten, zu bewegen. Die Franzosen lieferten im Austausch europäische Erzeugnisse: Äxte, Gewehre, Kessel und Stoffe. Der Fellhandel, der sich auf diese Weise entwickelte, beruhte wesentlich auf der Partnerschaft zwischen Franzosen und Indianern, und jede Seite hatte gute Gründe, die Freundschaft zu erhalten und zu pflegen. Der wichtigste Handelspartner der Franzosen war das Volk der Huron. Dieser Föderation von vier nördlichen Irokesen-Nationen verdankten die Franzosen viele kostbare Felle aus dem Gebiet nördlich und westlich der Großen Seen.

Südlich von den Huron, dort, wo heute New York liegt, lebte eine andere Gruppierung von Irokesen-Nationen. Bekannt als die ‹Fünf Nationen›, waren die Mohawk, Oneida, Onondaga, Cayuga und Seneca zusammengeschlossen in einer Vereinigung, die allgemein als die «bestorganisierte der vielen Föderationen nördlich von Mexiko» bezeichnet wird. Sie waren sehr zähe Kämpfer und fähige Politiker. Auf Grund dieser Fähigkeiten haben sie sich so tief in das Gedächtnis der europäischen Eindringlinge eingeprägt, daß heute noch mit der Erwähnung des Namens Irokesen die Fünf Nationen gemeint sind.

Die Fünf Nationen und die Huron waren seit langer Zeit Feinde. Da die Huron eher als die Fünf Nationen mit dem weißen Mann zusammentrafen, war es ein Feldzug der Huron, der die Fünf Nationen zuerst mit dem Gewehrfeuer bekannt machte. Die Schüsse wurden allerdings von einem französischen Handelspartner der Huron abgefeuert. Die Fünf Nationen betrachteten künftig die Franzosen wie die Huron als ihre Feinde. Bei holländischen Fellhändlern, die einen Posten am Hudsonfluß, in der Nähe von Albany errichtet hatten, beschafften sich die Fünf Nationen erstmals selbst Gewehre. Sie begannen mit den Huron um die Kontrolle über den Fellhandel zu konkurrieren. Sie trieben mit den Holländern und später mit den Engländern Handel. Der Handelskrieg führte dazu, daß sie mit der Zeit beinahe zu Herren über die umliegenden indianischen Nationen wurden: 1649 zerstörten sie den Zusammenhalt und die Macht der Huron und besiegten die bedeutende Tobacco Nation im Westen. 1651 unterlag ihnen die Föderation der Neutralen, 1655 die mächtige Nation der Erie. 1670 gewannen sie nach einem langen Kampf die Oberhand über die Susquehanna im Süden. Inzwischen konnten die Franzosen und Engländer ihre Position in ‹Amerika› stärken. Es gelang den Fünf Nationen, sich zwischen den beiden Kräften zu behaupten und ihre Unabhängigkeit zu bewahren. Obwohl sie in den Konflikten zwischen den Engländern und den Franzosen meist auf der Seite der Engländer waren, wurden sie doch nicht deren abhängige Bundesgenossen. Die Franzosen ihrerseits versuchten immer wieder erfolglos, die Irokesen zu vernichten, um so ihre alte Vorherrschaft auf dem europäischen Fellmarkt wiederzuerlangen. Zwischen den einzelnen Versuchen, die Fünf Nationen zu unterwerfen, wurde jeweils ein unsicherer Friede hergestellt. Die Engländer waren natürlich mehr als erfreut darüber, daß die Fünf Nationen gegen ihre französischen Geschäftskonkurrenten kämpften, und taten ihr Bestes, um die Spannungen zu erhalten. Sie versuchten auch die Fünf Nationen dazu zu bewegen, den englischen König anzuerkennen.

Das folgende Dokument nimmt Bezug auf eine solche Periode, in der zwar Frieden herrschte, aber neue Spannungen geschaffen wurden. Ungefähr im Jahr 1684 nutzten die Franzosen eine Zeit des Friedens mit den Fünf Nationen, um im Norden eine Reihe von Forts zu bauen. Sie versuchten, ihren Einfluß bei den Stämmen im Norden und Westen zu vergrößern, da Felle von dort über die Fünf Nationen zu den Engländern gelangten. Die Seneca leisteten besonders heftigen Widerstand, und die Franzosen sammelten schließlich ihre gesamte kanadische Streitmacht im Fort Cadarqui. Dies war ein schwerer Fehler, denn durch die Sommerhitze und ausbrechende Krankheiten waren die Truppen unfähig zum Kampf mit den Fünf Nationen. Sie hofften nun durch Bluff zu erreichen, was sie mit Kugeln nicht erreichen konnten, und so baten die Franzosen die Fünf Nationen, Abgesandte zu schicken, um mit ihnen zu verhandeln.

An diesem Punkt griff der leitende Offizier der Engländer in Albany ein. Er wollte die Verhandlungen zwischen den Fünf Nationen und den Franzosen unbedingt verhindern. Zwei der Fünf Nationen – die Seneca und die Mohawk – weigerten sich daraufhin, mit den Franzosen zu sprechen. Die anderen drei aber wollten den englischen Kommandanten nicht als Autorität anerkennen. «Ihr sagt, wir sind Untertanen des Königs von

England und des Herzogs von York», antworteten sie, «wir aber sagen, daß wir Brüder sind und für uns selbst entscheiden.»

Bei der Beratung, die die Franzosen mit den Vertretern der Fünf Nationen abhielten, verlangte der kanadische Gouverneur von den Indianern Wiedergutmachung für begangenes Unrecht und Sicherheitsgarantien für die Zukunft. Er drohte nicht nur mit Krieg, falls seine Forderungen nicht erfüllt werden sollten, er behauptete auch, die Engländer würden sich mit den Franzosen verbünden, um «die Burgen der Fünf Nationen anzuzünden und euch zu vernichten».

In dem nun folgenden Dokument antwortet Garangula (eine Verfälschung des französischen Namens «La Grande Geule» oder «Big Mouth»), ein Sprecher der Onondaga, dem französischen Gouverneur. Der Text zeugt von dem Unabhängigkeitssinn der Fünf Nationen, der die ganze Geschichte der Auseinandersetzung mit den Weißen geprägt hat.

Aus B. B. Thatcher, «Indian Biography», 1837

Yonondio! (*Eine Anrede, die die Fünf Nationen immer für den kanadischen Gouverneur benutzten*) – Ich ehre euch, und die Krieger, die mit mir gekommen sind, ehren euch ebenfalls. Euer Übersetzer hat seine Ansprache beendet; ich beginne nun meine. Meine Worte beeilen sich, an euer Ohr zu dringen. Hört mir nun gut zu.

Yonondio! – Ihr müßt, als ihr Quebec verlassen habt, geglaubt haben, daß die Sonne all die Wälder verbrannt hat, welche unser Land für die Franzosen unzugänglich machen, oder daß die Seen so weit über ihre Ufer getreten sind, daß das Wasser rund um unsere Kastelle steht und es uns unmöglich macht, sie zu verlassen. Ja, so habt ihr sicher geträumt, und der Glaube an ein so großes Wunder hat euch bis hierher gebracht. Jetzt hat eure Täuschung ein Ende. Ich und die hier anwesenden Krieger sind gekommen, euch zu versichern, daß die Seneca, Cayuga, Onondaga, Oneida und Mohawk noch am Leben sind. Ich danke euch in ihrem Namen, daß ihr die Friedenspfeife in ihr Land zurückgebracht habt, die euer Vorgänger aus ihren Händen empfing. Es ist gut für euch, daß ihr das mörderische Kriegsbeil in der Erde gelassen habt, das sich so oft mit Blut der Franzosen färbte.

Hört, Yonondio! – Ich schlafe nicht. Ich habe meine Augen offen. Die Sonne, die mich erleuchtet, entdeckt mir einen großen Krieger an der Spitze seiner Soldaten, der spricht, als ob er träumte. Er sagt, er sei nur zu dem See gekommen, um mit den Onondaga die große Friedenspfeife zu rauchen. Aber Garangula sagt, daß er das Gegenteil sieht: die Absicht war, den Onondaga auf den Kopf zu schlagen, wäre die Kampfkraft der Franzosen nicht durch Krankheit geschwächt worden. Ich sehe Yonondio toben in einem Lager kranker Männer, deren Leben der Große Geist bewahrt hat, indem er ihnen Krankheit schickte.

Hört, Yonondio! – Unsere Frauen hätten ihre Keulen genommen, unsere Kinder und die alten Männer hätten ihre Bogen und Pfeile mitten in das Herz eures Lagers getragen, wenn unsere Krieger sie nicht entwaffnet und zurückgehalten hätten, als euer Bote in unsere Kastelle kam. So ist es, ich habe gesprochen.

Hört, Yonondio! – Wir haben niemals einen Franzosen beraubt, es sei denn, er brachte Gewehre, Pulver und Kugeln zu den Twightwie und Chictaghick, denn diese Waffen hätten uns das Leben kosten können. Hierin folgen wir dem Beispiel der Jesuiten, die alle Rumfässer, die man in unser Lager brachte, zerschlagen haben, damit ihnen die betrunkenen Indianer nicht auf den Kopf schlügen. Unsere Krieger haben nicht genug Biber, um all die Waffen, die sie ergriffen haben, aufzuwiegen, und unsere alten Männer haben keine Angst vor dem Krieg. Dieser Gürtel* bewahrt meine Worte.

Wir haben die Engländer an unsere Seen gebracht, um dort mit den Utawawa und Quatoghie Handel zu treiben, als die Adirondack die Franzosen zu unseren Kastellen brachten, um einen Handel fortzuführen, von dem die Engländer sagen, es sei ihrer. Wir sind frei geboren. Wir sind weder abhängig von Yonondio noch von Corlear. (*Der Name, der dem Gouverneur von New York gegeben wurde.*) Wir können hingehen, wo wir wollen, und wir nehmen mit uns, wen wir wollen, und wir kaufen und verkaufen, was wir wollen. Wenn eure Verbündeten eure Sklaven sind, so benutzt sie als solche, befehlt ihnen, keine anderen als eure Leute aufzunehmen. Dieser Gürtel bewahrt meine Worte.

Wir schlagen den Twightwie und Chictaghick auf den Kopf, denn sie schlugen die Friedensbäume ab, die die Grenzen unseres Landes waren. Sie haben in unseren Gebieten Biber gejagt. Sie haben gegen die Bräuche aller Indianer verstoßen, denn sie ließen keinen Biber am Leben – sie töteten sowohl die männlichen als auch die weiblichen. Sie holten die Satana in ihr Land, um mit ihnen gemeinsame Sache zu machen, nachdem sie üble Vorhaben gegen uns vereinbart hatten. Wir haben weniger getan als die Engländer und Franzosen, die die Länder so vieler indianischer Nationen besetzt haben und die Indianer aus ihrem eigenen Land verjagten. Dieser Gürtel bewahrt meine Worte.

Hört, Yonondio! – Mein Wort ist die Stimme aller Fünf Nationen. Hört, was sie euch mitzuteilen haben. Die Seneca, Cayuga, Onondaga, Oneida und Mohawks sagen, daß sie, als sie in Gegenwart eures Vor-

* Wampun-Gürtel, bei den Waldindianern mit Muscheln und später mit Perlen bestickt, der als Urkunde und Zahlungsmittel verwendet wurde.

gängers das Kriegsbeil in Cadarackui in der Mitte des Forts begruben, den Friedensbaum an derselben Stelle pflanzten, damit er dort sorgfältig gepflegt werde; damit jenes Fort, der Rückzugsort für die Soldaten, ein Treffpunkt für die Kaufleute werde; damit an Stelle von Waffen und Kriegsmunition nur Biber und Handelsware dort ihren Einzug hielten.

Hört, Yonondio! – Sorgt in Zukunft dafür, daß nicht eine so große Zahl Soldaten, wie ich sie hier sehe, den Friedensbaum, in ein so kleines Fort gepflanzt, erstickt. Es wird ein großer Verlust sein, wenn ihr, nachdem er so leicht Wurzeln geschlagen hat, seinem Wachstum ein Ende bereitet und verhindert, daß der Friedensbaum euer Land und unseres mit seinen Zweigen beschattet. Ich versichere euch im Namen der Fünf Nationen, unsere Krieger werden zur Friedenspfeife unter seinen Blättern tanzen. Sie werden ruhig auf ihren Matten sitzenbleiben und niemals das Kriegsbeil ausgraben, bis ihr Bruder Yonondio oder Corlear gemeinsam oder einzeln versuchen werden, das Land anzugreifen, welches der Große Geist unseren Vorfahren gegeben hat. Dieser Gürtel bewahrt meine Worte und dieser andere die Vollmacht, die die Fünf Nationen mir gegeben haben.

(*Hier hielt der Sprecher einen Moment inne und wandte sich dann an Monsieur Le Maine, der in seiner Nähe stand und als Dolmetscher fungierte.*)

Fasse Mut, Ohguesse! Du hast Verstand – sprich! Erkläre meine Worte. Vergiß nichts. Erzähle alles, was deine Brüder und Freunde Yonondio, deinem Gouverneur sagen, durch den Mund von Garangula, der euch liebt und wünscht, daß ihr diese Biber als Geschenk annehmt und mit mir zusammen an meinem Fest teilnehmt, zu dem ich euch einlade. Diese Biber sind ein Geschenk, das die Fünf Nationen Yonondio schicken.

«... in einem Zustand der Verdammnis?» 1710

Südlich von den Fünf Nationen bewohnten die Susquehanna – auch Conestoga genannt – den größten Teil des Gebietes, das heute Pennsylvania ist. Sie waren eine mächtige Nation. In den Jahren um 1650, am Anfang ihres Kampfes mit den Fünf Nationen um die Kontrolle des Fellhandels, fügten die Susquehanna den Seneca und Cayuga eine schwere Niederlage zu. Dann wütete eine Epidemie unter den Susquehanna, die sie so schwächte, daß sie nicht mehr hoffen konnten, mit den Fünf Nationen zu konkurrieren. Um 1670 waren sie untergeordnete Verbündete geworden.

Es waren die Susquehanna wie auch ihre Nachbarn an der Küste, die Delaware, mit denen William Penn seine berühmten Verträge ewiger Freundschaft abschloß. Über die Susquehanna versuchte William Penn auch die Erlaubnis von den Fünf Nationen zu bekommen, in Gebieten zu siedeln, die – von ihm anerkannt – zu ihrem Herrschaftsbereich gehörten. Eine Zeitlang schien es so, als ob es tatsächlich weiße Menschen auf der Welt gäbe, die in Frieden mit Nachbarn anderer Rasse leben konnten. Aber wirklicher Friede zwischen Völkern ist nur möglich, wenn er mit Achtung gepaart ist. Obwohl sich die Siedler von Pennsylvania oft gezwungen sahen, einzelne Indianer als menschliche Wesen zu achten, wollten es ihre rassischen und religiösen Vorurteile nicht zulassen, die Indianer als Volk zu achten. Selbst in Zeiten erklärten Friedens gingen ständig weiße Missionare zu den Indianern und versuchten sie zu überreden, ihre Religion aufzugeben: Sie bemühten sich fortwährend, den Indianer in eine Art Imitation des weißen Menschen zu verwandeln. Das erste Dokument ist die Antwort, die ein Susquehanna-Häuptling einem schwedischen Missionar gab, der um 1710 die Indianer davon zu überzeugen versuchte, daß sie der Erbsünde schuldig wären und ihren Folgen nur entgehen könnten, wenn sie das Christentum annähmen. Die folgende Antwort des Häuptlings ist uns erhalten geblieben, weil der Missionar sich ihrer Logik nicht zu entziehen vermochte. Er sah sich gezwungen, die Ansprache niederzuschreiben und mit der Bitte um Argumente an seine theologischen Vorgesetzten zu schicken.

Aus «A Century of Dishonor», H. H. Jackson, New York, 1881
Unsere Vorväter waren der festen Überzeugung (die auch wir teilen), daß diejenigen, die in diesem Leben gut handeln, im nächsten belohnt

werden, entsprechend dem Grad ihrer Tugenden; und daß andererseits diejenigen, die hier schlecht sind, später in einer Weise bestraft werden, die den Untaten, die sie begangen haben, entspricht. Dies ist zu allen Zeiten unverändert als eine Wahrheit weitergegeben und von allen Generationen anerkannt worden. Es kann auch nicht erdichtet sein, denn menschliche Einbildung, so kunstvoll und überzeugend sie auch erscheinen mag, kann niemals lange glaubwürdig sein bei einem Volk, wo freie Nachprüfung erlaubt ist, die unseren Vorfahren niemals verwehrt wurde ... Nun wünschen wir, einige Fragen zu stellen. Glaubt er, daß unsere Ahnen, Menschen, die sich durch ihre Frömmigkeit auszeichneten, die beständig und eifrig dem Weg der Tugend folgten in der Hoffnung, daß sie so des ewigen Glücks würdig werden, glaubt er, daß sie alle verdammt wurden?

Denkt er, daß wir uns in einem Zustand der Verdammnis befinden, wir, die beständig streben, gute Werke nachzuahmen, und, geleitet von denselben Motiven, uns mit größter Umsicht und Ernsthaftigkeit bemühen, auf dem Pfad der Redlichkeit zu wandeln? Wenn das sein Gefühl ist, dann ist es sicherlich ebenso frevelhaft wie kühn und gewagt ... Laßt uns annehmen, es wurden einige abscheuliche Verbrechen von unseren Vorfahren begangen, ähnlich denen, die uns von einer anderen Menschenrasse erzählt wurden. In einem solchen Fall würde Gott sicherlich den Verbrecher bestrafen, aber er würde niemals uns mit einschließen, die wir unschuldig sind und mit der Schuld nichts zu tun haben. Diejenigen, die anders denken, müssen aus dem Allmächtigen ein sehr launisches, übelwollendes Wesen machen ... Nochmals: Sind die Christen tugendhafter oder sind sie nicht vielmehr schlechter als wir? Wenn das so ist, wie konnte es passieren, daß sie die Gegenstände von Gottes Gnade sind, während wir übergangen werden? Vergibt Gott täglich seine Gunst grundlos und so parteiisch? Mit einem Wort, wir halten die Christen moralisch für viel verdorbener, als wir es sind, und wir beurteilen ihre Lehre nach der Schlechtigkeit ihres Lebens.

Die Arbeit weißer Missionare führte dazu, daß es einige Konvertiten unter den Indianern gab, besonders weil die unablässigen Übergriffe der Weißen die Kultur jener Indianer zerstörte, die versuchten, auf ihren Ländern nahe den weißen Siedlungen zu bleiben. Immer und immer wirder entdeckten solche Indianer, daß des weißen Mannes Mißachtung der anderen Rasse noch vergrößert wurde, wenn der Indianer sich nachgiebig zeigte. Je christlicher ein Indianer wurde, um so eher wurde er zur Zielscheibe boshafter Beleidigungen weißer rassistischer Frömmler, die ihre Rechtfertigung aus genau den christlichen Lehren bezogen, für die einzutreten den Indianer gelehrt worden war. Im folgenden wird die Erfahrung einiger In-

dianer, die 1763 noch in Conestoga lebten, geschildert. Conestoga war einst das Zentrum der Susquehanna und der Ort, wohin hohe weiße Beamte zu Beratungen mit den Susquehanna und mit Abgesandten der Fünf Nationen zu kommen pflegten. (1712, als die Tuscarora der Irokesen-Liga beitraten, waren daraus die Sechs Nationen geworden.) 1763 jedoch befand sich Conestoga im Kreis Lancaster und war umgeben von weißen Siedlungen. Während des französisch-indianischen Krieges, der gerade beendet war, hatten sich die Conestoga ruhig verhalten. Sie hatten sich geweigert, die Waffen gegen ihre ‹christlichen Brüder› zu erheben. Am 14. Dezember griff eine Gruppe weißer Kopfgeldjäger aus der Stadt Paxton in Pennsylvania das Dorf der Conestoga an. Sie verdienten 1500 Dollar, indem sie drei alte Männer, zwei Frauen und einen Jungen töteten und skalpierten.

Diese Aktion empörte einige der hochgestellten Persönlichkeiten von Lancaster Town. Sie fürchteten für das Leben der bei ihnen beschäftigten Indianer und steckten sie zur Sicherheit gleich mit ihrer ganzen Familie in das Stadtgefängnis. Zwei Wochen später ritten die Paxton Boys in die Stadt, brachen in das Gefängnis ein und töteten dort alle Conestoga. Ein Regiment englischer Soldaten war zu dieser Zeit in der Stadt, aber es geschah nichts, um das Massaker zu verhindern. Ein Augenzeuge beschrieb die Brutalität der Mörder:

Nahe dem hinteren Ausgang des Gefängnisses lag ein besonders bekannter und bei den Leuten in der Stadt geschätzter alter Indianer mit seiner Frau ... Sein Name war Bill Soc. Bei ihm und seiner Frau lagen zwei Kinder, ungefähr im Alter von drei Jahren. Ihre Köpfe waren mit dem Tomahawk gespalten und skalpiert worden ... An der Westwand lag ein untersetzter Indianer, dem man, wie ich genau sah, in die Brust geschossen hatte. Seine Beine waren mit dem Tomahawk abgeschlagen, seine Hände abgeschnitten, und schließlich war ihm eine Gewehrkugel in den Mund geschossen worden, so daß der Kopf völlig zersplittert und sein Gehirn an die Wand gespritzt war, wo es noch in einem Umkreis von drei oder vier Fuß hing.

Es gab Weiße in Pennsylvania (Quäker), die gegen das Paxton Massaker protestierten. Das nun folgende Dokument stellt eine Reaktion auf diesen Protest dar.

Ein Pamphlet, betitelt «Die Handlungsweise der Paxton-Männer, unparteiisch dargestellt, mit einigen Bemerkungen zu dem Bericht», Thomas Barton, Philadelphia, 1764

Ein Höllenlärm und mächtiges Getue wurde veranstaltet, weil ein paar Indianer im Kreis Lancaster getötet wurden; und selbst Philosophen und Gesetzgeber sind in Anspruch genommen worden, um ein lautes Geschrei über die anzustimmen, die sie getötet haben; dicke Wälzer und Systeme, Klassiker und Moderne sind durchgewühlt worden, um Beweise für ihre Schuld und Verdammung zu finden! Und was haben sie letztlich bewiesen? Na, daß die *weißen Wilden* von Paxton und Donnegall die Gesetze der Gastfreundschaft verletzt haben! Ich kann dem erfinderischen und werten Autor des Berichts wahrhaftig versichern, daß ein elektrischer Schlag eine viel vernünftigere Wirkung auf all diese Leute gehabt hätte als all die Argumente und Zitate, die er hervorgeholt hat.

Ich für meinen Teil empfinde äußersten Abscheu gegenüber jedem Akt und jeder Art von Grausamkeit, die ich ablehne, und ich versichere feierlich, daß ich die Art, wie die Indianer in Lancaster getötet wurden, mißbillige. Sie ist eine Beleidigung für die Beamten der Obrigkeit und eine Beeinträchtigung des Friedens und der Ruhe in der Stadt; und ich wünschte, daß wenigstens die Frauen und die kleinen Kinder hätten verschont werden können. –

Aber kein Zweifel, die Akteure in dieser Affäre dachten mit Freund Bischof, den ich oben zitierte, daß es doch das beste sei – da sie einmal im Zuge waren –, alle zu töten, «denn aus der Wurzel der Schlange wird ein Basilisk kommen, und ihre Frucht wird ein feuriger fliegender Drache sein».

Würden die Grenzen, die ich mir selbst in diesem Brief gesetzt habe, es mir erlauben, so könnte ich Ihnen leicht zeigen, daß jede einzelne dieser Nationen in tausend Fällen die Gesetze der Gastfreundschaft und den Glauben verletzt hat, und zwar in viel höherem Maße als diese Leute. Aber ohne Sie mit Homer zu belästigen, alten Legenden und phantastischen Fahrten und Reisen, wenn Sie in Ihre Bibel sehen, so werden Sie ein sehr bemerkenswertes Beispiel finden, das diese Sache richtigstellt:

> «Und der Herr brachte in Verwirrung den Sisera, und alle seine Wagen, und sein ganzes Lager durch die Schärfe des Schwertes vor Barak, so daß Sisera vom Wagen herab sprang, und zu Fuße die Flucht ergriff.
>
> Und Barak setzte den Wagen und dem Lager nach bis Haroscheth der Völker. Und es fiel das ganze Lager Siseras durch die Schärfe des Schwertes; es blieb auch nicht Einer übrig.

Und Sisera floh zu Fuße in das Zelt der Iael, des Weibes Hebers, des Keniters; denn es war Friede zwischen Jabin, dem Könige von Hazor, und zwischen dem Hause Hebers, des Keniters.
Und Iael ging hinaus Sisera entgegen, und sprach zu ihm: Kehre ein, mein Herr! Kehre ein bei mir, fürchte dich nicht! Und er kehrte bei ihr ein in ihr Zelt, und sie deckte ihn zu mit einem Teppich.
Und er sprach zu ihr: Gib mir doch ein wenig Wasser zu trinken, denn es dürstet mich; und sie öffnete den Milchschlauch, und gab ihm zu trinken, und deckte ihn zu.
Und er sprach zu ihr: Bleibe vor der Thüre des Zeltes stehen; und wenn Jemand kommt und dich fragt, und spricht: Ist Jemand hier? so sprich: Nein! Da nahm Iael, das Weib Hebers einen Zeltpflock, und faßte einen Hammer in ihre Hand, und ging leise zu ihm, und schlug den Pflock durch seine Schläfe, so daß er bis in die Erde drang, eben als er in tiefem Schlafe lag, und ermattet war; und er starb.
Und siehe! Als Barak Sisera verfolgte, ging Iael heraus ihm entgegen, und sprach zu ihm: Komm, ich will dir den Mann zeigen, den du suchst! Und als er zu ihr hineintrat, siehe! Da lag Sisera todt, mit dem Pflocke durch seine Schläfe.» (Richter 4;15–22)

Ich werde nun schließen, Sir, mit der Bitte an Sie, daß Sie Ihre schwärmerischen *Quäker* und *Don Quichottes* anweisen, diese Dinge zu überdenken. Und, daß ... Sie die Klagen der Leute, die laut werden, ertragen, daß ihr Kummer gelindert werde und ihr Land bewahrt werde vor dem vollkommenen Ruin. Daß sie unverzüglich die *Indianer* vertreiben werden, oder was immer ihnen Grund zum Murren gibt. Dann können wir erwarten, daß wir das Glück, das von *Freiheit* und *Recht* ausgeht, empfinden werden.

Geschrieben in meinem Farmhaus am 17. März 1764. Ein Tag, der Freiheit und St. Patrick geweiht.

Fußnoten, geschrieben von Thomas Barton und in dem oben zitierten Pamphlet enthalten

Abraham Newcomer aus dem Kreis Lancaster, einer der Leute, die Menonisten genannt werden, von Beruf Büchsenmacher, ist persönlich bei dem Ersten Abgeordneten von Lancaster erschienen und hat eine feierliche eidesstattliche Erklärung abgegeben, daß zu verschiedenen Anlässen innerhalb der vergangenen Jahre Bill Soc und Indianer John, zwei Conestoga-Indianer, ihm, dem Affirmanten, gedroht haben, ihn wie einen Hund zu skalpieren. Er erklärt ferner, daß einige Tage bevor die Indianer auf diese Weise getötet wurden, der vorgenannte Bill Soc ihm einen Tomahawk brachte, den er verstählen sollte. Als sich der Affirmant weigerte, drohte ihm der besagte Bill Soc, indem er sagte: «Du willst nicht! Du willst nicht! – Das soll dir noch leid tun!» – Wegen dieser Äußerungen, so hat der Affirmant erklärt, fühlte er sich von dem besagten Soc bedroht.

Frau T-p-n, eine ehrenwerte Dame aus dem Bezirk Lancaster, erschien ebenfalls persönlich bei dem Ersten Abgeordneten und hat nach feierlichem Eid auf das Heilige Evangelium erklärt, «daß einmal im Sommer des Jahres 1761 Bill Soc zu ihrer Wohnung gekommen sei und ihr mit dem Tode gedroht habe, indem er sagte: ‹Ich töte dich, und ganz Lancaster wir mich nicht fangen›, woraufhin sie große Furcht empfand. Und diese Dame hat weiterhin unter Eid ausgesagt, daß besagter Bill Soc hinzufügte: ›Dieser Ort (gemeint ist Lancaster) gehört mir, und ich werde ihn wiederbekommen.›»

«Auf daß das Unheil abgewendet werde» 1756

Das französisch-indianische Kriegsbündnis gegen die Engländer, das 1754 begann, war das letzte Ringen von Franzosen und Engländern um die Kontrolle Nordamerikas. Es war auch ein Kampf vieler Indianernationen gegen die Engländer, deren Kolonisierungs- und Handelsmethoden die Indianer als viel zerstörerischer erlebten als die der Franzosen. Die Franzosen begnügten sich mit dem Handel und waren bereit, sogar relativ schwachen Indianergenerationen zu erlauben, ihre Länder und ihre Kultur zu behalten, während die Engländer bestrebt waren, alles zu unterjochen, was ihnen in den Weg kam.

Die Sechs Nationen weigerten sich, für eine der beiden Seiten Partei zu ergreifen. Sie zogen es vor, die weißen Menschen ihren Streit selbst austragen zu lassen. Aber die Ereignisse zwangen Nationen wie die Delaware, sich entweder der einen oder der anderen Seite anzuschließen, um nicht zwischen den Fronten zerrieben zu werden. Die Delaware waren bereits aus ihrem Ursprungsgebiet in Ostpennsylvania vertrieben worden. Unter dem Schutz der Sechs Nationen hatten sie eine neue Heimat am oberen Ohio, westlich der Alleghenies, gefunden. Zu ihrem Unglück löste ausgerechnet ein Kampf um die Flußarme des Ohio (beim heutigen Pittsburgh) zwischen den Franzosen und den Kolonisten von Virginia den französisch-indianischen Krieg aus. Zweimal, 1754 und 1755, wurden die Engländer bei Kriegszügen in das Ohiotal von Indianern, die mit den Franzosen verbündet waren, vernichtend geschlagen. George Washington befehligte bei beiden Kriegszügen Truppen gegen die Indianer.

Als sie 1755 den Angriff der Engländer abgewehrt hatten, gingen die Indianer von der Defensive zur Offensive über und begannen nun ihrerseits, Vergeltungsschläge gegen englische Grenzsiedlungen zu führen. Für die Delaware, die bereits Erfahrungen mit den Auswirkungen englischer Besiedlung hatten, war das englische Eindringen in ihre neue Heimat im Ohiotal eine Bedrohung, die mit allen Kräften abgewehrt werden mußte.

In der Kolonie von Pennsylvania wurden natürlich die Vergeltungsakte allgemein als eine neue ‹Provokation› der ›brutalen Wilden› denunziert, und die Kolonialregierung wurde dringend aufgefordert, den Delaware den Krieg zu erklären.

Es wird oft gesagt, wenn vergangene Greueltaten ans Licht kommen, daß «die Zeiten damals anders waren» und daß «die Leute seinerzeit nicht so dachten wie wir heute». Es ist interessant festzustellen, daß es in Penn-

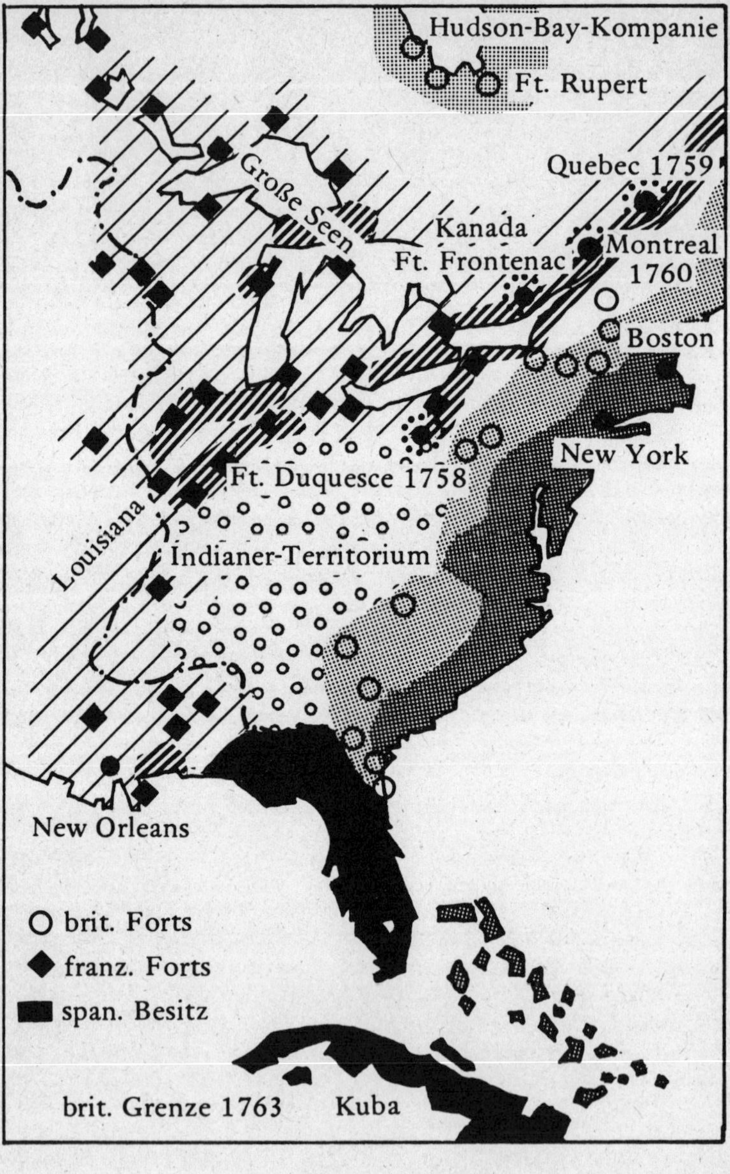
Hudson-Bay-Kompanie
Ft. Rupert
Quebec 1759
Große Seen
Kanada
Ft. Frontenac
Montreal
1760
Boston
New York
Ft. Duquesce 1758
Louisiana
Indianer-Territorium
New Orleans
brit. Forts
franz. Forts
span. Besitz
brit. Grenze 1763
Kuba

sylvania um 1750 Leute gab, die so dachten, wie die meisten von uns heute zumindest behaupten zu denken. 1756 sandten die Quäker von Pennsylvania eine Bittschrift an die pennsylvanische Regierung unter dem stellvertretenden Gouverneur Robert Hunter Morris in dem Bemühen, eine Kriegserklärung gegen die Delaware abzuwenden, denn sie glaubten, daß den Delaware und nicht den Engländern Unrecht zugefügt worden war. Ein Auszug aus dem Appell lautet:

Wir bitten deshalb mit großem Ernst und sehr nachdrücklich, daß das Unheil abgewendet werden möge ... Einige der traurigen Folgen sind in den Annalen der benachbarten Provinz, die voll der kriegerischen Leute ist, bezeugt; und wie die Gottesfurcht, die Hochachtung vor dem König und die Liebe zu unseren Brüdern und Mitchristen die Triebkräfte sind, aus denen wir diese Bittschrift abgefaßt haben, so hoffen wir durch unser Verhalten zu zeigen, daß wir jede Gelegenheit, den Bedrängten (den Delaware) zu helfen, ihnen beizustehen und zur Erhaltung des Friedens beizutragen, freudig ergreifen werden, wie es unserer friedlichen Berufung entspricht. Selbst wenn ein viel größerer Teil unseres Vermögens erforderlich sein sollte, als die schwersten Kriegssteuern ausmachen, die erwartet werden können, so werden wir freudig durch freiwillige Spenden unsere Ernsthaftigkeit hierin unter Beweis stellen.

Die Bittschrift entging nicht der Aufmerksamkeit von Gouverneur Morris. Er antwortete, daß «... der Rat ihm empfohlen habe, sofort den Krieg zu erklären. Da dies seinen eigenen Gefühlen entspreche, würde er es folgerichtig tun ...»

Die Quäker gaben jedoch noch nicht auf. Wenn der Angreifer nicht auf einen moralischen Appell eingeht, tut es vielleicht das Opfer. So hielten die Quäker-Gentlemen eine Beratung mit Abgesandten der Sechs Nationen ab und baten sie, bei den Delaware zu intervenieren und sie zur Unterwerfung zu bewegen. Wenn die Delaware «keinen weiteren Unfug treiben» würden, sagten die Quäker, dann wären sie «bereit, zwischen ihnen und der Regierung zu stehen, damit ihnen vergeben werde».

Die Sechs Nationen ließen durch ihre Abgesandten antworten, daß sie den Delaware das Angebot der Quäker mitteilen würden, machten ihnen aber wenig Hoffnung. Die Einstellung der Indianer zu diesem Angebot formulierte Häuptling Scarroyada, dessen Rede das erste Dokument ist. Gouverneur Morris erklärte den Delaware tatsächlich sofort den Krieg. Das zweite Dokument ist ein Auszug aus dieser Erklärung, die Licht auf solche keineswegs seltenen Ereignisse wie das Paxton-Massaker wirft.

Beratungen der Regierung von Pennsylvania mit den Sechs Nationen im Bündnis mit Britannien, New Castle upon Tyne, 1756

Scarroyada: Brüder! Wir freuen uns über das, was ihr uns gesagt habt, und wir verstehen durch den Gürtel, den ihr uns gegeben habt, daß ihr die Kinder William Penns seid und daß die alten Grundsätze von Frieden und Liebe noch lebendig sind. Eure Väter erklärten, daß sie in ihren Herzen nichts als Liebe und guten Willen für alle Menschen trügen. – Wir dachten, die Leute mit dieser Berufung seien alle längst tot, aber wir sind sehr froh, daß noch einige dieser Menschen leben und daß ihr euch als Vermittler zwischen unseren Vettern, den Delaware, und dieser Regierung angeboten habt, zwischen denen zur Zeit Zwietracht herrscht.

Wir sind froh, daß es noch Menschen mit euren friedlichen Grundsätzen gibt. Wir wünschten, ihr hättet uns das eher mitgeteilt und hättet immer im Einklang mit diesen Grundsätzen gesprochen und gehandelt; denn wir sind sicher, als unsere Vettern, die Delaware, den Schlag geführt haben, hätten sie keinen von euch verletzt, wenn sie das gewußt hätten. Wenn ihr euch um sie gekümmert hättet, wären sie jetzt noch eure Kinder. Nun aber sind sie hart geworden wie ein großer Baum, der nicht leicht zu beugen ist.

Aus Gouverneur Morris' Kriegserklärung an die Delaware-Indianer, Philadelphia, den 14. April 1756

Hiermit erkläre und garantiere ich, daß ... an alle und jede Person, Indianer wie Christen, die nicht im Sold der Provinz stehen, die folgenden verschiedenen und besonderen Prämien und Kopfgelder gezahlt werden sollen: Für jeden feindlichen männlichen Indianer über zwölf Jahren, der gefangengenommen und in einem der Forts, das mit Truppen im Dienst dieser Provinz belegt ist, oder in einer der Kreisstädte beim Vorsteher des öffentlichen Gefängnisses abgeliefert wird, die Summe von einhundertfünfzig Spanischen Dollars in Achterstücken. Für den Skalp jedes feindlichen männlichen Indianers über zwölf Jahre, vorgelegt als Beweis für dessen Tötung, die Summe von einhundertdreißig Achterstücken. Für jeden weiblichen Indianer, gefangengenommen und abgeliefert, wie oben; und für jeden männlichen indianischen Gefangenen unter zwölf Jahren, gefangen und abgeliefert wie oben, einhundertdreißig Achterstücke. Für den Skalp jeder Indianerfrau, vorgelegt als Beweis für deren Tötung, die Summe von fünfzig Achterstücken. Und für jeden englischen Untertan, der von den Indianern ergriffen und aus dieser Provinz in die Gefangenschaft gebracht wurde und der befreit und zurückgebracht und in Philadelphia beim Gouverneur dieser Provinz abgeliefert wird, die Summe von einhundertfünfzig Achterstücken, aber nicht für ihre Skalps*. Und es soll gezahlt werden an jeden Offizier oder Soldaten, der im Sold dieser Provinz steht oder stehen wird, der einen englischen Untertanen zurückgewinnt und abliefert, nachdem er in Gefangenschaft geriet, wie oben geschildert; oder der einen feindlichen Gefangenen oder Skalp bringt und vorzeigt, wie oben geschildert, die Hälfte der besagten verschiedenen und besonderen Prämien und Kopfgelder.

Von mir datiert, eigenhändig unterschrieben und mit dem Großen Siegel der Provinz versehen, in Philadelphia, am Vierzehnten Tag im April, im Neunundzwanzigsten Jahr der Regierung seiner Majestät, und im Jahre unseres Herrn Ein Tausend Sieben Hundert und Sechsundfünfzig.

* Englische Gefangene wurden von den Indianern adoptiert und bekamen sogleich indianische Namen. Wenn sie aber von uns freundlich gesonnenen Indianern getötet wurden, so verlangten diese dieselben Belohnungen wir für indianische Skalps.

Pontiacs Aufstand 1763

Der Sieg der Briten über die Franzosen brachte nicht, wie erwartet, automatisch die Kontrolle über den gesamten Fellhandel mit sich. Wenn auch die Franzosen nach dem Fall von Quebec 1760 den Kampf aufgaben, so waren viele ihrer indianischen Verbündeten nicht so schnell bereit, sich zu ergeben. Es schien den Indianern zwar, als ob die Franzosen mit unziemlicher Hast ihre Haut retteten und ihre Verbündeten sich selbst überließen, doch viele Indianer glaubten fest daran, daß die französischen Truppen zurückkehren würden. Waren sie nicht schließlich Partner der Indianer in einem gewinnreichen Handel?

Die Briten blieben unversöhnlich. Unter Lord Jeffrey Amherst, der die von den Franzosen ‹erworbenen› Länder verwaltete, wurde von den inländischen Handelsnationen (den Shawnee, Miami, Kickapoo, Sauk, Potawatomie, Fox, Chippewa, Illinois, Ottawa und Delaware) erwartet, daß sie Beziehung zu den Engländern hinnahmen, die für sie mit vielen Schwierigkeiten verbunden waren. Die Engländer fühlten sich keineswegs als Partner der Indianer, sondern vielmehr als ihre Herren. Diese Anmaßung war in den Augen der Indianer um so ärgerlicher, als sie militärisch keineswegs besiegt worden waren. Die einzige große Niederlage während des französisch-indianischen Krieges hatten bei einem englischen Angriff weit im Osten der indianischen Gebiete ausschließlich französische Armeen erlitten.

Aber Amherst erwartete von ihnen, daß sie lammfromm die Anwesenheit englischer Handelsposten und englischer Soldaten in ihrem Land dulden würden. Er erwartete von ihnen, daß sie mit Leuten Handel trieben, die sie weit mehr betrogen, als es die Franzosen zu tun gewagt hatten; die ihnen Kredite auf Waren, die sie brauchten, um die langen Winter durchzustehen, verweigerten und deren Handelsniederlassungen als Vorposten der englischen Siedlungen fungierten. Die französischen Händler dagegen hatten Kredite über den Winter gewährt und waren bestrebt gewesen, sich praktisch nicht von den Indianern zu unterscheiden, unter denen sie lebten. Die Indianer leisteten Widerstand. Sie hörten auf die Worte eines neuen Propheten, der sich unter ihnen erhob und ihnen predigte, daß sie zur Lebensweise ihrer Vorväter zurückkehren müßten und allen Verkehr mit den Weißen meiden sollten. Amherst reagierte, indem er Oberst Henry Boquet von Pennsylvania fragte: «Könnte man nicht etwas machen, um die Pocken bei den unzufriedenen Indianerstämmen einzuschleppen? Wir müssen bei dieser Gelegenheit alles in unserer Macht Stehende tun, um sie zu dezimieren.» Er besprach auch die Möglichkeit, eine große Anzahl von Hunden zu benutzen, um die Indianer zur Strecke zu bringen, aber er stellte fest, daß die richtige Züchtung nicht verfügbar war.

1763 entluden sich die Spannungen zwischen den Engländern und den indianischen Nationen in einem großen Krieg, der von einem Ottawa-Häuptling namens Pontiac geführt wurde. Der Krieg, in unseren Geschichtsbüchern bekannt als Pontiacs Verschwörung oder Pontiacs Krieg, wurde tatsächlich durch die Politik der Engländer herbeigeführt, gegen die eine Föderation von 18 indianischen Nationen sich zur Wehr setzte. Der Krieg hatte weitreichende Folgen und trug insbesondere zur Vergößerung der Kluft zwischen den ‹amerikanischen› Kolonisten und ihrer britischen Regierung bei.

In dem ersten der nun folgenden Dokumente wird der Beweis erbracht, daß sich hinter diesem Krieg gegen die Engländer viel tiefer liegende Ursachen verbargen als etwa nur die Unzufriedenheit einiger Indianer. Es sind die Worte eines Chippewa-Häuptlings namens Minavavana, an einen englischen Händler gerichtet, der versuchte, einen Posten in einem Gebiet zu errichten, das vorher zum Bündnis mit den Franzosen gehört hatte. Minavavana stellte zunächst fest, daß die Engländer kühne Männer seien und offenbar keine Angst vor dem Tod hätten, da sie es wagten, sich so furchtlos mitten unter ihre Feinde zu begeben, und fuhr dann fort, wie es in dem Dokument niedergelegt ist.

Nun zu Pontiac selbst: Von dem wenigen, was aus seiner Kindheit bekannt ist, hat man abgeleitet, daß er um 1720 in einem Dorf nördlich des Detroitflusses geboren wurde. Es ist wahrscheinlich, aber nicht urkundlich belegt, daß er im französisch-indianischen Bündnis kämpfte. Der Überlieferung zufolge war er ein besonders scharfsinniger Führer, außerordentlich bered und ein großer Krieger und militärischer Taktiker.

Bis 1762 hatte Pontiac eine hervorragende Stellung erlangt. Er hatte sich schon 1760, als die Franzosen kapitulierten, sehr für die Fortsetzung des Krieges gegen die Engländer eingesetzt, hatte aber wenig Unterstützung gefunden. Aus den obengenannten Gründen war nun sein Volk für seine Ideen empfänglich. 1762 sandte er Boten an alle Stämmme im alten Nordwesten und drang auf eine endgültige und letzte Aktion, um die Briten zu vertreiben.

Nahezu alle Stämme dieses Gebietes trafen mit Pontiac in geheimen Versammlungen am 27. April und am 5. Mai 1763 zusammen. Das zweite Dokument enthält Darlegungen Pontiacs, die bei diesen Versammlungen aufgezeichnet wurden. In der ersten Rede verwendet Pontiac eine Parabel, um sein Volk zum Kampf gegen die Briten anzufeuern, in der zweiten faßt er all die Klagen seines Volkes über die Engländer zusammen.

Aus B. B. Thatcher, «Indian Biography», 1837
Engländer! Du bist es, zu dem ich spreche, und ich verlange, daß du mir aufmerksam zuhörst!

Engländer! Du weißt, daß der französische König unser Vater ist. Er versprach unser Vater zu sein, und wir haben umgekehrt versprochen, seine Kinder zu sein. Dieses Versprechen haben wir gehalten.

Engländer! Ihr seid es, die Krieg mit unserem Vater geführt haben. Ihr seid seine Feinde; wie konntest du da die Kühnheit haben, dich unter uns, seine Kinder zu wagen? Du weißt, daß seine Feinde unsere Feinde sind.

Engländer! Man hat uns gesagt, daß unser Vater, der König von Frankreich, alt und krank ist und daß er, ermüdet vom Kriegführen gegen eure Nation, eingeschlafen ist. Während des Schlafes habt ihr ihn übervorteilt und Kanada in euren Besitz genommen. Aber sein kurzer Schlaf ist fast beendet. Ich denke, ich höre ihn sich regen und nach seinen Kindern, den Indianern, fragen – und wenn er aufwacht, was wird dann aus euch? Er wird euch ganz und gar vernichten!

Engländer! Wenn ihr auch die Franzosen besiegt habt, uns habt ihr nicht besiegt! Wir sind nicht eure Sklaven. Diese Seen, diese Wälder und Berge haben uns unsere Ahnen hinterlassen. Sie sind unser Erbe, und wir werden sie wegen niemandem verlassen. Deine Nation setzt voraus, daß wir wie die Weißen nicht ohne Brot, Schweinefleisch und Rindfleisch leben können! Aber ihr solltet wissen, daß Er – der Große Geist und Herr des Lebens – uns mit Nahrung versorgt hat in diesen großen Seen und auf diesen Bergen.

Engländer! Unser Vater, der König von Frankreich, nahm unsere jungen Männer in Dienst, um Krieg gegen eure Nation zu führen. Bei diesen Kriegshandlungen sind viele von ihnen getötet worden; und es ist bei uns Brauch, Vergeltung zu üben bis zu der Zeit, wo die Geister der Erschlagenen zufriedengestellt sind. Nun müssen die Geister der Erschlagenen auf eine von zwei Weisen zufriedengestellt werden. Die erste geschieht durch das Vergießen des Blutes der Nation, durch die sie fielen, die andere durch das Bedecken der Körper der Toten, um so den Groll ihrer Verwandten zu beschwichtigen. Dies geschieht, indem Geschenke gemacht werden.

Engländer! Dein König hat uns nie irgendwelche Geschenke gesandt, noch hat er irgendeinen Vertrag mit uns geschlossen. Deshalb befinden wir und er uns noch im Kriegszustand; und bis er diese Dinge tut, müssen wir davon ausgehen, daß wir keinen anderen Vater noch Freund unter den weißen Menschen haben als den König von Frankreich. Was dich angeht, so haben wir in Betracht gezogen, daß du, als du hierher kamst, dein Leben gewagt hast in der Erwartung, daß wir dich nicht belästigen würden. Du kommst nicht bewaffnet oder in der Absicht, Krieg zu führen. Du kommst friedfertig, um mit uns zu handeln und uns mit notwendigen Gütern zu versorgen, die wir dringend brauchen. Wir werden dich deshalb als Bruder betrachten, und du magst ruhig schlafen, ohne Furcht vor den Chippewa. Als ein Zeichen unserer Freundschaft schenken wir dir diese Pfeife zum Rauchen.

Aus «Eine Verschwörung der Indianer gegen die Engländer und von der Belagerung von Fort Detroit durch Vier Verschiedene Nationen, beginnend am 7. Mai 1763». Geschrieben von einem unbekannten französischen Autor, möglicherweise Robert Navarre. (Das Pontiac-Manuskript ist übersetzt.) In «Michigan Pioneer an Historical Society Collections», Bd. 8, 1886

Pontiacs Rede vom 27. April 1763

Die Worte des Herrn des Lebens an den Wolf – aus einer Parabel, die Pontiac dem versammelten Rat erzählt

Ich bin der Herr des Lebens, den du zu kennen wünschest und zu dem du sprechen willst. Höre gut zu, was ich dir und allen deinen roten Brüdern jetzt sagen werde. Ich bin der, der Himmel und Erde schuf, die Bäume, Seen, Flüsse, alle Menschen und alles, was du siehst, und alles, was du auf Erden gesehen hast. Weil (ich dies getan habe, und weil) ich euch liebe, müßt ihr tun, was ich sage und (ungetan lassen) was ich hasse. Ich mag nicht, daß ihr trinkt, bis ihr den Verstand verliert, wie ihr es tut; oder daß ihr miteinander kämpft; oder daß ihr zwei Frauen nehmt oder hinter den Frauen anderer herrennt; ihr tut nicht gut; ich hasse das. Ihr sollt nur eine Frau haben und sie bis zum Tod behalten. Wenn ihr in den Krieg zieht, vollführt ihr Kunststücke, nehmt an dem Medizintanz teil und glaubt, daß ich spreche. Ihr irrt euch, es ist Manitou, mit dem ihr sprecht; es ist ein böser Geist, der euch nichts als Übles zuraunt und auf den ihr hört, weil ihr mich nicht gut kennt. Dieses Land, wo ihr lebt, habe ich für euch und nicht für andere gemacht. Wie kommt es, daß ihr die Weißen auf euren Ländern duldet? Könnt ihr nicht ohne sie auskommen?

Ich weiß, daß diejenigen, die ihr die Kinder eures Großen Vaters nennt, eure Wünsche erfüllen, aber wenn ihr nicht schlecht wäret, wie ihr es seid, würdet ihr gut ohne sie zurechtkommen. Ihr könntet ganz so leben, wie ihr es tatet, bevor ihr sie kanntet. Bevor die, die ihr eure Brüder nennt, in eure Länder kamen, lebtet ihr nicht durch Bogen und Pfeil? Ihr brauchtet weder Gewehr noch Pulver noch ihre übrigen Dinge, und dennoch habt ihr Tiere gefangen, um zu leben und euch mit ihren Häuten zu kleiden. Aber als ich sah, daß ihr euch dem Bösen zuwandtet, rief ich die Tiere in die Tiefen der Wälder zurück, so daß ihr eure Brüder brauchtet, um eure Wünsche erfüllt zu bekommen und euch zu bedecken. Ihr müßt gut werden und tun, was ich will, und ich werde euch die Tiere zurückschicken, die ihr zum Leben braucht. Ich verbiete euch trotz allem nicht, die Kinder eures Vaters (die Franzosen) unter euch zu dulden. Ich liebe sie, sie kennen mich und beten zu mir, und ich gebe ihnen ihre lebensnotwendigen Güter und alles, was sie euch bringen. Was aber die betrifft, die gekommen sind, um Kummer in euer Land zu bringen (die Briten), treibt sie hinaus, führt Krieg gegen sie! Ich liebe sie nicht, sie kennen mich nicht, sie sind meine Feinde und die Feinde eurer Brüder! Schickt sie zurück in das Land, das ich für sie geschaffen habe! Dort laßt sie bleiben.

Pontiacs Rede am 5. Mai 1763

Es ist wichtig für uns, meine Brüder, daß wir in unserem Land die Nation ausrotten, die nur danach trachtet, uns zu töten. Ihr seht so gut wie ich, daß wir nicht länger unsere notwendigen Waren bekommen können, wie wir sie von unseren Brüdern, den Franzosen, erhielten. Die Engländer verkaufen uns die Handelsware doppelt so teuer, wie die Franzosen sie uns verkauften, und ihre Waren taugen nichts. Kaum haben wir Decken gekauft, sind sie schon wieder kaputt. Wenn wir in unsere Winterquartiere aufbrechen wollen, geben sie uns keinen Kredit, wie es die Franzosen, unsere Brüder, taten. Wenn ich zu dem englischen Häuptling gehe, um ihm zu erzählen, daß einige unserer Kameraden tot sind, macht er sich lustig über mich und über euch, anstatt die Toten zu beweinen, wie es unsere Brüder, die Franzosen, zu tun pflegten. Wenn ich ihn um etwas für unsere Kranken bitte, verweigert er es und erzählt mir, daß er uns nicht braucht. Ihr könnt daran deutlich sehen, daß er unseren Ruin herbeiführen will. Also, meine Brüder, wir müssen alle schwören, sie zugrunde zu richten! Wir werden auch nicht länger warten, nichts hindert uns. Sie sind sehr wenige, und wir können sie leicht überwältigen. Alle Nationen unserer Brüder führen einen Schlag gegen sie; warum sollten wir nicht dasselbe tun? Sind wir nicht Männer wie sie? Habe ich euch nicht die Kriegsgürtel gezeigt, die ich von unserem großen Vater, dem Franzosen, erhalten habe? Er sagt uns, wir sollen zuschlagen; warum sollten wir nicht auf seine Worte hören? Wen fürchten wir? Es ist Zeit. Befürchten wir, daß unsere Brüder, die Franzosen, die hier unter uns sind, uns hindern könnten? Sie kennen unsere Absichten nicht und könnten es nicht, wenn sie wollten. Ihr wißt so gut wie ich, als die Engländer in unser Land kamen, um unseren Vater, Belleestre, zu vertreiben, haben sie den Franzosen alle Gewehre genommen, so daß sie nun keine Waffen haben, um sich zu verteidigen. So ist es. Laßt uns alle zusammen den Schlag führen! Wenn irgendwelche Franzosen für sie Partei ergreifen, werden wir sie genauso schlagen wie die Engländer. Erinnert euch, was der Herr des Lebens unserem Bruder, dem Wolf, gesagt hat. Das geht uns alle genauso an wie sie. Ich habe Kriegsgürtel und Nachrichten an unsere Brüder, die Sauteux von den Saginaw, gesandt und an unsere Brüder, die Ottawa von Michelimakinak, und an die von der Flußmündung, daß sie sich mit uns vereinigen sollen, und sie werden nicht zögern zu kommen. Während wir auf sie warten, laßt uns den Angriff beginnen. Es ist keine Zeit mehr zu verlieren, und wenn die Engländer besiegt sind, werden wir sehen, was zu tun ist, und wir werden den Zugang abschneiden, so daß sie nicht in unser Land zurückkommen können.

Die Föderation von 18 Stämmen, die Pontiac organisierte und führte, hatte außerordentlichen militärischen Erfolg. Innerhalb weniger Monate nahmen sie alle britischen Posten im Nordwest-Territorium ein und besetzten sie, mit Ausnahme der Forts Detroit und Pitt. Sie nahmen Detroit nicht ein, weil ein Überläufer Verrat beging. Aber sie belagerten Detroit und hielten die Belagerung acht Monate aufrecht; eine der längsten Belagerungen in der amerikanischen Kriegsgeschichte.

Die Folgen von Pontiacs Aufstand für den Verlauf der amerikanischen Geschichte waren tiefgreifend. In einem eiligen Versuch, dem Aufstand ein Ende zu machen und zu verhindern, daß neue Aufstände ausbrachen, legte die britische Krone eine offizielle Demarkationslinie zwischen den Indianern und den Kolonisten fest. Diese Linie verlief auf dem Kamm der Appalachen von Norden nach Süden, und es war den Weißen verboten, sich westlich dieser Linie anzusiedeln. Um den Indianern den Anlaß zu Aufständen zu nehmen – sie wurden durch die Übergriffe der Weißen auf ihre Länder ausgelöst –, verbot die Proklamation auch den privaten Kauf indianischen Eigentums.

Das war die berühmte Proklamation vom Oktober 1763. Die Kolonisten waren wütend, besonders diejenigen an den westlichen Grenzen. Sie hatten angenommen, daß der Sieg über die Franzosen im französisch-indianischen Krieg sie in die Lage versetzen würde, sich noch weiter nach Westen auszubreiten und zu siedeln, wo immer sie wollten. Landspekulanten, die Geld in das Gebiet westlich der Appalachen investiert hatten, waren besonders aufgebracht, weil die Proklamation von 1763 forderte, daß in dieser Gegend bereits ansässige Siedler «sich unverzüglich zurückziehen» sollten. Es ist wahrscheinlich, daß die Demarkationslinie nicht nur gezogen wurde, um neue Aufstände der Indianer zu verhindern, sondern auch, um die britischen Brieftaschen zu schützen. Beschränkte man nämlich die Kolonisten auf die östliche Küste, konnten sie sich nicht weiter nach Westen ausbreiten, so war es für sie schwieriger, eine eigene Warenproduktion zu beginnen, und sie blieben abhängig von britischen Exporten. Außerdem wurden die Kolonisten insgesamt immer widerspenstiger, und ein beschränktes Gebiet war leichter unter Kontrolle zu halten.

Die Proklamation der Krone ist nie richtig in ihrer Bedeutung als Faktor für die ‹amerikanische› Revolution eingeschätzt worden, die ausgelöst wurde durch Zölle der Krone auf Tee und andere Dinge. Die Proklamationslinie führte zu neuen Konflikten, und die Westgrenze wurde in Wort und Tat schon bald, nachdem die Krone sie proklamiert hatte, ein Gebiet des Aufruhrs.

Zur Zeit der ‹amerikanischen› Revolution waren George Washington und Patrick Henry führende Landbesitzer unter den Kolonisten. Der größte Teil ihres weitläufigen Grundbesitzes war auf indianischem Gebiet, und es ist bekannt, daß sie die britische Proklamation von 1763 als schwerwiegende Beeinträchtigung ihres Rechtes, Gewinne zu machen, ansahen.

Urkunden belegen, daß George Washington unmittelbar vor der Proklamation von 1763 Anteile an dem Spekulationsprojekt der Mississippi Company auf indianisches Land kaufte. Dieses Projekt umfaßte 2,5 Millionen Morgen indianischen Gebietes im Ohiotal. Nachdem das Projekt durch die britische Proklamation gesetzwidrig geworden war, stellte Washington heimlich einen Landvermesser ein, der ‹wertvolles Land› in dem verbotenen Gebiet für ihn abzugrenzen hatte. Der folgende Brief an den Landvermesser William Crawford befindet sich im neununddreißigsten Band von «The Writings of George Washington» *(herausgegeben von John C. Fitzpatrick, Washington, D. C., 1931–1944):*

Ich kann diese Proklamation niemals in einem anderen Licht sehen (aber dies sage ich unter uns) denn als ein vorübergehendes Mittel, um die Gemüter der Indianer zu beruhigen. Sie muß natürlich in ein paar Jahren ungültig werden. ... Ich möchte Sie bitten, diese ganze Angelegenheit als streng geheim zu handhaben ..., denn ich könnte wegen der Meinung, die ich in bezug auf die Königliche Proklamation geäußert habe, gerügt werden. Würde das Projekt, das ich Ihnen jetzt vorschlage, bekannt, könnte es für andere ein Alarmzeichen sein, und wenn sie einen Plan derselben Art verfolgen (bevor wir selbst unseren Erfolg entsprechend absichern konnten), könnten die verschiedenen Interessen aufeinanderprallen und wahrscheinlich am Ende das Ganze umstürzen; all dieses kann durch verschwiegene Handhabung vermieden werden und die (Operation) heimlich von Ihnen weiterbetrieben werden unter dem Vorwand, daß anderes Wild gejagt wird.

Patrick Henry war auch ein aktiver Spekulant auf indianische Gebiete. Er war Aktionär der Ohio Company und beteiligt an einer Vielzahl anderer Landprojekte (besonders in dem indianischen Gebiet von West Virginia, die ganz klar gegen die Proklamation von 1763 verstießen und seine eigenen finanziellen Interessen in deutlichen Gegensatz zu den Briten brachten).

Benjamin Franklin gebrauchte als Vertreter der amerikanischen Kolonien gegenüber der Krone während der Jahre 1767 bis 1775 sein Amt, den Plan der Walpole Company durchzudrücken, die verblüffende Menge von 20 Millionen Morgen indianischen Landes an sich zu bringen. Das Projekt stand in unmittelbarer Konkurrenz zu den Ohio- und Mississippi-Gesellschaften, und es bedrohte die finanziellen Interessen von George Washington und Patrick Henry. Für seine Einflußnahme bei der britischen Regierung erhielt Franklin Anteile der Walpole Company und konnte unglaubliche Gewinne erwarten. Lord Hillsborough, der königliche Minister für amerikanische Angelegenheiten, bekämpfte das Projekt konsequent mit der Begründung, daß es eine Beeinträchtigung der Proklamation von 1763 zum Schutz der Indianer darstelle und daß es neue indianische Aufstände entfachen würde.

Mit Franklins stillschweigender Einwilligung wurden hohe britische Beamte, die Schulden hatten, mit Anteilen an der Gesellschaft bestochen. Unter diesen Beamten waren der Sekretär der Britischen Schatzkammer, der Großkämmerer, der oberste Richter und der Präsident und andere Mitglieder von des Königs Geheimem Staatsrat. Der Geheime Staatsrat setzte sich über Lord Hillsboroughs Proteste hinweg und sanktionierte das Projekt, ein Jahr bevor es durch den Ausbruch der ‹amerikanischen› Revolution zu einer Unterbrechung dieser Unternehmungen kam.

Wessen Unabhängigkeit? 1781

1776 war ein später Zeitpunkt, um zweihundert Jahre des Unrechts an den Indianern wiedergutzumachen. Es ist die Frage, ob die ‹amerikanischen› revolutionären Patrioten die Unterdrückung beenden und den Indianern gegenüber Gerechtigkeit hätten schaffen können. Es wäre denkbar gewesen, aber schließlich waren viele der revolutionären Patrioten selbst große Landbesitzer und Geschäftsleute, tief verwickelt in Projekte zur Ausbeutung der Indianer. In Zusammenhang mit den Indianern wollten die Patrioten Freiheit von England, um die Ausbeutung allein zu betreiben.

Bei all der flammenden Redekunst der großen ‹amerikanischen› Revolutionäre gab es nirgends eine Stimme, die das Recht der Kolonisten in Frage stellte, sich in Ländern aufzuhalten, die vom Gesetz her nicht die ihren waren. Es gab noch nicht einmal eine Stimme, die eine neue Politik mit den ‹amerikanischen› Indianern forderte. Wir können die Motive der Patrioten von 1776 ernstlich in Frage stellen; besonders, wenn wir das Fehlen jedes revolutionären Gefühls für eine Beendigung der Unterdrükkung der Schwarzen oder auch der Unterdrückung der Frauen in Betracht ziehen. 1776 war die männliche Vorherrschaft bereits ein integraler Bestandteil jeder amerikanischen Institution. Die weißen Männer mochten in der Theorie zustimmen, daß andere Menschen Rechte hatten, im alltäglichen Leben war davon jedoch nichts zu merken.

Hätten die Gründungsväter wirklich an das geglaubt, was sie öffentlich erklärten – Freiheit und Gleichheit für alle –, so hätten sie ihre Macht eingesetzt, um dem Landraub durch westliche Siedler Einhalt zu gebieten, und den ungeheuerlichen Schiebungen der Ohio Company und anderer Landspekulanten ein Ende bereitet. Es ist durchaus vorstellbar, daß, wären die revolutionären Patrioten wirklich revolutionär gewesen, die Indianer dies aufgenommen und sich mit den Kolonisten gegen die britische Krone verbunden hätten.

Es war aber so, daß sich nicht ein einziger bedeutender Indianerstamm mit den Kolonisten der ‹amerikanischen› Revolution von 1776 verbündete. Schon bevor die ‹amerikanische› Revolution begann, wußten die Kolonisten sehr genau, daß sie schon lange die Freundschaft der Indianer verloren hatten und daß sie nicht auf aktive indianische Unterstützung rechnen konnten. Das Beste, was sie hoffen konnten, war, daß einige Indianer neutral blieben.

Der erste erhaltene Vertrag der neuen ‹amerikanischen› Nation war ein verzweifelter Versuch des Second Continental Congress, so viele Indianer wie möglich davon abzuhalten, sich gegen sie zu verbünden. Der Vertrag von 1775 erkannte das Recht der Indianer auf die Länder, die sie bewohnten, an.

Aber in genau demselben Jahr (1775) erwarb Daniel Boone für die Transylvania Company praktisch das ganze Land, das heute Kentucky ist – Land weit jenseits des Kamms der Appalachen und ganz eindeutig den Indianern gegen weiße Übergriffe garantiert.

1778, im dritten Jahr des ‹amerikanischen› Revolutionskrieges, ging die ‹amerikanische› Regierung so weit, einigen Indianerstämmen Gleichheit und Eigenstaatlichkeit anzubieten, um sie von den Briten wegzulocken. Der folgende Ausschnitt stammt aus einem Vertrag, der mit den Delaware im Fort Pitt am 17. September 1778 unterzeichnet wurde:

... die Vereinigten Staaten verpflichten sich, der vorgenannten Nation der Delaware und ihren Erben all ihre territorialen Rechte in der vollsten und weitesten Art zu garantieren, wie es durch frühere Verträge verbindlich geworden ist; und zwar so lange, wie die besagte Delaware-Nation treu bleibt und festhält an dem Freundschaftsverhältnis, in das wir jetzt eintreten. Und weiterhin ist es zu einer Übereinkunft zwischen den Vertragsparteien gekommen, daß, sofern es für die Zukunft den gegenseitigen Interessen beider Parteien nützlich ist, andere Stämme, die die Interessen der Vereinigten Staaten gefördert haben, die Möglichkeit haben, der gegenwärtigen Föderation beizutreten und einen Staat zu bilden, an dessen Spitze die Delaware-Nation stehen soll. Sie dürfen auch eine Vertretung im Kongreß haben: Vorausgesetzt, daß nichts, was in diesem Artikel enthalten ist, ohne die Zustimmung des Kongresses als nützlich angesehen wird.

Wäre dieser Anreiz den Delaware glaubwürdig erschienen, so hätten wahrscheinlich viele den Vertrag unterzeichnet; aber nur wenige taten es. Die meisten Delaware-Häuptlinge (unter ihnen Pachgantschilas und Hopocan, deren Reden folgen) blieben auf der Seite der Briten.

Die Dokumente unten zeigen zwei Standpunkte für die Verbindung der Indianer mit den Briten. Das erste Dokument verdeutlicht die Einstellung eines Häuptlings, der gegen die ‹Amerikaner› kämpft, weil er sie als die Feinde betrachtete – als Landräuber und Mörder.

Das zweite Dokument, eine tiefergehende Analyse der Situation, veranschaulicht, daß wirtschaftlicher Zwang oft ein starker Faktor bei der Wahl der Seite war. Das Dokument zeigt auch, daß viele Indianer den amerikanisch-britischen Kampf nur als ein weiteres Machtspiel zwischen den Weißen um die Herrschaft über indianische Gebiete ansahen. In der Vergan-

genheit hatten sich die Indianer mit verschiedenen Parteien von Weißen verbündet, manchmal mit den Franzosen, manchmal mit den Briten; am Ende wurden ihre Interessen doch verkauft, ganz gleich, auf welche Seite sie sich stellten. ‹Vater› im ersten Dokument bezieht sich auf die Briten, während ‹Sohn› oder ‹Kinder› sich auf die Kolonisten bezieht. Die ‹Long Knives› im zweiten Dokument stehen für die ‹amerikanischen› Kolonisten, die in dieser Zeit oft mit Säbeln und Dolchen kämpften.

Rede von Pachgantschilas, wie sie aufgezeichnet wurde von John Heckewelder, «Narrative of the Mission of the United Brethren Among the Delaware and Mohegan Indians», ... Philadelphia, 1820

Freunde und Verwandte! – Hört, was ich euch sage! Ihr seht eine große und mächtige Nation geteilt! Ihr seht den Vater gegen den Sohn kämpfen und den Sohn gegen den Vater! Der Vater hat seine indianischen Kinder gerufen, ihm bei der Bestrafung seiner Kinder, der Amerikaner, die ungehorsam geworden sind, zu helfen! Ich habe mir Zeit genommen, um zu überlegen, was ich tun sollte – ob ich das Kriegsbeil meines Vaters annehmen sollte, um ihm zu helfen, oder nicht! Zunächst sah ich es als einen Familienstreit an, an dem ich nicht interessiert war. Auf die Dauer jedoch schien es mir, daß der Vater im Recht sei und seine Kinder verdienten, ein bißchen bestraft zu werden! Daß dies der Fall sein mußte, schloß ich aus den vielen Greueltaten, die seine Nachkommen von Zeit zu Zeit gegen seine indianischen Kinder begingen; Übergriffe auf unsere Länder, Raub der Männer, Frauen und Kinder. Ja! Selbst Mord an denen, die ihnen zuzeiten freundlich entgegengekommen waren und ihnen unter ihrem Dach Schutz gewährt hatten. Der Vater selbst hielt die Wache an der Tür zu jener Zeit! Freunde! Oft ist der Vater verpflichtet gewesen, das Unrecht und den Schaden, der uns von seinen ungehorsamen Kindern angetan wurde, auszugleichen und Wiedergutmachung zu leisten; aber diese werden nicht besser! Nein! Sie verändern sich nicht und werden weiter so sein, solange uns noch irgendwelches Land bleibt! Blickt zurück auf die Morde, die von den Long Knives an vielen unserer Verwandten verübt wurden, die als ihre friedlichen Nachbarn am Ohio lebten! Wurden sie nicht getötet, ohne sie im mindesten herausgefordert zu haben? Denkt ihr, sie sind jetzt besser, als sie damals waren? Nein, in der Tat nicht; und es sind noch nicht viele Tage vergangen, seit eine Anzahl eben dieser Männer vor euren Türen standen, sie lechzten danach, euch zu töten, doch glücklicherweise wurden sie von Great Sun (*der Name, den die Indianer Oberst Daniel Broadhead gegeben hatten*) daran gehindert. Er war zu jener Zeit vom Großen Geist dazu bestimmt worden, euch zu schützen!

Freunde und Verwandte! Hört mir nun zu und hört, was ich euch zu sagen habe. Ich bin selbst gekommen, euch aufzufordern, euch zu erheben und mit mir an einen sicheren Ort zu gehen! Seid nicht kleinlich, meine Freunde, mit dem Land, das ihr jetzt bebaut. Ich werde euch in ein ebenso gutes Land (das Miamiland) führen, wo euer Vieh genügend Weiden finden wird; wo es viel Wild gibt; wo eure Frauen und Kinder mit euch zusammen in Frieden und Sicherheit leben werden; wo kein Long Knife euch je belästigen soll! Nein! Ich werde zwischen euch und ihnen leben und nicht einmal dulden, daß sie euch erschrecken! Dort könnt ihr eurem Gott ohne Furcht huldigen! Hier, wo ihr jetzt seid, könnt ihr es nicht! Denkt über das nach, was ich euch gesagt habe, und glaubt mir, wenn ihr bleibt, wo ihr jetzt seid, werden eines Tages die Long Knives in ihrer üblichen Weise, während sie schöne Worte zu euch sprechen, euch umbringen!

Rede von Häuptling Hopocan (Captain Pipe), entnommen aus Samuel Drake, «Biography and History of the Indians of North America», Buch V, Boston, 1834

Vater (dann hielt er einen Moment inne, wandte sich den Zuhörern zu und sagte mit einer sehr ausdrucksstarken Miene und einem sarkastischen Blick mit leiserer Stimme), ich habe *Vater* gesagt, obwohl ich in der Tat nicht weiß, *warum* ich *ihn* so nenne, da ich niemals einen anderen Vater als den französischen gekannt habe und die Engländer nur als *Brüder* betrachte. Aber da dieser Name uns auch aufgedrängt wurde, werde ich ihn benutzen und sagen (gleichzeitig heftete er seine Augen auf den Kommandanten), Vater, vor einiger Zeit hast du mir ein Kriegsbeil in die Hände gelegt und gesagt: «Nimm diese Waffe und probiere sie auf den Köpfen unserer Feinde, der Long Knives, aus und laß mich hinterher wissen, ob sie scharf und gut war.» Vater, zu der Zeit, als du mir die Waffe gabst, hatte ich weder Grund noch Neigung, gegen ein Volk in den Krieg zu ziehen, das mir kein Unrecht zugefügt hatte; aber im Gehorsam zu dir, der du sagst, du bist mein Vater, und mich dein Kind nennst, nahm ich das Kriegsbeil an; denn ich wußte sehr wohl, wenn ich nicht gehorchte, würdest du die lebensnotwendigen Güter zurückhalten, ohne die ich nicht existieren könnte und die nirgendwo besorgt werden können als im Haus meines Vaters.

Du magst mich vielleicht für einen Narren halten, daß ich mein Leben auf dein Gebot hin aufs Spiel setze, noch dazu bei einer Sache, bei der ich keine Aussicht habe, irgend etwas zu gewinnen; denn es ist deine Sache und nicht meine. Es ist deine Angelegenheit, die Long Knives zu bekämpfen, ihr habt den Streit unter euch angefangen, und ihr sollt ihn auch selbst austragen. Du solltest deine Kinder, die Indianer, nicht zwingen, sich um deinetwillen in Gefahr zu begeben. Vater, wegen dir haben schon viele ihr Leben verloren! Nationen haben gelitten und sind geschwächt worden! Kinder haben ihre Eltern verloren, Brüder und Verwandte! Frauen haben ihre Männer verloren! Es ist nicht bekannt, wie viele noch untergehen werden, bevor dein Krieg zu Ende geht! Vater, ich habe gesagt, daß du mich vielleicht für einen Narren hältst, weil ich so gedankenlos gegen deine Feinde anstürme! Glaube das nicht, Vater: Glaube nicht, daß es mir an Vernunft fehlt, mich davon zu überzeugen, daß, obwohl du jetzt vorgibst, in unversöhnlicher Feindschaft mit den Long Knives zu leben, du doch nach einiger Zeit mit ihnen Frieden schließen wirst. Vater, du sagst, du liebst deine Kinder, die Indianer. Das hast du ihnen oft erzählt, und es ist in der Tat in deinem Interesse, ihnen das zu sagen, damit sie dir zu Diensten sind. Aber, Vater, wer von uns kann glauben, daß du ein Volk mit einer anderen Hautfarbe als deiner mehr liebst als die, die wie deinesgleichen eine weiße Haut haben? Vater, hör zu, was ich jetzt sagen werde. Während du, Vater, mich auf deine Feinde ansetzt, ähnlich wie ein Jäger seinen Hund auf das Wild ansetzt, während ich dabei bin, auf diesen Feind loszustürzen mit der blutigen, todbringenden Waffe, die du mir gabst, könnte es doch sein, daß ich zurückblicke; und was werde ich sehen? Vielleicht könnte ich meinen Vater sehen, der den Long Knives die Hand schüttelt; ja, genau den Leuten, die er jetzt seine Feinde nennt. Ich könnte ihn dann über meine Verrücktheit lachen sehen, seinen Befehlen gehorcht zu haben, und doch setze ich jetzt mein Leben auf seinen Befehl hin aufs Spiel! Vater, bewahre, was ich gesagt habe, in deinem Gedächtnis. Nun, Vater, hier hast du das, was mit dem Kriegsbeil, das du mir gabst, getan wurde. (Mit diesen Worten überreichte er dem Kommandanten den Stock mit dem Skalp darauf.) Ich habe mit dem Kriegsbeil getan, was du mir zu tun befohlen hast, und fand es scharf. Ich tat nicht alles, was ich hätte tun können. Nein, ich tat es nicht. Mein Herz versagte es mir. Ich fühlte Mitleid mit deinem Feind. Unschuld (hilflose Frauen und Kinder) hatte keinen Anteil an deinem Streit; da unterschied ich – und verschonte. Ich nahm einige lebende Wesen, die ich auf dem Weg zu dir auf eines deiner Kanus legte. In einigen Tagen wirst du diese Wesen empfangen und feststellen, daß die Haut von der gleichen Farbe ist wie deine eigene. Vater, ich hoffe, du wirst nicht zerstören, was ich bewahrt habe. Du, Vater, hast die Mittel, um zu erhalten, was bei mir aus Mangel untergehen würde. Der Krieger ist arm und seine Hütte ist immer leer, aber dein Haus, Vater, ist immer voll.

Eine Grenze zwischen uns

1793

Vom Standpunkt der Indianernationen aus war ihre Verwicklung in den ‹revolutionären› Krieg zwischen England und den kürzlich ausgerufenen Vereinigten Staaten einfach eine Fortsetzung des langen Kampfes, dessen einzelne Phasen der französisch-indianische Krieg, Pontiacs Krieg und Lord Dunmores Krieg gewesen waren; des Kampfes der Indianer um Souveränität und Freiheit in ihrem eigenen Land. Daß eine indianische Nation nach der anderen es vorzog, sich mit den Briten zu verbünden, zeigt deutlich, daß sie die ‹Amerikaner› in den Kolonien als ihren schlimmsten Feind und als ihre direkteste Bedrohung ansahen. Weil sie für ihre eigene territoriale Integrität kämpften, weigerten sich die Indianer, den separaten Frieden, den ihre englischen Verbündeten schlossen, anzuerkennen, genauso, wie sie sich geweigert hatten, sich automatisch als unterlegen zu betrachten, als die Franzosen aufgaben und sich während des französisch-indianischen Krieges zurückzogen. Sie erklärten die Linie als Grenze, die von den Engländern in der Deklaration von 1763 und von den Vereinigten Staaten in den Verträgen von 1768 und 1775 anerkannt worden war.

Auf ‹amerikanischer› Seite erklärte der Continental Congress, daß nach dem Sieg über England die indianischen Nationen als besiegter Feind zurückgeblieben seien, mit nicht mehr Rechten, als ihre ‹Eroberer› ihnen zugestehen würden – und daß die Indianer wegen ihres Bündnisses mit den Engländern nicht mehr die Anerkennung der territorialen Verträge erwarten könnten. Es wurde natürlich völlig außer acht gelassen, daß der Vorstoß der Weißen nach Kentucky und Ohio einen bewaffneten Angriff auf indianisches Hoheitsgebiet dargestellt hatte – ein Angriff, der der ‹Allianz› der Indianer mit den Briten lange vorausging. Tatsächlich konnte vom Standpunkt der Indianer aus sehr wohl argumentiert werden, daß es die Briten gewesen waren, die sich mit ihnen verbündet hatten – und sich dann davongemacht hatten, als die Sache brenzlig wurde.

Die Indianer setzten ihren Widerstand ohne die britische Unterstützung in Ohio und Kentucky fort, indem sie eine Art Guerillakrieg gegen die ständig steigende Flut weißer Eindringlinge führten. Und diese Eindringlinge hielten beständig die Forderung aufrecht, daß der Kongreß die Armee einsetzen solle, um sie zu schützen. Diese Forderung wurde mit dem politischen Druck von einflußreichen östlichen Landspekulanten, mit den persönlichen Ambitionen politischer Führer und Interessen einzelstaatli-

cher Regierungen verbunden. (Einige Staaten hatten Veteranen indianische Gebiete versprochen, um sie für den Kampf gegen England anzuwerben.) Am 15. Juni 1789 verfaßte der Kriegsminister Henry Knox einen Bericht über das ‹Indianerproblem›:

Bei der Untersuchung der Frage, wie die Störungen an den Grenzen beseitigt werden können, bieten sich zwei Verfahrensmöglichkeiten an, durch die das Ziel vielleicht erreicht werden kann: Die erste ist die Aufstellung einer Armee und die vollständige Ausrottung der widerspenstigen Stämme; die zweite ist der Abschluß von Friedensverträgen mit ihnen, in denen ihre Rechte und Grenzen klar zu definieren wären. Die Vereinigten Staaten müßten in konsequenter Weise dafür sorgen, daß die Verträge eingehalten und Vertragsverletzungen durch Weiße geahndet werden. Bei der Beurteilung des ersten Verfahrens würde die Frage auftauchen, ob die Vereinigten Staaten beim gegenwärtigen Stand der Dinge in Übereinstimmung mit den Prinzipien der Gerechtigkeit und dem Naturrecht ein klares Recht haben, zur Ausrottung oder Vertreibung der Wilden zu schreiten ... (Wahrscheinlich) würde eine Nation, die bemüht ist, ihr Wesen auf dem breiten Fundament der Gerechtigkeit aufzubauen, nicht nur zögern, sondern jedes Ansinnen, sich durch Unrecht an irgendeiner Nachbargemeinde zu bereichern, zurückweisen ... Da die Indianer die ursprünglichen Bewohner sind, besitzen sie das Recht auf den Boden. Er kann ihnen nicht abgenommen werden, außer mit ihrer freien Zustimmung oder durch das Recht der Eroberung im Falle eines gerechten Krieges. Sie auf Grund irgendeines anderen Prinzips zu enteignen, würde eine grobe Verletzung des fundamentalen Naturrechts darstellen ...

Die moralische Folgerung, die der Kriegsminister so klar erkannte, war jedoch nicht die einzige Überlegung, denn er fuhr fort, daß wenn

... bei abstrakter Betrachtung der Situation entschieden werden sollte, daß es gerecht sei, die Wabash Indianer (diejenigen Nationen, die kämpften, um die Weißen zur Demarkationslinie zurückzudrängen) mit Gewalt aus dem Gebiet, das sie bewohnen, zu vertreiben, würden die Finanzen der Vereinigten Staaten eine solche Operation zur Zeit nicht erlauben ...

Solche Argumente und zusätzlich eine Serie von Niederlagen im Kampf mit den Indianern bewogen die Vereinigten Staaten, versuchsweise mit den indianischen Nationen Frieden zu schließen, aber sie bestanden darauf, daß die Grundlage des Friedens die indianische Anerkennung der Rechte der Weißen auf die Gebiete Ohio und Kentucky, die bereits infiltriert und besetzt worden waren, sein müßte.

Aus einer Stellungnahme, die vom Council of Indians in Miami Rapids am 13. August 1793 an die vom Präsidenten der Vereinigten Staaten ernannten Bevollmächtigten geschickt wurde

Brüder: Geld ist für uns wertlos und den meisten von uns unbekannt; und da keine wie auch immer geartete Überlegung uns verleiten kann, die Länder zu verkaufen, aus denen wir den Unterhalt für unsere Frauen Kinder beziehen, hoffen wir, daß es uns erlaubt ist, ein Verfahren vorzuschlagen, durch das eure Siedler leicht umzusiedeln sind und der Frieden aufrechterhalten werden kann. Wir wissen, daß diese Siedler arm sind, sonst hätten sie nie in einem Land ihr Leben gewagt, in dem, seit sie den Ohio überquerten, ständig Unruhe herrscht. Verteilt deshalb die große Geldsumme, die ihr uns angeboten habt, unter diese Leute; gebt auch jedem einen Anteil von dem, was ihr uns jährlich angeboten habt, und wir sind sicher, sie werden es sehr bereitwillig an Stelle des Landes, das ihr ihnen verkauft habt, annehmen. Wenn ihr auch noch die große Summe hinzufügt, die ihr für Ausrüstung und Bezahlung der Armeen ausgebt, die die Übergabe unseres Landes an euch erzwingen sollen, werdet ihr sicherlich mehr als genug für den Zweck haben, diese Siedler für all ihre Mühen zu entschädigen. Ihr habt mit uns über Zugeständnisse gesprochen. Es erscheint seltsam, daß ihr solche von uns erwartet, die wir nur unsere klaren Rechte gegen euer Eindringen verteidigt haben. Wir wollen Frieden. Gebt uns unser Land zurück und wir werden keine Feinde mehr sein.

Brüder: Ihr macht ein Zugeständnis, indem ihr uns euer Geld anbietet, und ihr sagt, ihr wollt uns Gerechtigkeit widerfahren lassen, die ihr uns so lange zu unserem Schaden und zu eurer Schande vorenthalten habt; wir meinen, damit habt ihr jetzt anerkannt, was der König von England nie tat, der auch nie das Recht hatte, euch in dem Friedensvertrag unser Land zu geben. Und ihr wollt diesen Akt allgemeiner Gerechtigkeit zu einem großen Teil eures Zugeständnisses machen und scheint zu erwarten, weil ihr schließlich unsere Unabhängigkeit anerkannt habt, daß wir euch für eine solche Gnade unser Land übergeben.

Brüder: Ihr habt auch eine Menge über Vorkaufsrecht gesprochen und über euer ausschließliches Recht, die indianischen Länder zu kaufen, wie euch vom König im Friedensvertrag zugebilligt.

Brüder: Wir haben niemals ein Abkommen mit dem König geschlossen noch mit irgendeiner anderen Nation, daß wir irgend jemandem das ausschließliche Recht geben würden, unsere Länder zu kaufen; und wir erklären, daß es uns freisteht, unsere Länder zu verkaufen oder abzutreten, wann immer und an wen immer wir wollen. Wenn die Weißen, wie ihr sagt, einen Vertrag gemacht haben, der beinhaltet, daß niemand außer dem König von uns kaufen sollte und er dieses Recht an die Vereinigten Staaten abgegeben hat, ist das eine Sache, die euch und ihn angeht und nicht uns. Wir haben niemals mit einer solchen Macht geteilt.

Brüder: Bei unserem im letzten Herbst am Glaize abgehaltenen allgemeinen Rat kamen wir überein, Bevollmächtigte der Vereinigten Staaten zu treffen, um den Frieden wiederherzustellen, vorausgesetzt, sie gäben ihre Zustimmung, den Ohio als unsere Grenzlinie anzuerkennen und zu bestätigen. Wir beschlossen, euch nicht zu treffen, bis ihr uns über diesen Punkt Genugtuung geben würdet. Das ist der Grund, warum wir uns niemals getroffen haben.

Brüder: Wir bitten euch zu überdenken, daß unsere einzige Forderung der friedliche Besitz eines kleinen Teils unseres einst großen Landes ist. Schaut zurück und seht die Länder an, von denen wir bis hierher vertrieben worden sind. Wir können uns nicht weiter zurückziehen, weil das Land dahinter seinen gegenwärtigen Bewohnern kaum genug Nahrung liefert; und wir sind deshalb zu dem Entschluß gekommen, unsere Gebeine an diesem kleinen Ort, an den es uns verschlagen hat, zu lassen.

Brüder: Wir werden überzeugt sein, daß ihr uns wirklich Gerechtigkeit widerfahren lassen wollt, wenn ihr zustimmt, daß der Ohio die Grenzlinie zwischen uns sein soll. Wenn ihr nicht euer Einverständnis geben wollt, wird unser Treffen ganz und gar unnötig sein. Dies ist der springende Punkt, und wir hofften, er sei bereits geklärt worden, bevor ihr eure Häuser verließet; denn unser Bote im letzten Herbst war grundsätzlich angewiesen, diese Bestätigung zu erhalten.

Verfaßt im Allgemeinen Rat am Fuß der Miami Rapids, am 13. Tag im August 1793.

Die ständig wiederholten Versicherungen der Regierung der Vereinigten Staaten, ihr Volk wolle «nur dieses eine kleine Stück und werde niemals wieder um mehr bitten», traf auf taube Ohren. Einmal wußten es die Indianer aus Erfahrung besser. Zum anderen wußten sie auch, daß trotz der Fähigkeit des Kriegsministers, eine moralische Verantwortung zu erkennen (was nicht notwendigerweise mit der Einsicht verbunden war, danach handeln zu müssen), die wahre Einstellung des weißen Mannes derjenigen viel näher kam, der ein einflußreicher Bewohner Pittsburghs 1782 Ausdruck verlieh. Er schrieb «einige Beobachtungen in bezug auf die Tiere, die gemeinhin Indianer genannt werden ...» Die Ansicht dieses Schreibers über indianische Bodenrechte war kristallklar.

Worauf ist ihr Anspruch gegründet? Sie wohnen dort. Ein wilder Indianer mit rot angemalter Haut und einer Feder durch die Nase hat seinen Fuß auf den großen Kontinent von Nord- und Südamerika gesetzt; ein zweiter wilder Indianer mit zu Ringeln gestutzten Ohren oder mit geschlitzter Nase wie ein Schwein oder ein Übeltäter hat ebenfalls seinen Fuß auf das gleiche ausgedehnte Erdreich gesetzt ... Wie nutzt dieses geringelte, gestreifte, fleckige und gesprenkelte Vieh dieses Erdreich? Bebauen sie es? Die Offenbarung sagte dem Menschen: «Du sollst den Boden bebauen.» Nur das ist menschliches Leben ... Was würden Sie davon halten, ... sich an einen großen Büffel um Gewährung von Land zu wenden?

Es ist dem obigen Schreiber natürlich egal, daß selbst die grundsätzliche Voraussetzung falsch ist, von der er behauptet, daß sie dem Weißen mehr Recht auf das Land gibt als den Indianern. Wer lehrte schließlich den weißen Mann, Mais, Kürbisse, Tabak und so weiter anzupflanzen? Aber er war nicht der erste – nicht der letzte – weiße Mann, dessen Rassismus und dessen Gier der Realität den Blick verstellte.

Eine Basis für den Zusammenschluß 1805

Die Idee des Zusammenschlusses der Indianer gegen den vielgesichtigen weißen Unterdrücker, der Pontiac in seinem Appell an die verschiedenen Nationen Ausdruck verlieh – und die wenigstens teilweise in der Föderation, die er in den Krieg führte, verwirklicht wurde – starb nicht mit seiner Niederlage. Während der Jahre, die der ‹amerikanischen› Revolution folgten, breitete sich diese Idee aus. Nationen wie die Shawnee, Delaware und Wyandot (die seit der Ankunft des weißen Mannes wegen verschiedener Repressalien oft ihre Bleibe gewechselt hatten) kamen mehr und mehr zu der bitteren Erkenntnis, daß der weiße Mann immer die gleiche Bedrohung für das Leben der Indianer darstellte, wo immer die zwei Rassen aufeinandertrafen. Der weiße Mann unterschied kaum zwischen Indianernationen oder -völkern, wie das beinahe unglaubliche Durcheinander von Namen und Zeugnissen in weißen Geschichtsbüchern nur zu deutlich zeigt.

Die eindeutige Grenzlinie der Deklaration von 1763 war ein entscheidender Punkt, über den bei den indianischen Nationen – auf beiden Seiten dieser Linie – beinah allgemeine Übereinstimmung herrschte. Außerdem wurde die Konkurrenz zwischen verschiedenen europäischen Gruppen um den Handel mit Indianern geringer, die ein wesentlicher Faktor für die Spaltung der Indianer in feindliche Lager war. So machte der Zusammenschluß der Indianer Fortschritte, und die weiße Politik des Teilens und Herrschens wurde weniger wirkungsvoll.

Im Ohiogebiet, das von den Indianern verteidigt wurde, verbanden sich die Krieger der Shawnee und anderer Nationen 1790 unter Führung von Little Turtle mit den Miami und schlugen ein 1400 Mann starkes Heer, befehligt von General Josiah Harmar. Unter den Kriegern, die an jenem Tag Harmars Rückzug erzwangen, war ein junger Shawnee namens Tecumtha (in vielen Büchern Tecumseh genannt), dessen Stimme sich bald als die machtvollste im Ruf nach dem Zusammenschluß der Indianer erweisen sollte. Im folgenden Jahre war es wieder eine vereinigte Streitmacht der Miami, Shawnee und Delaware, die das über 2000 Mann starke Heer General Arthur St. Clairs in einer wütenden Schlacht am 4. November 1791 vernichtete. Mehr als 600 ‹amerikanische› Soldaten wurden an jenem Tag*

* Sie wurden von Pachgantschilas angeführt, dessen Gründe für die Verbindung mit den Briten während des «Revolutionskrieges» in «Pachgantschilas spricht» dargestellt werden. Siehe Kapitel »Wessen Unabhängigkeit?«.

getötet. Das Ereignis wurde als «eine der schlimmsten Niederlagen, die je eine amerikanische Armee erlitt», beschrieben. Unter den Shawnee, die sich im Kampf an jenem Tag auszeichneten, war wieder der junge Tecumtha.

1794 jedoch unternahmen die Vereinigten Staaten mit neuen Waffen einen massiven Angriff auf indianisches Gebiet. Die fortgesetzten Niederlagen, die sie von den Indianern hinnehmen mußten, hatten die ‹Amerikaner› in Rage versetzt. Sie konnten nicht mehr damit rechnen, daß die Indianernationen ihre Zustimmung zu einem Frieden geben würden, der nicht von der ursprünglichen Ohiogrenze ausging. Unter dem Befehl von General Anthony Wayne fielen mehr als 3600 reguläre Soldaten in indianisches Land ein. Sie rückten in einer Art Sprungtaktik langsam vor: Marschieren, haltmachen, ein Fort bauen, bis zu einer anderen Stelle weiterziehen und die Operation wiederholen. Tecumtha, der eine Kriegsabteilung der Shawnee angeführt hatte, die ihren Creek- und Cherokee-Verbündeten im Kampf gegen Tennessee-Siedler zu Hilfe gekommen war, kehrte in den Nordwesten zurück und verband sich mit den Streitkräften der Föderation, die jetzt unter dem Befehl eines anderen Shawnee-Häuptlings, Blue Jacket, stand. Am 20. August 1794 führte Blue Jacket seine 1400 Krieger gegen General Waynes Heer. Der Kampfplatz am Maumeefluß ist als Fallen Timbers bekannt. Die heftige Schlacht endete mit der Niederlage der Indianer. General Wayne feierte den Sieg, indem er alle Indianerdörfer, die er vorfand, einäscherte und dann zu dem Fort, das er in Greenville, Ohio, gebaut hatte, zurückkehrte.

Im nächsten Frühling wurden Häuptlinge der besiegten Nationen zu einer Friedensverhandlung nach Greenville eingeladen. Zwei Monate lang wurden sie unter Druck und auch unter Alkohol gesetzt. Schließlich unterzeichneten die Häuptlinge in Anbetracht des Hungers, den ihr Volk litt, den Vertrag von Greenville. Sie traten fast zwei Drittel von Ohio ab, einen Teil von Indiana und 16 Landeinheiten im Nordwesten, einschließlich der Landeinheiten von Detroit, Chicago und Toledo. Für diese Veräußerung erhielten die Indianer 20000 Dollar in Gütern, und es wurden ihnen 9500 Dollar als jährliche Zahlungen versprochen. Es ist wichtig festzuhalten, daß Tecumtha sich weigerte, der Verhandlung beizuwohnen, und daß er den dort unterzeichneten Vertrag nicht anerkannte.*

Nach dem Vertrag von Greenville ließen sich die Weißen auf den abgetretenen Ländern nieder und begannen natürlich fast sofort, weiter vorzustoßen. Missionare kamen, um bei den Nationen zu arbeiten. Sie predigten die Religion des weißen Mannes und den Lebensstil, den der weiße

* Zusammen mit den Dörfern hatte General Wayne im Sommer im Jahr zuvor auch die Maisfelder zerstört, die er als die größten, die er je gesehen hatte, beschrieb.

Mann offenbar für untrennbar mit Christi Lehren verbunden hielt. Der Whisky floß in Strömen, wobei es sich nur um einen wohlüberlegten Versuch, die Moral und die Selbstachtung der Indianer zu zerstören, gehandelt haben kann. Wieder einmal begleiteten Prostitution und Krankheit den weißen Mann in indianisches Gebiet, und wieder einmal bewiesen sie ihre verheerende Wirkung für das Leben der Indianer. Die Plünderungen, Vertreibungen und der Betrug im Handel von seiten der Weißen verminderten den Wohlstand der Indianer rapide. Die Armut machte viele Indianer noch anfälliger für Laster und Verzweiflung, und das Laster machte die Indianer wiederum leichter zur Beute weißer Plünderungen, Vertreibungen und Betrügereien.

Doch in diesen Jahren verstärkten sich auf beiden Seiten der alten Demarkationslinie die Kräfte der Regeneration und das Bewußtsein einer indianischen Einheit. Indianische Propheten lehrten und predigten, die Indianer müßten sich der Religion und dem Einfluß des weißen Mannes entziehen – und zu dem Glauben und den Anschauungen, die sie vor der Ankunft der Weißen hatten, zurückkehren. Besonderer Nachdruck lag bei diesen Lehren religiöser Erneuerung auf der Wiederherstellung einer klaren Trennung zwischen der Lebensweise der Weißen und der Lebensweise der Indianer. Diese Art der Betrachtung, die alle Weißen auf die eine, alle Indianer auf die andere Seite stellte, verstärkte bei den Indianern das Gefühl brüderlicher Verbundenheit mit anderen Menschen ihrer Rasse, über ihre eigene Nation hinaus. Im Nordwesten war Tecumthas Bruder der berühmteste der Propheten. Wir werden später mehr von ihm hören. Im Osten, im Land der einst mächtigen Sechs Nationen, predigte Handsome Lake von der Nation der Seneca mit viel Erfolg dieses indianische Evangelium.

Der Häuptling der Seneca war Sagu-yu-what-hah («Keeper Awake»), häufiger Red Jacket genannt. Es wird erzählt, daß er einmal einen jungen Indianer bei seiner Rückkehr von einer weißen Schule, in der dieser ‹erzogen› worden war, fragte: «Was haben wir nun hier? Du bist weder ein Weißer noch ein Indianer, um Himmels willen, sag uns, was bist du?», und einem weißen Missionar, der versuchte, die indianische Lebensweise als falsch hinzustellen, antwortete Red Jacket: «Wenn ihr weißen Menschen ‹den Heiland› ermordet habt, macht das unter euch aus. Wir hatten damit nichts zu tun. Wenn er zu uns gekommen wäre, hätten wir ihn besser behandelt.»

In dem folgenden Dokument antwortet Red Jacket einem Missionar der Bostoner Missionsgesellschaft, der die Indianer zu einer Beratung einlud und dazu in Begleitung eines US-Agenten für Indianische Angelegenheiten erschien. Der Missionar sagte über den Agenten, daß dieser selbst «euch informieren (wird), was sein Anliegen ist, und es ist meine Bitte, daß ihr seinen Worten aufmerksam folgt». Der Missionar fuhr fort, seinen

Zuhörern zu versichern, daß er nicht an indianischem Land oder Geld interessiert sei. Seine einzige Sorge gelte ihren Seelen, sie sollten aufhören, das «Heil ihrer Seele in Dunkelheit und Irrtum» zu suchen.

Als der Missionar seine Rede beendet hatte, berieten die Indianer gemeinsam zwei Stunden lang über ihre Antwort. Sie wurde von Red Jacket gesprochen, eine Rede, deren Schönheit ebenso bemerkenswert ist wie die Logik, mit der die Angebote des Missionars zurückgewiesen wurden. Hier wird auch der Verdacht ausgesprochen, daß alles, was von den Weißen kommt, sich schließlich schlecht für die Indianer auswirken würde. Diese Haltung war nicht neu, aber diesmal entstand daraus eine neue indianische Sammelbewegung von Red Jackets Brüdern im Westen.

Es ist vielleicht noch wichtig, festzuhalten, daß Red Jacket und andere Häuptlinge fähig waren, die größten Differenzen mit ihren weißen Besuchern auszudrücken, ohne im geringsten gegen die Formen der Höflichkeit zu verstoßen. Sie boten ihnen die Hände zum Gruß und empfahlen die weißen Männer für ihren Heimweg der Sorge des Großen Geistes. Der zivilisierte Missionar, Mr. Cram, weigerte sich, ihnen die Hand zu geben, und sagte, es gäbe «keine Gemeinschaft zwischen der Religion Gottes und dem Teufel».

Red Jacket an den Missionar: Aus dem Pamphlet «Indian Speeches, delivered by Farmer's Brother and Red Jacket Two Seneca Chiefs», Canandaigua, New York, 1809

Freund und Bruder! Es war der Wille des Großen Geistes, daß wir uns an diesem Tage treffen sollten. Er befiehlt alle Dinge, und er hat uns einen schönen Tag für unsere Beratung geschenkt. Er hat die Wolken verbannt und läßt die Sonne mit ihrer ganzen Kraft auf uns strahlen. Unsere Augen sind uns geöffnet, damit wir klar sehen. Unsere Ohren sind nicht verschlossen, so daß wir die Worte, die Ihr gesprochen habt, deutlich hören konnten. Für alle diese Gunstbezeigungen danken wir dem Großen Geist, und ihm allein.

Bruder! Dieses Versammlungsfeuer wurde von Euch entfacht. Auf Eure Bitte hin kamen wir zu dieser Zeit zusammen. Wir haben mit Aufmerksamkeit dem, was Ihr gesagt habt, zugehört. Ihr batet uns, unsere Gedanken frei auszusprechen. Das erfüllt uns mit großer Freude, denn wir sind uns jetzt bewußt, daß wir aufrecht vor Euch stehen und sagen können, was wir denken. Alle haben Eure Stimme gehört, und alle sprechen zu Euch wie ein Mann. Unsere Gedanken stimmen überein.

Bruder! Ihr sagt, Ihr wollt eine Antwort auf Eure Ansprache, bevor Ihr diesen Platz verlaßt. Das ist richtig, Ihr solltet eine erhalten, denn Ihr seid weit entfernt von zu Hause, und wir wollen Euch nicht aufhalten. Aber wir wollen erst einen kleinen Blick in die Vergangenheit werfen und Euch mitteilen, was unsere Väter uns gesagt haben und was wir von den weißen Menschen gehört haben.

Bruder! Hört, was wir sagen. Es gab eine Zeit, da besaßen unsere Vorfahren diese große Insel. Ihre Wohnorte erstreckten sich von der aufgehenden bis zur untergehenden Sonne. Der Große Geist hat sie zum Nutzen der Indianer gemacht. Er hat uns den Büffel, das Reh und andere Tiere als Nahrung gegeben. Er schuf den Bär und den Biber, und ihre Felle dienten uns als Kleidung. Er verstreute sie über das Land und lehrte uns, sie zu jagen. Und er ließ die Erde Mais für das Brot hervorbringen. All dies hat er für seine roten Kinder getan, weil er sie liebte. Wenn wir Streitigkeiten wegen der Jagdgründe hatten, wurden sie im allgemeinen ohne viel Blutvergießen beigelegt. Aber ein böser Tag kam über uns. Eure Vorfahren überquerten die großen Wasser und landeten an dieser Insel. Ihre Zahl war klein. Sie fanden Freunde und nicht Feinde. Sie erzählten uns, daß sie aus Furcht vor bösen Menschen aus ihrem eigenen Land geflohen und hierhergekommen waren, um ihre Religion auszuüben. Sie baten um eine wenig Platz zum Leben. Wir hatten Mitleid mit ihnen, gewährten ihnen ihre Bitte, und sie ließen sich unter uns nieder. Wir gaben ihnen Mais und Fleisch. Sie gaben uns dafür Gift. Die Weißen hatten nun unser Land entdeckt. Das wurde in ihrer Heimat bekannt, und es kamen mehr Weiße. Wir aber fürchteten sie nicht. Wir hielten sie für Freunde. Sie nannten uns Brüder. Wir glaubten ihnen und gaben ihnen mehr Raum zum Leben. Schließlich waren sie sehr zahlreich geworden. Sie wollten mehr Land. Sie wollten unser Land. Da gingen uns die Augen auf, und es wurde uns unbehaglich. Es wurden Kriege geführt. Indianer wurden angeworben, um gegen Indianer zu kämpfen, und viele von uns wurden erschlagen. Man brachte auch scharfen Alkohol zu uns. Er war stark und mächtig und hat Tausende zugrunde gerichtet.

Bruder! Unsere Wohngebiete waren einmal groß, und Eure waren sehr klein. Ihr seid nun ein großes Volk geworden, und für uns ist kaum der Platz übrig, um unsere Decken auszubreiten. Ihr habt unser Land genommen, aber Ihr seid nicht zufrieden. Ihr wollt uns auch Eure Religion aufzwingen.

Bruder! Hört weiter zu. Ihr sagt, Ihr seid gesandt worden, um uns beizubringen, wie der Große Geist zu seinem Wohlgefallen angebetet werden will; und wenn wir die Religion, die Ihr Weißen lehrt, nicht übernehmen, werden wir darüber ins Unglück gestoßen. Ihr sagt, Ihr habt recht, und wir sind verloren. Wie wissen wir, daß das wahr ist? Wir hören, daß Eure Religion in einem Buch aufgeschrieben ist. Wenn es für uns ebenso wie für Euch gedacht war, warum hat der Große Geist es uns nicht gegeben, und nicht nur uns. Warum gab er unseren Vorfahren nicht die Kenntnis von diesem Buch und die Mittel, es richtig zu verstehen? Wir wissen nur, was Ihr uns darüber erzählt. Wie sollen wir wissen, was wir glauben sollen, da wir so oft von den weißen Menschen getäuscht wurden?

Bruder! Ihr sagt, es gibt nur einen Weg, den Großen Geist anzubeten und ihm zu dienen. Wenn es nur eine Religion gibt, warum seid Ihr Weißen so uneinig darüber, obwohl Ihr alle das Buch lesen könnt?

Bruder! Wir verstehen diese Dinge nicht. Man sagt uns, daß Eure Religion Euren Vorfahren geschenkt wurde und vom Vater auf den Sohn weitergegeben wurde. Wir haben auch eine Religion, die unseren Vorvätern geschenkt wurde und die an uns, ihre Kinder, weitergegeben wurde. Wir beten auf diese Weise. Sie lehrt uns, dankbar zu sein für alle die Gnaden, die wir erhalten, einander zu lieben und einig zu sein. Wir streiten niemals über Religion.

Bruder! Der Große Geist hat uns alle erschaffen. Aber er hat seine weißen und roten Kinder sehr verschieden erschaffen. Er hat uns eine andere Hautfarbe und andere Bräuche gegeben. Euch hat er die Fähigkeiten gegeben, für die er uns nicht die Augen geöffnet hat. Wir wissen, daß diese Dinge wahr sind. Er hat uns auch in anderen Dingen so verschieden gemacht. Warum sollten wir nicht daraus schließen, daß er uns eine andere Religion gegeben hat, die unserem Verständnis entspricht? Der Große Geist tut recht. Er weiß, was am besten für seine Kinder ist. Wir sind zufrieden.

Bruder! Wir wollen Eure Religion nicht zerstören oder sie Euch wegnehmen. Wir wollen uns nur unserer eigenen erfreuen.

Bruder! Ihr sagt, Ihr seid nicht erschienen, um uns unser Land oder unser Geld abzunehmen, sondern um unseren Geist zu erleuchten. Ich sage, daß ich bei Euren Versammlungen war und gesehen habe, daß Ihr dabei Geld eingesammelt habt. Ich kann nicht sagen, wofür dieses Geld bestimmt war, aber ich nehme an, es war für Euren Geistlichen; und wenn wir Euren Glauben annehmen sollten, wollt Ihr vielleicht auch welches von uns.

Bruder! Wir haben gehört, daß Ihr hier weißen Menschen gepredigt habt. Diese Leute sind unsere Nachbarn. Wir kennen sie. Wir werden abwarten und sehen, welche Wirkung Eure Predigt auf sie hat. Wenn wir meinen, daß sie ihnen hilft, ehrlich zu werden und sie weniger darauf aus sind, Indianer zu betrügen, werden wir wieder überdenken, was Ihr gesagt habt.

Bruder! Ihr habt jetzt unsere Antwort auf Eure Ansprache gehört, und dies ist gegenwärtig alles, was wir zu sagen haben. Da wir jetzt auseinandergehen werden, wollen wir kommen, Euch die Hand reichen und hoffen, daß der Große Geist Euch auf Eurem Weg beschützen und Euch sicher zu Euren Freunden heimgeleiten wird.

Der Kampf für eine Nation

1810

«Er brüllte wie ein Tiger und feuerte seine tapferen Männer an, anzugreifen», erinnerte sich ein Soldat aus Kentucky, der ihm in der Schlacht begegnet war.

Eine Zeitung in Indiana berichtete über ihn, daß er «wirklich Größe hatte – und daß seine Größe aus ihm selber kam, ohne die Hilfsmittel der Wissenschaft oder Erziehung. Als Staatsmann, als Krieger und als Patriot, nehmt ihn alles in allem, werden wir seinesgleichen nicht mehr sehen.»

General William Henry Harrison sprach von ihm als von einem jener «ungewöhnlichen Genies, die gelegentlich auftauchen, um Revolutionen zu verursachen und die bestehende Ordnung der Dinge umzustürzen».

Ein moderner Schriftsteller, Alvin M. Josephy, Jr. («The Patriot Chiefs»), schrieb:

Er hatte ein anderes Ziel als den bloßen Widerstand eines Stammes oder einer Gruppe von Stämmen gegen die Vorstöße der Weißen. Er war ein Shawnee, aber er betrachtete sich selbst in erster Linie als Indianer und kämpfte, um allen Indianern ein nationales an Stelle ihres Stammesbewußtseins zu vermitteln und um sie in der Verteidigung eines gemeinsamen Heimatlandes zu vereinen, wo sie alle weiterhin unter ihren eigenen Gesetzen und Führern wohnen könnten.

Alle diese Männer sprachen oder schrieben über Tecumtha, den großen Shawnee, der 1768 geboren und 1813 getötet wurde. Keine andere Stimme unter den zahllosen, die die Wut über den Verrat und die Gier der Weißen ausdrückten, erhob sich jemals in Nordamerika so laut oder wurde in so weitem Umkreis gehört. Niemand erklärte jemals klarer die Bedeutung der Anwesenheit und Zivilisation der Weißen dem Volk, in dessen Kontinent sie einfielen. Niemand brachte jemals den indianischen Traum, daß irgendwo der weiße Vormarsch zum Stehen käme oder aufgehalten würde, der Verwirklichung näher.

Tecumtha bedeutet ‹lauernder Berglöwe›. Die Weißen verunstalteten den Namen und verwandelten ihn in Tecumseh, was ‹schießender Stern› heißt. Er wurde im März 1768 in der Nähe des heutigen Dayton geboren. Sein Vater war ein Kriegshäuptling der Shawnee. Dessen Geschichte spiegelte die erzwungene Nomadenerfahrung der Shawnee wider. Er wurde in Florida geboren, zog nach Norden, nach Pennsylvania, wich dort vor der blutigen Speerspitze der immer weiter vordringenden weißen Massen zu-

rück, heiratete in Alabama und ließ sich in der Nähe des Mad River in Ohio nieder, kurz bevor Tecumtha geboren wurde.

Zur Zeit von Tecumthas Geburt war Pontiac gerade geschlagen worden. Während der ersten Jahre seiner Kindheit begannen Siedler, die Berge westwärts zu überqueren. Sie zogen nach Kentucky und Ohio, und der lange Kampf um dieses Gebiet begann. Lord Dunmores Krieg, in dem Tecumthas Vater und sein älterer Bruder kämpften, brach aus, als er sechs Jahre alt war. Er war nicht viel älter, als er und seine Mutter eines Nachts seinen Vater suchen gingen, der nicht nach Hause gekommen war; sie fanden ihn sterbend. Er konnte ihnen noch erzählen, daß ihn weiße Männer angerufen und dann, ohne provoziert worden zu sein, auf ihn geschossen hatten. Als Tecumtha zehn war, sah er den berühmten Daniel Boone, als dieser nach Ohio zurückgebracht wurde, nachdem er während eines indianischen Stoßtruppunternehmens in Richtung Kentucky mit 26 anderen weißen Männern gefangengenommen worden war. Zwei Jahre später brannte eine US-Armee die Shawneestadt, in der Tecumtha lebte, nieder; er begann zusammen mit den anderen Shawnee eine neue Stadt zu bauen, die sie Piqua, die ‹Stadt, die sich aus der Asche erhebt›, nannten. Mit etwa 14 Jahren nahm er zum erstenmal an einer Schlacht teil. Er kämpfte neben seinem Bruder Cheeseekau gegen weiße Eindringlinge in Kentucky. Noch nicht 20 Jahre alt, unternahm er mit anderen jungen Shawnee Guerilla-Expeditionen, die weiße Siedler daran hindern sollten, ungehemmt den Ohiofluß hinabzuziehen. Später wurde er dann Führer einer eigenen Einheit und setzte den Guerillakampf um Ohio fort. Sein Anteil an den Niederlagen der Generäle Harmar und St. Clair ist bereits erwähnt worden. Er befehligte eine Gruppe von Kundschaftern gegen General Anthony Wayne bei der Katastrophe von Fallen Timbers. An jenem Tage wurde sein Bruder getötet.

Da Tecumtha sich weigerte, an der Friedensverhandlung von Greenville teilzunehmen oder den dort unterzeichneten Vertrag anzuerkennen, brach er mit Blue Jacket, dem Kriegshäuptling der Shawnee. Statt in der Nähe der Weißen zu bleiben, die in das abgetretene Gebiet vorrückten, zogen er und seine Anhänger weiter nach Westen, nach Indiana. Eine steigende Zahl erzürnter Krieger, die unbedingt dem Häuptling die Treue halten wollten, der den Kampf gegen den weißen Mann nicht aufgegeben hatte, stieß dort zu ihm.

In einer der Geschichten über Tecumthas Leben während dieser Periode wird erzählt, daß er während des Besuches bei einer seiner Schwestern in Ohio einem weißen Mädchen begegnete, das trotz der widrigen Umstände – sie war Tochter eines Siedlers in der ‹Wildnis› – ungewöhnlich gebildet gewesen zu sein scheint. Jedenfalls las sie ihm angeblich aus klassischen Geschichtsbüchern, aus Shakespeare und der Bibel vor. Die Be-

ziehung der beiden wurde romantisch. Er bat sie, ihn zu heiraten. Sie antwortete, sie würde ihn heiraten, aber nur, wenn er sein Leben als Indianer aufgeben und wie die Weißen leben würde. Er sah sie niemals wieder.

Die weißen Siedlungen mit ihren demoralisierenden Auswirkungen (mit den Symptomen Trunksucht, Armut und Krankheit) forderten ihre Opfer, schwächten die indianische Bevölkerung, während die weiße Bevölkerung zunahm. Mit dem Anwachsen der weißen Bevölkerung mehrten sich wieder einmal die Stimmen der Weißen, die Zugang zu weiteren indianischen Ländern forderten. Wie um das Unvermeidliche vorwegzunehmen, begann die Regierung eine neue territoriale Verwaltung für das Gebiet von Indiana vorzubereiten, obwohl ganz Indiana – bis auf das kleine Stück, wo Tecumtha und seine Shawnee lebten – in dem Vertrag von Greenville als immer den Indianern gehörend anerkannt worden war.

Da sie weit entfernt von weißen Händlern lebten, bewahrten sich Tecumthas Shawnee ihre Stärke und ihre Moral und waren weniger anfällig für Whisky und weiße Krankheiten. Tecumtha lehnte den Alkohol ab und war selbst Abstinenzler. Aber trotz seines Widerstands verkauften doch skrupellose Händler Whisky an die Shawnee. Eines ihrer bekanntesten Opfer war Tecumthas jüngerer Bruder. Doch dann ereignete sich folgendes: Im Jahr 1805 (dasselbe Jahr, in dem Red Jacket dem weißen Missionar sagte, er würde abwarten und sehen, welche Veränderungen christliche Predigt in Lebensweise und Charakter seiner weißen Nachbarn hervorrufen würde), fiel Tecumthas Bruder in einen Trancezustand, aus dem er als ein verwandelter Mensch hervorging. Er begann mit solcher Überzeugungskraft und Beredsamkeit gegen den Alkohol zu Felde zu ziehen, daß er schnell Anhänger fand. Schon bald predigte er, wie der Seneca-Prophet Handsome Lake, die konsequente Abkehr von der Lebensweise der weißen Menschen. Als Verbündeter seines Bruders erarbeitete er spirituelle Gebote, die Tecumthas politische ergänzten. Zusammen bildeten sie eine Macht, die sich einerseits an den Stolz und die Selbstachtung der Indianer wandte und andererseits Stärke und Einigkeit für den Kampf gegen den weißen Vormarsch forderte. Tecumtha und sein Bruder, der Prophet (wie er allmählich genannt wurde), verließen ihren entfernten Wohnort in Indiana und kehrten nach Greenville zurück, an den Ort, wo der schmähliche Vertrag von 1795 geschlossen worden war. Sie bauten eine Siedlung für ihre Anhänger und andere bekehrte Indianer auf. Das Echo auf die Lehren der Brüder war groß. In jedem Stamm im Nordwesten fanden sie Bundesgenossen, die sich ihnen anschlossen.

Dem Gebietsgouverneur, General Harrison, dessen Hauptquartier in Vincennes lag, entging diese Entwicklung nicht. Es spielte keine Rolle, daß die Prinzipien der Einfachheit, Ehrlichkeit, Brüderlichkeit und Ehrerbietung, die der Prophet predigte – und nach denen seine Anhänger lebten –, den Lehren der Religion, an die Harrison angeblich glaubte, viel näher waren als die Lebensweise der weißen Händler, Siedler, Soldaten und sogar der Missionare. Harrison verhöhnte den Propheten und tat alles, um Mißtrauen gegen ihn zu säen. Das gelang ihm nicht, im Gegenteil. Er empfahl nämlich einer Gruppe von Indianern, sie sollten den Propheten um einen Beweis seiner göttlichen Eingebung bitten – wie etwa den Stillstand der Sonne herbeizuführen. Der Prophet nahm die Herausforderung an und verkündete, daß er am 16. Juni 1806 die Verdunklung der Sonne bewirken würde. An diesem Tag gab es eine totale Sonnenfinsternis, und Harrison hatte sein Spiel verloren.

Die Botschaft von Tecumtha und seinem Bruder, dem Propheten, breitete sich unter den Indianern des Nordwestens aus. Stolz und Einigkeit wuchsen. Junge Krieger, die getreu den Prinzipien Tecumthas lebten, verdrängten die alten Häuptlinge, die den Ausverkauf an den weißen Mann betrieben hatten. Tecumthas Traum nahm immer mehr Gestalt an; er beruhte auf einem festen Grundprinzip: Alles indianische Land gehört allen Indianern und niemand hat das Recht, irgend etwas davon an irgend jemanden zu verkaufen. Das war die Grundlage des Zusammenschlusses all der verschiedenen Nationen für die gemeinsame Verteidigung ihres Landes.

Seine Gefolgschaft wuchs. Immer mehr Nationen gelobten, seine Idee zu unterstützen. Bei den weißen ‹Amerikanern› wuchs die Nervosität – zumal der Verdacht auftauchte, daß ein Zusammenhang zwischen der Aktivität der Indianer und einem neuen Krieg gegen England bestand, den jedermann fürchtete. Tecumtha kam zu der Überzeugung, daß die ‹Amerikaner› die Indianer angreifen würden, einerseits aus Furcht vor den Engländern und andererseits, um eine Ausrede für die Besetzung von weiteren indianischen Ländern «durch Eroberung in einem gerechten Krieg» zu haben. Um den Zusammenstoß zu verhindern, bevor nicht genügend Kräfte vorhanden waren, die für einen Sieg der Indianer ausreichten, zogen Tecumtha und der Prophet von Greenville an einen entfernten Ort nahe der Gabelung der Flüsse Wabash und Tippecanoe.

Dort bauten sie 1808 Prophet-Town. Mehr als tausend Shawnee, Ojibwa, Kickapoo, Delaware, Wyandot und Ottawa kamen dorthin, um so zu leben, wie es der Prophet sie lehrte. In diesem Jahr schrieb Thomas Jefferson an Gouverneur Harrison: «Um die Neigung (bei den Indianern), Land zu verkaufen, zu fördern ... werden wir unsere Handelshäuser vorschicken und werden es gerne sehen, wenn die guten und einflußreichen Indianer sich so verschulden, daß einzelne gezwungen sind, durch Abgabe ihrer Länder diese Schulden zu tilgen ...!»

1808, unmittelbar nachdem Prophet-Town gebaut worden war, machte sich Tecumtha auf den Weg, um persönlich den indianischen Nationen seine Botschaft zu bringen. Er ging zuerst in den Nordwesten und erreichte, daß die Pottawatomie, Menominee und Winnebago ihn unterstützten. Er stieß bei den Sauk und Fox auf Gegnerschaft – mit Ausnahme eines Kriegshäuptlings namens Black Hawk. Die Kickapoo und Ottawa sicherten Unterstützung zu, ebenso viele Gruppen der Illinois, Delaware, Wea, Chippewa, Piankasaw und Wyandot. Die Missisinewa und die Miami wiesen ihn ab, wie auch viele von den Häuptlingen, die den Vertrag von Greenville unterzeichnet hatten.

Tecumtha ging nicht nur in den Nordwesten. Er ging weit in den Süden, bis zum Semiole-Land und in den Westen nach Missouri, wo die Osage ihre berühmten Bogen herstellten. Er versuchte sogar, allerdings ohne Erfolg, die Irokesen der Sechs Nationen aufzurütteln.

Dann kehrte er nach Tippecanoe zurück, um festzustellen, daß Gouverneur Harrison in seiner Abwesenheit einen Rat alter und schwacher Häuptlinge sorgfältig ausgewählt, betrunken gemacht und dann unter Druck einen neuen Vertrag zur Abgabe von Land hatte unterzeichnen lassen. Für 7000 Dollar in bar und eine jährliche Zahlung von 1750 Dollar ‹kaufte› Harrison drei Millionen Morgen Land von Indiana, einschließlich einiger der besten Jagdgründe der Shawnee. Tecumtha verkündete darauf, daß das Land der Indianer allen Indianern gehöre und daß er die Landabgabe, die Harrison erschwindelt hatte, nicht anerkennen würde. Erschrocken bat Harrison Tecumtha um eine Unterredung. Tecumtha willigte ein. Gefolgt von mehreren hundert bewaffneten Kriegern, erschien Tecumtha in Vincennes und konferierte zwei Tage lang mit Harrison, dem er genau erzählte, was er plante: «Die einzige Möglichkeit, die es gibt, um diesem Übel Einhalt zu gebieten, ist, daß sich alle roten Menschen vereinigen, indem sie ein gemeinsames und gleiches Recht auf das Land geltend machen, so wie es ursprünglich war und jetzt sein sollte – denn es wurde niemals geteilt, es gehört allen.» Harrison machte keine Zugeständnisse, und es war klar, daß er die Absicht hatte, weiter Druck auszuüben, um mehr indianische Länder zu bekommen. Tecumtha ließ keinen Zweifel daran, daß er so etwas unbedingt verhindern würde.

Die Sorge bei den westlichen Siedlern, die einen gemeinsamen Krieg der Briten und Indianer gegen das Ohiotal fürchteten, verstärkte sich. Entschlossen, diesen Krieg zu verhindern, hielt Harrison Ausschau nach einem Vorwand, gegen Prophet-Town zu ziehen, während Tecumtha wieder einmal unterwegs war, um die Allianz der Indianer voranzutreiben. 1811 lieferte ein Vorfall, bei dem einige weiße Männer in Illinois von Pottawatomie getötet wurden, Harrison den Vorwand, den er suchte. Indem er diese Taten Tecumtha und dem Propheten anlastete, führte er eine Armee von tausend Mann gegen Prophet-Town. Der Prophet erlaubte einer kleineren Schar übereifriger Winnebago, Harrisons Armee anzugreifen, die sich in einem Lager in Tippecanoe verschanzt hatte. In der folgenden Schlacht waren die Verluste der Weißen mehr als doppelt so hoch wie die der Indianer, aber am Ende zogen sich die Männer des Propheten zurück und überließen Harrison die Stadt. Obwohl der Sieg von Harrisons Streitmacht militärisch von geringer Bedeutung war, hatte er eine außerordentliche psychologische Wirkung. Den ‹Amerikanern› schien der Sieg so bedeutend, daß Harrison 29 Jahre später eine Präsidentschaftswahl mit dem Slogan ‹Tippecanoe und auch Tyler› gewann. Tyler wurde mit erwähnt, weil er der Kandidat für das Amt des Vizepräsidenten war.

Die Auswirkungen der falschen Entscheidung des Propheten waren sehr schwerwiegend für die Indianer. Tecumtha, der erkannte, daß dies eine Art unkoordinierten Grenzkrieg auslösen würde, den er hatte vermeiden wollen, war in seinem Zorn nahe daran, seinen Bruder zu töten. Nachdem man zu dem Propheten kein Vertrauen mehr hatte, vertrieb man ihn aus der Stadt. Er wurde Wanderpriester, und sein Einfluß nahm ständig ab. Tecumthas Voraussage über die Schwächen einer undisziplinierten Kriegsführung erwiesen sich als richtig. In dem Bestreben, Rache für Tippecanoe zu nehmen, griffen kleine Kriegergruppen hier und dort an der Grenze zwischen Weißen und Indianern weiße Siedler an. Die Furcht der Siedler vor britisch-indianischen Angriffen wuchs, und die Regierung wurde zum Krieg gegen England gedrängt. Dieser Krieg wurde am 18. Juni 1812 erklärt. Jetzt konnte Tecumtha nur noch versuchen, so viele Indianernationen wie möglich dazu zu bewegen, sich mit den Briten zu verbünden. Er hoffte, daß der gemeinsame Verbündete zum Brennpunkt für die Vereinigung würde, für die er so hart und so lange gearbeitet hatte.

Das erste Dokument enthält die Rede, die Tecumtha 1812 in einem großen Rat von Choctaw und Chickasaw hielt, um sie für den gemeinsamen Kampf gegen die ‹Amerikaner› zu gewinnen. Die Erwiderung Pushmatahas, eines Choctaw und ‹guten› Indianers ist das zweite Dokument. Die Choctaw und Chickasaw entschieden sich gegen Tecumtha und schlossen sich der indianischen Allianz nicht an. Sie wurden aber deswegen von den ‹Amerikanern› keineswegs geschont, sondern wie fast alle anderen Stämme auch aus ihren Ländern vertrieben und um ihre Rechte gebracht.

Aus H. B. Cushman, «History of the Indians» (Greenville, Texas, 1899), in der Zeitschrift «Indian Voice», September 1964

Fragen von allergrößter Tragweite haben uns heute abend hier im feierlichen Rat zusammengeführt. Es ist jetzt nicht die Zeit, um zu besprechen, ob uns Unrecht und Schaden zugefügt wurden. Es ist jetzt die Zeit, um zu überlegen, auf welche Weise wir uns rächen sollen, denn unsere gnadenlosen Unterdrücker haben ihr Vorgehen längst geplant. Sie fangen nicht jetzt erst an. Seit langem haben sie diejenigen Mitglieder unserer Rasse angegriffen – und sie setzen ihre Angriffe ständig fort –, die bislang noch zu keinem Entschluß gekommen sind. Es ist uns auch nicht unbekannt, auf welche Weise die Weißen Schritt um Schritt vorrücken und bei unseren Nachbarn einfallen. Da sie sich noch immer in dem Glauben wiegen, sie seien unentdeckt, zeigen sie sich nicht ganz so kühn, so daß ihr die Gefahr nicht seht. Die Weißen sind schon fast ein gleichstarker Gegner, wenn wir alle vereint sind, und sie sind zu stark, als daß ihnen ein einzelner Stamm widerstehen könnte. Wenn wir uns nicht gegenseitig stützen mit unseren vereinten Streitkräften, wenn sich nicht alle Stämme einmütig zusammenschließen, um dem Ehrgeiz und der Gier der Weißen Einhalt zu gebieten, so werden sie schon bald Stamm um Stamm einzeln und getrennt besiegen, und wir werden aus unserer Heimat vertrieben und zerstreut werden wie Herbstlaub vor dem Winde.

Aber haben wir nicht noch genug Mut, unser Land zu verteidigen und unsere alte Unabhängigkeit zu bewahren? Werden wir ruhig erdulden, daß die weißen Eindringlinge und Tyrannen uns versklaven? Soll von unserer Rasse gesagt werden, daß wir uns nicht von den drei gefürchtetsten Übeln befreien konnten – Leichtsinn, Trägheit und Feigheit? ...

Schlaft nicht länger, ihr Choctaw und Chickasaw, wiegt euch nicht länger in falscher Sicherheit und trügerischen Hoffnungen. Unsere weiten ererbten Gebiete entwinden sich schnell unserem Griff. Jedes Jahr werden die weißen Eindringlinge gieriger, anmaßender, unterdrückender und gewalttätiger. Jedes Jahr gibt es Zwistigkeiten zwischen ihnen und unserem Volk, und wenn Blut vergossen wird, so müssen wir dafür Genugtuung leisten, ob wir im Recht oder im Unrecht waren. Unsere größten Häuptlinge haben dabei das Leben verloren, und wir mußten den Weißen große Teile unserer Länder abtreten. Bevor die Bleichgesichter sich unter uns einnisteten, genossen wir das Glück uneingeschränkter Freiheit, und wir kannten weder Reichtümer noch Not noch Unterdrückung. Und wie ist es jetzt?

Not und Unterdrückung sind unser Los geworden; denn werden wir nicht in allem kontrolliert, wagen wir es denn noch, uns ohne Erlaubnis zu bewegen? Wird uns nicht Tag für Tag von dem wenigen, das von unseren alten Freiheiten geblieben ist, noch mehr geraubt? Stoßen und schlagen sie uns nicht sogar, wie sie es mit ihren Schwarzgesichtern tun? Wie lange wird es dauern, bis sie uns an einen Pfahl binden und auspeitschen werden und uns wie diese auf ihren Maisfeldern arbeiten lassen? Sollen wir auf diesen Augenblick warten oder sollen wir im Kampf sterben, ehe wir uns solcher Schmach unterwerfen? ... Die Vernichtung unserer Rasse steht bevor, wenn wir uns nicht in der gemeinsamen Sache gegen den gemeinsamen Feind vereinigen. Denkt nicht, tapfere Choctaw und Chickasaw, daß ihr untätig und gleichgültig der gemeinsamen Gefahr gegenüber bleiben und so dem gemeinsamen Schicksal entgehen könnt. Auch ihr werdet bald wie fallende Blätter und zerstreute Wolken vor ihrem verderbenbringenden Atem sein. Auch ihr werdet aus eurem Heimatland und euren ererbten Gebieten vertrieben werden wie Blätter, die die Winterstürme jagen.

Haben wir nicht seit Jahren das Bild vor Augen, welcher Art ihre Anschläge sind, und waren sie nicht selbst hinreichend Vorboten ihrer künftigen Entschlossenheit? Werden wir nicht bald aus unseren Ländern und von den Gräbern unserer Ahnen vertrieben werden? Werden die Gebeine unserer Toten nicht umgepflügt und ihre Gräber in Felder verwandelt werden? Sollen wir stillhalten und warten, bis sie so zahlreich werden, daß wir die Unterdrückung nicht mehr abwenden können? Werden wir warten, bis uns die Vernichtung trifft, ohne uns dagegen aufzulehnen, wie es unserer Rasse würdig ist? Sollen wir unsere Heimstätten aufgeben, unser Land, für das der Große Geist uns als Erben eingesetzt hat, die Gräber unserer Toten und alles, was uns wertvoll und heilig ist, ohne zu kämpfen? Ich weiß, ihr werdet mit mir schreien: Niemals! Niemals! So laßt uns sie alle in einem großen gemeinsamen Kampf vernichten, denn jetzt können wir es noch tun, oder sie dahin zurücktreiben, wo sie herkamen. Krieg oder Ausrottung sind die beiden Möglichkeiten. Was wählt ihr, tapfere Choctaw und Chickasaw? Beistand in der gerechten Sache der Befreiung unserer Rasse von dem Zugriff der treulosen Eindringlinge und herzlosen Unterdrücker? Den weißen Besetzern unseres gemeinsamen Landes muß jetzt Einhalt geboten werden oder wir, seine rechtmäßigen Besitzer, werden für immer vernichtet und als Menschenrasse ausgelöscht werden. Ich stehe jetzt an der Spitze vieler Krieger, unterstützt von dem starken Arm englischer Soldaten. Choctaw und Chickasaw, ihr (habt) zu lange die schmerzlichen Übergriffe der überheblichen Amerikaner ertragen.

Laßt euch nicht länger von ihnen hinters Licht führen. Wenn heute abend einer hier ist, der glaubt, daß seine Rechte ihm nicht früher oder später von den gierigen amerikanischen Bleichgesichtern genommen werden, dessen Naivität muß Mitleid erregen, denn er weiß wenig von der Eigenart unseres gemeinsamen Feindes. Wenn einer unter euch wahnsinnig genug ist, die wachsende Macht der weißen Rasse zu unterschätzen, der soll zittern bei dem Gedanken an das fürchterliche Leid, das er auf unsere ganze Rasse herabbringt, wenn er durch seine verbrecherische Gleichgültigkeit die Anschläge unseres gemeinsamen Feindes auf unser gemeinsames Land unterstützt. Nun hört auf die Stimme der

Pflicht, der Ehre, der Natur und eures gefährdeten Landes. Laßt uns einen Körper und ein Herz bilden und bis zum letzten Krieger unser Land, unsere Wohnstätten, unsere Freiheit und die Gräber unserer Väter verteidigen.

Choctaw und Chickasaw, ihr gehört zu den wenigen unserer Rasse, die träge und bequem dasitzen. Ihr genießt in der Tat den Ruf, tapfer zu sein. Wollt ihr, daß euer Ruf sich mehr auf Gerüchte denn auf Tatsachen gründet? Wollt ihr die Weißen in eure ererbten Gebiete vordringen lassen, selbst bis an eure Tür, bevor ihr zur Verteidigung eurer Rechte Widerstand leistet? Niemand in diesem Rat soll denken, daß Boshaftigkeiten gegenüber den bleichgesichtigen Amerikanern meine Worte bestimmten und nicht gerechte Beschwerden. Beschwerden bringt man gegenüber Freunden vor, die ihre Pflicht nicht erfüllt haben; Anklagen erhebt man gegen Feinde, die Unrecht begehen, das sie gar nicht zu bekümmern scheint, über das sie nicht einmal nachdenken. Sie sind ein Volk, das Neuerungen sehr schätzt, schnell im Erfinden und schnell in der wirkungsvollen Ausführung ihrer Entwürfe, gleichgültig, wie groß das Unrecht und der Schaden für uns ist. Dagegen sind wir zufrieden, das zu bewahren, was wir schon haben. Ihre Anschläge zielen darauf ab, ihre Besitztümer zu erweitern, indem sie uns unsere nehmen. Wollt ihr, könnt ihr noch länger zögern, ihr Choctaw und Chickasaw? Glaubt ihr nicht, daß die Menschen am längsten Frieden genießen werden, die zur rechten Zeit bereit sind, Rache zu nehmen, und feste Entschlossenheit beweisen, sich Recht zu verschaffen, wann immer ihnen Unrecht zugefügt wird? Anders ist es nicht. Nun eilt euch und unterstützt unsere gemeinsame Sache, wie es eure Pflicht als Blutsverwandte ist; denn der Tag ist nicht fern, an dem ihr eigenhändig und allein der grausamen Willkür unseres durch und durch bösen Feindes ausgeliefert sein werdet.

Aus H. B. Cushman, «History of the Indians» (Greenville, Texas, 1899), in «Indian Voice», Dezember 1964

Es war nicht meine Absicht, als ich hierherkam, mit irgend jemandem ein Streitgespräch zu führen. Doch ich erscheine vor euch, meine Krieger und mein Volk, nicht um mich gegen Tecumthas Anklagen zu verteidigen, sondern um zu verhindern, daß ihr überstürzte und gefährliche Beschlüsse über Dinge von größter Wichtigkeit trefft, weil andere euch aufhetzen. Ich habe aus Erfahrung gelernt, und ich sehe auch viele unter euch, ihr Choctaw und Chickasaw, die über Jahre die gleiche Erfahrung wie ich gemacht haben, wie unklug es ist, sich an einem neuen und unsicheren Unternehmen zu beteiligen. Ich stehe heute abend auch nicht vor euch, um den vielen Beschuldigungen gegen das amerikanische Volk zu widersprechen oder in nutzlosen Anklagen meine Stimme gegen sie zu erheben. Die Frage, die sich uns jetzt stellt, ist nicht, welches Unrecht sie unserer Rasse zugefügt haben, sondern welche Gegenmaßnahmen wir am besten treffen sollten. Obwohl unsere Rasse von ihnen ungerecht behandelt und schmachvoll gekränkt worden sein mag, werde ich euch doch nicht allein aus diesem Grund raten, sie zu vernichten, wenn dies für euch nicht zugleich richtig und zweckmäßig ist; noch würde ich euch raten, ihnen zu verzeihen, wenn sie euer Mitleid verdienen würden, wenn ich nicht zugleich glaubte, daß dies im Interesse unserer gemeinsamen Zielsetzung ist. Wir sollten unsere Beschlüsse mehr im Hinblick auf unser zukünftiges Wohlergehen denn auf unser gegenwärtiges treffen. Welches Volk, meine Freunde und Landsleute, handelte so unklug und unüberlegt, von sich aus einen Krieg zu beginnen, wenn seine eigene Stärke und selbst die Hilfe anderer dafür nicht ausreicht? Ich weiß wohl, es tauchen oft Fälle auf, die die Menschen mit dem Äußersten konfrontieren, aber, meine Landsleute, ein solcher Fall besteht jetzt nicht. Überlegt deshalb gut, ich beschwöre euch, bevor ihr in dieser großen Angelegenheit übereilt handelt, und denkt darüber nach, welchem großen Irrtum ihr erliegen werdet, wenn ihr unbesonnen und unüberlegt Tecumthas Rat folgt. Bedenkt, die Amerikaner sind uns jetzt freundlich gesinnt ...

Meine Freunde und meine Landsleute! Ihr habt jetzt keinen gerechten Grund, um den Amerikanern den Krieg zu erklären oder an ihnen als an euren Feinden Rache zu nehmen, denn sie haben von jeher freundschaftliche Gefühle für euch gezeigt. Es ist im übrigen unvereinbar mit eurem nationalen Ruhm und mit eurer Ehre als Volk, euren heiligen Vertrag zu verletzen; und es ist eine Schande, gegen das amerikanische Volk einen Krieg zu beginnen, nur um die Boshaftigkeit der Engländer zu unterstützen. Der Krieg gegen die Amerikaner, den ihr jetzt erwägt, ist ein abscheulicher Verstoß gegen die Gerechtigkeit; ja ein fürchterlicher Schandfleck auf eurer Ehre und der eurer Väter. Ihr werdet, wenn ihr genau und besonnen überlegt, finden, daß dieser Krieg nichts als Vernichtung für unsere ganze Rasse bringen kann. Es ist ein Krieg gegen ein Volk, dessen Land jetzt viel größer ist als unser eigenes und das mit allen zur Kriegsführung nötigen Mitteln viel besser ausgerüstet ist, mit Männern, Gewehren, Pferden, Reichtum. Sie haben viel mehr als unsere ganze Rasse zusammen, und wo ist die Notwendigkeit oder warum ist es klug, Krieg gegen ein solches Volk zu führen? Wo ist die Hoffnung auf Erfolg, wenn wir ihnen so schwach und unvorbereitet den Krieg erklären? Wir wollen uns nicht mit der törichten Hoffnung betrügen, daß dieser Krieg, einmal begonnen, bald vorüber sein wird, selbst wenn wir alle Weißen innerhalb unseres Landes vernichten und ihre Häuser und Felder zerstören. Weit gefehlt. Es wird nichts als der Anfang vom Ende sein, das in der vollständigen Vernichtung unserer Rasse seinen Abschluß findet. Und wenngleich wir nicht zulassen werden, daß man uns versklavt, oder wie unerfahrene Krieger bei dem Gedanken an Krieg erschauern, so bin ich dennoch nicht so unvernünftig und verantwortungslos, euch zu raten, die Ausschreitungen der Weißen feige hinzunehmen oder ihre unrechten Übergriffe stillschweigend zu dulden. Ihr sollt jedoch nur noch nicht eure Zuflucht zum Krieg nehmen, sondern Abgesandte zu unserem Großen Vater in Washington schicken und ihm unsere Klagen unterbreiten, ohne zu heftiges Verlangen auf Krieg zu verraten oder irgendwelche Anzeichen von Kleinmütigkeit zu offenbaren.

Laßt euch nicht, meine Brüder, durch die Ansichten anderer soweit beeinflussen, unser Land in einen Krieg zu verstricken, der seinen Frieden zerstört und seine zukünftige Sicherheit, seinen Wohlstand und sein Glück gefährdet. Überlegt gut, welch großes Wagnis ein Krieg mit dem amerikanischen Volk bedeutet, und erwägt wohl, ehe ihr darin eintretet, die Folgen, wenn eure Vorstellungen und Erwartungen enttäuscht werden sollten. Laßt euch nicht irreführen von trügerischen Hoffnungen. Hört mich, ihr meine Landsleute, wenn ihr diesen Krieg beginnt, so wird er mit Elend für uns enden, vor dem wir jetzt bewahrt sind. Über wen von uns sie herfallen werden, hängt von ganz unsicheren und zufälligen Ereignissen ab. Macht euch nicht, ich bitte euch inständig, einer überstürzten Handlungsweise schuldig, die ich nie vorher bei euch gekannt habe. Ich flehe euch darum an, solange wir unsere Situation verbessern können, brecht den Vertrag nicht, verletzt nicht euer Ehrenwort, befleckt nicht eure Ehre, sondern unterbreitet unsere Klagen, welche auch immer, dem Kongreß der Vereinigten Staaten, entsprechend den Artikeln des Vertrages, der zwischen uns und dem amerikanischen Volk besteht. Wenn ihr dies nicht tut, rufe ich hier den Großen Geist als meinen Zeugen an, daß ich alles tun werde, um mich an den Urhebern dieses Krieges zu rächen.

Wir sind nicht ein so anmaßendes Volk, daß wir die Vorbereitungen unserer Feinde durch eine einleuchtende Ansprache hinwegwischen und uns dann bedingungslos in den Kampf werfen. Wir gehen jedoch davon aus, daß die Gedanken der Bleichgesichter ähnlich wie unsere eigenen sind und daß unvorhersehbare Ereignisse von größter Wichtigkeit nicht durch eine flammende Rede entschieden werden. Wir setzen immer voraus, daß unsere Feinde nach ihrer Logik vorgehen werden, und wir werden uns darauf einstellen und sie besiegen. Wir gründen auch unsere Erfolgsaussichten nicht auf die Hoffnung, daß sie schwerwiegende Fehler machen werden, sondern darauf, daß wir jede angemessene Vorkehrung für unsere eigene Sicherheit getroffen haben. Das ist die Disziplin, die unsere Väter uns mit auf den Weg gegeben haben; und mit ihr konnten wir viele Erfolge erringen. Laßt uns das, meine Brüder, jetzt nicht vergessen und nicht in einer kurzen Zeitspanne überstürzt eine Frage von so großer Bedeutung entscheiden. Es ist in der Tat die Pflicht der Besonnenen, den Frieden zu wahren, solange ihnen kein Leid angetan wird. Aber es ist die Pflicht der Tapferen, den Frieden aufzugeben, wenn ihnen Unrecht geschieht, und zu den Waffen zu greifen, um sie nach errungenem Erfolg wieder friedlich niederzulegen. So soll man sich von Siegen im Krieg niemals berauschen lassen, noch soll man Ungerechtigkeiten erdulden, um den Segen des Friedens zu bewahren. Denn wer aus Furcht, diesen Segen zu verlieren, träge und bequem dasitzt, wird bald aller Freuden verlustig gehen, und seine Ängste werden stetig zunehmen. Diejenigen, die durch militärische Erfolge leidenschaftlich werden, die sich in verräterischer Zuversicht hineinreißen lassen, hören die Stimme der Vernunft nicht mehr.

Oft führt ein unüberlegter Plan nur durch noch unvernünftigeres Vorgehen des Feindes zum Erfolg. Wahrscheinlicher ist es jedoch, daß die Kluft zwischen Planung und Ausführung zum Verhängnis wird. Denn wir beschließen im Rat, der sich in Sicherheit befindet, doch auf dem Schlachtfeld befällt uns Furcht, und unser Vorhaben scheitert. Hört auf die Stimme der Besonnenheit, meine Brüder, ehe ihr übereilt handelt. Doch tut, was ihr wollt, hört dies: Ich werde mich in diesem Krieg mit unseren Freunden, den Amerikanern, verbinden.

Der Krieg von 1812

Als es 1812 wieder zu kriegerischen Auseinandersetzungen zwischen den Vereinigten Staaten und England kam, warben die beiden Seiten um die Unterstützung der Indianernationen. Wenn sie sie nicht als Bundesgenossen gewinnen konnten, so wollten sie sich wenigstens wie im Revolutionskrieg ihrer Neutralität versichern. Trotz Tecumthas Erfolg bei der Verbreitung der Lehre von der indianischen Vereinigung reagierten die Indianer unterschiedlich. Wenn Tecumtha selbst von ‹amerikanischen› Agenten angesprochen wurde, so zerbrach er die Friedenspfeifen, die sie ihm überreichten, und sagte ihnen, die gegenwärtige Situation sei «... eine Chance, wie es sie nie wieder geben wird – für uns Indianer von Nordamerika, uns zu verbünden und in diesem Krieg mit den Briten das Schicksal zu teilen. Und sollten sie siegen und wieder die Herrschaft über ganz Nordamerika erringen, würden unsere Rechte, zumindest auf einen Teil des Landes unserer Väter, vom König respektiert werden. Wenn sie nicht gewinnen und das ganze Land in die Hände der Long Knives übergehen sollte – wir sehen das ganz klar –, werden nicht viele Jahre vergehen, bis uns unser letzter Wohnort und unser letzter Jagdgrund genommen wird und alle Überlebenden der verschiedenen Stämme zwischen dem Mississippi, den Seen und dem Ohiofluß der untergehenden Sonne entgegengetrieben werden.»

Dann machte er sich mit einer Abteilung aus Shawnee, Delaware, Kikkapoo und Pottawatomie auf, um den Briten seine Hilfe anzubieten. Obwohl es nicht zu dem großen gemeinsamen Aufstand kam, auf den er gehofft und auf den er hingearbeitet hatte, schlossen sich ihm in den folgenden Tagen doch Kriegsabteilungen vieler Nationen, die er besucht hatte, an. Black Hawk führte ihm eine Abteilung aus Sauk, Fox und Winnebago zu. Wyandot, Chippewa und Sioux erinnerten sich an seine Botschaft und kamen, um ihn zu unterstützen. Im Süden, am oberen Mississippi und im Nordwesten folgten Kriegergruppen seinem Wink – wenn nicht bereits seiner Führung – und erhoben sich gegen die Siedler.

Es gab aber auch kleine Indianerstämme, die auf eigene Faust gegen die Vereinigten Staaten kämpften. Viele andere blieben neutral, da sie nicht einsahen, daß sie in einem Krieg des weißen Mannes Partei ergreifen sollten. Das erste Dokument gibt die Ansprache von Walk-in-the-Water wieder, einem Wyandot-Häuptling, der bei einem Treffen zwischen Indianern und dem britischen Kommandeur in Fort Malden einen neutralen Standpunkt vertrat. Es ist jedoch interessant, daß Walk-in-the-Water, obwohl er neutral bleiben wollte, im Verlauf des Krieges zum Kämpfen gezwungen wurde; er bekannte sich zu Tecumtha und den Briten.

Das zweite Dokument ist ein Teil aus Black Hawks Autobiographie. Er beschreibt darin die Ereignisse und Motive, die ihn dazu bewogen, sich auf die Seite der Briten zu stellen. Als er sich entschied, erinnerte er sich an seine Unterredung mit Tecumtha und führte eine vereinigte Kriegerabteilung den ganzen Weg von Mississippi herauf, um sich mit den Indianern in Fort Malden zu verbinden.

Die indianisch-britischen Streitkräfte hatten große Anfangserfolge. Nachdem sie General William Hulls Versuch, in Kanada einzumarschieren, vereitelten, beschlossen Tecumtha und der britische Generalmajor Isaac Brock, Detroit anzugreifen – ein Plan, den ansonsten nur ein einziger britischer Offizier unterstützte. Tecumtha setzte seine Krieger vor dem Fort so geschickt ein, daß General Hull überzeugt war, er sei von 5000 Indianern überfallen worden. Er ergab sich fast ohne Widerstand.

Der Sieg von Detroit ließ nationalistische Hoffnungen bei den Indianern entstehen, und es traten noch mehr Stämme in den Krieg gegen die ‹Amerikaner› ein. Pottawatomie nahmen Fort Dearborn ein. Miami, die vorher Tecumthas Aufrufe zurückgewiesen hatten, belagerten Fort Wayne. Nach einem weiteren Blitzbesuch Tecumthas bei den südlichen Nationen im Herbst 1812 begann die große Creek-Föderation den Krieg gegen die weißen Männer im Süden. Tecumthas Streitkräfte im Nordwesten wuchsen bis auf 3000 Krieger an – eine der größten indianischen Armeen, die je zusammengestellt wurden.

Dann wechselte das Kriegsglück. Es zeigte sich wieder einmal, daß zwar die Schlachten von den Soldaten geschlagen werden, daß sie aber von ihren Führern gewonnen oder verloren werden können. Auf ‹amerikanischer› Seite ging das Kommando der Truppen vom feigen General Brush auf General William Henry Harrison über, der, was immer man ansonsten über ihn sagen kann, kein Feigling war. Auf britischer Seite wurde General Brock, der Tecumthas erfolgreichen Angriff auf Detroit unterstützt hatte, in einer Schlacht getötet, und das Kommando wurde von Oberst Henry Procter übernommen. Procter war feige, eitel, und er verachtete die Indianer. Nach einem größeren Sieg britisch-indianischer Truppen über eine Armee von Männern aus Kentucky am River Basin ermunterte Procter wütende, betrunkene Indianer, sich an unbewaffneten Gefangenen zu rächen – eine Sache, die Tecumtha dem britischen Kommandanten sehr übel nahm. In Tecumthas Abwesenheit unterstützte Procter weiter ähnliche Ausschreitungen. Als der Shawnee-Häuptling jedoch dazukam, zwang er seine Krieger mit der Waffe in der Hand, das Massaker zu beenden. «Sind denn hier keine Männer?» fuhr er sie an. Die Indianer zogen sich sofort zurück. Wieder beschuldigte Tecumtha Procter, der darauf nur antworten konnte, daß die «Indianer nicht unter Kontrolle gehalten werden können».

«Ihr seid unfähig, das Kommando zu führen», erwiderte Tecumtha und fügte hinzu: «Ich siege, um Leben zu retten, und Ihr siegt, um zu morden.» Procter war ein Feigling. Als er die Belagerung von Fort Miegs abbrach, zwang ihn Tecumtha, sie fortzusetzen. Aber es dauerte nicht lange, und Procter gab den Kampf wieder auf. Der britische Kommandant ließ nacheinander alle guten Gelegenheiten, die US-Armee zu schlagen, verstreichen. Nach einem Sieg der Vereinigten Staaten auf dem Eriesee kam er zu dem Entschluß, die britischen Truppen aus dem Gebiet abzuziehen und seine indianischen Verbündeten ganz aufzugeben. Er versuchte, seinen Plan vor Tecumtha zu verheimlichen, aber seine Vorbereitungen für die Flucht konnten diesem nicht verborgen bleiben. Tecumtha versammelte seine Krieger in Fort Malden und beschuldigte Procter vor ihnen und britischen Offizieren öffentlich der Feigheit. Das dritte der folgenden Dokumente gibt die Worte wieder, mit denen Tecumtha den britischen Kommandanten verhöhnte, um ihn zum Kämpfen zu bewegen.

Procter zog es vor, diese Schande hinzunehmen. Noch am selben Tag begann er mit dem Abzug aus Fort Malden. Auf Procters Versprechen hin, daß der Rückzug nur bis zum Fluß Thames gehen sollte, an dem sie sich zum Kampf stellen würden, willigte Tecumtha zögernd ein, ihm zu folgen. Harrisons Streitkräfte nahmen natürlich die Verfolgung auf, und den ganzen Weg von Fort Malden bis zur Thames trugen die indianischen Streikräfte Nachhutkämpfe aus, während Procter an der Spitze der sich zurückziehenden Truppen ritt, so weit wie möglich entfernt von den US-Streitkräften. Während eines dieser Rückzugsgefechte wurde Tecumtha leicht verwundet. Als sie die Thames erreicht hatten, versuchte Tecumtha nochmals, den britischen General durch Schmähungen zum Kampf zu bewegen. Schließlich übernahm Tecumtha praktisch den Oberbefehl über die britisch-indianischen Streitkräfte und stellte sie für den Kampf mit Harrisons 3500 Mann starker Armee in Schlachtordnung auf. Zu dieser Armee gehörte auch eine Kavalleriestreitmacht aus Kentucky, 1500 Mann stark. Tecumtha hatte 700 Briten und 1000 indianische Krieger, um ihnen entgegenzutreten. Der fehlende Kampfwille des britischen Kommandanten hatte sich schlecht auf den Zusammenhalt der Indianer ausgewirkt, und viele Gruppen waren ihrer Wege gegangen, um so gegen die ‹Amerikaner› zu kämpfen, wie sie es für richtig hielten. In der Schlacht flohen die britischen Truppen gleich zu Anfang vor der Kavallerie aus Kentucky – sie wurden noch immer von Procter angeführt. Er war vom Schlachtfeld davongelaufen und in einen Wagen gesprungen. So ließ er seine eigenen Truppen im Stich, die dann die Indianer im Stich ließen.

Allein gelassen, kämpften die Indianer erbittert und hielten die US-Soldaten bis nach Einbruch der Dunkelheit in Schach. Es war diese Schlacht, von der ein Mann aus Kentucky später erzählte, daß Tecumtha «wie ein

Tiger brüllte und seine tapferen Männer anfeuerte, anzugreifen». Andere erinnerten sich, gesehen zu haben, wie der Shawnee-Häuptling wieder und wieder getroffen wurde. Das Blut floß ihm aus dem Mund und bedeckte seinen Körper, doch noch immer war er bald hier, bald dort auf dem Schlachtfeld und machte seinen Kriegern Mut, auszuhalten.

Mit dem Abzug der britischen Verbündeten und Tecumthas Tod endete der gemeinsame Widerstand der Indianer im Nordwesten. Es gab noch weitere Kämpfe, aber der Krieg war verloren, den Tecumtha als ihre letzte Chance bezeichnet hatte, sich «zu einer einzigen großen Vereinigung zusammenzuschließen», um die weißen Männer zu zwingen, das Recht der Indianer auf eine Nation zu respektieren.

Aus B. B. Thatcher, «Indian Biography», 1837

Walk-in-the-Water von den Wyandot: Wir haben nicht den Wunsch, in einen Krieg mit unserem amerikanischen Vater verwickelt zu werden, denn wir wissen aus Erfahrung, daß es dabei für uns nichts zu gewinnen gibt, und wir bitten unseren Vater, den Briten, uns nicht zum Krieg zu zwingen. Wir erinnern uns daran, daß wir beide in dem letzten Krieg zwischen unseren Vätern, den Briten, und den Long Knives geschlagen wurden und daß wir roten Menschen unser Land verloren.

Unser britischer Vater, du hast ohne unser Wissen Frieden mit den Long Knives geschlossen und ihnen unser Land gegeben. Du sagtest immer zu uns: «Meine Kinder, ihr müßt um euer Land kämpfen, denn die Long Knives wollen es euch wegnehmen.» Wir folgten deinem Rat, und wir wurden geschlagen und verloren unsere besten Häuptlinge und Krieger und unser Land. Und wir erinnern uns noch, wie du uns behandelt hast, als wir am Fuße der Rapids von Miami geschlagen wurden. Wir wollten unsere Verwundeten in deinem Fort in Sicherheit bringen. Aber wie hast du uns behandelt? Du hast vor uns die Tore verschlossen, und wir mußten uns zurückziehen, so gut wir konnten. Und dann haben wir mit den Amerikanern Frieden geschlossen, und seitdem haben wir Frieden mit ihnen gehabt. Und nun willst du, daß wir, deine roten Kinder, wieder das Kriegsbeil gegen unseren Vater Long Knife ergreifen. Wir sagen nochmals, wir wollen nichts mit dem Krieg zu tun haben. Schlagt eure eigenen Schlachten, aber laßt uns, eure roten Kinder, in Frieden leben.

Aus der Autobiographie von Black Hawk, «Life of Ma-ka-tai-me-shekia-kiak or Black Hawk», von ihm selbst diktiert. Boston, 1834

Es kamen ständig Boten von verschiedenen Stämmen, die alle die Nachricht von dem bevorstehenden Krieg bestätigten. Der britische Agent,

Oberst Dixon, hielt Besprechungen mit den verschiedenen Stämmen ab und machte ihnen Geschenke. Ich hatte noch keinen Entschluß gefaßt, ob ich mich mit den Briten verbünden oder neutral bleiben sollte. Ich hatte bei den Amerikanern, die in das Land gekommen waren, nicht einen guten Charakterzug entdeckt! Sie machten schöne Versprechungen, aber sie hielten sie nie! Dagegen machten die Briten nur wenige Zusagen – aber wir konnten uns immer auf ihr Wort verlassen!

Als einer unserer Leute in Prairie du Chien einen Franzosen getötet hatte, nahmen ihn die Briten gefangen und sagten, sie würden ihn am nächsten Tag erschießen! Seine Familie war in einem Camp etwas unterhalb der Mündung des Ouisconsin. Er bat um die Erlaubnis, sie in dieser Nacht besuchen zu dürfen, da er am nächsten Tag sterben sollte. Sie erlaubten ihm zu gehen, nachdem er versprochen hatte, daß er bei Sonnenaufgang zurückkehren würde. Er besuchte seine Familie, eine Frau und sechs Kinder. Ich kann ihr Zusammentreffen und ihr Scheiden voneinander nicht so beschreiben, daß es die Weißen verstehen, denn es scheint, daß diese ihre Gefühle nach bestimmten Regeln ausdrücken, die von ihren Pfarrern festgelegt werden – dagegen werden unsere nur von dem Gewissen in uns regiert. Er nahm Abschied von seiner Frau und seinen Kindern, eilte durch die Prärie zum Fort und kam rechtzeitig an. Die Soldaten waren bereit und marschierten sogleich hinaus und erschossen ihn. Ich besuchte seine Familie und sorgte für die Witwe und ihre Kinder, bis ihre Verwandten dazu in der Lage waren, indem ich jagte und fischte.

Warum schickte der Große Geist auf diese Insel die Weißen, die uns von unseren Heimstätten vertreiben und Alkohol, Krankheit und Tod zu uns bringen? Sie hätten auf der Insel bleiben sollen, die ihnen der Große Geist zur Heimat gegeben hat. Aber ich will meine Geschichte weitererzählen. Mein Gedächtnis ist jedoch seit meinem letzten Besuch bei dem weißen Volk nicht sehr gut. Ich habe noch ein Summen in den Ohren von dem Lärm – es kann sein, daß ich einige Teile meiner Geschichte nicht in der richtigen Reihenfolge vorbringe; aber ich werde versuchen, genau zu sein.

Verschiedene unserer Häuptlinge und Führer wurden nach Washington eingeladen, um den Großen Vater zu treffen. Sie brachen auf, und während ihrer Abwesenheit ging ich nach Peoria am Illinois River. Ich wollte einen alten Freund, einen Händler treffen, um seinen Rat einzuholen. Es war ein Mann, der uns immer die Wahrheit sagte und alles wußte, was vor sich ging. Als ich in Peoria ankam, war er nicht da, denn er war nach Chicago gegangen. Ich besuchte die Dörfer der Pottawatomie und kehrte dann an den Rock River zurück. Bald danach kamen unsere Freunde von ihrem Besuch bei unserem Großen Vater zurück –

und sie berichteten, was gesagt und getan worden war. Der Große Vater wünsche, daß wir uns im Falle eines Krieges mit England auf keiner der beiden Seiten einmischen, sondern neutral bleiben sollen. Er wolle unsere Hilfe nicht, sondern wünsche, daß wir jagten, für unsere Familien sorgen und in Frieden leben. Er sagte, die britischen Händler würden nicht die Erlaubnis erhalten, an den Mississippi zu kommen, um uns mit Waren zu versorgen – aber wir würden von einem amerikanischen Händler reichlich beliefert werden. Unsere Häuptlinge erzählten ihm dann, daß die britischen Händler uns im Herbst immer Kredit gewährten für Gewehre, Pulver und Güter, die es uns ermöglichten zu jagen und unsere Familien zu kleiden. Er erwiderte, daß der Händler in Fort Madison viele Waren haben werde – daß wir im Herbst dort hingehen sollen, und er würde uns auf Kredit mit Gütern versorgen, wie es die britischen Händler getan hatten. Die Häuptlinge gaben einen guten Bericht über das, was sie gesehen hatten, und die freundliche Behandlung, die ihnen zuteil geworden war.

Diese Neuigkeit erfreute uns alle sehr. Wir stimmten alle überein, daß wir dem Rat unseres Großen Vaters folgen und uns nicht in den Krieg einmischen sollten. Unsere Frauen waren über diese gute Nachricht sehr froh. Alles nahm seinen fröhlichen Gang in unserem Dorf. Wir vergnügten uns wieder mit Ballspiel, Pferderennen und Tanzen.

Wir hatten einen großen Maisbestand, der jetzt reif war – und unsere Frauen waren damit beschäftigt, ihn zu ernten und Behälter dafür anzufertigen. Nach kurzer Zeit waren wir soweit, nach Fort Madison aufzubrechen, um unsere Versorgungsgüter zu holen, damit wir zu unseren Jagdgründen weiterziehen könnten. Fröhlich zogen wir den Fluß hinunter – alle in bester Stimmung. Ich hatte beschlossen, den Winter in meinem alten Lieblingsjagdgrund am Skunk River zu verbringen, und ich ließ einen Teil von meinem Mais und Matten an seiner Mündung, um sie bei meiner Rückkehr wieder mitzunehmen; andere taten das gleiche. Am nächsten Morgen kamen wir beim Fort an und schlugen unser Lager auf. Ich selbst und wichtige Männer statteten dem Kriegshäuptling im Fort einen Besuch ab. Er empfing uns freundlich, gab uns etwas Tabak, Pfeifen und Proviant. Der Händler kam herein, und wir standen alle auf und gaben ihm die Hand – denn wir waren ganz abhängig davon, daß er es uns ermöglichte, zu jagen und so unsere Familien zu versorgen. Wir warteten lange, denn wir glaubten, der Händler werde uns sagen, daß er Weisungen von unserem Großen Vater habe, uns mit Waren zu versorgen – aber er sagte nichts über diese Sache. Ich stand auf und teilte ihm in einer kurzen Ansprache mit, warum wir gekommen seien und daß ich hoffte, er habe viele Waren, um uns zu versorgen, und ich sagte ihm, er werde im Frühjahr gut bezahlt werden. Ich schloß, indem ich ihm mitteilte, daß wir entschieden hätten, dem Rat unseres Großen Vaters zu folgen und nicht in den Krieg zu ziehen.

Er sagte, er sei glücklich zu hören, daß wir beabsichtigten, Frieden zu wahren. Er sagte, er habe viele Waren; und wenn wir eine gute Jagd hätten, würden wir gut versorgt werden: Aber er erklärte, daß er keine Weisungen erhalten habe, uns irgend etwas auf Kredit zu geben! Er könne uns nichts liefern, ohne sofort dafür bezahlt zu werden!

Wir teilten ihm mit, was unser Großer Vater unseren Häuptlingen in Washington gesagt hatte, und behaupteten, daß er uns versorgen könne, wenn er nur wolle – in dem Glauben, daß unser Großer Vater immer die Wahrheit spräche! Aber der Kommandant des Forts sagte, daß der Händler uns nicht auf Kredit versorgen könne – und daß er keine Weisungen von unserm Großen Vater in Washington erhalten habe! Unbefriedigt verließen wir das Fort und gingen in unser Lager. Wir wußten nicht, was wir jetzt tun sollten. Wir befragten die Gruppe, die uns die Nachricht von unserem Großen Vater gebracht hatte, daß wir hier Kredit für unsere Winterversorgung bekommen würden. Sie erzählten noch immer die gleiche Geschichte und bestanden darauf, daß sie wahr sei. In jener Nacht schliefen nur wenige von uns – Düsternis und Unzufriedenheit befielen uns! Am Morgen wurde ein Kanu gesichtet, das den Fluß herunterkam – es landete bald, und mit ihm kam ein Eilbote mit der Nachricht, daß La Gutrie, ein britischer Händler, in Rock Island gelandet sei, mit zwei Bootsladungen Waren – und er bäte uns, sofort heraufzukommen, weil er gute Nachrichten und Geschenke für uns habe. Der Eilbote schenkte uns Tabak, Pfeifen und Wampun-Gürtel.

Die Nachricht verbreitete sich in unserem Lager wie Feuer in der Prärie. Unsere Zelte waren bald abgebaut, und alle brachen nach Rock Island auf. So endete alle Hoffnung für uns, den Frieden zu wahren – wir sind zur Teilnahme am *Krieg* gezwungen worden, indem wir *getäuscht* wurden!

Unsere Gruppe brauchte nicht lange, um nach Rock Island zu gelangen. Als wir in Sichtweite kamen und aufgestellte Zelte sahen, schrien wir, feuerten unsere Gewehre ab und begannen, unsere Trommeln zu schlagen. Sofort wurden Gewehre auf der Insel abgefeuert, die unseren Salut erwiderten, und eine britische Fahne wurde aufgezogen! Wir landeten und wurde von La Gutrie freundschaftlich empfangen – und dann rauchten wir die Pfeife mit ihm! Danach hielt er für uns eine Rede, die von Oberst Dixon gesandt worden war, und er gab uns schöne Geschenke – eine große, seidene Fahne und ein Faß Rum. Er meinte, wir sollten uns zurückziehen, einige Erfrischungen zu uns nehmen und uns ausruhen, da er uns am nächsten Tag mehr zu sagen habe.

Also zogen wir uns in unsere Zelte zurück (die in der Zwischenzeit aufgestellt worden waren) und verbrachten dort die Nacht. Am nächsten Morgen suchten wir ihn auf und sagten ihm, daß wir seine zwei Bootsladungen Waren unter unsere Leute verteilen wollten, für die er mit Fellen und Pelzen im Frühjahr gut bezahlt werden würde. Er willigte ein – sagte uns, wir sollten sie nehmen und mit ihnen nach Gutdünken verfahren. Während unsere Leute die Güter verteilten, nahm er mich zur Seite und teilte mir mit, daß Oberst Dixon in Green Bay sei, mit zwölf Booten, beladen mit Waren, Gewehren und Munition – und er wünsche, daß ich sofort eine Abteilung zusammenstellen und diese zu ihm führen solle. Er sagte, daß unser Freund, der Händler in Peoria, die Pottawatomie hole und noch vor uns da sein werde. Ich teilte meinen tapferen Männern diese Nachricht mit, und eine Abteilung von 200 Kriegern war bald zusammengestellt und zum Aufbruch bereit.

Tecumthas Ansprache an den britischen Kommandanten

Vater! Höre deine Kinder an.

Im letzten Krieg (im Revolutionskrieg) gab unser britischer Vater seinen roten Kindern das Kriegsbeil, damals lebten unsere alten Häuptlinge noch. Sie sind jetzt tot. In jenem Krieg wurde unser Vater von den Amerikanern flach auf den Rücken geworfen, und unser Vater nahm sie ohne unser Wissen bei der Hand. Wir fürchten, daß unser Vater das dieses Mal wieder tun wird.

Im vorletzten Sommer, als ich mit meinen roten Brüdern herbeikam und bereit war, das Kriegsbeil für unseren britischen Vater zu ergreifen, wurde uns gesagt, wir sollten uns nicht eilen – er habe noch nicht beschlossen, gegen die Amerikaner zu kämpfen.

Höre! Als der Krieg erklärt wurde, stand unser Vater auf, gab uns den Tomahawk und sagte uns, daß er nun bereit sei, die Amerikaner zu schlagen, daß er unsere Hilfe wünsche und daß er uns sicherlich unsere Länder zurückholen werde, die die Amerikaner uns weggenommen haben. Höre! Du sagtest uns damals, wir sollten unsere Familien zu diesem Platz bringen, und wir taten das. Du versprachst uns auch, für sie zu sorgen – daß es ihnen an nichts fehlen sollte, während die Männer gegen den Feind kämpften, daß wir uns nicht wegen der Garnison des Feindes zu sorgen bräuchten und daß unser Vater diesen Teil des Geschäfts übernehmen würde. Du sagtest deinen roten Kindern auch, daß du gut auf deine Garnison hier aufpassen würdest, was unsere Herzen froh machte.

Vater, höre! Unsere Flotte ist ausgelaufen. Wir wissen, daß gekämpft wurde. Wir haben die großen Gewehre gehört. Aber wir wissen nicht, was geschehen ist. Unsere Schiffe haben die eine Richtung eingeschlagen, und wir sind sehr erstaunt zu sehen, daß unser Vater alles zusammenpackt und sich anschickt, in die andere Richtung davonzulaufen, ohne seine roten Kinder wissen zu lassen, welche Absichten er hat. Du sagtest uns immer, wir sollten hierbleiben und auf unsere Länder aufpassen. Es machte unsere Herzen froh, zu hören, daß das dein Wunsch war. Unser Großer Vater, der König, ist das Oberhaupt, und du vertrittst ihn. Du sagtest uns immer, daß dein Fuß niemals von britischem Boden weichen würde. Jetzt aber, Vater, sehen wir, daß du dich zurückziehst, und wir bedauern, daß unser Vater das tut, ohne den Feind überhaupt zu sehen. Wir müssen das Verhalten unseres Vaters mit dem eines fetten Köters vergleichen, der stolz seine Rute aufstellt, sie aber, wenn er erschreckt wird, zwischen die Beine einzieht und wegläuft.

Vater, höre! Die Amerikaner haben uns noch nicht zu Lande geschlagen. Wir haben auch keine Gewißheit, daß sie uns zu Wasser geschlagen haben. Deshalb wollen wir hierbleiben und gegen unsere Feinde kämpfen, wenn sie auftauchen. Wenn sie uns schlagen, wollen wir uns dann mit unserem Vater zurückziehen.

Bei der Schlacht an den Rapids im letzten Krieg schlugen uns die Amerikaner zweifellos. Und als wir zu unseres Vaters Fort zurückkehrten, wurden dort die Tore vor uns verschlossen. Wir fürchteten, daß das jetzt wieder der Fall sein würde; aber statt dessen sehen wir nun unseren britischen Vater Anstalten machen, seine Garnison aufzugeben.

Vater! Du hast die Waffen und die Munition, die unser Großer Vater seinen roten Kindern schickte. Wenn du die Absicht hast wegzugehen, gib sie uns, und dann magst du gehen, was uns auch recht ist. Unser Leben ist in der Hand des Großen Geistes. Wir sind entschlossen, unsere Länder zu verteidigen, und wenn es sein Wille sein sollte, wollen wir unsere Gebeine auf diesem Boden lassen.

Der letzte Halt im alten Nordwesten 1816–1832

Einer der bemerkenswertesten Berichte über die Methode des Teile-und-Herrsche, die der weiße Mann ständig anwandte, ist in der Autobiographie von Tecumthas westlichen Verbündeten, Black Hawk, Kriegshäuptling der Sauk-Fox, enthalten. Von der Zeit an, als diese Nation die ersten Vereinbarungen mit anderen Indianern getroffen hatten, bis zu Black Hawks endgültiger Demütigung nutzten weiße Männer jede Gelegenheit aus, Indianer gegen Indianer aufzuhetzen.

Die Sauk-Fox-Nation bewohnte das ganze heutige Illinois oberhalb des Illinois River, einen Teil von Wisconsin und einen Teil von Missouri. Saukenuk, das Zentrum, lag an der Mündung des Rock River in den Mississippi und war umgeben von Mais-, Bohnen- und Kürbisfeldern. Diese Felder wurden im Frühling bepflanzt, im Sommer gepflegt und im Herbst abgeerntet. Während dieser Zeit lebten die Indianer in ihren Dorfhäusern. Nach der Erntezeit aber verließen sie ihre Dörfer und zogen in ihre Jagdgründe. Im nächsten Frühling kehrten sie zurück, um ihre Felder wieder zu bepflanzen. Vor dem Revolutionskrieg kamen die Sauk-Fox wenig mit den ‹Amerikanern› in Berührung. Sie handelten mit Franzosen, die den Mississippi herunterkamen und mit den Spaniern, die die Gebiete westlich des Mississippi von St. Louis aus kontrollierten. Nach dem Revolutionskrieg jedoch waren die Auswirkungen des Vorstoßes der Siedler nach Westen, der der indianischen Niederlage bei Fallen Timbers und dem Vertrag von Greenville folgte, bis zum Mississippi zu spüren. Als dann 1803 im Kaufvertrag von Louisiana die USA die spanischen Besitzungen an der Westseite des Mississippi übernahmen, war es offensichtlich, daß die ‹amerikanische› Flut die Sauk-Fox als ein Hindernis für ihre Ausbreitung betrachten würde. Fast unmittelbar darauf begannen die Auseinandersetzungen. Im März 1804 übernahmen US-Soldaten St. Louis von den Spaniern.** Im Juni dieses Jahres schrieb der Kriegsminister an William Har-*

* Sie war entstanden aus der Verschmelzung zweier entfernt lebender indianischer Völker, die aus ihren Ursprungsländern während der Unruhen vertrieben worden waren, die das westliche Echo auf die Kämpfe zwischen Weißen und Indianern weiter im Osten im 17. und 18. Jahrhundert darstellten.

** Genaugenommen übernahmen die ‹Amerikaner› Louisiana von Frankreich. 1763 hatte Frankreich Louisiana an Spanien verloren. Im Jahre 1802 gelang es Napoleon, Louisiana und Florida von Karl IV. von Spanien im Austausch für die Toskana zu bekommen, die Karl IV. gern seinem neuen Schwiegersohn, dem *rison, Kommissar von Indiana. Er ermächtigte ihn, mit den Sauk-Fox in Verhandlungen einzutreten, um «von den Sacs Gebietsabtretungen an beiden Seiten des Illinois zu erreichen, die mit einer jährlichen Ausgleichszahlung von 500 oder 600 Dollar honoriert würden».*

In William Harrisons Vorstellung war die Größe eines Landes, das mit einer solchen Summe von Indianern gekauft werden konnte, praktisch unbegrenzt. Er nutzte einen Vorfall, bei dem drei weiße Männer angeblich von einer Sauk-Gruppe getötet wurden, geschickt aus. Harrison ging nach St. Louis und rief die Sauk-Fox-Häuptlinge zu einer Beratung. Er sagte nichts davon, daß er Land kaufen wollte, aber er befahl den Häuptlingen, ‹die Mörder› mitzubringen. Die Indianer sandten eine Abordnung von Häuptlingen mit einem der beschuldigten Männer nach St. Louis. Sie hatten die Weisung, den Geschädigten nach indianischer Art Wiedergutmachung zu zahlen, um den Streitfall beizulegen. Harrison machte sich das zunutze und sagte, die Zahlung müsse in Form von Land erfolgen. Er wandte auch seine übliche Taktik im Umgang mit Indianern an und flößte den Häuptlingen Unmengen Whisky ein. Als diese St. Louis verließen, hatten sie einen Vertrag unterschrieben, in dem sie alle Sauk-Fox-Länder an die Vereinigten Staaten abtraten. Harrison erklärte sich bereit, den Präsidenten um Begnadigung des ausgelieferten Indianers zu ersuchen (obwohl es so schien, daß dieser in Notwehr gehandelt hatte), dem jedoch noch in Gefangenschaft durch eine Salve aus der Schrotflinte eines Wächters der Kopf abgeschossen wurde.

Das war der Auftakt der Beziehungen zwischen den Vereinigten Staaten und den Sauk-Fox. Natürlich dementierten die Indianer, daß sie den Bedingungen, die in dem Vertrag niedergelegt waren, zugestimmt hatten – denen zufolge ihnen 2234,50 Dollar zustanden. Das war die Summe, die Harrison ihnen in ihrer ‹Unterhaltung› zugesichert hatte, und er selbst erhielt auch das Geld von der Regierung. Die Indianer mußten auf das Geld für ihr Land verzichten, um Harrison den Whisky zu bezahlen, der ihnen aufgezwungen worden war, um sie zum Verkauf ihres Landes zu bringen. Vielleicht schien das selbst Harrison ein bißchen zu stark, denn er versprach ihnen noch, daß sie eine jährliche Zahlung von 1000 Dollar in Waren erhalten sollten.

Die ‹Amerikaner› waren in dem Gebiet einige Jahre lang noch zu schwach, um die Sauk-Fox aus ihrem Land zu vertreiben. Sie begnügten

Herzog von Parma, schenken wollte. Napoleon mußte aber daraufhin den gemeinsamen Krieg Englands und der Vereinigten Staaten gegen Frankreich fürchten. Er verkaufte deshalb Louisiana und Florida für 60 Millionen Francs an den Unterhändler Jeffersons. Die Vereinigten Staaten fanden nun den Weg nach Westen frei, eher als sie es zu hoffen gewagt hatten. Sie waren damit über Nacht zur Großmacht aufgestiegen.

sich damit, mit kleinen Zwischenfällen Schwierigkeiten zu verursachen, für die sie stark genug waren, und den Vertrag für bessere Zeiten aufzubewahren. Dann kam der Krieg von 1812. Black Hawk führte seine Krieger an der Seite Tecumthas zum Kampf und ließ die Sauk-Fox, die zwischen die britischen und die US-Streitkräfte gerieten, geschwächt zurück. Beeinflußt von Häuptlingen des Ältestenrats, die die Macht des weißen Mannes fürchteten, wünschten viele der Sauk-Fox Frieden und Neutralität und waren für die Argumente der ‹amerikanischen› Agenten empfänglich, die sie aufforderten, nach Westen über den Mississippi zu ziehen, wo die US-Armee sie schützen könnte. Nach Tecumthas Niederlage kehrte Black Hawk zurück und fand seine Nation geteilt. Der ‹probritische› Teil, der noch im Sauk-Fox-Gebiet lebte, war stark zusammengeschrumpft, und er spaltete sich nochmals. Die Angst vor einem US-Angriff hatte sie bewogen, einen unbekannten Emporkömmling als Kriegshäuptling zu wählen, der, als Black Hawk fortzog, noch nicht einmal ein ausgebildeter Krieger war. Dieser Mann namens Ke-o-kuck wurde bald der Liebling der US-Agenten, die entdeckten, daß er Geschenke liebte – und sie noch mehr liebte, wenn die ‹Amerikaner› ihn gegenüber den anderen Sauk-Fox-Häuptlingen bevorzugten. In den letzten Jahren des Krieges von 1812, als Black Hawk versuchte, den Krieg am Mississippi fortzusetzen, wechselte Ke-o-kuck die Front und unterstellte sich den ‹Amerikanern›. Er fand immer mehr Argumente dafür, daß die Sauk-Fox tun sollten, was der weiße Mann wollte.

In dem folgenden Dokument beginnt Black Hawk seine Erzählung 1816, nach den Verhandlungen mit den ‹Amerikanern› in St. Louis, kurz nach Unterzeichnung des Friedensvertrages zwischen England und den Vereinigten Staaten. Von dieser Zeit an verstärkten die weißen Männer ihren Druck auf die Sauk-Fox, damit sie ihre Länder entsprechend dem betrügerischen Vertrag von 1804 aufgäben. Die Auswirkungen von Ke-o-kucks Verrat werden in dem Dokument deutlich sichtbar, ebenso die Entschlossenheit Black Hawks und seiner Anhänger, Widerstand zu leisten – eine Entschlossenheit, die in Black Hawks Krieg ihr Ende fand: dem letzten Halt im Nordwesten.

Aus der Autobiographie von Black Hawk, «Life of Ma-ka-tai-me-she-kia-kiak or Black Hawk», von ihm selbst diktiert. Boston, 1834

Als der große Häuptling von St. Louis uns die Nachricht schickte, daß wir kommen und den Friedensvertrag bestätigen sollten, zögerten wir nicht, sondern brachen sofort auf, damit wir die Friedenspfeife mit ihm rauchen könnten. Bei unserer Ankunft trafen wir die großen Häuptlinge während einer Beratung an. Sie erklärten uns die Worte unseres Großen Vaters in Washington, beschuldigten uns abscheulicher Verbrechen und verschiedener Vergehen, besonders, daß wir nicht gekommen seien, als wir das erste Mal eingeladen wurden. Wir wußten sehr gut, daß unser Großer Vater uns getäuscht hatte und uns dadurch gezwungen hatte, uns mit den Briten zu verbünden, und konnten nicht glauben, daß er die Häuptlinge veranlaßt hatte, uns diese Rede zu halten. Ich war kein ziviler Häuptling und antwortete folglich nicht. Aber unsere Häuptlinge sagten den Bevollmächtigten, daß «was sie gesagt hätten, eine Lüge sei! – Daß unser Großer Vater eine solche Rede nicht gesandt haben könnte, er wisse, daß die Lage, in die wir gebracht worden wären, von ihm verursacht worden sei!» Der weiße Häuptling schien wegen dieser Antwort sehr ärgerlich zu sein und sagte, sie «würden den Vertrag mit uns aufheben und Krieg führen, da sie sich nicht beleidigen ließen».

Unsere Häuptlinge hatten nicht die Absicht, sie zu beleidigen, und sagten ihnen das – «sie wollten ihnen nur erklären, daß sie gelogen hätten, ohne sie zu verärgern, in der gleichen Art, wie es die Weißen tun, wenn sie nicht glauben, was ihnen erzählt wird!». Die Beratung wurde dann fortgesetzt, und die Friedenspfeife wurde geraucht.

Hier setzte ich das erste Mal den Gänsekiel auf den Vertrag – ohne jedoch zu wissen, daß ich mit dieser Handlung zustimmte, mein Dorf fortzugeben. Wäre mir das erklärt worden, so hätte ich mich dagegen gewehrt, und nie hätte ich ihren Vertrag unterzeichnet, wie meine jüngste Handlungsweise klar beweist.

Was wissen wir von den Gesetzen und Bräuchen des weißen Volkes? Sie könnten unsere Körper zur Sektion kaufen, und wir würden den Gänsekiel in die Hand nehmen, um das zu bestätigen, ohne zu wissen, was wir tun. Dies war bei mir und anderen der Fall, die den Gänsekiel das erste Mal anrührten.

Wir können, was angemessen und richtig ist, nur nach unserem eigenen Verständnis von richtig und falsch beurteilen. Dieses unterscheidet sich sehr von dem der Weißen, wenn ich es richtig sehe. Die Weißen mögen ihr ganzes Leben Übles tun, wenn sie es zur Zeit ihres Todes bereuen, ist alles vergeben und vergessen! Bei uns aber ist es anders: Wir müssen unser ganzes Leben lang tun, was wir als richtig erkennen. Wenn wir Mais und Fleisch haben und von einer Familie wissen, die nichts hat, teilen wir mit ihr. Wenn wir mehr Decken haben als nötig und andere haben nicht genug, müssen wir sie denen geben, die sie brauchen. Ich werde aber gleich noch unsere Bräuche und die Art, wie wir leben, erklären.

Wir wurden von den weißen Häuptlingen freundlich behandelt und kehrten wieder in unser Dorf am Rock River zurück. Dort stellten wir fest, daß Truppen gekommen waren, um ein Fort auf Rock Island zu bauen. Dies war unserer Meinung nach das Gegenteil von dem, was wir getan hatten – das war «den Krieg in der Zeit des Friedens vorbereiten».

Wir erhoben keinen Einspruch gegen den Bau des Forts auf der Insel, aber wir waren sehr traurig, da dies die beste Insel im Mississippi war und lange Zeit der Aufenthaltsort unserer jungen Leute während des Sommers. Sie war unser Garten (wie ihn die weißen Leute in der Nähe ihrer großen Dörfer haben), der uns mit Erdbeeren, Brombeeren, Stachelbeeren, Pflaumen, Äpfeln und verschiedenen Sorten Nüssen versorgte; und das Wasser um sie herum war voll von Fischen, da sie in den Stromschnellen des Flusses lag. In meinen jungen Jahren verbrachte ich viele glückliche Tage auf dieser Insel. Ein guter Geist trug für sie Sorge. Er lebte in einer Höhle in den Felsen direkt unter der Stelle, wo jetzt das Fort steht. Er ist oft von unseren Leuten gesehen worden. Er war weiß und hatte große Flügel, wie die eines Schwans, aber zehnmal größer. Besonders sollten wir darauf achten, keinen Lärm auf dem Teil der Insel zu machen, den er bewohnte, um ihn nicht zu stören. Doch der Lärm des Forts hat ihn seither vertrieben, und zweifellos hat ein böser Geist seine Stelle eingenommen!

Unser Dorf lag am Nordufer des Rock River, unterhalb der Wirbel, auf dem Landstück zwischen Rock und Mississippi. Vor ihm erstreckte sich die Prärie bis zum Ufer des Mississippi, und hinter dem Dorf stieg ein felsiger Abhang sanft aus der Prärie. Unterhalb des Abhangs dehnten sich über zwei Meilen am Mississippi entlang unsere Maisfelder aus. Sie gingen in die der Fox über, deren Dorf am Ufer des Mississippi lag, dem unteren Ende von Rock Island gegenüber und drei Meilen von unserem Dorf entfernt. Wir hatten zusammen mit den Feldern auf den Inseln im Rock River ungefähr 800 Morgen unter Bebauung. Auf dem unbebauten Land rund um unser Dorf wuchs Riedgras, eine ausgezeichnete Weide für unsere Pferde. Mehrere saubere Quellen entsprangen in dem nahen Felshang, die uns mit gutem Wasser versorgten. Die Stromschnellen des Rock River lieferten uns ausgezeichnete Fische im Überfluß, und das Land schenkte uns stets gute Ernten von Mais, Bohnen und Kürbissen. Wir hatten immer mehr als genug – unsere Kinder weinten niemals wegen Hunger, und unsere Leute litten niemals Not. Hier hatte unser Dorf seit mehr als 100 Jahren gelegen, und wir waren während dieser ganzen Zeit unbestritten die Besitzer des Mississippitals vom Ouisconsin zur Portage des Sioux in der Nähe der Mündung des Missouri gewesen, das ist eine Entfernung von ungefähr 700 Meilen.

Zu dieser Zeit hatten wir sehr wenig Verkehr mit den Weißen, außer mit unseren Händlern. Unser Dorf war gesund, und es gab keinen Ort im Land, der so viele Vorzüge besaß, und es gab keine besseren Jagdgründe, als die, die wir im Besitz hatten. Wenn in jenen Tagen ein Prophet in unser Dorf gekommen wäre und uns erzählt hätte, was seither geschehen ist, keiner von uns hätte ihm geglaubt! Was! Von unserem

Dorf und unseren Jagdgründen vertrieben werden, ohne daß es wenigstens gestattet ist, die Gräber unserer Vorfahren, unserer Verwandten und Freunde zu besuchen? ... Die Weißen verkauften das Land nun schnell. Eines Tages jagte ich in einer Senke und traf drei weiße Männer. Sie beschuldigten mich, ihre Wildschweine zu töten; ich bestritt das, aber sie hörten nicht auf mich. Einer von ihnen nahm mir das Gewehr aus der Hand und schoß es leer – dann nahm er den Feuerstein heraus und gab mir mein Gewehr zurück. Sie begannen, mich mit Stöcken zu schlagen und befahlen mir dann, mich zu entfernen. Ich hatte so viele Verletzungen, daß ich mehrere Nächte nicht schlafen konnte. Einige Zeit nach diesem Vorfall fällte ein Mann aus meinem Lager einen Bienenbaum und trug den Honig heim. Bald folgte ihm eine Gruppe weißer Männer und sagte ihm, daß der Bienenbaum ihnen gehörte und er kein Recht hätte, ihn zu fällen. Er deutete auf den Honig und sagte, sie sollten ihn nehmen; sie gaben sich damit nicht zufrieden, sondern nahmen ihm alle seine Felle ab, die er während des Winters erjagt hatte, um seinen Händler zu bezahlen und seine Familie im Frühling zu kleiden, und trugen sie fort!

Wie sollten wir uns mit solchen Menschen anfreunden, die uns so ungerecht behandelten? Aus Furcht, sie würden noch Ärgeres tun, beschlossen wir, unser Lager abzubrechen – und als wir im Frühling zu unseren Leuten kamen, beklagten sich viele über eine ähnliche Behandlung.

In diesem Sommer kam unser Agent, um auf Rock Island zu leben. Er behandelte uns gut und gab uns gute Ratschläge. Während des Sommers besuchte ich ihn und den Händler sehr oft, und zum erstenmal hörte ich davon reden, daß wir das Dorf zu verlassen hätten. Der Händler erklärte mir die Worte des Vertrages, der geschlossen worden war, und sagte, wir müßten Illinois verlassen und auf die andere Seite des Mississippi gehen. Er riet uns, einen guten Ort für unser Dorf auszusuchen und im Frühling dort hinzuziehen. Er malte die Schwierigkeiten aus, mit denen wir zu rechnen hätten, wenn wir in unserem Dorf am Rock River blieben. Er hatte großen Einfluß auf den obersten Fox-Häuptling (seinen Adoptivbruder) und überredete ihn, sein Dorf zu verlassen, auf die Westseite des Mississippi zu gehen und ein neues zu bauen – was dieser im folgenden Frühling tat. Nun wurde von nichts anderem als vom Verlassen unseres Dorfes gesprochen. Ke-o-kuck war zum Fortgehen überredet worden; und er benutzte all seinen Einfluß, unterstützt vom Kriegshäuptling in Fort Armstrong und unserem Agenten und dem Händler auf Rock Island, andere zu veranlassen, mit ihm zu gehen. Er schickte den Ausrufer durch das Dorf, um unseren Leuten zu verkünden, daß es der Wunsch unseres Großen Vaters sei, daß wir auf die Westseite des Mississippi zögen – er empfahl den Ioway River als einen guten Platz für das neue Dorf – und wünschte, daß seine Leute, bevor sie zur Winterjagd gingen, alle Vorkehrungen träfen, damit sie im Frühjahr nicht mehr in das Dorf zurückkehren müßten.

Diejenigen, die sich weigerten wegzuziehen, fragten mich nach meiner Meinung. Ich sprach sie offen aus – und als ich Quásh-quá-me wegen des Landverkaufs fragte, versicherte er mir, daß er «niemals dem Verkauf unseres Dorfes zugestimmt hatte». Ich versprach nun diesen Leuten, ihr Führer zu sein, und wurde der Gegenspieler Ke-o-kucks, fest entschlossen, mein Dorf nicht zu verlassen. Ich hatte eine Unterredung mit Ke-o-kuck, um zu sehen, ob diese Auseinandersetzung mit unserem Großen Vater nicht beigelegt werden könnte – und sagte ihm, er solle vorschlagen, anderes Land abzugeben (welches immer unser Großer Vater wählen würde, wenn es sein mußte, sogar unsere Bleiminen), damit es uns gestattet sei, das kleine Landstück, auf dem unser Dorf und unsere Felder waren, friedlich zu behalten.

Ich war der Meinung, daß die weißen Menschen Land im Überfluß hatten und uns niemals unser Dorf wegnehmen würden.

Ke-o-kuck versprach, wenn möglich, einen Tausch zu machen, und wandte sich an unseren Agenten und den großen Häuptling in St. Louis (dem alle Agenten unterstehen), um die Erlaubnis zu erhalten, nach Washington zu gehen und den Großen Vater zu diesem Zweck zu sprechen. Das beruhigte uns für einige Zeit. Wir zogen mit der Hoffnung, daß etwas für uns getan werden würde, in unsere Jagdgründe. Während des Winters erhielt ich die Nachricht, daß drei weiße Familien in unserem Dorf angekommen seien und einige unserer Wohnstätten zerstört hätten. Sie seien dabei, Zäune zu ziehen und unsere Maisfelder unter sich zu teilen – und sie stritten untereinander wegen der Grenzen bei der Teilung! Ich machte mich sofort auf den Weg zum Rock River, eine Entfernung von zehn Tagesreisen, und bei meiner Ankunft stellte ich fest, daß der Bericht der Wahrheit entsprach. Ich ging zu meiner Wohnstätte und sah, daß eine Familie sie besetzt hatte. Ich wollte mit ihnen sprechen, aber sie konnten mich nicht verstehen. Ich ging dann nach Rock Island und erzählte dem Übersetzer (der Agent war abwesend), was ich diesen Leuten sagen wollte: «Sie sollen nicht auf unserem Land siedeln – unsere Wohnstätten und Zäune in Frieden lassen – in diesem Land gibt es für jeden Boden genug, auf dem man siedeln kann – sie müßten unser Dorf verlassen, da wir im Frühling dorthin zurückkehren werden.» Der Übersetzer schrieb mir etwas auf ein Stück Papier, und ich ging ins Dorf zurück und zeigte es den Eindringlingen, aber ich konnte ihre Antwort nicht verstehen. Ich erwartete jedoch, daß sie wegziehen würden, wie ich sie gebeten hatte. Ich kehrte nach Rock Island zurück, verbrachte dort die Nacht und führte ein langes Gespräch mit dem Händler. Er riet mir wieder, aufzugeben und mein Dorf mit Ke-o-kuck am Ioway River aufzubauen. Ich sagte ihm, daß ich das nicht tun würde. Am nächsten Morgen überquerte ich den Mississippi auf sehr dünnem Eis – aber der Große Geist machte es fest, damit ich es sicher passieren konnte. Ich reiste noch einmal drei Tage, um den Winnebago-Unteragenten zu sehen und mit ihm über die Ursache unserer Schwierigkeiten zu sprechen. Er hatte keine besseren Neuigkeiten für mich als der Händler. Ich fuhr dann den Rock River hinab, um mit dem Propheten zu sprechen, den ich für einen Mann von großer Weisheit hielt. Als wir uns trafen, erklärte ich ihm alles. Er stimmte mir sofort bei, daß wir im Recht seien, und riet mir, niemals unser Dorf aufzugeben und die Weißen die Gebeine unserer Vorfahren umgraben zu lassen. Er sagte, wenn wir in unserem Dorf blieben, würden die Weißen uns nicht stören. Er riet mir, daß ich Ke-o-kuck und die Leute, die ihm zugestimmt hatten, im Frühling an den Ioway zu gehen, dazu bewegen sollte, in unser Dorf zurückzukehren.

Ich kam nach einem Monat in meinen Jagdgrund zurück und berichtete die Neuigkeiten. In kurzer Zeit erreichten wir unser Dorf und stellten fest, daß die Weißen es nicht verlassen hatten – daß aber andere hinzugekommen waren und daß der größte Teil unserer Maisfelder eingezäunt worden war. Als wir am Ufer landeten, schienen die Weißen ungehalten darüber zu sein, daß wir zurückgekommen waren. Wir besserten die Wohnstätten aus, die stehengelassen worden waren, und bauten neue. Ke-o-kuck kam ins Dorf, aber er wollte andere überreden, ihm an den Ioway zu folgen. Er hatte keine Abmachungen zustande gebracht, die uns ein Bleiben ermöglichten, auch keinen Tausch gegen anderes Land an Stelle unseres Dorfes. Es gab keine Freundschaft mehr zwischen uns. Ich betrachtete ihn als einen Feigling, er war kein tapferer Mann. Er hatte sein Dorf aufgegeben, damit es Fremde besetzen konnten. Welches Recht hatten diese Menschen auf unser Dorf und unsere Felder, die der Große Geist uns gegeben hatte, um dort zu leben?

Meine Vernunft sagt mir, daß Land nicht verkauft werden kann. Der Große Geist gab es seinen Kindern, um darauf zu leben und es zu bebauen, soweit es für ihren Unterhalt notwendig ist, und solange sie darauf wohnen und es bebauen, haben sie das Recht auf den Boden. Wenn sie es freiwillig verlassen, dann haben andere Leute das Recht, darauf zu siedeln. Nur Waren können Handelsgegenstände sein.

Wegen der Aneignung unserer Felder durch die Eindringlinge hatten wir beträchtliche Schwierigkeiten, Boden zu bekommen, um ein bißchen Mais anzupflanzen. Einige der Weißen erlaubten uns, kleine Flecken der Felder, die sie eingezäunt hatten, zu bepflanzen, den besten Boden behielten sie natürlich für sich. Unsere Frauen hatten große Schwierigkeiten, die Zäune zu übersteigen (sie waren so etwas nicht gewohnt), und sie wurden übel zugerichtet, wenn ihnen lockere Zaunlatten herunterfielen.

Einer meiner alten Freunde glaubte, daß sein Maisfeld auf einer kleinen Insel im Rock River sicher wäre. Er pflanzte seinen Mais; der wuchs gut – aber der weiße Mann beobachtete das! Er wollte daraufhin die Insel für sich, setzte mit seinem Wagen und seinen Pferden über, erntete den Mais und pflanzte das Feld noch einmal an! Der alte Mann vergoß Tränen, nicht seinetwegen, aber wegen der Not, in die seine Familie geraten würde, wenn sie keinen Mais ernteten.

Die weißen Leute brachten Whisky in unser Dorf, machten unsere Leute betrunken und handelten ihnen ihre Pferde, Gewehre und Fallen ab! Diese Betrügereien gingen so weit, daß ich fürchtete, es würde ernsthaft Schwierigkeiten geben, wenn dem nicht Einhalt geboten würde. Also besuchte ich alle Weißen und bat sie, meinen Leuten keinen Whisky zu verkaufen. Einer von ihnen machte das ganz offen weiter. Mit ein paar jungen Männern ging ich zu seinem Haus, holte sein Faß heraus, brach den Deckel ein und ließ den Whisky ausfließen. Ich tat dies aus Sorge, einige der Weißen könnten von meinen Leuten, wenn sie betrunken waren, getötet werden.

Unsere Leute wurden bei vielen Gelegenheiten von den Weißen schlecht behandelt. Einmal schlug ein weißer Mann eine unserer Frauen grausam, weil sie ein paar Maiskolben aus seinem Feld zog und sie abknabberte, da sie hungrig war! Ein anderes Mal wurde einer unserer jungen Männer von zwei weißen Männern mit Knüppeln geschlagen, weil er einen Zaun öffnete, der unseren Weg kreuzte, um sein Pferd durchzuführen. Sein Schulterblatt war gebrochen und die Verletzungen an seinem Körper so groß, daß er bald danach starb.

So schlecht und grausam auch unsere Leute von den Weißen behandelt wurden, nicht einer von ihnen wurde von meinen Leuten verletzt oder belästigt. Ich hoffe, dies wird beweisen, daß wir ein friedliches Volk sind. Wir haben zehn Männern gestattet, sich unsere Maisfelder anzueignen, uns daran zu hindern, Mais anzupflanzen, unsere Wohnungen anzuzünden und zu zerstören, unsere Frauen zu mißhandeln und unsere Männer zu Tode zu prügeln, ohne Widerstand gegen ihre barbarischen Grausamkeiten zu leisten. Dies ist eine Lektion, die es wert wäre, von einem weißen Mann gelernt zu werden: auf Gewalt zu verzichten, wenn ihm Unrecht zugefügt wird.

Täglich setzten wir unseren Agenten über unsere Lage in Kenntnis und durch ihn den großen Häuptling in St. Louis – und hofften, daß etwas für uns getan würde. Die Weißen beklagten sich zur gleichen Zeit ständig, daß wir ihre Rechte verletzten. *Sie* stellten sich als die geschädigte Partei hin und uns als die Eindringlinge! Und sie riefen laut nach dem großen Kriegshäuptling, ihr Eigentum zu schützen. Wie glatt muß die Sprache der Weißen sein, wenn sie Recht als Unrecht hinstellen können und Unrecht als Recht. Während dieses Sommers war ich gerade auf Rock Island, als ein großer Häuptling ankam, den ich als den großen Häuptling von Illinois gekannt hatte (Gouverneur Cole). Mit ihm kam ein anderer Häuptling, der, wie mir gesagt wurde, ein großer Schriftsteller ist (Richter Jas. Hall). Ich wandte mich an sie und bat, daß man ihnen die Mißstände mitteilte, mit denen ich und meine Leute uns abmühten. Ich hoffte, daß sie etwas für uns tun könnten. Der große Häuptling schien jedoch nicht bereit, sich mit mir zu beraten. Er sagte, er sei nicht mehr der große Häuptling von Illinois – seine Kinder hätten einen anderen Vater an seiner Stelle gewählt, er sei jetzt nur mehr ein Mensch wie jeder andere. Seine Rede überraschte mich, denn ich hatte immer gehört, daß er ein guter, tapferer und großer Häuptling war. Doch die weißen Menschen scheinen nie zufrieden zu sein. Wenn sie einen guten Vater haben, halten sie Beratungen ab (auf den Vorschlag irgendeines schlechten, ehrgeizigen Mannes hin, der selbst den Platz einnehmen will) und beschließen miteinander, daß dieser Mann oder ein anderer ebenso ehrgeiziger ein besserer Vater wäre als der, den sie haben, und in neun von zehn Fällen bekommen sie keinen so guten wieder.

Ich wollte trotzdem diesen beiden Häuptlingen die Lage meiner Leute erklären. Sie gaben ihre Zustimmung: Ich stand auf und hielt eine Rede, worin ich ihnen den Vertrag erklärte, der von Quásh-quá-me und drei von unseren Kriegern geschlossen worden war, so wie der Händler und andere ihn mir erklärt hatten. Ich sagte ihnen dann, daß Quásh-quá-me und die anderen strikt bestreiten, je mein Dorf verkauft zu haben, und da ich niemals erlebt hätte, daß sie gelogen hätten, sei ich entschlossen, es weiterhin in Besitz zu halten.

Ich erzählte ihnen, daß die weißen Leute bereits in unser Dorf gekommen seien, daß sie unsere Wohnstätten niedergebrannt, unsere Zäune zerstört, unseren Mais geerntet und unsere Leute geschlagen hätten, daß sie Whisky in unser Land gebracht und unsere Leute betrunken gemacht hätten, während sie ihnen ihre Pferde, Gewehre und Fallen weggenommen hätten; und daß ich all dies Unrecht erduldet hätte, ohne einem meiner Krieger zu erlauben, seine Hand gegen die Weißen zu erheben.

Mein Ziel bei dieser Beratung war es, die Meinung dieser beiden Häuptlinge zu hören, um herauszubekommen, wie ich am besten vorgehen sollte. Ich hatte mich vergeblich wieder und wieder dringlich an unseren Agenten gewandt, der unsere Lage immer wieder dem großen Häuptling in St. Louis darstellte, dessen Pflicht es war, den Großen Vater anzurufen, damit uns Gerechtigkeit geschehe; aber statt dessen wird uns gesagt, daß die weißen Leute unser Land wollen und wir es ihnen lassen müssen!

Ich hielt es nicht für möglich, daß unser Großer Vater wollte, daß wir unser Dorf verließen, wo wir so lange gelebt hatten und wo die Gebeine so vieler Vorfahren begraben waren. Der große Häuptling sagte, da er kein Häuptling mehr sei, könne er nichts für uns tun und es täte ihm leid, daß es nicht in seiner Macht stünde, uns zu helfen – er wisse auch nicht, was er uns raten solle. Keiner von beiden konnte etwas für uns tun; aber beiden schien die Sache offensichtlich sehr leid zu tun. Es würde mir zu jeder Zeit große Freude bereiten, diese beiden Häuptlinge wiederzusehen.

In jenem Herbst stattete ich dem Agenten einen Besuch ab, bevor wir in unsere Jagdgründe aufbrachen, um zu hören, ob er gute Nachricht für mich habe. Er hatte Nachricht! Er sagte, daß das Land nun an Einzelpersonen verkauft werden sollte und daß mit dem Verkauf laut Vertrag unser Recht, zu bleiben, enden würde, und wenn wir im nächsten Frühling in unser Dorf zurückkehrten, würden wir gezwungen werden, wegzuziehen!

Wir erfuhren während des Winters, daß ein Teil des Landes an Einzelpersonen verkauft worden war und daß der Händler auf Rock Island den größeren Teil des angebotenen Landes gekauft hatte. Jetzt war mir klar, warum er uns gedrängt hatte, wegzuziehen. Sein Ziel war, unser Land zu bekommen. Wir hielten in diesem Winter mehrere Beratungen ab, um zu entscheiden, was wir tun sollten, und beschlossen, wie gewöhnlich im Frühling in unser Dorf zurückzukehren. Wir kamen überein, wenn wir mit Gewalt vertrieben werden würden, so müßten das der Händler, der Agent und andere auf dem Gewissen haben; und wenn ihnen das nachgewiesen werden kann, sollten sie getötet werden! Der Händler stand als erster auf der Liste. Er hatte das Land gekauft, auf dem meine Wohnstätte war, und auch unseren Friedhof. Ne-a-pope versprach, ihn zu töten, und auch den Agenten, den Übersetzer, den großen Häuptling in St. Louis, den Kriegshäuptling in Fort Armstrong, Rock Island und Ke-o-kuck – dies waren die wichtigsten Personen, die versuchten, uns zu vertreiben.

Unsere Frauen erhielten schlechte Neuigkeiten von den Frauen, die in dem neuen Dorf Mais angebaut hatten, mühselig mußte die Prärie umgepflügt werden, und auch die Ernte war nur gering. Da waren wir allerdings auch nicht besser dran. Seit ich denken kann, war das das erste Mal, daß unsere Leute hungern mußten.

Ich stimmte einige von Ke-o-kucks Leuten um, in diesem Frühling in das Dorf am Rock River zurückzukehren. Ke-o-kuck wollte nicht mit uns zurückkehren. Ich hoffte, wir würden die Erlaubnis erhalten, nach Washington zu gehen, um unsere Angelegenheiten mit dem Großen Vater zu klären. Ich besuchte den Agenten auf Rock Island. Er war verärgert, weil wir in unser Dorf zurückgekehrt waren, und sagte mir, daß wir uns auf die Westseite des Mississippi zurückziehen müßten. Ich antwortete ihm deutlich, daß wir es nicht tun würden! Ich besuchte den Übersetzer in seinem Haus. Dieser riet mir zu tun, wie der Agent mir befohlen hatte. Ich suchte dann den Händler auf und machte ihm Vorwürfe, daß er unser Land gekauft hatte. Er sagte, wenn er es nicht erworben hätte, hätte es eine andere Person getan, und wenn unser Großer Vater einen Tausch mit uns machen würde, wäre er gern bereit, das Land der Regierung zu geben. Dies, so dachte ich, war anständig, und glaubte, daß er nicht so schlecht gehandelt hatte, wie ich vermutete. Wieder setzten wir unsere Wohnstätten instand und bauten neue, da der größte Teil unseres Dorfes niedergebrannt und zerstört worden war. Unsere Frauen suchten kleine Flecken aus, um Mais anzupflanzen (die die Weißen nicht eingezäunt hatten), und sie arbeiteten hart, um etwas anzubauen, wovon unsere Kinder leben konnten.

Mir wurde gesagt, daß wir laut Vertrag kein Recht hatten, auf dem verkauften Land zu bleiben, und daß die Regierung uns zwingen würde, es zu verlassen. Es war jedoch nur ein kleiner Teil verkauft worden; da das übrige noch in Händen der Regierung war, beanspruchten wir das Recht (wenn wir schon kein anderes hatten), «darauf zu leben und zu jagen, solange es im Besitz der Regierung blieb», nach einer Klausel im gleichen Vertrag, die von uns forderte, es zu räumen, nachdem es verkauft worden war. Dies war das Land, das wir bewohnen wollten, und wir glaubten, wir hätten das größte Recht dazu.

Ich hörte, daß ein großer Häuptling am Wabash sei, und schickte eine Gruppe, seinen Rat einzuholen. Sie erklärten ihm, daß wir unser Dorf nicht verkauft hatten. Er versicherte ihnen, wenn wir das Land nicht verkauft hätten, würde unser Großer Vater es uns nicht wegnehmen.

Ich reiste nach Malden, um den Häuptling meines britischen Vaters zu treffen, und erzählte ihm meine Geschichte. Er gab dieselbe Antwort, die der Häuptling am Wabash gegeben hatte. Ich muß gerechterweise sagen, daß er mir niemals einen schlechten Rat gab. Er schlug mir vor, mich an unseren amerikanischen Vater zu wenden, der, wie er sagte, uns Gerechtigkeit widerfahren lassen würde. Als nächstes suchte ich dann den großen Häuptling in Detroit auf und gab ihm die gleiche Erklärung ab wie dem Häuptling unseres britischen Vaters. Er gab dieselbe Antwort. Er sagte, wenn wir unser Land nicht verkauft hätten und uns friedlich verhielten, würden wir in Ruhe gelassen werden. Dies bestätigte mir, daß ich recht hatte, und ich entschloß mich dazu, durchzuhalten, wie ich es meinen Leuten versprochen hatte.

Ich kehrte spät im Herbst aus Malden zurück. Meine Leute waren in ihre Jagdgründe gegangen, wohin ich ihnen folgte. Dort hörte ich, daß sie den ganzen Sommer über von den Weißen schlecht behandelt worden waren und daß ein Vertrag in Prairie du Chien gemacht worden sei.

Ke-o-kuck und einige unserer Leute waren dabei und fanden heraus, daß unser Großer Vater einen kleinen Streifen des von Quásh-quá-me und den Kriegern abgetretenen Landes mit den Pottawatomie für einen Teil deren Landes in der Nähe von Chicago getauscht hatte. Das Ziel der Weißen war, dieses Land zurückzubekommen. Die Vereinigten Staaten hatten zugestimmt, den Pottawatomie für immer 16000 Dollar jährlich für diesen kleinen Landstreifen zu geben – der weniger als den zwanzigsten Teil von dem ausmachte, was unserer Nation für 1000 Dollar jährlich genommen worden war! Ich konnte mir das nicht erklären. Dieses Land, so sagen sie, gehört den Vereinigten Staaten. Was konnte sie dann dazu gebracht haben, es mit den Pottawatomie zu tauschen, wenn es so wertvoll war?

Warum behielten sie es nicht? Oder, wenn sie fanden, daß sie ein schlechtes Geschäft mit den Pottawatomie gemacht hatten, warum nahmen sie ihr Land nicht zu demselben Preis zurück, den sie uns geboten hatten? Wenn dieses kleine Stück des Landes, das sie uns für 1000 Dollar jährlich nahmen, bei den Pottawatomie 16000 Dollar jährlich wert war, dann müßte das ganze Gebiet, das uns genommen wurde, zwanzigmal soviel wert sein wie dieser kleine Teil.

Hier wußte ich wieder nicht, nach welchen Überlegungen die weißen Menschen vorgingen; und ich begann zu zweifeln, ob sie überhaupt einen Maßstab für Recht und Unrecht haben!

Der Kontakt zwischen mir und dem Propheten blieb bestehen. Läufer wurden nach Arkansas, an den Red River und nach Texas geschickt – nicht wegen unseres Landes, sondern in einer geheimen Mission. Es ist mir gegenwärtig nicht erlaubt, sie zu erläutern.

Mir wurde berichtet, daß die Häuptlinge und Führer der Fox nach Prairie du Chien eingeladen worden waren, um eine Beratung zur Beilegung der Meinungsverschiedenheiten, die zwischen ihnen und den Sioux bestanden, abzuhalten. Ferner, daß die Häuptlinge und Führer, insgesamt neun, eine Frau mitnahmen, zu dem vereinbarten Ort aufbrachen – und von den Menomonee und Sioux in der Nähe von Ouisconsin empfangen und alle bis auf einen Mann getötet wurden. Da ich weiß, daß die ganze Sache, kurz nachdem sie passierte, veröffentlicht wurde und den Weißen bekannt ist, will ich nicht mehr darüber sagen.

Ich möchte hier bemerken, daß wir während der letzten beiden Jahre unseren Vergnügungen nicht mehr nachgingen und keinen Sport trieben. Wir waren ein geteiltes Volk, das zwei Lager bildete. Ke-o-kuck war an der Spitze des einen, bereit, unsere Rechte für ein freundliches Schulterklopfen der Weißen zu verschleudern, und feige genug, ihnen unser Dorf kampflos zu überlassen. Ich war an der Spitze des anderen Lagers und entschlossen, mein Dorf zu behalten, obwohl mir befohlen worden war, es zu verlassen. Doch ich dachte, da wir nicht wirklich berechtigt waren, unser Land zu verkaufen, und da eine Bestimmung in den Vertrag aufgenommen worden war, daß wir darauf bleiben konnten, solange es den Vereinigten Staaten gehörte, könnten wir nicht gezwungen werden fortzugehen. Ich weigerte mich deshalb, mein Dorf zu verlassen. Hier war ich geboren worden – und hier liegen die Gebeine vieler Freunde und Verwandten. Für diesen Ort fühlte ich eine heilige Verehrung, und ich konnte niemals einwilligen, ihn zu verlassen, ohne mit Gewalt von dort vertrieben zu werden.

Wenn ich mir die Tage meiner Jugend vergegenwärtigte und die spätere Zeit und daran dachte, daß der Ort, an dem ich sie verbrachte, so lange die Heimat meiner Väter gewesen war, die nun auf den Hügeln rundherum schliefen, konnte mich nichts auf der Welt dazu bringen, dieses Land den Weißen zu überlassen. Der Winter verging in Düsternis. Wir hatten eine schlechte Jagd, weil uns die Gewehre, Fallen usw. fehlten, die die Weißen unseren Leuten für Whisky abgenommen hatten! Die Aussichten für die Zukunft waren schlecht. Ich fastete und rief den Großen Geist an, daß er meine Schritte auf den richtigen Pfad lenke. Ich war in großer Sorge – denn die Weißen, die ich kannte und mit denen ich auf freundschaftlichem Fuß gestanden hatte, rieten mir, von meinen Vorstellungen zu lassen, so daß ich zu zweifeln begann, ob ich überhaupt einen Freund unter ihnen hatte.

Ke-o-kuck, der eine glatte Zunge hat und ein großer Redner ist, bemühte sich eifrig, meine Leute zu überzeugen, daß ich unrecht hatte – und dadurch wurden viele von ihnen unzufrieden mit mir. Ich hatte einen Trost: Alle Frauen waren auf meiner Seite wegen ihrer Maisfelder. Als ich mit meinen Leuten wieder im Dorf ankam, war alles noch schlimmer als vorher. Ich besuchte Rock Island. Der Agent befahl mir wieder, mein Dorf zu verlassen. Er sagte, wenn wir es nicht täten, würden Truppen gesandt werden, um uns zu vertreiben. Er versuchte mich zu überzeugen und sagte mir, es wäre besser für uns, zu den anderen im neuen Dorf zu ziehen, damit wir Schwierigkeiten vermeiden und in Frieden leben könnten. Der Übersetzer gesellte sich zu ihm und nannte mir viele gute Gründe, wieso es besser wäre fortzuziehen, daß ich beinah wünschte, ich hätte nicht diese schwierige Aufgabe für meine tapferen Leute übernommen. In dieser Stimmung suchte ich den Händler auf, der gern redete und lange mein Freund gewesen war, aber jetzt zu denen gehörte, die mir rieten, mein Dorf aufzugeben. Er empfing mich sehr freundlich; er verteidigte Ke-o-kucks Haltung und versuchte mir zu zeigen, daß ich unsere Frauen und Kinder in Not brachte. Er fragte, ob nicht für unseren Abzug auf die Westseite des Mississippi Bedingungen ausgehandelt werden könnten, die ehrenhaft für mich und zufriedenstellend für meine Krieger wären. Ich antwortete, wenn unser Großer Vater uns Gerechtigkeit widerfahren lassen würde und der Vorschlag von ihm ausginge, könnte ich aufgeben, ohne die Ehre zu verlieren. Er fragte weiter: Wenn der große Häuptling in St. Louis uns 6000 Dollar für den Kauf von Nahrungsmitteln und anderen Dingen geben würde, ob ich friedlich aufgeben und mich auf die Westseite des Mississippi zurückziehen würde. Nachdem ich einige Zeit nachgedacht hatte, stimmte ich zu, daß ich aufgeben könnte, ohne gegen unsere Bräuche zu verstoßen, wenn wir ausreichend entschädigt würden; aber ich sagte ihm, das könnte nicht von mir ausgehen, selbst wenn ich wollte, weil es schimpflich wäre, wenn der Vorschlag von mir käme. Er sagte, er würde es tun und den großen Häuptling in St. Louis benachrichtigen, daß wir uns für den festgesetzten Betrag auf die Westseite des Mississippi zurückziehen würden.

Ein Dampfer legte während meines Aufenthaltes an der Insel an. Nach seiner Abfahrt sagte mir der Händler, er hätte einen Kriegshäuptling, der in Galena stationiert ist und an Bord des Dampfers war, gebeten, dem großen Häuptling in St. Louis das Angebot zu machen; er könnte bald zurück sein und die Antwort bringen. Aus Furcht, sie könnten unzufrieden sein, ließ ich meine Leute nicht wissen, was geschehen war. Ich war selber nicht sehr einverstanden mit dem, was abgemacht worden war, und versuchte, es aus meinem Gedächtnis zu verbannen.

Als ein paar Tage vergangen waren, kehrte der Kriegshäuptling zurück und brachte als Antwort, daß der große Häuptling in St. Louis uns nichts geben würde! – und sagte, wenn wir nicht sofort wegzögen, würden wir vertrieben werden.

Ich war nicht sehr unzufrieden mit der Antwort, die der Kriegshäuptling brachte, weil ich lieber meine Gebeine zu denen meiner Vorväter gelegt hätte, als um irgendeiner Überlegung willen wegzuziehen. Wenn jedoch ein freundliches Angebot gemacht worden wäre, wie ich erwartete, wäre ich den Frauen und Kindern zuliebe friedlich fortgezogen.

Ich entschloß mich nun, in meinem Dorf zu bleiben und keinen Widerstand zu leisten, wenn das Militär käme, sondern mich in mein Schicksal zu ergeben! Ich schärfte allen ein, daß es wichtig sei, sich so zu verhalten, und wies sie an, falls das Militär käme, Ruhe zu bewahren.

Um diese Zeit wurde unser Agent aus seinem Amt entfernt – aus welchem Grund, konnte ich niemals mit Sicherheit erfahren. Ich dachte, wenn es deshalb geschah, weil er uns veranlassen wollte, unser Dorf aufzugeben, so war das richtig – denn ich war es müde, ihn darüber sprechen zu hören. Der Übersetzer jedoch, der uns genauso eifrig überreden wollte, unser Dorf zu verlassen, blieb im Amt – und der junge Mann, der den Platz unseres Agenten übernahm, schlug auch in die alte Kerbe. Aus diesem Grund mußte der alte Agent offensichtlich nicht gehen.

Unsere Frauen hatten etwas Mais gepflanzt, der gut wuchs. Das war für unsere Kinder die nötige Nahrung – aber wieder begannen die weißen Leute, ihn zu ernten! Ich entschloß mich nun, dem ein Ende zu machen und unser Land von den Eindringlingen zu befreien. Ich ging zu den wichtigsten Männern und sagte ihnen, sie müßten und sollten unser Land verlassen – und ich gab ihnen Zeit bis zur Mitte des nächsten Tages, um wegzuziehen. Die Schlimmsten gingen innerhalb der festgesetzten Zeit. Doch einer, der blieb, machte geltend, daß seine Familie (die groß war) dem Hungertod ausgesetzt wäre, wenn er ginge und seine Ernte zurückließe – und er versprach, sich gut zu benehmen, wenn ich ihn bis zum Herbst bleiben ließe, damit er seine Felder abernten könnte. Er sprach vernünftig, und ich willigte ein.

Wir spielten und vergnügten uns nun wieder, da uns der Prophet versichert hatte, daß wir nicht vertrieben werden würden. Es stellte sich aber nach kurzer Zeit heraus, daß ein großer Kriegshäuptling (General Gaines) mit zahlreichen Sodaten auf dem Weg zum Rock River war. Wieder suchte ich den Propheten auf, der sich ein bißchen Zeit ausbedachte, um die Angelegenheit zu untersuchen. Früh am nächsten Morgen kam er zu mir und sagte, er hätte geträumt, daß dieser große Kriegshäuptling, der jetzt in der Nähe des Rock River war, nicht mit bösen Absichten komme. Daß das Ziel seiner Mission sei, uns durch Einschüchterung aus unserem Dorf zu vertreiben, damit die weißen Leute unser Land umsonst bekommen könnten! Er versicherte, daß dieser große Kriegshäuptling es nicht wagen würde, einen von uns zu verletzen. Daß die Amerikaner mit den Briten Frieden hätten und daß die Briten, als der Frieden geschlossen wurde, von den Amerikanern forderten, daß niemals irgendeine Indianernation angegriffen werden solle, die sich friedlich verhielt (und die Amerikaner stimmten dem zu). Alles, was wir zu tun hätten, um unser Dorf zu behalten, wäre, wirklich jedes Angebot dieses Kriegshäuptlings zurückzuweisen.

Der Kriegshäuptling kam an und berief eine Beratung in der Agentur ein. Ke-o-kuck und Wá-pel-lo wurden geholt, und sie kamen mit einigen ihrer Leute. Das Haus, in dem die Beratungen stattfanden, wurde geöffnet, und sie wurden alle eingelassen. Ich und meine Leute wurden benachrichtigt, daß wir an der Beratung teilnehmen sollten. Als wir dort ankamen, ein Kriegslied singend und bewaffnet mit Lanzen, Speeren, Kriegskeulen, Bogen und Pfeilen, als ob wir in die Schlacht zögen, hielt ich an und weigerte mich einzutreten – da ich es weder für notwendig noch für angemessen hielt, da der Raum bereits überfüllt war mit denen, die vor uns eingetroffen waren. Wenn die Beratung für uns einberufen war, was sollten dann die anderen? Nachdem der Kriegshäuptling alle hinausgeschickt hatte, außer Ke-o-kuck, Wá-pel-lo und einigen ihrer

Häuptlinge und Krieger, betraten wir das Haus in unserer kriegsmäßigen Aufmachung, denn wir wollten dem Kriegshäuptling zeigen, daß wir keine Angst hatten! Dann erhob er sich und hielt eine Rede.

Er sagte:

«Der Präsident bedauert sehr, daß er die Mühe und die Kosten aufwenden muß, Soldaten hierherzusenden, um euch von dem Land zu entfernen, das ihr schon lange an die Vereinigten Staaten abgetreten habt. Euer Großer Vater hat euch wiederholt durch euren Agenten gewarnt, das Land zu verlassen, und er muß bedauerlicherweise feststellen, daß ihr seinen Befehlen nicht gehorcht habt. Euer Großer Vater will euer Bestes: Er verlangt nichts von euch, was nicht vernünftig und richtig ist. Ich hoffe, ihr werdet in eurem eigenen Interesse handeln und das Land, das ihr besetzt haltet, verlassen und auf die andere Seite des Mississippi gehen.»

Ich antwortete, daß wir niemals unser Land verkauft hatten. Wir erhielten niemals irgendwelche jährlichen Zahlungen von unserem amerikanischen Vater! Und wir wären entschlossen, in unserem Dorf zu bleiben!

Der Kriegshäuptling, offensichtlich zornig, erhob sich und sagte: «Wer ist Black Hawk? Wer ist Black Hawk?» Ich antwortete:

«Ich bin ein *Sac*! Mein Vorvater war ein *Sac*! Und alle Nationen nennen mich einen *Sac*!»

Der Kriegshäuptling sagte:

«Ich kam nicht hierher, euch zu bitten, euer Dorf zu verlassen. Mein Auftrag ist es, euch zu entfernen: Wenn möglich im Frieden, aber wenn es sein muß mit Gewalt! Ihr habt jetzt zwei Tage Zeit, um euch zu entfernen – und wenn ihr innerhalb dieser Zeit nicht den Mississippi überquert, so werde ich euch mit Gewalt vertreiben!»

Ich sagte ihm, daß ich niemals einwilligen könnte, mein Dorf aufzugeben, und entschlossen sei, es nicht zu verlassen!

Black Hawks Abschied 1832

Black Hawk und seine Leute wurden aus Saukenuk von einer Streitmacht der Bundesstaaten und 1500 Milizsoldaten, die unter den ‹amerikanischen› Anwohnern rekrutiert worden waren, vertrieben. Ke-o-kuck erleichterte ihre Aufgabe, indem er Black Hawks Anhänger unaufhörlich drängte, ihren Häuptling im Stich zu lassen. Er hatte immerhin so viel Erfolg, daß Black Hawks Position geschwächt wurde. Um Black Hawk zur Anerkennung der Niederlage zu bewegen und um ihn auf dem Westufer des Mississippi zu halten, versprach ihm der ‹amerikanische› Agent dann Mais für den Winter, die gleiche Menge, die er und seine Leute auf den Feldern, die sie bereits angepflanzt hatten, geerntet hätten. Als dieses Versprechen nicht gehalten wurde, führte Black Hawk – in dem Glauben, er könne die Unterstützung der benachbarten Nationen für einen neuen Angriff auf den weißen Mann gewinnen – noch einmal Krieg. Zu der Zeit war er ungefähr 65 Jahre alt. Der Krieg war kurz. Es gelang Black Hawk nicht, die aktive Unterstützung zu bekommen, die er brauchte, und obwohl er verschiedene kleinere Gefechte mit weißen Soldaten gewann, entwickelte sich die Auseinandersetzung mehr und mehr zu einem Rückzugsgefecht, in dessen Verlauf seine Sauk-Fox (begleitet von ihren Frauen und Kindern) von mehreren Armeen verfolgt wurden. Diese bestanden sowohl aus bundesstaatlichen wie aus Bürgerwehrtruppen; unter den letzteren war eine Abteilung Freiwilliger aus Illinois, die von Hauptmann Abraham Lincoln angeführt wurde.

Die entscheidende ‹Schlacht› in Black Hawks Krieg fand zwischen General Henry Atkinsons Truppen und einigen hundert erschöpften Sauk-Fox statt, als diese versuchten, den Mississippi zu überqueren, um zu fliehen. Dabei wurden fast alle Indianer getötet – viele von ihnen waren Frauen und Kinder.

Black Hawk setzte seinen Widerstand noch eine Zeitlang fort, ließ sich aber schließlich von einer Gruppe Winnebago überzeugen, daß er kapitulieren sollte.

Die bewegende Ansprache, die er bei seiner Kapitulation hielt, wird in dem folgenden Dokument wiedergegeben. Es sollte beachtet werden, daß er sich mit dieser herausfordernden Ansprache direkt an die weißen Soldaten wandte, in deren Gewalt er sich befand.

Black Hawk kam ins Gefängnis, wurde vom Präsidenten der Vereinigten Staaten freigelassen und mußte eine Reise durch die Städte der Verei-

nigten Staaten antreten, die ihm die Stärke und Überlegenheit der ‹Amerikaner› demonstrieren sollte. Als man ihn zu seinen Leuten zurückgebracht hatte, sagten ihm die ‹amerikanischen› Beamten, daß sie von nun an nur noch Ke-o-kuck als Häuptling der Sauk-Fox anerkennen würden. Mit Ke-o-kuck schlossen sie einen neuen Vertrag, der den Sauk sechs Millionen Morgen Land auf der Westseite des Mississippi abverlangte.

Black Hawk starb 1838 arm und als einfacher Indianer, aber in dem Glauben, er werde auf Sauk-Fox-Land begraben werden. Doch sein Grab wurde geplündert und seine Gebeine als Objekt weißer Neugierde in einem Museum in Iowa ausgestellt. Ke-o-kuck starb 1848, reich und angesehen in Kansas. Er war dorthin gegangen, nachdem er die letzten Länder der Sauk-Fox in Iowa verkauft hatte. Für solche Gefälligkeiten zeigten sich die ‹Amerikaner› auch im nachhinein dankbar. Sie ließen eine Bronzebüste von Ke-o-kuck anfertigen und stellten sie im Capitol in Washington auf.

Aus Samuel G. Drake, «Biography and History of the Indians of North America», Buch V, 1834

Ihr habt mich mit allen meinen Kriegern gefangengenommen. Das bereitet mir großen Kummer, denn ich wollte, wenn ich euch schon nicht besiegen kann, viel länger aushalten und euch mehr Schwierigkeiten machen, bevor ich mich geschlagen gab. Ich bemühte mich sehr, euch in einen Hinterhalt zu locken, aber euer jetziger General kennt die Kampfweise der Indianer. Der erste war nicht so klug. Als ich sah, daß ich euch so nicht schlagen konnte, beschloß ich, auf euch loszustürmen und euch im Nahkampf zu stellen. Wir kämpften hart. Aber eure Gewehre zielten gut. Die Kugeln flogen wie Vögel in der Luft und sausten uns um die Ohren wie der Wind durch die Bäume im Winter. Meine Krieger fielen neben mir; es begann schrecklich zu werden. Ich sah meinen bösen Tag vor mir. Die Sonne ging uns am Morgen trübe auf, nachts sank sie in eine dunkle Wolke und sah aus wie ein Feuerball. Dies war die letzte Sonne, die auf Black Hawk schien. Sein Herz ist tot, es schlägt nicht länger schnell in seiner Brust. Er ist nun ein Gefangener der weißen Männer; sie werden mit ihm machen, was sie wollen. Doch er kann die Folter ertragen und hat keine Angst vor dem Tod. Er ist kein Feigling. Black Hawk ist ein Indianer.

Er hat nichts getan, dessen sich ein Indianer schämen müßte. Er hat für seine Landsleute, die Frauen und Kinder gegen die weißen Männer gekämpft, die Jahr für Jahr kamen, sie zu betrügen und ihnen ihre Länder wegzunehmen. Ihr kennt den Grund, weswegen wir Krieg geführt haben. Er ist allen weißen Männern bekannt. Sie sollten sich deswegen schämen. Die weißen Männer verachten die Indianer und vertreiben sie von ihren Wohnstätten. Doch die Indianer sind nicht falsch. Die weißen Männer sprechen schlecht von dem Indianer und sehen ihn verächtlich an. Doch der Indianer spricht keine Lügen; Indianer stehlen nicht.

Ein Indianer, der so schlecht wie die weißen Menschen ist, könnte nicht in unserer Nation leben; er würde getötet und den Wölfen zum Fraß vorgeworfen werden. Die weißen Menschen sind schlechte Lehrer; sie täuschen uns, und ihr Handeln ist falsch; sie lächeln den armen Indianern ins Gesicht, um sie zu betrügen; sie geben ihnen die Hand, um ihr Vertrauen zu gewinnen, um sie betrunken zu machen und unsere Frauen zugrunde zu richten. Wir sagten ihnen, sie sollten uns in Ruhe lassen und von uns fernbleiben; aber sie verfolgten uns weiter und ließen uns nicht in Ruhe, und sie wanden sich zwischen uns wie die Schlange. Der Kontakt mit ihnen vergiftete uns. Wir waren nicht sicher. Wir lebten in Gefahr. Wir fingen an, wie sie zu werden, Heuchler und Lügner, Ehebrecher, Faulpelze, Schwätzer und Tagediebe. Wir blickten zum Großen Geist auf. Wir gingen zu unserem Großen Vater. Wir wurden ermutigt. Die große Versammlung sprach vernünftige Worte und machte Versprechungen; aber sie wurden nicht gehalten. Die Lage verschlechterte sich zusehends. Es war kein Wild im Wald. Die Beutelratte und der Biber waren geflohen; die Quellen versiegten, und unsere Frauen und Kinder waren ohne Nahrungsmittel, die sie vor dem Verhungern bewahren konnten. Wir beriefen eine große Beratung ein und entfachten ein großes Feuer. Der Geist unserer Väter kam auf uns nieder und befahl, das Unrecht zu rächen oder zu sterben. Wir sprachen alle vor dem Versammlungsfeuer. Es war warm und wohltuend. Wir stimmten das Kriegsgeschrei an und gruben den Tomahawk aus; unsere Messer waren bereit, und das Herz von Black Hawk schwoll in seiner Brust, als er seine Krieger zur Schlacht führte. Er wird zufrieden in die Welt der Geister gehen. Er hat seine Pflicht getan. Sein Vater wird ihn dort empfangen und ihn loben.

Black Hawk ist ein echter Indianer und verachtet es, wie eine Frau zu weinen. Er fühlt mit seiner Frau, seinen Kindern und Freunden. Doch er sorgt sich nicht um sich selbst. Er sorgt sich um seine Nation und die Indianer. Sie werden leiden. Er beklagt ihr Schicksal. Die weißen Männer skalpieren den Kopf; doch sie tun noch Schlimmeres – sie vergiften das Herz; es bleibt nicht rein mit ihnen. Seine Landsleute werden nicht skalpiert werden, aber sie werden in ein paar Jahren wie die Weißen sein: Man kann ihnen nicht trauen, und es wird wie in den weißen Siedlungen werden, wo es fast so viele Polizisten wie Einwohner gibt, die auf diese aufpassen müssen, um Ordnung zu gewährleisten.

Lebe wohl, meine Nation! Black Hawk hat versucht, dich zu retten, und das Unrecht, das dir angetan wurde, zu rächen. Er trank das Blut einiger Weißer. Er ist gefangengenommen worden, und seine Pläne sind vereitelt. Er kann nichts mehr tun. Er steht kurz vor seinem Ende. Seine Sonne geht unter. Er kommt nicht wieder. Lebe wohl, Black Hawk.

Die Wunden der Freiheit 1823–1838

Am 4. Juli 1827 trat eine Versammlung ordnungsgemäß gewählter Abgeordneter im Capitol der Cherokee-Nation zusammen. Drei Wochen später ratifizierten sie ein Dokument, dessen Zweck in einer Präambel erklärt wurde:

Wir, die Vertreter des Volkes der Cherokee-Nation, zusammengetreten in einer Versammlung mit der Absicht, Gerechtigkeit herzustellen, Ruhe zu gewährleisten, unsere gemeinsame Wohlfahrt zu fördern und uns und unserer Nachkommenschaft die Segnungen der Freiheit zu sichern, anerkennen in Demut und Dankbarkeit die Güte des unumschränkten Herrschers des Universums, der für unser Vorhaben so günstige Umstände schuf, und wir erflehen Seine Hilfe und Weisung in der Ausführung dieses Vorhabens; wir verfügen und setzen diese Verfassung für die Regierung der Cherokee-Nation fest.

In Artikel I, Teil 1, wurde die Cherokee-Verfassung als das oberste Gesetz des Landes definiert, das «feierlich auf immer der Cherokee-Nation in den mit den Vereinigten Staaten geschlossenen Verträgen garantiert und vorbehalten wurde».

Die Cherokee gehörten neben den Choctaw, Creek, Chickasaw und Seminole zu den Indianern, die die ‹Amerikaner› als die ‹Fünf Zivilisierten Stämme› bezeichneten. Sie hatten ursprünglich den größten Teil des Südostens der Vereinigten Staaten bewohnt. Bei den ‹Amerikanern› hieß ‹zivilisiert› natürlich, daß diese Nationen die technischen Kenntnisse des weißen Mannes erlernen wollten. Unter dem wachsenden Druck und den zunehmenden Angriffen der weißen Bevölkerung schmolz das Gebiet, in dem diese Indianernationen lebten, immer mehr zusammen. Der Wirkungskreis des wirtschaftlichen und politischen Systems der Weißen dehnte sich immer weiter aus, und die ‹zivilisierten› Indianer waren gezwungen, sich auf den gesellschaftlichen Grundlagen der Weißen gegen diese zu behaupten. Die Cherokee-Verfassung gab nicht der Cherokee-Nation ihre Existenz; ihre Aufgabe war es, diese Nation mit Begriffen, die die Weißen zumindest vorgaben zu respektieren, gegenüber den Weißen abzusichern.

Wenn die Cherokee auch bereit waren, von dem weißen Mann zu lernen, so waren sie doch nicht bereit, ihre Identität aufzugeben, von wenigen Ausnahmen abgesehen. Ein klarer Beweis dafür ist unter anderem ein Gesetz der Cherokee von 1820, demzufolge jeden Cherokee, der einem

Landverkauf oder einer Landabgabe zustimmte, die nicht von seinem Volk genehmigt war, die Todesstrafe erwartete. Es war nämlich eine beliebte Methode der weißen Landdiebe, im Umgang mit den Cherokee genauso wie mit anderen Nationen, einen Indianer zu finden, der seiner Gier, seinem Ehrgeiz, Drohungen oder dem Alkohol nachgab – oder wahrscheinlich noch häufiger, seinem Glauben an die Ehrenhaftigkeit des weißen Mannes, den er für einen Freund hielt und der ihn ein Papier unterschreiben ließ, das sich bald in den Händen bewaffneter weißer Männer befand, die behaupteten, sie hätten ‹in gutem Glauben› ein weiteres Stück Indianerland gekauft. Ein anderer Beweis für die Entschlossenheit der Cherokee, Cherokee zu bleiben, kommt in der großartigen Leistung Sequoyahs zum Ausdruck, einem ihrer Künstler und Krieger, der eine starke Abneigung gegen die weißen Menschen und ihre Lebensweise empfand. Sequoyah erkannte die Vorteile, die die weißen Menschen durch ihre Schriftsprache besaßen, die es ihnen ermöglichte, ständig Nachrichten und Meinungen aller Art auszutauschen und zusammenhängendes Wissen in Büchern zu bewahren. Er konnte jedoch nicht glauben, daß die Cherokee eine fremde Sprache lernen und sich dem Einfluß fremder Ideen aussetzen müßten, um sich diese Vorteile zunutze zu machen. So erfand Sequoyah ein Alphabet für die Cherokeesprache – eine so komplexe Sprache, daß die berufsmäßigen Etymologen Neuenglands und die Angehörigen der Missionsgesellschaft Moravian jahrelang mit ihren Versuchen, sie in schriftliche Form zu bringen, völlig erfolglos blieben. Als Sequoyah 1821 fertig war, hatte er ein Alphabet mit 85 Buchstaben entwickelt, die die Wurzeln der Cherokeesprache so genau ausdrückten, daß jeder Cherokee in wenigen Tagen lesen und schreiben lernen konnte. Innerhalb von drei Jahren war die Zahl der Alphabeten bei den Cherokee wahrscheinlich höher als bei den weißen Siedlern. Ein sichtbarer Beweis für die Entschlossenheit der Cherokee, sich des weißen Mannes Respekt in seinen eigenen Maßstäben zu erzwingen, wurde 1826 mit einer Erhebung erbracht, die zeigte, daß das Volk der Cherokee (nicht viel mehr als 13000 Menschen) 22000 Stück Vieh, 7600 Pferde, 46000 Schweine, 726 Webstühle, 2488 Spinnräder, 172 Wagen, 2943 Pflüge, 10 Sägemühlen, 31 Kornmühlen, 62 Schmieden, 8 Baumwollmaschinen, 18 Schulen und 18 Fähren besaß. In dem Jahr nach der Ratifizierung ihrer Verfassung begannen Cherokee mit Unterstützung der Gesetzgebenden Versammlung eine zweisprachige Zeitung herauszubringen, den «Cherokee Phoenix». Die erste Ausgabe (21. Februar 1828) des «Cherokee Phoenix» enthielt eine Erklärung zur Redaktionspolitik, die zeigt, wie erfolgreich sie sich die Art von Respekt verschafften, die die Vereinigten Staaten zwingen würde, auf ehrbare Weise mit den Cherokee umzugehen: «Wir wollen unverrückbar den Willen der Mehrheit unseres Volkes in bezug auf die gegenwärtige Kon-

troverse mit Georgia und die gegenwärtige Vertreibungspolitik der Regierung der Vereinigten Staaten darlegen.»

Die Kontroverse mit Georgia und die Vertreibungspolitik der Regierung der Vereinigten Staaten hingen miteinander zusammen. 1828 stellten sie zwei Seiten einer Geschichte ‹amerikanischer› Aggression dar, deren Vollendung durch die gewaltsame Vertreibung aller Indianernationen von ihren Ländern östlich des Mississippi unmittelbar bevorstand. Dies war von der US-Regierung als die beste Lösung des ‹Indianerproblems› beschlossen worden – trotz all der Verträge, in denen die Vereinigten Staaten sich verpflichteten, den Cherokee ihre Länder auf immer zu garantieren, wie in ähnlichen Verträgen die Länder der Choctaw, Chickasaw, Creek und Seminole.

Schon im Jahre 1802 hatten die Vereinigten Staaten ein Abkommen mit dem Staat Georgia geschlossen, dessen Grenzen in der Gründungsurkunde große Landbereiche der Creek- und Cherokee-Nationen einschlossen. Die Vereinigten Staaten verpflichteten sich, die Indianer zu veranlassen, ihre Länder an die Bundesregierung zu verkaufen, damit diese die Länder an Georgia weitergeben könnte. Die Schwierigkeit bestand darin, daß die Indianer nicht verkaufen wollten. Das Cherokee-Gesetz von 1820, auf das bereits Bezug genommen wurde, und das erste der folgenden Dokumente zeigen ganz klar ihre Entschlossenheit «nie wieder auch nur einen Fuß Land abzutreten». Diese Situation brachte die Vereinigten Staaten in ein Dilemma. Sie würden entweder die Indianer mit Gewalt aus ihrem Land vertreiben oder Truppen senden müssen, um die Cherokee vor den weißen Siedlern Georgias zu schützen, die sich wenig um Verträge scherten. Die Errungenschaften, die die ‹Amerikaner› den ‹Fortschritt› der Cherokee nannten, verschafften ihnen keine Anerkennung, verstärkten im Gegenteil die Gier der Weißen nur noch mehr. Weiße Siedler und Landspekulanten wurden beinahe verrückt angesichts der Tatsache, daß Indianer es sich leisten konnten, in Kutschen zu fahren, Steinhäuser zu bauen und in zwei Sprachen zu lesen und zu schreiben. Wie überall war für die weißen Männer der Anblick eines gepflegten Feldes und einer florierenden Farm in Händen von Indianern ausreichend, um sie tatsächlich dazu zu bringen, Morde zu begehen. Um das Faß zum Überlaufen zu bringen, entdeckten die Cherokee auf ihrem Gebiet auch noch Gold, und sie hatten wirklich die Unverfrorenheit, die Erwartung zu hegen, es selbst zu fördern und zu behalten! Der Staat Georgia wurde es müde zu warten, bis die Vereinigten Staaten die Indianer aus ihrem Land vertrieben. 1829 erließ die Gesetzgebende Versammlung Georgias ein Gesetz, das:

1. alles Cherokee-Land beschlagnahmte, um es an weiße Besitzer zu verteilen,
2. alle Machtbefugnis der Cherokee-Regierung aufhob und alle Cherokee-Gesetze für nichtig erklärte,

3. jede Zusammenkunft von Cherokee, selbst für religiöse Zwecke, verbot,

4. den Rat eines Cherokee an einen anderen, nicht zu emigrieren, zu einem Verbrechen machte, auf dem Gefängnis stand,

5. jeden Vertrag zwischen Indianern und Weißen für ungültig erklärte, wenn nicht zwei weiße Männer als Zeugen anwesend waren,

6. das Recht jedes Cherokee abwies, vor Gericht gegen einen weißen Mann zu zeugen,

7. jedem Cherokee ausdrücklich verbot, auf den Goldfeldern der Cherokee nach Gold zu graben.

1830 verabschiedete der Kongreß der Vereinigten Staaten die Vorlage zur Entfernung der Indianer und machte sie zum Gesetz. Sie bevollmächtigte den Kongreß, einen neuen Vertrag mit den Indianern auszuhandeln, um ihnen für die Entfernung aus ihren alten und gegenwärtig bewohnten Ländern Gebiete westlich des Mississippi zu geben. Natürlich würden die westlichen Länder «ihnen auf immer garantiert werden».

Die folgenden Dokumente decken wieder einen niederträchtigen Aspekt ‹amerikanischer› Geschichte auf, denn Georgia und die Vereinigten Staaten versuchten, der Cherokee-Nation einen Vertrag, der ihre Vertreibung bedeutete, aufzuzwingen.

Erklärung des Cherokee-Rates gegenüber den US-Bevollmächtigten Duncan G. Campbell und James Meriwether vom US-Kongreß American State Paper, Class II, Indian Affairs, Bd. II, 1815–27

Im Allgemeinen Rat New Town, 20. Oktober 1823

... Brüder: Wir haben Eure Mitteilung gründlich überdacht. Zu dem Gesuch, das Ihr uns als Bevollmächtigte in dieser Mission vom Präsidenten der Vereinigten Staaten übermittelt habt, bezüglich der Tilgung des Anspruchs der Cherokee auf alle oder einen Teil der Länder, die sie jetzt bewohnen und die innerhalb der verbrieften Grenzen von Georgia liegen, entweder im Austausch für Länder westlich des Mississippi oder durch Verkauf, so müssen wir feststellen, daß der unglückliche Teil unserer Nation, der in den Westen auswandern mußte, seit seiner Trennung von dieser Nation und der Ansiedlung in seinem neuen Land schwer leiden mußte. Krankheit, Kriege und anderes Unglück haben sie getroffen und ihre Zahl verringert; und viele von ihnen würden zweifellos bereitwillig in das Land ihrer Geburt zurückkehren, wenn sie die beinah unüberwindlichen Schwierigkeiten einer so mühevollen und langen Reise von Männern, Frauen und Kindern, die ohne Freunde und ohne Geld auskommen müßten, vermeiden könnten. Wenn wir uns die Zeit, in der unsere Landsleute, Bekannten, Freunde und Verwandte von uns getrennt wurden, in Erinnerung rufen und die Umstände betrachten, durch die unsere Trennung verursacht wurde, so sind wir betrübt; unsere Augen füllen sich mit Tränen. Wäre es der Wunsch des Teils dieser Nation, der in seiner Heimat blieb, gewesen, dieses Land zu verlassen, so hätten sie die Gelegenheit ergriffen und wären mit ihren Landsleuten ausgewandert; aber dies war nicht ihr Wunsch. Sie liebten die Erde, die sie gebar, und sie haben immer dort gelebt. Das Gebiet dieser Nation ist klein und umfaßt Berge, Hügel und unfruchtbares Land, die niemals besiedelt werden können. Die Cherokee besaßen einmal ein weites Land, und sie haben unserem Vater, dem Präsidenten, mehr und mehr davon abgetreten, um die Wünsche unserer benachbarten Brüder zu erfüllen, bis nun diese Grenzen festgelegt wurden, und es scheint uns, in Anbetracht des starken Verlangens unserer Brüder nach unserem Land, unvernünftig anzunehmen, daß die Abgabe eines kleinen Gebiets sie zu irgendeiner Zeit zufriedenstellen würde. Brüder: Der Fortschritt dieser Nation ist sichtbar, und er ist anerkannt worden; es wäre eine Schande und eine Entwürdigung unseres Volkes, wenn wir uns nicht um seine Wünsche, seinen Wohlstand und sein zukünftiges Glück sorgen würden. Ihr gebt uns als Grund für euer Drängen auf eine Landabgabe an: «wegen der überfüllten Siedlungen der Einwohner von Georgia». Wir vermuten, wenn Georgia im Besitz des gesamten Umfanges seiner verbrieften Grenzen wäre, würde das die Schwierigkeit, über die es sich beklagt, nicht beheben. Brüder: Nach der vergleichenden Betrachtung, die Ihr über die Bevölkerung von Georgia und die Cherokee-Nation angestellt habt, sagt Ihr, «daß der Unterschied zu groß ist, um je vom Großen Vater des Universums beabsichtigt worden zu sein, der die Erde gleichermaßen zum Erbe seiner weißen und roten Kinder gegeben haben muß». Wir kennen die Absicht unseres Höchsten Vaters diesbezüglich nicht so genau, aber es ist offensichtlich, daß diese Vorstellung niemals von Nationen oder einzelnen bemerkt oder beachtet worden ist. Wenn Eure Behauptung eine richtige Erkenntnis Seiner Absicht ist, warum gestatten die Gesetze zivilisierter und aufgeklärter Nationen einem Mann, mehr Land mit Beschlag zu belegen, als er bebauen kann, während andere ausgeschlossen werden?

Brüder: Wir können Eurem Gesuch um eine Abtretung nicht entsprechen. Diese Nation hat sich fest und unwiderruflich entschlossen, niemals wieder auch nur *einen Fuß* Land abzutreten. Wir wollen Euch, da Ihr von unserem Vater, dem Präsidenten, kommt, in Kenntnis setzen, daß die Grenzlinie von der Unicoy-Zollschranke am Blue Ridge und der Quelle des Chestatee vom Landvermesser der Vereinigten Staaten nicht entsprechend der Anordnung oder Absicht des Vertrages von 1819 gezogen wurde; fälschlich wurde sie so gelegt, daß sie ein größeres Gebiet einschließt, als in dem besagten Vertrag zugebilligt wurde, zum großen Nachteil und Schaden dieser Nation, insbesondere derjenigen Bürger, die in jenem Teil wohnten und gezwungen wurden fortzuziehen. Da diese Tatsache dem Präsidenten mitgeteilt wurde, hoffen wir, daß er Euch einige Weisungen zur Untersuchung der Angelegenheit gegeben hat.

Beim Schein der Sonne erneuern wir unsere Versicherungen des Respekts und der brüderlichen Freundschaft.

Path Killer
Oberster Häuptling
Major Ridge
Sprecher des Rates
John Ross
Präsident des Nationalen Komitees
A. Mc Coy, Schriftführer des Nationalen Komitees
Elijah Hicks, Schriftführer des Nationalen Rates

22. Juni 1836
Unterbreitung des Protestes der Cherokee-Nation gegen die Ratifizierung, Anwendung und gewaltsame Durchführung des Vertrages, ausgehandelt in New Echota, im Dezember 1835

An den ehrenwerten Senat und das Repräsentantenhaus der Vereinigten Staaten von Nordamerika im Kongreß versammelt: Die unterzeichnenden Vertreter der Cherokee-Nation östlich des Mississippi möchten in Ausübung ihrer Pflicht die folgende Darstellung von Tatsachen der ehrenwerten Versammlung zur Erwägung respektvoll unterbreiten: Es ist aus den zahlreichen bestehenden Verträgen zwischen der Cherokee-Nation und den Vereinigten Staaten ersichtlich, daß diese Regierung, die Vereinigten Staaten, versammelt im Kongreß, seit sie besteht, den Cherokee und ihrer Nation Gunst und Schutz gewährte; und daß die Häuptlinge und Krieger für sich und alle Teile der Cherokee-Nation anerkannten, daß sie und die besagte Cherokee-Nation sich unter dem Schutz der Vereinigten Staaten von Amerika befinden, und unter keinem anderen Herrscher. Sie setzten auch fest, daß die besagte Cherokee-Nation keinen Vertrag mit irgendeiner fremden Macht, einem einzelnen Staat oder mit Personen irgendeines Staates unterhalten wird; daß wegen und in Anbetracht wertvoller Zugeständnisse seitens der Cherokee-Nation die Vereinigten Staaten der besagten Nation feierlich alle ihre nicht abgetretenen Länder garantierten und die Regierung die feste Zusage macht, daß «alle weißen Menschen, die in die für die Cherokee reservierten Länder eingedrungen sind oder eventuell eindringen, von den Vereinigten Staaten entfernt und vor Gericht gestellt werden sollen, entsprechend den Bestimmungen des Gesetzes: ‹Ein Beschluß zur Regulierung des Handels und des Umgangs mit den Indianerstämmen und zur Erhaltung des Friedens an den Grenzen›, vom 30. März 1802.» Es wäre nutzlos, die zahlreichen Bestimmungen für die Sicherheit und den Schutz der Rechte der Cherokee zu wiederholen, die sich in den zahlreichen Verträgen zwischen ihrer Nation und den Vereinigten Staaten finden. Die Cherokee waren glücklich und wohlhabend während der Zeit, in der die Vertragsbestimmungen von der Regierung der Vereinigten Staaten genauestens beachtet wurden, und unter der schützenden Hand, die über sie gehalten wurde, machten sie sehr schnelle Fortschritte hinsichtlich Zivilisation, Sittlichkeit und in den Künsten und Wissenschaften. Während sie angeleitet wurden, zu denken und zu fühlen wie der amerikanische Bürger und die gleichen Interessen wie er zu haben, sahen sie kaum voraus, daß sie von ihrem Wächter beraubt und Fremde und Verirrte im Land ihrer Väter werden sollten. Gezwungen, zum primitiven Leben zurückzukehren und eine neue Heimat in der Wildnis des fernen Westens zu suchen, und das ohne ihre Zustimmung. Ein Abkommen, das als Vertrag mit dem Volk der Cherokee ausgegeben wird und sich gegen sie richtet, ist kürzlich vom Präsidenten der Vereinigten Staaten veröffentlicht worden. Es wird die geschilderte Wirkung haben, wenn es in die Praxis umgesetzt wird. Dieses Abkommen, das wir der zivilisierten Welt im Angesicht des Allmächtigen Gottes vorstellen, ist betrügerisch, falsch, von unbefugten Personen ohne die Zustimmung und gegen den Willen des größten Teils des Cherokee-Volkes gemacht. Mehr als 15000 von ihnen haben dagegen protestiert und feierlich erklärt, daß sie ihm niemals zustimmen werden. Die Abordnung möchte respektvoll die Aufmerksamkeit der ehrenwerten Versammlung auf ihre Denkschrift und den Protest lenken, die zusammen mit den Begleitdokumenten dem Senat der Vereinigten Staaten übergeben wurden und nun hier mitgeteilt werden ... Daß die Cherokee ein eigenes Volk sind, bis zu einem gewissen Grade souverän, daß sie eine eigenständige politische Existenz als Gesellschaft haben und fähig, auf nationaler Ebene mit anderen Gesellschaften zu verkehren, wird durch die gesamte Praxis der Vereinigten Staaten von 1785 bis auf den heutigen Tag bestätigt. Mit ihnen sind Verträge durch ihre Häuptlinge und ausgewählte Vertreter gemacht worden. Daß sie nicht das Recht haben, ihre eigenen inneren Angelegenheiten zu ordnen und vertraglich ihren Umgang mit anderen Nationen zu regeln, ist neueren Datums. 1793 sagte Mr. Jefferson, «... daß die Indianer die volle, ungeteilte und unabhängige Souveränität haben, solange es ihnen beliebt, sie zu behalten, und daß dies auf immer so sein würde».

Dieser Standpunkt wurde von der Bundesregierung der Vereinigten

Staaten auch nach mehreren Regierungswechseln anerkannt und befolgt, auch vom Obersten Gerichtshof der Vereinigten Staaten und den verschiedenen Einzelstaaten. Es ist nicht nur der Standpunkt von Juristen, sondern auch von Politikern gewesen, wie man aus den verschiedenen Berichten der Kriegsminister sehen kann – angefangen mit General Knox wie auch aus dem Briefwechsel zwischen den britischen und amerikanischen Ministern in Gent im Jahre 1814. Wenn die Cherokee die Macht haben, nach ihren eigenen Interessen zu urteilen und Verträge zu schließen, was, wie wir voraussetzen, von niemandem geleugnet wird, dann muß, damit ein Vertrag gültig wird, die Zustimmung der Mehrheit der Cherokee vorhanden sein, die von ihr selbst oder den dazu bestimmten Vertretern ausgedrückt wird. Der Präsident und der Senat haben nicht die Macht zu bestimmen, was der Wille der Mehrheit sein soll, denn in den Staatsgesetzen steht: «Obwohl eine Nation, soweit das in ihrer Macht steht, verpflichtet ist, andere Nationen zu ihrem Besten zu fördern, ist sie doch nicht berechtigt, ihnen diese guten Dienste mit Gewalt aufzuzwingen.» Ein solcher Versuch würde eine Verletzung ihrer natürlichen Freiheit bedeuten. Diese ehrgeizigen Europäer, die die amerikanischen Nationen angriffen und sie in ihrer grenzenlosen Gier nach Herrschaft unterwarfen, um sie angeblich zu zivilisieren und sie in der wahren Religion unterrichten zu lassen, diese Unterdrücker stützten sich auf Anmaßungen, gleichermaßen unrecht und lächerlich. Es ist der ausdrückliche Wunsch der Bundesregierung der Vereinigten Staaten, die Cherokee an einen Platz westlich des Mississippi umzusiedeln. Dieser Wunsch soll, so wird behauptet, sich auf Menschlichkeit gegenüber den Indianern gründen. Die Umsiedlung sollte ihre Lage verbessern und sie als ein eigenständiges Volk bewahren. Die Tatsachen jedoch zeigen, wie dieser ‹wohltätige› Plan verfolgt wurde und wie getreu nach Geist und Buchstaben das Versprechen des Präsidenten der Vereinigten Staaten gegenüber den Cherokee erfüllt wurde – daß «diejenigen, die bleiben, unseres Schutzes, unserer Hilfe und guter Nachbarschaft versichert sein sollen». Die Abordnung läßt sich nicht von leeren Bekenntnissen täuschen und sie befürchtet, daß ihre Rasse von der gegenwärtigen gewinnsüchtigen Politik zerstört wird und ihre Länder ihnen mit roher Gewalt entrissen werden; als Beweis sei erinnert an die Präambel eines Gesetzes der Allgemeinen Versammlung von Georgia – mit Bezug auf die Cherokee am 2. Dezember 1835 verabschiedet –, wo es heißt, aus der Kenntnis des indianischen Charakters und aus den gegenwärtigen Gefühlen dieser Indianer leite sich die feste Überzeugung ab, daß ihnen das Recht genommen werden sollte, die Länder zu bewohnen, die sich in ihrem Besitz befinden, und daß es ein starker Anreiz für sie wäre, mit der Allgemeinen Regierung zu verhandeln und einem Umzug in den

Westen zuzustimmen.

Die derzeitige gesetzgebende Versammlung behauptet, daß entscheidend für sie bei den Maßnahmen, deren Anwendung beabsichtigt wird, wahre Menschlichkeit gegenüber diesen Indianern ist, um ihnen in ihrer neuen Heimat ihre Eigenständigkeit und Identität zu erhalten; unter der väterlichen Fürsorge der Bundesregierung der Vereinigten Staaten. Gleichzeitig «weist sie irgendwelche selbstsüchtigen oder bösen Motive in ihrer derzeitigen Gesetzgebung aufrichtig zurück».

Dies ist das Bekenntnis. Wenden wir uns nun der Praxis der Menschlichkeit gegenüber den Cherokee durch den Staat Georgia zu. Unter Verletzung der Verträge zwischen den Vereinigten Staaten und der Cherokee-Nation verabschiedete dieser Staat ein Gesetz, wonach alle weißen Menschen, die in jenem Teil des Cherokee-Landes, der innerhalb der Staatsgrenzen Georgias liegt, wohnen, einen Treueeid auf den Staat von Georgia leisten müssen. Für die Verletzung dieses Gesetzes wurden einige christliche Pfarrer, Missionare bei den Cherokee, angeklagt, schuldig gesprochen und zur Zwangsarbeit im Gefängnis verurteilt. Ihr Fall kann in den Akten des Obersten Gerichtshofes der Vereinigten Staaten eingesehen werden.

Wertvolle Goldminen wurden auf Cherokee-Ländern innerhalb der verbrieften Grenzen von Georgia entdeckt, und die Cherokee begannen dort zu arbeiten. Die gesetzgebende Versammlung dieses Staates griff ein, indem sie ein Gesetz verabschiedete, wonach es strafbar ist, wenn ein Indianer in Georgia nach Gold gräbt, zweifellos gut geeignet, «irgendwelche selbstsüchtigen oder bösen Motive in ihrer derzeitigen Gesetzgebung zurückweisend». Nach diesem Gesetz wurden viele Cherokee festgenommen, angeklagt, eingekerkert und auf andere Weise mißhandelt. Einige wurden sogar bei dem Versuch, ihrer Festnahme zu entgehen, erschossen; doch das Cherokee-Volk wendete keine Gewalt an, sondern bat die Bundesregierung der Vereinigten Staaten bescheiden um die Erfüllung der Vertragspflichten zu ihrem Schutz, was nicht geschah. Die Antwort lautete, die Vereinigten Staaten könnten sich nicht einmischen. Georgia entdeckte, daß es nicht an der Ausführung seiner Maßnahmen gehindert wurde, die sich angeblich «auf wahre Menschlichkeit gegenüber diesen Indianern» gründeten. Es verabschiedete ein Gesetz, nach dem das Indianerland in Bezirke eingeteilt werden sollte. Dies verursachte einige Aufregung, aber die Cherokee wurden mit der Versicherung beruhigt, daß eine Landvermessung keinen Schaden bringen würde. Kurz danach wurde ein weiteres Gesetz verabschiedet, um das Land zu parzellieren. Zunächst hatte niemand Vollmacht, es in Besitz zu nehmen, aber es dauerte nicht lange, da wurde ein Gesetz gemacht, das die Verlosung der parzellierten Länder genehmigte. Dieses

Gesetz sicherte den Indianern den Besitz all der Parzellen, die von ihnen unmittelbar bebaut wurden, und das übrige Land wurde den Weißen zur Verfügung gestellt. Dies war eine direkte Verletzung von Artikel V des Vertrags vom 27. Februar 1819. Die Cherokee leisteten keinen Widerstand; wieder baten sie die Vereinigten Staaten um Schutz und erhielten nochmals die Antwort, der Präsident könne sich nicht einmischen. Nachdem das Land parzelliert und verlost war, trat eine Horde von Spekulanten auf den Plan und kaufte von den ‹glücklichen Gewinnern› Parzellen, die von Indianern benutzt wurden, zu reduzierten Preisen, indem sie erklärten, es sei unsicher, wann die Cherokee ihre Rechte darauf aufgeben würden, und daß die Parzellen noch durch ihre Ansprüche belastet seien. Die Folge war, daß bei der nächsten Sitzung der gesetzgebenden Versammlung ein Gesetz erlassen wurde, das das Eigentum eines Indianers auf die Parzelle beschränkte, die er bewohnte und was er direkt darumherum nutzte. Viele Cherokee erhoben Klage und erreichten Verfügungen gegen die Enteignung, und sie hätten in den Gerichtshöfen des Landes Unterstützung gefunden, wenn sich die Rechtsprechung nicht der staatlichen Macht unterworfen hätte. Nach Meinung des Richters versuchten die Indianer in dieser Angelegenheit, ihn des Rechtsbruches zu bezichtigen, um so seine Befugnisse auf nur einen Bezirk einzuschränken. Wenn diese Argumentation versagte, wurde der Grundsatz der Gleichheit vor Gericht auf Cherokee-Fälle einfach nicht angewandt – nach Gesetzen, die in den Jahren 1833 und 1834 erlassen worden waren. Die Cherokee waren von nun an auf die Gnade eines ‹umsichtigen› Agenten angewiesen. Dieser Agent war nach dem Gesetz von 1834 der berüchtigte William N. Bishop, der Hauptmann der Georgia-Garde, Berater des Gouverneurs, Gerichtssekretär, Postmeister usw.; seine Art, mit Rechten der Indianer umzugehen, wird hier vorgestellt:

«Kreis Murray, Georgia, 20. Januar 1835
An Mr. John Martin:
Sir: Der Eigentümer der Landparzellen
Nr. 95, 86, 93, 89, 57 im 25. Bezirk der 2. Sektion
hat sich an mich als den Agenten der Vereinigten Staaten gewandt, ihm die oben bezeichneten Landparzellen in Besitz zu geben, und teilt mir mit, daß Sie deren Inhaber sind. Nach den Gesetzen des Staates Georgia, die in den Jahren 1833 und 1834 erlassen wurden, ist es meine Pflicht, seiner Bitte zu entsprechen. Sie werden sich deshalb vorbereiten, am oder vor dem 20. Februar den gesamten Besitz der besagten Grundstücke abzugeben; im Falle der Unterlassung haben Sie laut Gesetz mit Strafe zu rechnen.
W. N. Bishop, Agent des Staates»

Mr. Martin, ein Cherokee, war ein wohlhabender Mann. Er hatte eine große Farm mit ausgedehnten Feldern, auf denen gerade der Weizen wuchs. Er mußte Haus und Hof verlassen und war gezwungen, sich im Februar einen neuen Wohnort innerhalb der Grenzen von Tennessee zu suchen. So nahm Mr. Bishop entsprechend der Benachrichtigung, die er schickte, seine Rechte wahr. Auf ziemlich genau die gleiche Art wurde mit Mr. John Ross verfahren, dem obersten Häuptling der Cherokee-Nation. Er war in Angelegenheiten seiner Nation in Washington City und kehrte gegen 10 Uhr nachts zurück. Als er an das Tor heranritt, sah er einen Diener, den er für seinen eigenen hielt; er stieg ab und befahl, sein Pferd zu versorgen, ging hinein und mußte zu seinem äußersten Erstaunen feststellen, daß er ein Fremder in seinem eigenen Haus geworden war. Seine Familie war schon einige Tage vorher vertrieben worden. Es schoß ihm durch den Sinn, daß er sich unter diesen Umständen nicht damit abfinden konnte, die ganze Nacht unter dem Dach seines eigenen Hauses als ein Fremder zu verbringen. Der neue Gastgeber dieses Hauses war der Kopf jener gewinnsüchtigen Bande von Spekulanten aus Georgia, auf deren Betreiben seine hilflose Familie hinausgeworfen und obdachlos gemacht worden war.

Mit dem Gedanken, daß «der Mensch zur Mühsal geboren ist», beschloß Mr. Ross jedoch sogleich, dort für die Nacht Quartier zu nehmen und sich mit der Überzeugung zu trösten, daß er seinem Leid und Kummer im Einklang mit allen Anforderungen der Tugend sich selbst, seiner Familie, seinem Land und Gott gegenüber begegnet war. Am nächsten Morgen erhob er sich früh, ging hinaus in den Hof und sah einige streunende Herden seiner Rinder und Schafe weiden. Die Getreideernte war nicht eingebracht worden. Er warf einen Blick in die weit ausladenden Äste einer majestätischen Eiche, die innerhalb der Umzäunung des Gartens jenen Fleck Erde überschattet, wo die Gebeine seines früh verstorbenen Kindes und über alles geliebten Vaters liegen. Er sah auf den Ästen nochmals jene Schar schöner Pfauen vor sich, die einst die Freude und Sorge der Hausfrau waren; doch nun waren sie dem Untergang geweiht und wurden nie mehr gesehen. Er ließ sich sein Pferd bringen, zahlte für die Übernachtung und machte sich auf, seine Familie zu suchen. Er hatte das Glück, sie auf der Landstraße unterwegs nach einem Zufluchtsort innerhalb der Grenzen von Tennessee, einzuholen. Auf diese Weise waren ihm seine Häuser, seine Farm und anderes Eigentum genommen und entrissen worden.

Mr. Richard Taylor war auch in Washington, und in seiner Abwesenheit wurde seiner Familie mit der Vertreibung gedroht. Sie wurde gezwungen, für die Erlaubnis, noch einige Monate in ihrem Hause bleiben zu dürfen, 200 Dollar zu zahlen. Dies ist die «wahre Menschlichkeit», die den Cherokee von den wirklichen oder angemaßten Beauftragten Georgias zuteil wurde.

Mr. Joseph Vann, ein Cherokee von Geburt, war ein sehr reicher Mann und hatte etwa 800 Morgen Land, die bebaut wurden. Er war zu ausgedehntem Besitz gekommen, darunter ein Backsteinhaus, das etwa 10000 Dollar gekostet hatte, ferner Mühlen, Küchen, Negerhäuser und andere Gebäude. Er hatte schöne Gärten und ausgedehnte Apfel- und Pfirsichplantagen. Seine Unternehmungen waren so weitreichend, daß er gezwungen war, einen Aufseher und andere Verwalter zu beschäftigen. Im Herbst 1833 wurde er von zu Hause fortgerufen, aber er machte vor seiner Abreise einen bedingten Vertrag mit einem Mr. Howell, einem weißen Mann, der für ihn ab dem 1. Januar 1834 die Aufsicht übernehmen sollte. Er kehrte ungefähr am 28. oder 29. Dezember 1833 zurück. Nachdem er erfahren hatte, daß Georgia jedem Cherokee verbot, einen weißen Mann anzustellen, sagte er Mr. Howell, daß er seine Dienste nicht mehr wünsche. Doch Mr. Bishop nützte die Gelegenheit und legte der Regierung von Georgia dar, daß Mr. Vann gegen die Gesetze des Staates verstoßen habe, weil er einen weißen Mann angeworben habe. Er hätte damit seine Besitzrechte verspielt und es müsse eine Bewilligung für seine Länder ausgestellt werden. Es gab in Georgia verschiedene Leute, die Ansprüche auf seine Besitzungen erhoben.

Ein Mr. Riley ergriff von dem oberen Teil des Wohnhauses Besitz und verbarrikadierte sich dort. Auch Mr. Bishop, der Agent des Staates, und seine Leute kamen, um das Haus in Besitz zu nehmen, und es kam zum Kampf zwischen ihnen und Riley. Es wurde zwischen zwanzig- und fünfzigmal auf das Haus geschossen. Während der Schießerei brachte Mr. Vann seine zitternde Frau und seine Kinder in einem Raum in Sicherheit. Riley konnte von seiner Position im ersten Stock, selbst nachdem er verwundet war, nicht vertrieben werden, und Bishops Gruppe setzte schließlich das Haus in Brand. Riley ergab sich, und das Feuer wurde gelöscht.

Mr. Vann und seine Familie wurden dann unvorbereitet mitten im strengsten Winter hinausgetrieben und mußten durch den tiefen Schnee waten und innerhalb der Grenzen von Tennessee in einer offenen Blockhütte ohne Fußboden Schutz suchen. Bishop brachte seinen Bruder Absalom in den Besitz von Mr. Vanns Haus. Desselben Mr. Vann, der als Junge freiwillig als Söldner dem Cherokee-Regiment angehörte und der im Dienst der Vereinigten Staaten im Creek-Feldzug sein Leben beim Überqueren des Flusses in der Schlacht vom Horse Shoe aufs Spiel setzte. War das der Lohn dafür?

Hunderte anderer Fälle könnten hinzugefügt werden. Tatsächlich sind fast alle Cherokee in Georgia, die Besitz von irgendwelchem Wert hatten, ausgenommen die Günstlinge der Agenten der Vereinigten Staaten, unter irgendeinem Vorwand von ihren Wohnstätten vertrieben worden. Als die Vertreibung im vollen Gang war, besuchte Hochwürden John F. Schermerhorn, Bevollmächtigter der Vereinigten Staaten, die Gesetzgeber von Tennessee und Alabama und bestürmte diese Körperschaften, Gesetze zu verabschieden, die es den Cherokee, die von ihren Besitzungen innerhalb der Grenzen Georgias vertrieben würden, verbieten sollte, ihren Wohnsitz in den Grenzen dieser Staaten zu nehmen.

Im Mai 1835 verabschiedete der allgemeine Rat der Cherokee-Nation eine Resolution, in der Beauftragte ernannt wurden, die den Wert der Besitzungen, die den Cherokee von weißen Männern weggenommen worden waren, ermitteln sollten und die auch den Betrag festlegen sollten, auf den sich alle Ansprüche gegen die Vereinigten Staaten wegen Beraubung von Cherokee belief. Man nahm an, daß Gerechtigkeit nur dann wiederhergestellt werden könnte, wenn das Unrecht festgestellt würde, das sie erlitten hatten. Diese Resolution zielte darauf ab, so schnell wie möglich einen Vertrag mit den Vereinigten Staaten zu schließen. Zahlreiche Cherokee waren hauptsächlich durch die Regierung Georgias gezwungen worden, ihre Häuser und Farmen zu verlassen. Da aber nun Bürger der Vereinigten Staaten im Besitz dieser Güter waren, hätten sie nicht mehr als Güter der Cherokee festgestellt werden können, wenn sie nicht innerhalb kurzer Zeit geschätzt worden wären, denn täglich gab es Veränderungen durch Verkauf oder Tauschgeschäfte. Die Beauftragten waren angehalten, alle Ansprüche auf Besitzungen und jeden Raub in Büchern, die zu diesem Zweck geführt wurden, zu registrieren. Sie sollten sogleich beginnen und dem obersten Häuptling Bericht erstatten, der in der nächsten allgemeinen Versammlung der Nation vorgelegt werden sollte. Diese war für den nächsten Oktober vorgesehen, und der Bevollmächtigte der Vereinigten Staaten würde dann erscheinen, um einen Vertrag abzuschließen. Die Herren J. H. Trott, Robert Rogers, Elijah Hicks, Walter S. Adair und Thomas F. Taylor wurden als Beauftragte bestimmt und begannen sich in der zweiten Julihälfte den Pflichten zu widmen, die ihnen übertragen worden waren. Nachdem sie ganz gut vorangekommen waren, wurden Trott und Hicks von einer Abteilung der Garde Georgias festgenommen. Der Kommandeur nahm ihnen alle ihre Bücher und Papiere ab und ließ sie mit Stricken gebunden 60 Meilen nach Spring Place, dem Standort der Garde, marschieren. Dort wurden sie mit Taylor und Adair, die ebenfalls festgenommen worden waren, unter strenger Bewachung in einem Haus der Garde gehalten, das gebaut worden war, um Indianer dort für neun oder zehn Tage festzuhalten. Es gelang, eine Habeas-Corpus-Verfügung zu erwirken, daß die Gefangenen vor einen Richter gebracht werden sollten, aber die

Garde entzog sich der Verfügung, indem sie die Gefangenen immer wieder an einen anderen Ort brachte. Schließlich forderte Bishop, der Anführer der Garde, von den Gefangenen, dem Staat Georgia 1000 Dollar Bürgschaft und Kaution zu stellen, außerdem vor Gericht zu erscheinen und sich der Bewertung von Cherokee-Eigentum zu enthalten. Sie erschienen vor Gericht, aber es wurden keine weiteren Schritte gegen sie unternommen. Ihre Bücher und Papiere sind niemals zurückgegeben worden. Es wurde behauptet, daß diese Verhaftungen auf Betreiben der Herren Schermerhorn und Currey vorgenommen wurden, Agenten der Vereinigten Staaten, die, so wird berichtet, in dieser Angelegenheit mit dem Gouverneur von Georgia und dem Kriegsminister in Briefwechsel standen, und daß ein Teil davon im Kriegsministerium eingesehen werden kann.

Joseph M. Lynch, ein mit der Ausführung der Gesetze der Nation beauftragter Beamter der Cherokee-Nation, wurde von der Garde Georgias festgenommen und ins Gefängnis geworfen. Bürgschaft für sein Erscheinen vor Gericht wurde abgelehnt. Seine Neger wurden auch ergriffen und ins Gefängnis geworfen, wo sie blieben, bis sie fliehen konnten. Nicht weniger barbarisch ging Benjamin F. Currey, Verantwortlicher der Vereinigten Staaten für die Umsiedlung der Cherokee, gegen diese vor. Er erklärte öffentlich, daß es die Politik der Vereinigten Staaten sei, eine so unerträgliche Situation für die Indianer herzustellen, daß sie sich zu einem Vertrag oder zur Aufgabe ihres Landes bringen ließen. Dies ist in seinem Brief an die Herren Brazleton und Kennedy vom 14. September 1835 zu lesen. Einige wenige Beispiele sollen zur Veranschaulichung der Art seines Vorgehens und seines allgemeinen Verhaltens angeführt werden.

Wahka und seine Frau waren Bürger der Cherokee-Nation östlich des Mississippi und wohnten dort. Die Agenten der Vereinigten Staaten überredeten die Frau, sich gegen die Einwände ihres Mannes zur Auswanderung einzutragen, und sie trennten sie später mit Gewalt von ihrem Mann und brachten sie und die Kinder nach Arkansas. Der Mann und ihr Vater blieben zurück, weil sie sich unter keinen Umständen einschreiben wollten. Die Besitzungen, auf denen sie wohnten, wurden im Namen der Frau geschätzt, und der Mann wurde vertrieben.

Atalah Anosta wurde in betrunkenem Zustand gegen den Willen seiner Frau und Kinder dazu gebracht, sich einzuschreiben. Als die Zeit kam, wo er nach Arkansas gehen sollte, versteckte er sich. B. F. Currey schickte einen Wachmann nach ihm. Dieser nahm die Frau und die Kinder fest und brachte sie im Dunkeln, bei kaltem Regen, halb erfroren und hungrig in die Agentur. Sie wurden die ganze Nacht und einen Teil des nächsten Tages unter Bewachung festgehalten, bis die Frau sich bereit fand, sich zur Auswanderung einzutragen. Als dann ihr Mann wieder auftauchte, wurden alle an Bord eines Schiffes gebracht und nach Arkansas transportiert. Dort starben bald zwei oder drei ihrer Kinder, und sie kehrten dann zu Fuß zur Cherokee-Nation östlich des Mississippi zurück.

Scontachee wurde von Benjamin F. Currey in betrunkenem Zustand eingeschrieben: Als man die Auswanderer sammelte, erschien er nicht, und Currey und John Miller, der Übersetzer, gingen, ihn zu holen. Currey zog eine Pistole und versuchte, den alten Mann zur Agentur zu treiben. Dieser legte sein Gewehr auf ihn an und weigerte sich zu gehen. Currey und Miller kehrten ohne ihn zurück. Der Alte brachte die Ereignisse Hugh Montgomery, dem Cherokee-Agenten, zu Gehör, der ihm eine Bescheinigung gab, mit der er nicht gegen seinen Willen zum Fortgehen gezwungen werden konnte. So ruhte die Angelegenheit, bis im nächsten Jahr die Auswanderer gesammelt wurden. Currey schickte einen Wagen und eine Wache nach ihm. Er wurde festgenommen, gefesselt und zur Agentur geschleppt. Einige seiner Kinder blieben im Wald zurück, wohin sie beim Erscheinen der Wache geflohen waren.

Richard Cheek trug sich zur Auswanderung ein, aber ließ sich vor der Abfahrt zur Arbeit an der Tuscumbia-Eisenbahn in Alabama anwerben. Als die Auswanderer aufbrachen, ließ Currey Cheeks Frau ergreifen und an Bord eines Schiffes bringen, das nach Arkansas fuhr. Es wurde ihr sogar verwehrt, ihren Mann noch einmal zu besuchen, als sie flußabwärts in die Nähe seines Arbeitsplatzes kamen. Er blieb zurück und sah sie nie wieder. Sie starb unterwegs.

Solche Gewalttaten und Verletzungen der Vertragsbestimmungen sind seit Jahren Gegenstand von Klagen gegenüber den Vereinigten Staaten durch die Cherokee gewesen; und die Abordnung ist nicht überrascht, daß diese schon so lange andauernden Ungerechtigkeiten das amerikanische Volk auch jetzt nicht aufrütteln, denn die Gewohnheit bringt die Menschen dahin, selbst den Tod mit Gleichgültigkeit zu betrachten. Wenn die Regierung der Vereinigten Staaten entschlossen ist, die Länder der Cherokee ohne deren Zustimmung zu nehmen, so hat sie die Macht dazu; und das amerikanische Volk kann das Feld abernten, das ihm nicht gehört, und die Trauben lesen, die es sich mit Gewalt angeeignet hat.

Es gibt keine Begründung für den angeblichen Zwang, unter dem die Regierung der Vereinigten Staaten gehandelt haben soll, denn zu der Zeit, in der der sogenannte ‹Vertrag› ausgearbeitet und angenommen wurde, hielt sich die Abordnung der Vertreter des Cherokee-Volkes mit Anweisungen und Vollmachten zu Verhandlungen über einen Vertrag in Washington City auf. Diese Abordnung drängte darauf, wie ihr

Schriftwechsel mit dem Kriegsministerium zeigt, gehört zu werden. Sie wurde zuerst als Abordnung, mit der ein Vertrag zu machen ist, empfangen und anerkannt. Sie wurde erst dann zurückgewiesen, als sie den Vertrag der Partei in New Echota, die persönliche Interessen verfolgte, nicht anerkannte, weil er eine Verletzung des ausdrücklichen Willens ihrer Wähler bedeutet hätte. Sie war bereit, auf Grund ihrer Vollmacht für das Cherokee-Volk zu handeln, aber die Gelegenheit dazu wurde ihr verweigert. Es ist eine Lüge, daß es notwendig gewesen sei, diesen betrügerischen Vertrag zu unterschreiben, damit wenigstens irgend etwas getan würde. Genausowenig stimmt es, daß die Cherokee in Not und vom Hungertod bedroht gewesen seien, was erfordert habe, das Dokument von New Echota zu unterschreiben, als einen Vertrag zu ihrem Nutzen und ihrer Erhaltung, als das Beste, was getan werden konnte. Diesen Standpunkt einnehmen heißt den Cherokee das Recht absprechen, für sich selbst zu denken.

Ihre Not war nicht geleugnet, aber die Cherokee haben nicht um die angebotene Hilfe ersucht, sondern sie abgelehnt. Sie wissen sicherlich am besten über ihre Lage Bescheid und können die Gründe für eine Unterstützung entsprechend würdigen, wie auch die ausgedrückte Teilnahme an ihrem Unglück und das erklärte Wohlwollen gegenüber der indianischen Rasse, was alles zusammen einfach darauf hinausläuft: «Wir wollen und beabsichtigen, eure Länder zu nehmen, und bedauern, daß ihr nicht bereit seid, uns das auf unsere eigene Art tun zu lassen ...»

Die Cherokee-Abordnung hat es deshalb für ihre Pflicht gehalten, der ehrenwerten Versammlung eine kurze Darstellung des Falles zu geben. Eine ins einzelne gehende Schilderung würde eine Geschichte ergeben, die zu umfangreich wäre, um in einer Denkschrift und einem Protest vorgelegt zu werden. Sie läßt es deshalb bei einem knappen Bericht bewenden. Der Rückblick auf die Vergangenheit wurde allein zu dem Zweck unternommen, um zu zeigen, welche unverhüllte Unterdrückung und welches Leid die friedlichen und rücksichtsvollen Cherokee mit ansehen und ertragen mußten. Außerdem, um Eurer ehrenwerten Versammlung in aller Offenheit mitzuteilen, daß das Cherokee-Volk soviel Verstand besitzt, eine klare Kenntnis seiner eigenen Rechte zu erlangen; es weiß sehr wohl um die Unrechtmäßigkeit jener unterdrückerischen Maßnahmen, die von der Regierung Georgias zu seiner Vertreibung angewandt wurden. Seine treue Liebe zu seinem Heimatland ist niemals aus seiner Brust getilgt worden und wird es auch niemals werden. Man lehrte es, diese zu pflegen wie auch auf die Gerechtigkeit, die Glaubwürdigkeit und den Großmut der Vereinigten Staaten unbedingt zu vertrauen. Auch sein fester Glaube an die Großzügigkeit und Freundschaft des amerikanischen Volkes war ein Hoffnungsanker. Er allein hat es dazu geführt, einen friedlichen und männlichen Kurs zu verfolgen, unter Umständen, die zu den schlimmsten gehören, die je ein Volk mit ansehen und erleiden mußte. Seit mehr als sieben langen Jahren muß das Cherokee-Volk für seine Rechte kämpfen, und es hat sich gegen eine schreckliche Übermacht gewehrt. Da die Mittel zur Verteidigung allesamt dem Zugriff und der Kontrolle seiner Gegner offenstanden, ist es zuletzt unter deren Füßen zertreten worden. Sein Besitz und seine Verteidigungsmittel wurden beschlagnahmt und nicht zurückgegeben. Die Verträge, die Gesetze und die Verfassung der Vereinigten Staaten waren einst Bollwerk und einzige Zitadelle der Zuflucht der Cherokee. Sie wurden ihnen genommen. Die Urteile der Gerichte, die ihre Rechte unterstützten, sind mißachtet und entkräftet worden; und ihre Hilfegesuche, von Zeit zu Zeit an den Kongreß gerichtet, wurden nicht beachtet. Ihre jährlichen Einkünfte wurden zurückgehalten, ihre Druckerei, in der sie eine Zeitlang herstellten, um auf das Unrecht vor dem amerikanischen Volk und der zivilisierten Welt hinzuweisen, wurde auf Betreiben eines Agenten der Vereinigten Staaten beschlagnahmt und nicht zurückgegeben.

Ein Rechtsanwalt, den sie beauftragt hatten, die Rechte der Cherokee vor den Gerichten von Georgia zu verteidigen, ist dazu gebracht worden, ihren Fall nicht weiter zu verfolgen. Er konnte mit besserer Bezahlung rechnen, indem er Partei gegen sie ergriff. Selbst einige Bürger der Vereinigten Staaten wurden von Regierungsbeamten dazu verführt und veranlaßt, sich die Machtmittel der Nation anzumaßen, ohne daß sie ihnen übertragen worden waren. Sie wurden dazu gebracht, über die Köpfe der Nation hinweg und gegen ihren Einspruch einen Vertrag auszuhandeln. Gibt es in den Annalen der Geschichte einen Fall wie diesen? Dieser Vertrag gibt vor, daß alle Länder, Rechte, Anteile und Ansprüche des Cherokee-Volkes östlich des Mississippi, welcher Natur auch immer, an die Vereinigten Staaten für die lächerliche Summe von 5600000 Dollar abgetreten wurden. Wir wollen einen flüchtigen Blick auf das Land und die anderen Rechte der Cherokee werfen, die angeblich, nach den Bedingungen dieses betrügerischen Vertrages, den Vereinigten Staaten überlassen wurden. Das Land der Cherokee innerhalb der Grenzen von North Carolina, Georgia, Tennessee und Alabama wird auf zehn Millionen Morgen geschätzt. Es umfaßt einen großen Teil des besten Landes, das in den Staaten zu finden ist, und das Klima ist nirgendwo gesünder. Es besitzt außerordentliche Vorteile; zahlreiche Bäche und Flüsse entspringen hier und fließen hindurch; einige dieser Ströme sind gut für Schiffe passierbar, andere können leicht genutzt und schiffbar gemacht werden. Die Cherokee haben Straßen angelegt, die durch dieses Land führen. Diese Straßen werden notwendigerweise einen Teil der wichtigsten öffentlichen Verkehrswege bilden, und andere Verbesserungen werden sich anschließen, wenn sie in nicht fernen Tagen ausgebaut werden.

Das ganze Land ist von einem dichten Wald aus wertvollen Hölzern bedeckt, und es hat schier unerschöpfliche Marmor- und Kalksteinbrüche. Vor allem befinden sich dort die größten Vorkommen des wertvollen Metalls, die bisher in den Vereinigten Staaten entdeckt wurden. Die Reichtümer der Goldminen sind unschätzbar. Auf einigen Parzellen von 40 Morgen Land, die vermessen und durch die Regierung von Georgia verlost wurden, liegen Goldminen, und sie sind für über 30000 Dollar verkauft worden!

Kein Mensch kann den Verlust der Cherokee abschätzen, den die Aufgabe einer Landbasis von 10 Millionen Morgen bedeutet; dazu kommen die schon angesprochenen Vorteile. Es soll ein Betrag von nur fünf Millionen sechshunderttausend Dollar gezahlt werden: Auf dieser Grundlage würde der Preis für die Länder 30 Cents pro Morgen nicht überschreiten. Will Georgia die ganze Summe für den Teil innerhalb seiner Grenzen annehmen?

Die Vereinigten Staaten haben sich feierlich verpflichtet, der Cherokee-Nation das Recht auf ihr Land auf immer zu garantieren und es zu schützen. Es ist eine unbezweifelbare Tatsache, daß die Cherokee ihr Land lieben und daß sie um keinen Preis freiwillig ihre Zustimmung zur Abtretung geben. Wenn sich jedoch die Cherokee unter diesen Umständen gezwungen sehen, einen Vertrag zu ihrer Sicherheit und künftigen Wohlfahrt auszuhandeln, ist es da großmütig, menschlich oder gerecht, daß ihnen ein betrügerischer Vertrag, der völlig abzulehnende Prinzipien und Bestimmungen enthält und ihrem Sinn für Eigentum und Gerechtigkeit widerspricht, aufgezwungen werden soll? Die Grundlagen dieses Dokuments, die festgesetzte Summe, die Ablösung durch jährliche Zahlungen und die allgemeinen Bestimmungen der verschiedenen Artikel, müssen zurückgewiesen werden. Gerechtigkeit und Gleichheit fordern, daß in einem Vertrag zur endgültigen Beilegung der Auseinandersetzungen ihre Rechte, Interessen und Wünsche einbezogen werden sollten und daß die Rechte der einzelnen Cherokee-Bürger, ihr Besitz und ihre Ansprüche ausreichend gesichert werden. Als freie Menschen sollten sie die Freiheit haben, zu bleiben oder fortzuziehen, wohin es ihnen beliebt. Auch sollte das der Cherokee-Nation von den Vereinigten Staaten zu überlassende Gebiet westlich des Mississippi ihnen durch eine Urkunde zum Eigentum gegeben werden und nicht mit den Bedingungen des Gesetzes von 1830 belastet werden; und der Stammesbesitz der Cherokee sollte der Kontrolle ihres nationalen Rates unterstellt werden. Die Abordnung muß wiederholen: Das Dokument, das in New

Echota abgefaßt wurde und den Eindruck erwecken will, es handle sich um einen Vertrag, bedeutet eine Täuschung der Welt und einen Betrug an dem Volk der Cherokee. Wenn ein Zweifel an der Richtigkeit ihrer Behauptungen besteht, so kann eine Untersuchungskommission sich mit den Tatsachen auseinandersetzen. Sie wird auch feststellen, daß Cherokee im Namen dieses Dokuments mit Gewalt vertrieben wurden. Diese Erklärung machen sie in aller Aufrichtigkeit; ihre Herzen bluten, wenn sie an ihre sorgenvolle Zukunft denken; sie haben sich sehr bemüht, dieses Unheil abzuwenden. Ihr Schicksal wird nun durch den Kongreß bestimmt und liegt jenseits ihres Einflusses; sie hoffen, sie haben sich geirrt, aber die Wirklichkeit spricht dagegen. Die Cherokee können sich der Macht der Vereinigten Staaten nicht widersetzen, und sollten sie aus ihrem Geburtsland vertrieben werden, dann werden sie in tiefer Traurigkeit die goldenen Ketten betrachten, die Präsident Washington dem Cherokee-Volk schenkte, als Sinnbilder der Klarheit und Reinheit der Freundschaft zwischen den Vereinigten Staaten und der Cherokee-Nation.
Jno. Ross
John Martin
James Brown
Joseph Vann
John Benge
Lewis Ross
Elijah Hicks
Rich'd Fields
Vertreter der Cherokee-Nation
Washington City, 21. Juni 1836

Alle Anstrengungen der Cherokee, die Vereinigten Staaten dazu zu bewegen, ihre eigenen Gesetze zu respektieren, schlugen fehl. Im Mai 1838 traf General Winfield Scott mit einer 7000 Mann starken Armee bei der Cherokee-Nation ein (die gesamte Bevölkerung der Cherokee betrug etwa 14000, einschließlich der Frauen, Kinder und Alten) und begann, das Cherokee-Volk zusammenzutreiben. Familie um Familie wurden die Cherokee von den Soldaten mit vorgehaltenem Gewehr aus ihren Häusern geholt. Sie wurden in Konzentrationslager verfrachtet, von denen aus sie per Schiff in indianisches Gebiet (Oklahoma) gebracht werden sollten. Nur wenige konnten Flußschiffe benutzen; die meisten mußten über Land auf dem ‹Pfad der Tränen› dorthin gelangen, und schätzungsweise 4000 blieben auf dem Weg. Sie starben an Hunger, Erschöpfung, Entbehrung und durch Krankheiten. Dies hinderte Präsident Van Buren nicht daran, den

Kongreß zu rühmen, daß «die vom Kongreß gebilligten Maßnahmen (zur Entfernung der Cherokee) ... ausgezeichnete Erfolge gebracht haben ... Die Cherokee sind ohne sichtbaren Widerstand emigriert ...»

1839, nun in Oklahoma ‹angesiedelt›, ermordeten die Cherokee die wenigen Häuptlinge, die den verhaßten – und dafür die Cherokee unrechtmäßigen – Vertrag von 1835 unterzeichnet hatten. Plötzlich moralisch geworden, beantwortete die US-Regierung die ‹Morde›, indem sie die Zahlungen einstellte, zu denen sie sich in eben diesem Vertrag verpflichtete. Die Regierung ignorierte, daß sie es gewesen war, die den Cherokee das Recht, sich selbst zu regieren, garantiert hatte, unter der Voraussetzung, daß sie nach Westen ziehen würden. (Das Cherokee-Gesetz von 1820, das bei der Nation weiter Gültigkeit besaß, sah ausdrücklich die Todesstrafe für jeden Cherokee vor, der ohne Ermächtigung von seiten des Cherokee-Volkes indianisches Land verkaufte.)

«Ein sichtbarer Widerstand» 1816–1837

Cherokee, Creek, Choctaw, Chickasaw und Seminole – die Fünf Zivilisierten Stämme –, für sie alle war das Gesetz zur Entfernung der Indianer von 1830 eine scheinheilig formulierte Erklärung für den wahren Plan der US-Regierung, sie zu zwingen, in Gebiete westlich des Mississippi zu gehen, welche die ‹Amerikaner› damals für sich für unbewohnbar hielten. Die Choctaw waren die ersten, die aufbrachen. Sie waren gezwungen, mitten im Winter 1832 den Weg von Mississippi nach Oklahoma zu Fuß zurückzulegen. Dann kam 1836 die Vertreibung der Creek, nachdem irgendein Phantasievertrag zurechtgemacht und ein Feldzug gegen die Creek vom Zaun gebrochen worden war, von dem selbst der weiße «Montgomery Advertiser» sagte «ein niederträchtiger und teuflischer Anschlag, ausgeheckt von Männern, die ein Interesse daran haben, einer unwissenden Menschenrasse die ihr zustehenden Rechte zu verweigern». In den ‹Krieg› waren schätzungsweise 100 Kämpfer der Creek und 11000 US-Soldaten verwickelt; er lieferte den Vereinigten Staaten, was sie als gerechten Grund ansahen, das Land der Creek durch ‹Eroberung› an sich zu bringen und selbst auf den Anschein einer Ausgleichszahlung zu verzichten.

Die Chickasaw – traditionellerweise Feinde der ‹Amerikaner› und niemals von ihnen in einer Schlacht besiegt – entschieden, nachdem sie die Lage abgeschätzt hatten, daß sie nach dem Abzug der Franzosen aus Louisiana und der Spanier aus Florida den Krieg gegen die ‹Amerikaner› nicht erfolgreich weiterführen könnten. Sie hatten auch keinerlei Illusionen, daß sie mit Vernunftgründen irgend etwas bei den Weißen ausrichten könnten. Sie entschieden sich deshalb dafür, zu versuchen, soviel wie möglich bei dem Verkauf ihrer Länder herauszuschlagen und selbst für ihre Auswanderung Sorge zu tragen. Sie erreichten tatsächlich ein weniger unangemessenes Abkommen als die meisten anderen Indianer; ihre Wanderung begann 1838. In «Disinherited» schrieb Dale Van Every über sie:

Wenn je eine Aktion zur Entfernung von Indianern unter annehmbaren Bedingungen vor sich gehen konnte, hätte es bei den Chickasaw der Fall sein müssen. Das hätte man erwarten können, es war nicht so. Ihr verhältnismäßig großer Wohlstand stellte einen der Hauptgründe für ihre Vernichtung dar. In Erwartung ungewöhnlicher Profite legten Unternehmer entlang dem Weg so viele Vorratslager an, daß die Nahrung verdarb, bevor sie gegessen werden konnte. Die Reisenden mußten ungeheuer viel für den Transport und ihren übrigen Bedarf zahlen. Sie beka-

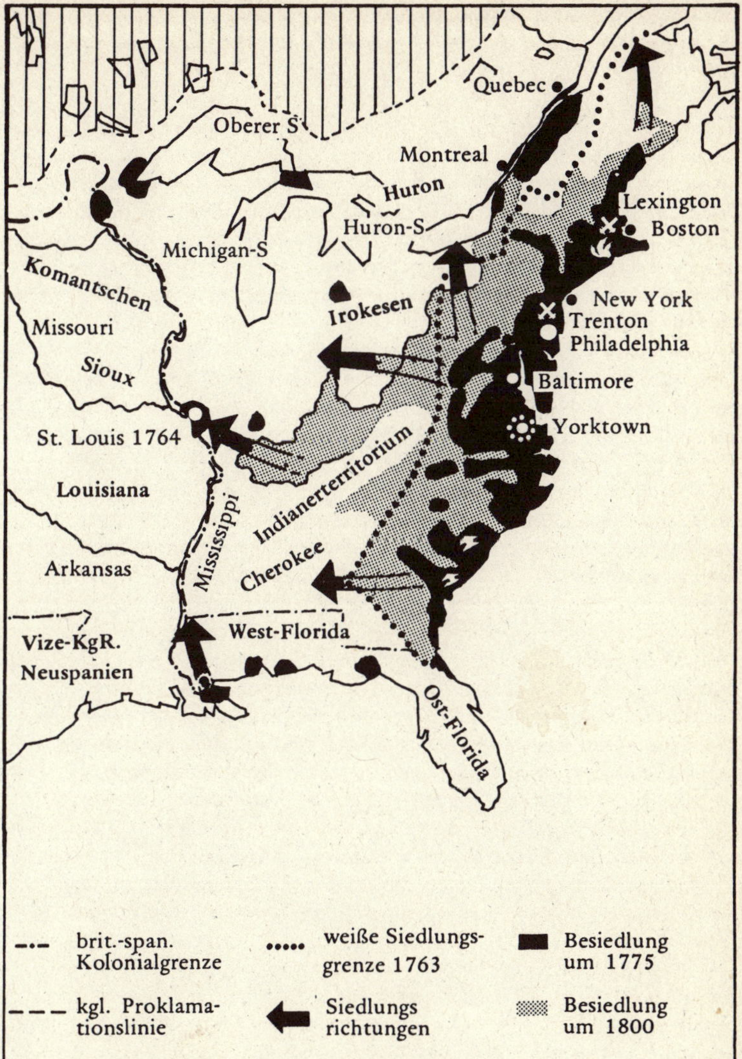

Die europäische Besiedlung Nordamerikas im 18. Jh.

men unterwegs die Pocken, ...sie waren bald genauso hungrig wie ihre ärmeren Mitkolonisten. Der Weg nach Westen hatte traurige Bettler aus den einst stolzen und kriegerischen Chickasaw gemacht.

Das Jahr 1838 bezeichnete das Ende des langen moralischen und juristischen Kampfes der Cherokee (wie berichtet wurde), und sie begaben sich auf ihren Pfad der Tränen. Jenes Jahr sah noch das Ende eines anderen Kampfes gegen die Vertreibung: des der Seminole, des südlichsten der Fünf Zivilisierten Stämme. Doch anders als der juristische Protest der Cherokee, der beim Kongreß und in den Gerichtshöfen erfolgte, war der Kampf der Seminole ein Guerillakrieg, dessen Schauplatz die Sümpfe und Wälder Floridas waren.

Er wurde der Zweite Seminole-Krieg genannt, und Andrew Jackson (der viel mit seiner Entstehung wie mit der gesamten Vertreibungspolitik zu tun hatte) bezeichnete ihn als ‹schmachvoll› für die Vereinigten Staaten, denn er brachte eine lange Kette von Niederlagen und Demütigungen für die ‹Amerikaner›. Mehr als 2000 ‹amerikanische› Soldaten starben; ungefähr 60 Millionen Dollar wurden ausgegeben, und er wurde niemals wirklich gewonnen; oder verloren – das kommt auf den Standpunkt an.

Der Erste Seminole-Krieg hatte 1817 begonnen, als Florida noch zu Spanien gehörte. Er hatte mit dem Überfall einer US-Armee auf Seminole begonnen, die beschuldigt wurden, entlaufenen schwarzen Sklaven Unterschlupf zu gewähren. In diesem Krieg schienen die Vereinigten Staaten zunächst erfolgreich zu sein: 1819 trat Spanien Florida ab, und 1823 gaben einige Seminole-Häuptlinge ihre Zustimmung zu einem Vertrag, der sie verpflichtete, innerhalb einer Reservation zu bleiben. Doch in den folgenden Jahren suchten weiter schwarze Sklaven die Freiheit bei den Seminole, weiße Sklavensuchtrupps jagten sie weiterhin; Seminole (schwarze, rote und Mischlinge) verteidigten sich weiter. Dann wurde das Gesetz zur Entfernung der Indianer von 1830 verabschiedet. 1832 begann das Kriegsministerium, entschlossen gegen die Seminole vorzugehen.

Nach üblicher Methode erschwindelten die ‹Amerikaner› zunächst einen Vertrag, mit dem sie sich selbst belügen konnten. Durch vorsätzliche Täuschung gelang es Oberst James Gadsden (der später in den Auseinandersetzungen mit der mexikanischen Regierung berühmt wurde), die Seminole-Häuptlinge dazu zu bewegen, ein Schriftstück zu unterzeichnen. Sie hielten es für ein Abkommen, wonach eine Delegation ausgeschickt werden sollte, um die Oklahoma-Länder in Augenschein zu nehmen, von denen die ‹Amerikaner› ständig erzählten. Es stellte sich heraus, daß es sich in Wirklichkeit um ein Dokument handelte, worin die Seminole ihrer Entfernung zustimmten. Die Seminole weigerten sich, den Betrug anzuerkennen; unter der Führung von Micanopy, Jumper, Osceola und anderen

Tustenuggees oder ‹Kriegshäuptlingen› wollte der größte Teil des Seminole-Volkes lieber kämpfen, als sein Heimatland verlassen.

In den ersten Kampfmonaten töteten die Seminole mehrere hundert Siedler und eine Anzahl Soldaten. 1834 führte Osceola einen erfolgreichen Angriff auf das Zentralbüro der Agentur auf der Reservation durch, während fast zur gleichen Zeit eine andere Seminole-Gruppe eine hundert Mann starke Streitmacht unter Führung von Major Francis L. Dade vollständig vernichtete. Mehr Soldaten kamen. 800 unter General Clinch wurden von einer aus 250 Kriegern bestehenden Streitmacht der Seminole bei dem Versuch, einen Fluß zu überqueren, zurückgeschlagen.

1836 stand es so schlecht für die ‹Amerikaner›, daß das Kriegsministerium eine neue, größere Armee für den Feldzug aufstellte und Generalmajor Winfield Scott den Oberbefehl erteilte. Die Seminole spielten dieser neuen Armee so übel mit, daß General Scott nach zwei Monaten nach Alabama versetzt wurde. Scotts Nachfolger, der Gouverneur von Florida, Robert Call, machte seine Sache nicht besser. Nachdem er Fort Drane aufgeben mußte, wurde er durch General Thomas S. Jesup ersetzt.

Jesup verfügte über eine Armee von 8000 regulären Soldaten und außerdem über Freiwillige, aber auch er konnte keine Siege verzeichnen. Er profitierte jedoch davon, daß durch den lang andauernden Krieg Hunger, Erschöpfung und Entbehrungen bei den Seminole Opfer zu fordern begannen. Bei einer Waffenstillstandsverhandlung mit Micanopy und Jumper schloß er Frieden auf der Grundlage der Auswanderung der Seminole nach Oklahoma. Da Micanopy der erste Häuptling aller Seminole war, hatte es eine Zeitlang den Anschein, als ob Jesup den Krieg gewonnen hätte, obwohl die ‹Amerikaner› alle Schlachten verloren hatten. Als jedoch die Seminole sich zu ergeben begannen, wurde ihnen über die Behandlung berichtet, die sie während ihres Exodus erwartete, und sie erfuhren, daß Sklavenhändler bei den Armeeposten warteten, um jeden dunkelhäutigen Seminole als entlaufenen Sklaven zu beanspruchen. Sie erhoben sich erneut unter Führung von Osceola. Sie weigerten sich loszuziehen und nahmen ihren Guerillakrieg noch einmal auf. Doch nicht alle Seminole; 1837 begannen kriegsmüde Gruppen, einzeln Frieden zu schließen und sich zur Auswanderung bereit zu erklären. Die Vereinigten Staaten, verärgert und gedemütigt durch den Widerstand der Seminole, verdoppelten ihre Anstrengungen. Die Kämpfe wurden fortgesetzt, und die Seminole hatten Verluste. General Joseph M. Hernandez gelang es mehrmals, fast ohne Blutvergießen Gefangene zu machen, und von diesen erfuhr er, daß sich bei den Seminole die Krankheiten mehrten und die Kriegsmüdigkeit wuchs. Unter der Vorspiegelung, der Frieden könnte nun durch einen Vertrag herbeigeführt werden, gelang es Hernandez, ein Gespräch über den Waffenstillstand mit Osceola zu arrangieren, der den ‹Amerikanern› erlaubte, in sein Lager zu kommen. Hernandez mißachtete auf Befehl von Jesup die weiße Friedensfahne, und während er vorgab zu verhandeln, rief er plötzlich 200 Kavalleristen, die heimlich gekommen waren. Osceola wurde zusammen mit elf anderen Häuptlingen und einer Anzahl Kriegern gefangengenommen. Osceola wurde nach Fort Marion gebracht und von dort nach Fort Moutrie, wo er an Malaria, einer Halsentzündung und – wie einige sagten – an einem gebrochenen Herzen starb. Er wurde von einem ‹amerikanischen› Arzt versorgt, obwohl er sich nicht behandeln lassen wollte. Nach seinem Tod schnitt ihm der Arzt den Kopf ab und behielt ihn als persönliche Trophäe.

Inzwischen bemühten sich die Vereinigten Staaten, durch Verhandlungen zu erreichen, was sie mit Gewalt nicht hatten erreichen können. So versuchten sie, die Cherokee-Häuptlinge unter Führung von John Ross zur Vermittlung zu bewegen. Dieser Delegation gelang es im Dezember 1837, eine Gruppe von Seminole-Häuptlingen für Waffenstillstandsverhandlungen zu gewinnen. Als die Häuptlinge erschienen, verletzte Jesup wieder einen Waffenstillstand, ließ die Häuptlinge gefangennehmen und nach Fort Moutrie bringen.

Ein wirksamer Protest gegen solche Falschheit gelang einer Gruppe Seminole, die bei einer anderen Verletzung des Waffenstillstands gefangengenommen worden war. Unter Führung von Wildcat brachen zwölf Häuptlinge aus Fort Marion aus und kehrten zu ihrem Volk zurück, um den Kampf fortzusetzen. Das folgende Dokument enthält Wildcats Bericht über seinen Ausbruch aus dem Gefängnis.

1838 wurde die Mehrheit der Seminole gezwungen, die Wanderung in den Westen anzutreten. Doch eine Gruppe, geführt von Wildcat und Alligator, hielt aus. Als es 1842 den Vereinigten Staaten immer noch nicht gelungen war, diese Seminole-Häuptlinge und ihre mehr als 300 Anhänger zu besiegen, gaben sie schließlich auf. Nachkommen ihrer unbesiegten Feinde leben noch immer stolz in Florida.

Aus «The Origin, Progress and Conclusion of the Florida War» von John T. Sprague, 1848

Wir waren von Tag zu Tag kränker geworden, und wir beschlossen auszubrechen oder bei dem Versuch zu sterben. Wir waren in einem kleinen Raum, 18 oder 20 Fuß im Quadrat. Licht kam nur durch die Schießscharte etwa 18 Fuß über dem Boden herein. Durch diese mußte uns der Ausbruch gelingen, oder wir mußten bleiben und der Krankheit erliegen. Ein Wachsoldat war ständig an der Tür postiert. Als wir die Schießscharte von unserer Liegestatt aus betrachteten, hielten wir sie für ziemlich klein, glaubten aber, wenn wir den Kopf durchbekämen, würden wir keine weiteren ernsten Schwierigkeiten haben. Zu der Schießscharte hinaufzukommen war das erste Ziel. Um dies zu bewerkstelligen, schnitten wir von Zeit zu Zeit die Futtersäcke, die man uns zum Schlafen gelassen hatte, auf und machten Stricke daraus. Wenn ich auf den Schultern meines Gefährten stand, konnte ich sie noch nicht erreichen. Aber während ich so stand, trieb ich ein Messer in eine Spalte des Mauerwerks, so weit oben wie ich nur konnte, und an diesem zog ich mich bis zur Öffnung hoch, wo ich feststellte, daß ich, wenn ich etwas schmaler werden würde, durchkommen könnte. Um so schmal wie nur möglich zu werden, nahmen wir fünf Tage lang Medizin. Man ließ uns, da wir uns sehr krank stellten, die Wurzeln suchen, die wir brauchten. Einige Wochen lang beobachteten wir den Mond, denn die Nacht unseres Ausbruchversuchs sollte so dunkel wie möglich sein. Zur richtigen Zeit begannen wir mit dem Einnehmen der Medizin und erwarteten das völlige Verschwinden des Mondes. In der Nacht, in der wir es versuchen wollten, belästigte uns der Gefängniswärter, indem er häufig in den Raum kam und sprach und sang. Zuerst dachten wir daran, ihn zu fesseln und seinen Kopf in einen Sack zu stecken, so daß er, wenn er um Hilfe rufen würde, nicht gehört werden könnte. Wir versuchten es jedoch zunächst damit, uns schlafend zu stellen und ihn nicht zu beachten. Damit erreichten wir unser Ziel. Er kam herein und ging sofort wieder hinaus; und wir konnten ihn in unmittelbarer Nähe der Tür schnarchen hören. Dann nahm ich den Strick, den wir unter unserem Bett versteckt hatten, und indem ich auf die Schultern meines Gefährten stieg, richtete ich mich auf dem in die Mauer getriebenen Messer auf, und es gelang mir, die Schießscharte zu erreichen. Dort befestigte ich den Strick, damit mir mein Gefährte folgen konnte. Ich ließ dann ein genügend langes Stück davon durch die Schießscharte hinab, um den (etwa 50 Fuß tiefen) Graben außen zu erreichen. Ich hatte die Entfernung geschätzt, als ich nach Wurzeln gegangen war. Mit vielen Schwierigkeiten gelang es mir, meinen Kopf durchzubekommen; die scharfen Steine rissen mir die Haut von Brust und Rücken. Da ich den Kopf zuerst durchsteckte, war ich gezwungen, mich mit dem Kopf voran nach unten zu ziehen, bis meine Füße durch waren. Ich fürchtete, daß jeden Moment der Strick reißen würde. Schließlich kam ich heil unten an und wartete voll Furcht auf die Ankunft meines Kameraden. Ich hatte noch einen anderen Strick durch das Loch gelassen, an dem Talmus Hadjo, falls er entdeckt würde, ziehen sollte, als Signal für mich draußen. Sobald ich die Erde erreichte, trat ich darüber mit meinem Kameraden in Kontakt. Die Nacht war sehr dunkel. Zwei Männer gingen ernst miteinander redend in meiner Nähe vorbei, und ich konnte sie deutlich sehen. Bald hörte ich den Kampf meines Gefährten hoch über mir. Es war ihm gelungen, seinen Kopf durchzubekommen, aber sein Körper blieb stecken. Mit möglichst leiser Stimme drängte ich ihn, Luft auszustoßen und es dann zu versuchen; bald danach stürzte er aus voller Höhe hinunter. Einige Augenblicke glaubte ich, er sei tot. Ich zerrte ihn an ein Wasser in der Nähe, wo er sich erholte. Doch sein Bein war so lahm, daß er nicht laufen konnte. Ich trug ihn auf den Schultern zu einem Gebüsch in der Nähe der Stadt. Der Tag brach eben an, so daß wir uns beeilen mußten fortzukommen. Ich fing auf dem angrenzenden Feld ein Maultier ein, fertigte Zügel aus meiner Schärpe, setzte meinen Gefährten auf das Tier, und wir machten uns auf den Weg zum St. Johns River. Das Maultier benutzten wir einen Tag, doch da wir fürchteten, die Weißen würden unserer Fährte folgen, fühlten wir uns zu Fuß im Moor sicherer, obwohl wir sehr langsam vorwärtskamen. Danach waren wir fünf Tage unterwegs, an denen wir uns von Wurzeln und Beeren ernährten. Dann stieß ich zu meinen Leuten, die damals an den Quellflüssen des Tomoka River nahe der atlantischen Küste versammelt waren. Ich erzählte meinen Kriegern die Geschichte meiner Gefangennahme und meiner Flucht, und ich versicherte ihnen, daß sie sich darauf verlassen könnten, daß meine Gefangennahme kein Trick von mir selbst gewesen war und daß ich sie nicht im Stich lassen würde. Als ich nach St. Augustine kam, um meinen Vater zu besuchen, verließ ich mich auf die Worte von Freunden; sie sagten, ich würde zurückkehren können, aber sie betrogen mich. Als ich gefangengenommen wurde, waren meine Leute fast bereit, das Land zu verlassen, aber nach meiner Rückkehr sagten sie: Laßt uns alle in Florida sterben. Dies brachte großes Leid über unsere Frauen und Kinder. Ich lebte in der Hoffnung, in der Schlacht getötet zu werden, aber niemals hat mich eine Kugel getroffen. Es wäre mir lieber gewesen, von einem weißen Mann in Florida getötet zu werden, als in Arkansas zu sterben.

Vom Meer zum strahlenden Meer 1855

Dank der großen Entfernung trafen die Indianer der Nordwestküste des Pazifik wahrscheinlich erst 1774 auf weiße Männer, als das Schiff einer von Mexiko ausgeschickten Expedition vor Vancouver Island Anker warf. Im darauffolgenden Jahr wurde wieder eine mexikanische Expedition ausgerüstet, und eine Gruppe von Männern ging an der Küste des heutigen Washington an Land. Diese Männer wurden von Indianern getötet, die bereits mit Weißen schlechte Erfahrungen gemacht hatten. Nach den Mexikanern kamen die Engländer und die Russen. Sie alle suchten die sagenhafte Nordwestpassage. Statt dessen fanden die Forscher eine Profitquelle: Felle. Besonders die Felle der Seeotter bildeten bald die Grundlage für einen Handel, der seinen Höhepunkt um 1790 erreichte. Treibende Kraft waren die weißen Handelsgesellschaften. Dreißig Jahre später hatte die massenhafte Tötung der Seeotter fast zu deren Ausrottung geführt. Der Handel ging zurück; und mit dem Handel nahm auch die Zahl der fremden Schiffe ab.

In den ersten Jahren des 19. Jahrhunderts erreichten ‹Amerikaner›, ebenfalls auf der Suche nach Fellen, erstmals auf dem Landweg die Nordwestküste des Pazifik. Lewis und Clark gelangten 1805 mit ihrer berühmten Expedition in dieses Gebiet. Kurz davor war der Kanadier McKenzie dort eingetroffen. Bald lagen die ‹amerikanische› Astoria-Gesellschaft und die kanadische Nordwest-Gesellschaft im Wettbewerb um den indianischen Fellhandel. Während des Krieges von 1812 verkaufte die Astoria-Gesellschaft alle Waren und zog sich zurück – aber 1824 kehrten die ‹amerikanischen› Fellhändler zurück. Bis dahin hatten die Vereinigten Staaten mit Spanien, Rußland und England Abkommen geschlossen, die ihre jeweiligen Rechte auf das Oregon-Land regelten, und der US-Kongreß hatte angefangen, starken Druck auf diese Mächte auszuüben, damit sie die Ansprüche der Vereinigten Staaten auf die Pazifikküste anerkannten. Der Streit mit Rußland war der wesentliche Grund dafür, daß die Vereinigten Staaten die berühmte Monroe-Doktrin aufstellten (die zu ebenso berühmten Mißverständnissen Anlaß gab). Weder von Rußland noch von Spanien, Mexiko oder England wurden die Indianer zu Beratungen hinzugezogen oder als Mitbewerber im Anspruch auf ihre Länder betrachtet.*

* 1823 verkündete US-Präsident Monroe: «Amerika den Amerikanern» (isolationistische Monroe-Doktrin).

Doch noch war die Pazifikküste weit entfernt von den ‹amerikanischen› Siedlungsgebieten. Der südliche Teil (Kalifornien) gehörte den Mexikanern, und die Briten kontrollierten von Kanada aus weitgehend den Nordwesten; diese Umstände zusammen mit der Entfernung trugen nicht dazu bei, Siedler zur Ausbreitung in diesem Bereich zu ermutigen. Diese Ausbreitung war jedoch nur aufgeschoben, nicht verhindert. 1844 konzentrierte sich die Aufmerksamkeit der ‹Amerikaner› so sehr auf den Nordwesten, daß Polk die Präsidentschaftswahlen mit dem Versprechen, das Grenzproblem mit den Engländern zu regeln, gewann. Zwei Jahre später stürzte Präsident Polk die Vereinigten Staaten unter fadenscheinigem Vorwand in einen Krieg mit Mexiko, und es gelang ihm (wenn auch nicht so leicht, wie er erwartet hatte), die Mexikaner aus Kalifornien zu vertreiben. 1848 gründete der US-Kongreß das Oregon-Territorium, und die Indianer an der Nordwestküste des Pazifik sahen sich nun in vollem Ausmaß mit den Problemen, die durch das Vordringen der Weißen entstanden, konfrontiert, die sie in geringerem Umfang bereits durch weiße Händler, Missionare und gelegentliche Siedler erfahren hatten.

1850 legten die Vereinigten Staaten in der Oregon-Landschenkungsakte fest, daß jeder erwachsene US-Bürger 320 Morgen Land im Oregon-Territorium erhalten könnte. Ein Mann und seine Frau konnten 640 Morgen freies Land bekommen; das ist ein Gebiet von einer Quadratmeile. Es waren noch keine Abkommen mit den Indianern geschlossen worden, als das Schenkungsgesetz bekanntgemacht wurde, aber die Vereinigten Staaten beeilten sich, diese Sache richtigzustellen. Sie konnten auf jahrelange Erfahrungen im Umgang mit Indianern zurückblicken und waren sich ihres Erfolges sicher. 1851 wurde Anson Dart dazu ernannt, mit den Indianern des Willamette Valley zu verhandeln – die Ergebnisse sind nur allzu bekannt. Die Regierung wünschte, daß die Indianer alle ihre Länder aufgäben, die Indianer wollten sich nicht dazu bereit erklären. Während der Kongreß darüber beriet, was zu tun sei, stießen weiße Siedler in die Gebiete vor und belästigten die Indianer fortwährend. Die Indianer übten Vergeltung; die weißen Siedler schrien nach Rache, und Einheiten der Armee wurden zu ‹Strafexpeditionen› geschickt. Ständig belästigt, geschwächt durch Epidemien, die Weiße eingeschleppt hatten, und konfrontiert mit einer überwältigenden militärischen Macht, wurden die Indianer Gruppe um Gruppe gezwungen, sich anzusiedeln, wo die ‹Amerikaner› es wünschten.

1853 wurde der heutige Staat Washington ein Gebiet der Vereinigten Staaten. Dabei wurden die Wünsche der Indianer nicht berücksichtigt. Isaac Ingalls Stevens wurde zugleich zum Gouverneur und zum Leiter für indianische Angelegenheiten ernannt. Ihm wurde auch die Aufgabe übertragen, mögliche Eisenbahnstrecken zu vermessen. Gouverneur Stevens widmete sich ohne Umschweife der Aufgabe, mit den Indianern über Ansprüche auf ihre Länder zu ‹verhandeln›. In aller Eile wurde eine Beratung nach der anderen abgehalten, und er nötigte den Indianergruppen einen Vertrag nach dem anderen auf und erzwang ihre Zustimmung, sich auf das Land zu beschränken, das er für geeignet hielt, Indianer dorthin zu verfrachten. (Zumindest behauptete er, daß sie ihre Zustimmung gegeben hätten.)

In weniger als einem Jahr war er im Besitz von Verträgen, durch die er Anspruch auf mehr als 100000 Quadratmeilen Land erworben hatte. Eine Reihe von Häuptlingen erklärten später, daß sie niemals Verträge unterzeichnet hatten, daß ihre Unterschriften gefälscht worden waren. Andere sagten, daß man ihnen den Vertrag nicht ehrlich erklärt hätte. Dies ist sehr wahrscheinlich, zumal Stevens sich weigerte, die Verträge aus dem Englischen in die jeweilige Sprache der Indianer übersetzen zu lassen. Er bestand statt dessen darauf, daß sie in Chinook übersetzt wurden, eine Art Lingua franca, in der Worte verschiedener Indianersprachen mit einigen englischen und französischen zusammengewürfelt sind, und die nur 300 Wörter umfaßt. Chinook war nur ein Händlerjargon, mit dessen Hilfe Angehörige verschiedener Indianernationen sich bei gelegentlichem Handel und auf Reisen über einfache Angelegenheiten verständigen konnten.

Als sich nun die weißen Siedler auf die Länder stürzten, von denen Gouverneur Stevens behauptete, daß die Indianer sie verkauft hatten, setzten sich diese immer wieder zur Wehr, und dem folgten wie üblich ‹Strafexpeditionen›.

Ein Indianer versuchte klarzumachen, welche Beziehungen Indianer zu ihrem Land hatten – eine Auffassung, die offensichtlich mit der der ‹Amerikaner› unvereinbar war und eine Übereinstimmung über die Bedeutung von Verträgen beinahe unmöglich machte, solange die ‹Amerikaner› darauf bestanden, daß es keine andere Auslegung als ihre geben konnte. Er sagte:

Meine Freunde, ich möchte euch meine Meinung mitteilen, meinen Standpunkt erklären. Wie kommt es, daß ich voller Zweifel bin? Wenn eure Mütter, die euch das Leben schenkten und euch stillten, hier in diesem Land gewesen wären, und während ihr an ihrer Brust trankt, wäre irgendein Mensch gekommen, hätte eure Mutter fortgerissen, euch allein gelassen und eure Mutter verkauft, wie würdet ihr dann fühlen? Dieses Land ist unsere Mutter und wir brauchen es zum Leben.

Wahrscheinlich hatte der Indianer nicht von der Behandlung schwarzer stillender Mütter und ihrer Kinder durch ‹Amerikaner› gehört, sonst hätte er vielleicht ein anderes Beispiel gewählt.

Die meisten Indianer im Nordwesten am Pazifik wußten, daß sie im Kampf gegen den weißen Mann nichts ausrichten würden. Wieder und wieder kämpften sie, aber ohne die Hoffnung, den weißen Mann vertreiben zu können. Sie spürten, daß er gekommen war, um zu bleiben. Sie sahen den weißen Mann, und sie bemühten sich viel mehr als dieser, den Konflikt zwischen den Rassen und ihren unterschiedlichen Kulturen und Verhaltensweisen und ihre eigene Tragödie zu begreifen. Der weiße Mann glaubte sich nicht in eine Tragödie verwickelt, sein selbstverständliches Recht auf Grund einer geheimnisvollen göttlichen Vorsehung ließ ihn eher triumphieren. Er sah kaum eine Notwendigkeit, irgend etwas zu verstehen – oder vielleicht war er einfach zu beschäftigt damit, alles an sich zu reißen.

In dem folgenden Dokument spricht Sealth (Seattle), Häuptling der Duwamish, zu Gouverneur Stevens in dem Rat, aus dem der Vertrag von Point Elliott hervorging. Er versuchte den Abgrund zu überbrücken, der die weißen Menschen und die Indianer trennt. Häuptling Sealths Worte scheinen uns heute prophetisch. Er hatte offenbar schon damals erkannt, was der weiße Mann erst heute zu ahnen beginnt: Daß die Tragödie der Indianer nicht allein ihre Tragödie war.

Aus dem «Washington Historical Quarterly», Bd. 22, Oktober 1931

Häuptling Sealth: Jener Himmel dort oben, der seit Jahrhunderten unsagbar viele Tränen des Erbarmens auf mein Volk geweint hat und der uns unwandelbar und ewig erscheint, mag sich wandeln. Heute ist der Himmel klar. Morgen mag er von Wolken bedeckt sein. Meine Worte sind wie die Sterne, die sich niemals wandeln. Was immer Sealth sagt, der große Häuptling in Washington kann sich mit der gleichen Sicherheit darauf verlassen wie auf die Rückkehr der Sonne oder der Jahreszeiten. Der weiße Häuptling sagt, daß der große Häuptling in Washington uns Grüße der Freundschaft und des guten Willens sendet. Das ist gütig von ihm, denn wir wissen wohl, daß er unsere Freundschaft kaum nötig hat. Sein Volk ist so zahlreich wie das Gras, das die weiten Prärien bedeckt. Mein Volk ist klein. Es ähnelt den verstreuten Bäumen auf einer Ebene, über die der Sturm hinwegbraust. Der große – und ich nehme an – gute weiße Häuptling schickt uns Nachricht, daß er unsere Länder kaufen will, aber bereit ist, uns genug zu lassen, damit wir angenehm leben können. Dies scheint wirklich gerecht zu sein, sogar großzügig, denn der rote Mann hat keine Rechte mehr, die der große weiße Häuptling zu achten hat, und das Angebot mag auch klug sein, denn wir brauchen nicht mehr viel Land ... Ich möchte nicht bei unserem vorzeitigen Untergang verweilen noch ihn beklagen noch unseren bleichgesichtigen Brüdern Vorwürfe machen, daß sie sich so beeilen, ihn herbeizuführen, da auch wir in manchem zu tadeln sein mögen.

Die Jugend ist leidenschaftlich. Wenn unsere jungen Männer in Wut geraten über irgendein wirkliches oder eingebildetes Unrecht und ihre Gesichter mit schwarzer Farbe entstellen, so bedeutet dies, daß ihre Herzen schwarz sind, und dann sind sie oft grausam und unbarmherzig, und unsere alten Männer und alten Frauen sind nicht in der Lage, sie zurückzuhalten. So ist es immer gewesen. So war es, als die weißen Männer damit begannen, unsere Vorväter weiter nach Westen zu treiben. Doch wir wollen hoffen, daß die Feindseligkeiten zwischen uns nie wieder anfangen. Wir hätten alles zu verlieren und nichts zu gewinnen. Die jungen Krieger glauben, daß Vergeltung richtig ist, selbst wenn es sie das eigene Leben kostet, aber die alten Männer, die in Kriegszeiten daheim bleiben und die Mütter, die Söhne zu verlieren haben, wissen es besser.

Unser guter Vater in Washington – und ich nehme an, er ist jetzt auch unser Vater so wie er eurer ist, da König Georg seine Grenzen weiter nach Norden verschoben hat –, unser großer und guter Vater, so sage ich, schickt uns Nachricht, daß er uns beschützen wird, wenn wir tun, was er verlangt. Seine tapferen Krieger werden für uns einen dornigen Wall der Abwehr bilden, und seine wundervollen Kriegsschiffe werden unsere Häfen füllen, so daß unsere alten Feinde weit im Norden, die Hida und die Timpsion, aufhören werden, unsere Frauen, Kinder und alten Männer in Schrecken zu versetzen. Dann wird er in der Tat unser Vater und wir seine Kinder sein. Doch kann das jemals Wahrheit werden? Euer Gott ist nicht unser Gott! Euer Gott liebt euer Volk und haßt meines. Er schlingt seine starken schützenden Arme liebend um das Bleichgesicht und führt es an der Hand, wie ein Vater seinen kleinen Sohn führt – aber Er hat Seine roten Kinder verlassen – wenn sie wirklich Seine sind. Unser Gott, der Große Geist, scheint uns auch verlassen zu haben. Euer Gott läßt euer Volk jeden Tag stärker werden. Bald wird es das ganze Land füllen. Unser Volk schwindet dahin wie eine rasch zurückweichende Welle bei Ebbe, die niemals wiederkehren wird. Der Gott des weißen Mannes kann unser Volk nicht lieben, sonst würde Er es schützen. Es scheint, wir sind Waisen, die sich nirgendwohin um Hilfe wenden können. Wie können wir da eure Brüder sein? Wie kann euer Gott unser Gott werden und unseren Wohlstand zurückbringen und in uns Träume von wiederkehrender Größe erwecken? Wenn wir einen gemeinsamen himmlischen Vater haben, so muß Er parteiisch sein – denn Er kam zu seinen weißgesichtigen Kindern. Wir haben ihn niemals gesehen. Er gab euch Gesetze, aber Er hatte keine Botschaft für Seine roten Kinder, deren unschätzbare Vielzahl einst diesen weiten Kontinent bedeckte, wie Sterne das Firmament. Nein. Wir sind zwei verschiedene Rassen von unterschiedlichem Ursprung und mit unterschiedlichen Schicksalen. Es gibt wenig Gmeinsames zwischen uns.

Wir halten die Asche unserer Ahnen heilig, und ihr Ruheplatz ist uns geweihter Boden. Ihr wandelt fern von den Gräbern eurer Ahnen und offenbar ohne Bedauern. Eure Religion wurde von dem eisernen Finger eures Gottes auf Steintafeln geschrieben, so daß ihr sie nicht vergessen konntet. Der rote Mann konnte sie niemals verstehen noch im Gedächtnis behalten. Unsere Religion besteht aus Überlieferungen unserer Ahnen – den Träumen unserer alten Männer, die ihnen in feierlichen Nachtstunden vom Großen Geist eingegeben wurden, und den Visionen unserer Häuptlinge; sie ist in das Herz unseres Volkes geschrieben.

Eure Toten hören auf, euch und das Land ihrer Geburt zu lieben, sobald sie durch die Grabespforten schreiten und jenseits der Sterne wandeln. Sie sind bald vergessen und kehren niemals zurück. Unsere Toten vergessen niemals die schöne Welt, die ihnen das Dasein schenkte ... Tag und Nacht können nicht zusammen wohnen. Der rote Mann ist immer vor dem Nahen des weißen Mannes geflohen, wie der Morgennebel vor der aufgehenden Sonne flieht.

Euer Vorschlag scheint jedoch gerecht, und ich denke, daß meine Leute ihn annehmen und sich auf die Reservation, die ihr ihnen anbietet, zurückziehen werden. Dann werden wir getrennt in Frieden leben, denn die Worte des großen weißen Häuptlings scheinen die Stimme der Natur zu sein, die zu meinem Volk aus der tiefen Dunkelheit spricht.

Es kommt kaum darauf an, wo wir den Rest unserer Tage verbringen. Es werden nicht viele sein ... Nur noch ein paar Monde. Nur noch ein paar Winter – und nicht ein einziger Nachfahre der gewaltigen Scharen, die einst durch dieses ausgedehnte Land zogen oder, beschützt vom Großen Geist, glücklich in ihren Heimstätten wohnten, wird übrigbleiben, um über den Gräbern eines Volkes zu trauern, das einst mächtiger und hoffnungsvoller war als eures. Doch warum sollte ich trauern über das unzeitige Schicksal meines Volkes? Neue Stämme und Nationen werden den alten folgen wie die Wellen des Meeres. Es ist die Ordnung der Natur, und Klagen sind nutzlos. Die Zeit eures Untergangs mag fern sein – aber sie wird sicher kommen, denn selbst der weiße Mann, dessen Gott mit ihm ging und sprach wie der Freund mit dem Freund, kann nicht von dem allgemeinen Schicksal ausgenommen sein. So wird darin wohl schließlich unsere Brüderschaft bestehen. Wir werden sehen.

Wir wollen euren Vorschlag gut überdenken, und wenn wir uns entscheiden, werden wir es euch wissen lassen. Doch sollten wir ihn annehmen, so stelle ich hier und jetzt diese Bedingungen – daß uns nicht das Recht verwehrt werde, zu jeder Zeit unbehindert die Gräber unserer Ahnen, Freunde und Kinder zu besuchen. Jedes Stück dieser Erde ist heilig und wird von meinem Volk geehrt. Jeder Hügel, jedes Tal, jede Ebene und jeder Hain ist geweiht durch irgendein trauriges oder glückliches Ereignis längst vergangener Tage ... Selbst der Staub, auf dem ihr jetzt steht, ist kostbar durch den Staub unserer Ahnen, und unsere bloßen Füße sind sich der vertrauten Berührung bewußt ... Selbst die kleinen Kinder, die hier lebten und sich eine kurze Weile freuten, lieben noch immer diese düsteren, einsamen Orte, die sich zur Abendzeit verdunkeln durch die zurückkehrenden Geister. Und wenn der letzte rote Mann gestorben sein wird, wird das Andenken meines Stammes ein Mythos für den weißen Mann geworden sein. An diesen Küsten werden die unsichtbaren Toten meines Stammes schwärmen und wenn eurer Kinder Kinder sich allein glauben auf dem Feld, im Speicher, im Laden, auf der Landstraße oder in der Stille der weglosen Wälder, so werden sie nicht allein sein ... Nachts, wenn die Straßen eurer Städte und Dörfer still sind und ihr sie verlassen glaubt, werden in ihnen viele zurückkehrende Geister sein, die einst dort lebten und die noch immer dieses schöne Land lieben. Der weiße Mann wird niemals allein sein.

Er möge gerecht sein und freundlich mit meinem Volk umgehen, denn die Toten sind nicht machtlos. Tot – sage ich? Es gibt keinen Tod. Nur einen Wechsel der Welten.

«Die Welt war nicht immer so»
1858–1871

Die ständigen Übergriffe der Weißen auf indianisches Gebiet führten auch im Süden zu Vergeltungsschlägen der Indianer. Über zehn Jahre lang versuchten die ‹Amerikaner›, die Apachengruppen in Arizona und New Mexico auszurotten. Dieser Krieg kostete die ‹Amerikaner› tausend Menschenleben, mehr als vierzig Millionen Dollar und war, an seiner Zielsetzung gemessen, ein vollständiger Fehlschlag. Es gelang nicht, die Apachen auszurotten, und nicht eine einzige Gruppe unterwarf sich.

Die Apachen erwarben sich im Laufe der Zeit einen ausgezeichneten Ruf als Guerillakämpfer. Sie waren auf jeden Fall die erfolgreichsten Guerilleros innerhalb des Gebiets der heutigen Vereinigten Staaten.

Zuerst lebten die Apachen zwei Jahrhunderte lang als Grenznachbarn der spanischen Eroberer und wehrten erfolgreich Angriffe einer Armee ab, die die mächtigsten Zivilisationen, die es je in Amerika gab, bezwungen hatte. Kaum war Mexiko unabhängig, sandte die Regierung wiederum Soldaten und auch Siedler gegen die Indianer aus. Auf Überfälle und Beutezüge folgten Gegenschläge; die Apachen behaupteten sich ausgezeichnet. Die Mexikaner überfielen die Apachen, um sie zu versklaven. Die Regierung zahlte bis zu 250 Dollar für einen Apachenskalp. Die Apachen überfielen die Mexikaner, um Pferde, Vieh und Kinder zu rauben, und sie machten es den Skalpjägern nicht leicht, zu ihrem Geld zu kommen. Manchmal waren die Skalpjäger auch ‹Amerikaner›, selbst in der Zeit, bevor die Vereinigten Staaten Mexiko den Südwesten wegnahmen.

1840 lieferten ‹Amerikaner› ein Beispiel ihrer Erfindungskraft und Wendigkeit, wenn es galt, einen Profit zu machen. Eine Gruppe von 17 weißen Fallenstellern, angeführt von einem Mann namens Johnson, begab sich in die Berge, ins Quellgebiet des Gila River, um Biber zu fangen. Sie waren im Land der Apachen, doch die Apachen hatten noch nicht gelernt, ‹Amerikaner› ebenso zu hassen wie Spanier und Mexikaner. So hießen sie die Fallensteller willkommen. Die weißen Männer jagten einige Zeit. Als sie einmal zum Feiern in Sonora waren, machte der Gouverneur sie mit dem gängigen Kurs für Apachenskalps bekannt – zu dieser Zeit eine Goldunze pro Skalp. Als Johnson und seine Männer daraufhin in die Berge der Apachen zurückkehrten, brachten sie eine Berghaubitze mit. Im Lager veranstalteten sie ein Fest mit benachbarten Apachen, bei dem es gebratenes Bärenfleisch und Wildbret gab. Als die Indianer mit Frauen und Kindern sich gemütlich um das Lagerfeuer versammelt hatten, eröff-

neten Johnson und seine Männer plötzlich das Feuer mit Gewehren, Pistolen und der Haubitze, die vorher mit Kugeln geladen war. Das improvisierte Schrapnell war äußerst wirksam; nur wenige Apachen entkamen und konnten den Überfall melden. Die Apachenkrieger holten zur Vergeltung aus, sie machten das Lager einer anderen Gruppe von Fallenstellern ausfindig – etwa dreißig Mann – und töteten in einem Überraschungsangriff nahezu alle.

Im Krieg mit Mexiko eroberten die Vereinigten Staaten den Südwesten. Damit stieg die Zahl der weißen Siedler, Fallensteller und Goldgräber, die in das Land der Apachen einfielen, sprunghaft an. Die Armee der Vereinigten Staaten versuchte nun, den Apachen ‹Zucht und Ordnung› beizubringen. Die Apachen wollten sich von den ‹Amerikanern› genausowenig «erziehen» lassen wie zuvor von den Mexikanern oder den Spaniern. Einige ihrer Führer wurden bei den ‹Amerikanern› sehr berühmt und zugleich für alle Zeiten zu Symbolen des Widerstandes. Geronimo, Cochise, Nana, Victorio – dies sind einige der Apachenhäuptlinge, die jahrelange Bemühungen vereitelten, die Apachen in einem mit allen Mitteln geführten Krieg auszurotten. Die Methoden, den Waffenstillstand zu verletzen, die, als sie gegen die Seminole angewandt wurden, selbst unter ‹Amerikanern› noch einigen Protest hervorriefen (wenn auch nicht genug, um das Vorgehen zu ändern), unterlagen keiner Kritik mehr, als es um die Apachen ging. Die Anstrengungen der US-Regierung waren auch nicht allein auf die Apachen beschränkt: unter Führung des berühmten Kit Carson stellten ‹amerikanische› Soldaten den Vettern der Apachen, den Navajo, 1863 in ihrem Kerngebiet Canyon de Chelley eine Falle. Dort hatten die Navajo Pfirsichplantagen mit etwa 5000 Bäumen, Gärten, Viehherden und Häuser. Die Siedlungen der Navajo wurden vollständig verwüstet und die Bewohner deportiert.

Ebenfalls 1863 wurde Mangas Coloradas, der Häuptling von Geronimos Gruppe der Bedonkohe-Apachen, bei einer von Weißen herbeigeführten Friedensverhandlung unter weißer Fahne getötet. Mangas Coloradas hatte den weißen Mann gehaßt seit dem Tage, an dem Fallensteller ihn gefesselt und ihm «zum Spaß» den Rücken so wundgeschlagen hatten, daß er bloß noch rohes Fleisch war.

Ein ähnlicher Verrat der Weißen spielte bei der Auslösung des Krieges, der 1862 begann, eine große Rolle. Im Februar 1861 kam eine Kompanie weißer Soldaten in das Land der Chiricahua-Apachen, um einige Stück Vieh und einen Halbblutjungen wieder zu beschaffen, die angeblich einem weißen Viehzüchter gestohlen worden waren. Es wurde eine Nachricht an den Chiricahua-Häuptling Cochise geschickt, er möge zu einem Gespräch zur Poststation am Apache-Paß kommen. Ohne den geringsten Argwohn kam Cochise mit fünf Verwandten, darunter eine Frau und ein Kind, zu dem Treffen. An der Station wurden Cochise und seine Begleiter sofort von bewaffneten Soldaten umzingelt. Cochise erklärte, daß die Chiricahua weder das Vieh noch den Jungen hätten. Er wisse jedoch, wer sie habe, und erbot sich zu versuchen, die Auslösung herbeizuführen. Der weiße Offizier weigerte sich, ihm zu glauben, und forderte die Rückgabe des Jungen und des Viehs. Cochise wies die Anklage zurück, woraufhin der Offizier seine Festnahme anordnete. Cochise entkam im Kugelhagel mit dreifacher Verwundung aus der Poststation. Doch seine Verwandten blieben die Gefangenen der weißen Soldaten. Cochise kannte bis dahin den weißen Mann gut genug, um zu wissen, daß mit einem vernünftigen Gespräch nichts zu erreichen war. So nahm er drei weiße Männer gefangen und bot an, sie gegen seine Familie auszutauschen. Wäre der weiße Offizier nicht blind davon überzeugt gewesen, daß Indianer immer lügen, wäre der Austausch wohl möglich gewesen. Doch der Offizier wollte sich zu keinem Handel bereit erklären, bevor nicht das Vieh und der Junge zurückgegeben würden. Da Cochise dazu nicht imstande war, weil er weder das Vieh noch den Jungen hatte, belagerte er die Station. Nach wiederholten Angeboten, die Gefangenen auszutauschen, tötete Cochise schließlich die drei Männer, die er in seiner Gewalt hatte. Als Vergeltung hängte der Offizier drei von Cochises Verwandten.

Damit begann der Guerillakrieg der Apachen, der erst 1886 zu Ende gehen sollte.

Aus «Kansas State Historical Society Collections», Bd. 13, 1915

Cochise: Die Sonne schien sehr heiß auf meinen Kopf und hat mich mit Glut erfüllt; mein Blut hat gekocht, doch nun bin ich in dieses Tal gekommen und habe von diesen Wassern getrunken und mich in ihnen gewaschen, und sie haben mich gekühlt. Nun, da ich abgekühlt bin, komme ich mit offenen Händen zu euch, um in Frieden mit euch zu leben. Ich spreche aufrichtig und möchte euch nicht täuschen oder getäuscht werden. Ich wünsche einen guten, starken und dauerhaften Frieden. Als Gott die Welt schuf, gab er einen Teil dem weißen Mann und einen anderen den Apachen. Warum kamen sie zusammen? Warum geschah das? Nun, da es an mir ist zu sprechen, sollen sich die Sonne, der Mond, die Erde, die Luft, die Wasser, die Vögel und Tiere, ja selbst die ungeborenen Kinder an meinen Worten freuen. Die weißen Menschen haben lange nach mir gesucht. Hier bin ich! Was wünschen sie? Sie haben lange nach mir gesucht; warum bin ich so viel wert? Wenn ich so viel wert bin, warum merken sie nicht auf, wenn ich einen Schritt mache, und schauen nicht, wenn ich ausspucke? Die Koyoten streifen nachts umher und rauben und töten; ich kann sie nicht sehen; ich bin nicht Gott. Ich bin nicht mehr Häuptling aller Apachen. Ich bin nicht mehr reich; ich bin nur ein armer Mann. Die Welt war nicht immer so. Ich kann den Tieren nicht befehlen; täte ich es, sie würden mir nicht gehorchen. Gott hat uns nicht wie euch gemacht; wir wurden geboren wie die Tiere, im trockenen Gras, nicht in Betten wie ihr. Darum tun wir es den Tieren gleich, streifen nachts umher und rauben und stehlen. Wenn ich solche Dinge hätte wie ihr, würde ich nicht tun, was ich tue, denn dann brauchte ich es nicht zu tun. Es gibt Indianer, die umherziehen und töten und rauben. Ich habe keine Gewalt über sie. Hätte ich sie, so würden sie es nicht tun. Meine Krieger sind in Sonora getötet worden. Ich kam hierher, weil Gott es mir befohlen hat. Er sagte, es sei gut, in Frieden zu leben – und so bin ich gekommen! Ich zog um die Welt mit den Wolken und der Luft, als Gott zu meinen Gedanken sprach und mir sagte, ich solle hierherkommen und mit allen in Frieden leben. Er sagte, die Welt sei für uns alle da; wie war es? Als ich jung war, ging ich durch dies ganze Land, im Osten und im Westen, und ich sah keine anderen Menschen als die Apachen. Nach vielen Sommern ging ich wieder, doch eine andere Menschenrasse war gekommen, es zu nehmen. Wie ist es nun? Warum warten die Apachen darauf, zu sterben – warum tragen sie ihr Leben auf ihren Fingernägeln? Sie streifen über die Hügel und durch die Ebenen und wünschen, die Himmel mögen auf sie herabstürzen. Die Apachen waren einst eine große Nation; sie sind nun nur noch wenige, und deshalb wollen sie sterben, und so tragen sie ihr Leben auf ihren Fingernägeln. Viele sind in der Schlacht getötet worden. Ihr müßt aufrichtig sprechen, damit eure Worte wie Sonnenlicht in unsere Herzen fallen. Sagt mir, wenn die Jungfrau Maria durch das ganze Land gegangen ist, warum hat sie nie das Wigwam der Apachen betreten? Warum haben wir sie nie gesehen oder gehört?

Ich habe weder Vater noch Mutter; ich bin allein auf der Welt. Niemand sorgt sich um Cochise; darum mag ich nicht leben und wünsche, die Felsen mögen auf mich stürzen und mich begraben. Wenn ich wie ihr einen Vater und eine Mutter hätte, so wäre ich bei ihnen und sie bei mir. Als ich um die Welt wanderte, fragten alle nach Cochise. Hier ist er nun – ihr seht ihn und hört ihn – freut ihr euch? Wenn ja, so sagt es. Sprecht, Amerikaner und Mexikaner, ich möchte nichts vor euch verbergen, und ihr sollt nichts vor mir verbergen. Ich werde euch nicht belügen, belügt ihr mich nicht. Ich möchte in diesen Bergen leben; ich möchte nicht nach Tularosa gehen. Das ist weit von hier. Die Fliegen auf jenen Bergen fressen den Pferden die Augen aus. Die bösen Geister leben dort. Ich habe von diesen Wassern getrunken, und sie haben mich gekühlt, ich möchte nicht von hier fortgehen.

Es wäre erfreulich, wenn die Vereinigten Staaten, nachdem sie mit den Apachen übereingekommen waren, in Frieden zu leben, einmal ihr Wort gehalten hätten. Das geschah aber nicht. Die Regierung verlegte willkürlich die Reservationen, wann immer sie es für richtig hielt. Die Indianeragenten und Händler waren unehrlich; eine Lieblingsgeschichte unter den Indianern beschreibt die Methoden des Agenten bei der Verteilung indianischer Güter, die darin bestand, sie durch eine Leiter zu werfen. Die Indianer erhielten, was an den Sprossen hängenblieb; der Agent behielt den Rest. Eine solche Behandlung führte 1874 zum Ausbruch der Apachen aus ihren Reservationen und zur Wiederaufnahme des Guerillakrieges, doch ohne Cochise, der in jenem Jahr starb. Die Feindseligkeiten fanden für weitere zehn Jahre ihren Fortgang, bis die Apachen völlig erschöpft waren. Anders als die Spanier oder die Mexikaner schienen die ‹Amerikaner› über unabsehbar viele Menschen zu verfügen, die ein Gebiet überschwemmen konnten. Einer nach dem anderen starben die Kriegshäuptlinge, bis sich der letzte schließlich 1885 mit 33 Indianern ergab. Die Regierung schickte sie und 498 Chiricahua in die Gefangenschaft nach Florida. Es wurde ihnen nie gestattet, in ihre eigenen Länder zurückzukehren. Statt dessen wurden sie 1894 nochmals verfrachtet, dieses Mal nach Oklahoma. Ihr Exil endete 1913 – doch selbst dann ließ man sie nicht nach Arizona hinein. Einige Chiricahua jedoch erhielten die Erlaubnis, sich einer anderen Apachengruppe auf ihrer Reservation in New Mexico anzuschließen.

Red Clouds Krieg
1865

Der Oregon Trail begann genau westlich von Independence im Staat Missouri und verlief nach Nordwesten durch das Land der Cheyenne über den Smokey Hill River und weiter zum Platte River, dem er bis zur Gabelung des Platte und des North Platte folgte. Von dort verlief er am North Platte entlang durch das Land der Sioux. Die Weißen waren nicht länger mit dieser einzigen Strecke zufrieden. Bald drängten sie nach einem Durchgang durch das letzte große Jagdgebiet der Sioux, um dem neu festgelegten Bozeman Trail zu folgen, der bei Fort Fetterman vom Oregon Trail abzweigte und nach Norden und dann nach Westen bis Virginia City, Montana, verlief.

Die Sioux waren fest entschlossen, den weißen Mann aus ihren Gebieten fernzuhalten. Die Entschlossenheit war so groß, daß sich die verschiedenen Stämme für diesen Kampf ohne Zaudern vereinigten.

Ein Jahr nach dem Sand Creek-Massaker und den sehr erfolgreichen Vergeltungsmaßnahmen der Cheyenne drangen vier Armeekolonnen in das Land am Powder River ein, um eine Erschließung des Bozeman Trails zu erzwingen. Für die USA war das einer der verheerendsten Feldzüge der Indianerkriege und überhaupt bis dahin eine ihrer schlimmsten Niederlagen durch die Indianer. Sitting Bull von den Hunkpapa-Sioux, Red Cloud und Crazy Horse von den Oglala-Sioux, Two Moons und Dull Knife von den Cheyenne, diese und viele andere Namen waren den weißen Soldaten ein Begriff, als sie vom Powder River vertrieben wurden.

Im nächsten Frühjahr erschienen die Unterhändler und luden die Kriegshäuptlinge zu Friedensverhandlungen ein. Nachdem sie lange gezeigt hatten, daß sie stark zögerten, den Weißen bei Beratungen zu vertrauen, trafen die Häuptlinge der Sioux und der Cheyenne mit dem Unterhändler Taylor im Fort Laramie zusammen. Während der Beratung ereignete sich ein peinlicher Fehler: Gerade als der Unterhändler den Sioux versicherte, daß die Weißen friedliche Absichten hätten und ihnen wohlgesinnt seien, traf eine Armee-Einheit ein, die den Befehl hatte, den Bozeman Trail entlang Forts zu errichten, ob nun ein Vertrag zustande käme oder nicht. Red Cloud, Kriegshäuptling der Oglala, entließ den weißen Unterhändler und führte seine Leute hinaus. Geschenke und Versprechungen des weißen Mannes lehnte er ab. Es folgte ein Guerillakrieg gegen den Bozeman Trail und gegen die Forts, die ihn schützten, ein Krieg, der Red Clouds-Krieg heißt, obwohl viele berühmte Kriegshäuptlinge dar-

an teilgenommen hatten. Der aufsehenerregendste Erfolg der Indianer ereignete sich bei Fort Phil Kearny, als Crazy Horse ein Scheingefecht anführte, das die Soldaten aus ihrem Fort ins offene Gelände hinauslockte. Dort wurden sie von den Sioux und den Cheyenne vernichtet. Die Armee beschloß, den Frieden auszuhandeln, und ersuchte monatelang, Red Cloud zu Verhandlungen zu überreden. Er lehnte ab, «solange die Forts am Bozeman Trail noch bemannt seien». Schließlich gab die Armee im Frühjahr 1868 auf. General Sherman, der durch Georgia marschiert war und nun aber nicht durchs Land der Sioux konnte, war bereit, einer Auflösung der Forts zuzustimmen. Nicht einmal zu einem Gespräch wollte Red Cloud zu ihm kommen, bevor die Forts nicht tatsächlich aufgelöst wären. Der Befehl mußte erteilt werden, und als die ‹amerikanischen› Truppen abzogen, gingen Indianer hinein und setzten die Forts in Brand. Nachdem er die verhandelnde Partei noch ein paar Wochen hatte warten lassen, kam Red Cloud ins Fort Laramie und stimmte dem Frieden zu.

Aus «Indian Heroes and Great Chieftains», Charles A. Eastman, 1918

Red Cloud: Hört, ihr Dakota! Als der Große Vater in Washington einen seiner obersten Soldaten (*General Harney*) zu uns sandte, um uns um einen Pfad durch unsere Jagdgründe zu bitten, einen Weg für seine Eisenstraße zu den Bergen und zum westlichen Meer, wurde uns gesagt, daß sie sich nicht hier aufhalten, sondern lediglich durch unser Land hindurchreisen wollten, um im fernen Westen nach Gold zu suchen. Unsere alten Häuptlinge wollten ihre Freundschaft und ihren guten Willen zeigen, als sie diese gefährliche Schlange in unserer Mitte duldeten. Sie versprachen, die Reisenden zu schützen.

Doch noch ehe die Asche des Ratsfeuers erkaltet ist, baut der Große Vater Forts in unserem Land. Ihr habt die Axt des weißen Soldaten auf dem Little Piney gehört. Seine Gegenwart ist eine Beleidigung und eine Bedrohung. Sie ist eine Beleidigung der Geister unserer Ahnen. Sollen wir etwa die heiligen Gräber unserer Ahnen aufgeben, damit sie umgepflügt und in Kornfelder verwandelt werden? Dakota, ich bin für den Krieg!

Die Verteidigung der Black Hills 1876

Der Vertrag von 1868 verbot den Indianern jeglichen Handel auf dem Platte River und forderte, daß sie in Reservationen westlich des Missouri leben sollten. Obwohl die Black Hills, der Powder River und der Big Horn immer noch ihr Besitz waren und es ihnen erlaubt war, dort zu jagen.

Der Friede von 1868 war sehr unsicher. Zwar garantierte der Vertrag, daß die Weißen außerhalb des Landes der Indianer bleiben würden, die USA unternahmen aber herzlich wenig, um dieses Verbot durchzusetzen. 1870 verbreiteten sich Gerüchte über Gold in den Big Horn-Bergen. Die Weißen wollten es haben und begannen von der Regierung zu fordern, das Land für sie zu öffnen. Red Cloud und Spotted Tail wurden nach Washington eingeladen, um direkt mit Präsident Grant zu verhandeln. Grant war ein ungewöhnlicher Präsident; so wie er einst ein ungewöhnlicher General gewesen war. Unter anderem ernannte Grant zum erstenmal einen Indianer zum Unterhändler der Indianerpolitik – einen Irokesen mit dem Namen Donehogawa (Ely Samuel Parker bei den ‹Amerikanern›). Um das Indianerbüro herum war eine Welt von bestechlichen Politikern, Glücksuchern und Schiebern gewachsen, in der Donehogawa nicht beliebt war. Er war der Ansicht, daß das für die Indianer bestimmte Geld besser in die entsprechenden Taschen der Indianer gelangen sollte als in die der weißen Diebe oder der «gekauften Indianerhäuptlinge», die stillschweigend dulden würden, daß man sogar ihr eigenes Volk ausraubte. Bei einem Versuch, mit der Korruption im Indianerbüro reinen Tisch zu machen, geriet Donehogawa in eine andere Falle: Nachdem er die Diebe entlassen hatte, versuchte er sich Ehrlichkeit dadurch zu sichern, daß er Männer berief, die von religiösen Gruppen empfohlen waren. Mancher «unzivilisierte» Indianer hätte ihm sagen können, daß Geistliche und Missionare sich den Indianern gegenüber genauso schäbig verhalten können wie die Diebe. Diese Wahrheit mußte Donehogawa selbst lernen, und zwar auf harte Weise. Im gleichen Jahr, 1870, in dem Red Cloud und Spotted Tail nach Washington reisten, gelang es Donehogawas politischen Feinden (die sich zu einer starken Gruppe entwickelt hatten), die Zuweisung des den Indianern zustehenden Geldes durch den Kongreß zurückzuhalten. Für einige war das einfach eine Möglichkeit, Donehogawa zu ärgern. Andere wußten, daß die Indianer dann, wenn sie hungrig genug seien, ihre Reservationen verlassen würden, um zu jagen. Dadurch wäre dann natürlich entschuldigt, daß man ihnen Soldaten nachschickt; die Indianer würden sich schuldig machen, einen Krieg angefangen zu haben, und ein «legaler» Weg, sich mehr Land der Indianer anzueignen, wäre geschaffen. Donehogawa ordnete einfach an, Waren auf Kredit zu kaufen und an die Indianer zu senden. Die Waren würden dann, wenn das Geld endlich zugeteilt sei, bezahlt. Damit brach er jedoch einige der finanziellen Grundregeln (er stellte seine Käufe nicht zurück, während er Vertragspartner suchte, und trieb so die Preise hoch). Da Donehogawa auch noch wegen der Dringlichkeit des Problems beunruhigt war, ordnete er an, die Waren im Eiltempo zu transportieren, und so zahlte er einen beträchtlich höheren Preis für die schnellere Lieferung.

Nach ein paar Monaten startete ein Kaufmann – nebenberuflich Indianermissionar – eine öffentliche Attacke gegen Donehogawa wegen der Behandlung der Indianerpolitik, indem er ihn der Unterschlagung und des schlechten Managements beschuldigte. William Welsh, sein Ankläger, war Mitglied eines zivilen Überwachungsgremiums der Indianerunterhändler gewesen, das von Präsident Grant und Donehogawa errichtet worden war. Welsh legte sein Amt nieder und schimpfte über Donehogawas Haltung gegenüber den indianischen Religionen; er sagte, Donehogawa selbst sei nur eine «Handbreit vom Barbarentum entfernt». Welshs Angriff in öffentlichen Zeitungen verschaffte Donehogawas politischen Gegnern natürlich die Entschuldigung, die sie brauchten, und wenig später befand er sich selbst bei der Rechtfertigung gegen die Anschuldigung der schlechten Amtsführung vor dem House Committee on Appropriations (Gericht). Die Anschuldigungen waren unberechtigt. Donehogawa bewies, daß es für sie keinen Grund gab. Das Untersuchungsgremium entlastete ihn. Aber der Publizität, mit der die Anschuldigungen betont worden waren, entsprach die Publizität seiner Entlastung überhaupt nicht. Donehogawas Name war beschmutzt, und 1871 war er überzeugt davon, daß er in seinem Amt nicht mehr dem Wohl der Indianer diene. Er trat zurück. Aber sein Rücktritt lag noch in der Zukunft, als Red Cloud und Spotted Tail nach Washington kamen. Zu der Zeit untersuchte Donehogawa ein Armeemassaker der Piegan Blackfeet (alte Feinde der Plains-Indianer), die friedlich lagernd am Marias River in Montana aufgefunden worden waren. Major Eugene Baker, angeblich auf der Suche nach gestohlenen Pferden, führte einen Kavallerieangriff auf das erste Indianerlager, auf das er stieß, an. Die meisten Männer hatten sich zur Jagd vom Lager entfernt, und die 219 Piegan waren fast alle alte Männer, Frauen und Kinder. Major Bakers Truppe tötete 33 Männer, 90 Frauen und 50 Kinder. Die Armee – empfindlich gegen Kritik – versuchte das Massaker zu vertuschen, und Donehogawa machte sich wenig Freunde unter den Offizieren und ihren politischen Hintermännern, als er eine Untersuchung verlangte.

Donehogawa empfing Red Cloud und Spotted Tail höflich. Obwohl ihm der Argwohn der Sioux-Häuptlinge gegen die Regierung der Weißen bewußt war, mag er den Argwohn, der unter dem Volk der Sioux und Führern wie Crazy Horse gegen Red Cloud und Spotted Tail anwuchs, nicht so sehr bemerkt haben. Spotted Tail hatte nämlich den von der Regierung erzwungenen Einzug in die Dakota-Reservation überraschend bereitwillig akzeptiert, und es schien, als ob es Red Cloud immer weniger schwerfiel, mit den Weißen zu reden und ihre Argumente zu hören. Während zweier Jahrhunderte hatten die Indianer eine Wachsamkeit für den Mechanismus der ‹amerikanischen› Teile-und-Herrsche-Taktik entwickelt, die nicht einfach dadurch ausradiert werden konnte, daß man einen Indianer (der gelernt hatte, in der Welt der Weißen erfolgreich zu sein) für ein bedeutendes Amt berief. Sogar dann noch, als Red Cloud mit einer Genehmigung zu seinen Oglala zurückkehrte, die ihnen erlaubte, ihren Handel auf dem Platte River fortzusetzen, waren Crazy Horse und seine Anhänger nicht mehr so völlig sicher, ob er den Übergriffen der Weißen überhaupt noch Widerstand leisten wolle. Mit dem Jahr 1873 war Red Clouds Agentur vom Platte hinauf zum Ufer des White River verlegt worden. Der Umzug wurde durchgeführt, als Red Cloud von der Agentur abwesend war. Bei seiner Rückkehr war er ärgerlich, aber er reagierte nicht mit seiner alten Heftigkeit. Wenig später ließ er sich stillschweigend in der neuen Ansiedlung nieder. Anders verlief es bei den Sioux unter der Führung von Crazy Horse, deren Befürchtung sich als richtig erwiesen hatte, daß die Weißen sofort das Land der Indianer zwischen den Flüssen Platte und White besetzen würden. Fast gleichzeitig vollzog sich aus einer anderen Richtung ein noch verheerenderer Vorstoß gegen das Land der Sioux.

1873 wurde General George Armstrong Custer und seine 7. Kavallerie aus dem Süden, wo er gegen die südlichen Cheyenne gekämpft hatte, hier hinauf verlegt. 1868 hatte er sich bei dem Massaker, das er gegen Black Kettle und dessen Leute am Washita River angeführt hatte, den Namen Squaw Killer verdient, obwohl die Geschichtsbücher der Weißen den Namen Long Hair vorziehen, der ihm später von den Sioux verliehen wurde. Custer war ein eitler, ruhmsüchtiger Schlächter, der seine eigenen Männer ohne Verhandlung zum Tode verurteilte. Er schien zu glauben, daß die Indianer als menschliches Material auf der Welt sind, an dem er seine Mordfähigkeit messen konnte. 1873 marschierte er in ein Territorium der Sioux ein, indem er einen Vermessungstrupp der Nordpazifischen Eisenbahn begleitete (weder er noch sonst jemand hatten gefragt, ob die Sioux eine Eisenbahn durch ihr Land zulassen würden). Crazy Horse kämpfte im August dieses Jahres mehrere scharfe Gefechte gegen Custer, aber sei-

ne Truppen waren nicht auf einen Krieg vorbereitet und konnten die Vermessungen nicht verhindern. Squaw Killer Custer kehrte im nächsten Jahr als Anführer einer zwölfhundert Mann starken Expedition zurück. Zu ihr gehörten neben der 6. Kavallerie zwei Infanterie-Kompanien mit Gatling-Gewehren und Artillerie, Zeitungsreporter, um über seine Heldentaten zu berichten, Wissenschaftler, die die von den Sioux geheiligten Black Hills (oder Paha Sapa) erforschen sollten, und Trupps von weißen Bergleuten, die durch die Sage vom Gold, das Custer im vergangenen Jahr gefunden haben wollte, angelockt worden waren.

Diese Expedition im Jahr 1874 verärgerte alle Männer aus dem Volk der Sioux. Die Black Hills, die Paha Sapa, waren geheiligt. Sie waren der Mittelpunkt der Welt, der Wohnort der Götter, der heilige Ort, an den die Krieger gingen, um mit dem Großen Geist in Kontakt zu treten und um Visionen zu empfangen. Red Cloud protestierte gegen die Invasion, aber dennoch riet er seinen jungen Kriegern, geduldig zu sein und Frieden zu suchen. Er vertraute nämlich darauf, daß der weiße Mann die Invasion von selbst beenden würde. Als sich seine Krieger weigerten, den Soldaten zu erlauben, eine ‹amerikanische› Flagge auf ihrer Agentur zu hissen, schützten Red Clouds Agenturindianer die Soldaten vor den Angriffen seiner wütenden Krieger. Viele verließen Red Cloud und machten Crazy Horse oder Sitting Bull ausfindig, die beide niemals in einer Reservation gelebt oder Almosen der Weißen angenommen hatten.

Red Cloud und Spotted Tail protestierten in Washington gegen die Black Hill-Invasion. Als Antwort schickte Washington eine Delegation, die bemächtigt war, die Black Hills zu kaufen. In dieser Kommission wurden die politischen Interessen durch die Person des Senators W. B. Allison aus Iowa vertreten, die militärischen Belange durch General Terry, die wirtschaftlichen durch John Collins, einen Händler aus Fort Laramie, und die missionarischen durch Rev. Samuel Hihman, der lange daran gearbeitet hatte, den Santee-Sioux das Christentum aufzupressen. Weder Crazy Horse noch Sitting Bull wollten ihre Versammlung besuchen. Sitting Bull hob eine Prise Staub auf, als er die Einladung erhielt und beauftragte den Gesandten, dem Großen Vater mitzuteilen, daß Sitting Bull kein Stück Land verkaufen würde, nicht einmal soviel wie den Staub, den er zwischen den Fingern halte. Die Wichtigkeit des letzten Versuchs der Weißen, Land der Sioux zu kaufen, bezeugt die Tatsache, daß mehr als 20000 Sioux, Cheyenne und Arapaho bei der Versammlungsstätte lagerten, um ihre Häuptlinge im Auge zu behalten. Viele von ihnen wußten, daß der Vertrag von 1868 bestimmte, daß jegliche weitere Gebietsabtretung nur mit der Zustimmung von drei Vierteln aller männlichen erwachsenen Indianer stattfinden konnte. Sie waren anwesend, um zu demonstrieren, daß die Unterhändler nicht wieder vorgeben konnten, eine Ver-

handlung mit einem Indianervolk arrangiert zu haben, indem sie nur ein paar freundliche Häuptlinge anstifteten. Die Bewegung hatte Erfolg. Nicht einmal Spotted Tail, der zu diesem Zeitpunkt zweifelsohne ein «guter» Indianer war, wagte es, den Vorschlag der Unterhändler, die Black Hills zu verkaufen, anzunehmen. Als nächstes schlug Senator Allison vor, die Sioux mögen den Weißen erlauben, in den Black Hills nach Gold zu graben, wenn die Weißen versprächen, wieder wegzugehen, sobald kein Gold mehr da sei. Den Vorschlag, daß die Indianer den Weißen die Black Hills leihen *sollten, beantwortete Spotted Tail mit der Frage, ob der Senator bereit sei, ihm – Spotted Tail – zu den gleichen Bedingungen eine Herde Maultiere zu leihen.*

Schließlich mußten die Unterhändler die Aussichtslosigkeit ihrer Mission erkennen. Sie gingen weg und empfahlen Washington, der Kongreß solle die Wünsche der Indianer nicht beachten. Es sei genug, sagten sie, wenn die Regierung selbst darüber entschiede, was die Indianer als Bezahlung für die Black Hills bekommen sollten, und ihnen den Kauf als eine «Unabänderlichkeit» vorlegte. Letztendlich wurde beschlossen, daß die Armee die Indianer gefügig machen sollte.

Aus dem Bericht der Kommission für Indianische Angelegenheiten an den Innenminister, 1876

Sitting Bull: 64 Jahre lang habt ihr mich und mein Volk geplagt und schlecht behandelt. Was haben wir getan? Woran meintet ihr uns hindern zu müssen? Wir haben nichts getan. Einzig die Leute auf eurer Seite haben uns dazu gebracht, so viel zu zerstören. Wir konnten nirgendwo sonst hingehen, und so nahmen wir unsere Zuflucht in diesem Land. In diesem Teil des Landes lernten wir schießen, und das ist der Grund, warum ich wieder hierher zurückgekommen bin. Ich wüßte gerne, was euch hierher führt. Zunächst einmal, ich habe euch mein Land nicht gegeben, doch ihr seid mir auf Schritt und Tritt nachgefolgt, so mußte ich fortziehen in dieses Land. Ich bin in diesem Land geboren und zusammen mit den Halbblütigen vom Red River aufgewachsen, und ich möchte bei ihnen bleiben. Ich wuchs Hand in Hand mit den Red River-Halbblütigen auf, und wir gehen hinüber in jenen Teil des Landes, und das ist der Grund, warum ich hierhergekommen bin. So wuchs ich auf, in den Händen dieser Menschen hier, und so beabsichtige ich mit ihnen zu leben. Ihr habt Ohren und ihr habt Augen, mit denen ihr sehen könnt, und ihr seht, wie ich mit den Menschen hier lebe. Seht ihr mich? Hier bin ich! Wenn ihr mich für einen Toren haltet, so seid ihr selbst größere Toren als ich. Dieses Haus ist ein Medizinhaus. Ihr kommt hierher, um uns Lügen zu erzählen, doch wir wollen sie nicht hören. Ich wünsche nicht, daß mir gegenüber eine solche Sprache gebraucht wird, das heißt, daß mir in meiner Großen Mutter Haus solche Lügen erzählt werden. Sagt nicht ein Wort mehr. Geht nach Hause, dorthin, woher ihr gekommen seid. Dieses Land gehört mir, und ich beabsichtige, hier zu bleiben und dieses Land mit erwachsenen Menschen zu füllen. Seht diese Menschen an. Wir wuchsen mit ihnen auf. Das ist genug. Nichts weiter. Ihr seht mich diesen Menschen die Hand reichen.

Ihr habt mir den Teil des Landes, den ihr mir gegeben hattet, genommen. Ich bin jetzt hierhergekommen, um mit diesen Menschen zu leben, und ich beabsichtige, hier zu bleiben. Ich wünsche, daß ihr zurückgeht und das Fortgehen leichtnehmt.

Der Indianermessias 1890

Um die Jahrhundertwende wurde es den Indianern unmöglich, den bewaffneten Widerstand fortzusetzen. Der Widerstand mußte eine neue Form finden. Er fand seinen Ausdruck in einer gewaltigen religiösen Erneuerungsbewegung, die die Indianernationen wie im Sturm erfaßte. Die Erweckung begann mit den Lehren eines Paiute-Medizinmannes namens Wovoka, der zu predigen anfing und eine Vision beschrieb, die er gehabt hatte. Wovoka lehrte, daß die geistige Erneuerung der Indianer zur Wiederherstellung ihrer Welt führen werde. Die Welt werde wieder so sein, wie sie war, bevor der weiße Mann kam und sie schändete. Wie frühere Propheten, ermahnte auch Wovoka, der Paiute-Messias, die Indianer, sich von der weißen Lebensart fernzuhalten und die Vereinigung mit den Geistern der Ahnen zu suchen: «Ihr sollt niemanden verletzen und niemandem etwas Böses antun. Ihr sollt nicht kämpfen und immer gerecht sein.» Dies waren die Lehren des Paiute-Messias, und er versprach, daß der Große Geist die Welt mit einer neuen Erdschicht bedecken würde, daß der weiße Mann verschwinden und die Geister der toten Indianer zurückkehren würden. Zu den Ritualen der neuen Religion gehörten Gebetstänze. Nervöse Indianeragenten bezeichneten diese als Geistertänze (Ghost Dances), und so wurde diese Entwicklungsbewegung dann allgemein genannt.

Die weißen Menschen konnten es nicht ertragen, wenn die Indianer irgend etwas Eigenes hatten – außer ihrem Elend. Der Geistertanz wurde als subversiv betrachtet und unterdrückt. Zunächst verweigerte die Regierung den Anhängern des Paiute-Messias die Nahrungsmittelrationen. Als sich diese Maßnahme als ungenügend erwies, wurden Truppen in den Reservationen eingesetzt. Mit Waffengewalt wurde die freie Religionsausübung der Indianer unterdrückt. Sitting Bull wurde verdächtigt, irgend etwas im Schilde zu führen. Er wurde verhaftet und bei der Festnahme ermordet. Nach seinem Tod flohen viele Mitglieder seiner Gruppe, die Anhänger von Wovokas Lehren waren. Sie wollten in anderen Reservationen Schutz suchen. Unter den Flüchtlingen war Big Foot, der mit mehr als 350 seiner Leute an einem Ort kampierte, der Wounded Knee Creek hieß. Es wurde Befehl gegeben, Big Foot zu verhaften, da er sich an den Tänzen beteiligt hatte und als «Aufrührer» galt. Es war Dezember und sehr kalt, und Big Foot hatte eine schwere Lungenentzündung. Am Wounded Knee fanden die Truppen, die die Verfolgung aufgenommen hatten, die India-

ner. Am Morgen des 29. Dezember 1890 wurden Big Foots Sioux umzingelt und aufgefordert, ihre Waffen abzugeben. Das taten die Indianer. Die Soldaten waren aber mit den Feuerwaffen allein nicht zufrieden. Sie durchsuchten Zelte, Bündel und Menschen, bis sie alle Messer, Äxte und selbst die Zeltstangen auf einen Haufen neben die Gewehre geworfen hatten. Da geschah irgend etwas. Gab es ein Handgemenge? Löste sich ein Schuß? Was immer es war, es reichte, um die Soldaten so zu erschrecken, daß sie die unbewaffneten Indianer niederschossen und etwa 350 Menschen töteten. Und irgendwie, mit bloßen Händen, mit Messern von dem Haufen, töteten die Indianer 25 Soldaten. Ein Schneesturm kam auf, und die weißen Männer zogen sich zurück. Neben den Leichen erfroren die Verwundeten auf dem Feld. Später wurden alle zusammen in ein Massengrab geworfen.

Die weißen Geschichtsbücher sprechen von der ‹Schlacht› am Wounded Knee als der letzten zwischen weißen Soldaten und indianischen Kriegern. Es erscheint als Ironie, daß die ‹Amerikaner› also die letzte ‹Schlacht› geschlagen haben sollten, um eine Religion zu vernichten.

Im Jahre 1890, dem Jahr des Wounded Knee-Massakers, brachte der «Chicago Tribune» einen geradezu hysterischen Leitartikel gegen die Geistertänzer. Daraufhin erhielt der Herausgeber prompt einen Brief, den ein Sioux namens Masse Hadjo verfaßt hatte. Das folgende Dokument gibt diese Antwort wieder.

Brief an den Herausgeber des «Chicago Tribune», 1890

Sie sagen: «Wenn die Armee der Vereinigten Staaten rund tausend der tanzenden Indianer töten würde, so herrschte Ruhe.» Wenn ich das höre, nehme ich an, daß Sie ein Christ sind und entschlossen, alles in ihrer Macht Stehende zu tun, um die Sache Christi voranzubringen. Sie sind zweifellos ein Verehrer des Heilandes des weißen Mannes, aber Sie wollen den Indianern nicht ihren eigenen ‹Messias› lassen.

Die Indianer konnten sich nie mit der christlichen Religion, so wie sie von den Weißen gepredigt und ausgeübt wurde, befreunden. Wissen Sie, warum das so ist? Weil der Gute Vater uns eine bessere Religion gegeben hat – eine Religion, die ganz und gar gut und nicht schlecht ist, eine Religion, die unseren Bedürfnissen angepaßt ist. Ihr Weißen sagt, wenn wir gut sind, die zehn Gebote halten und niemals mehr sündigen, wird es uns schließlich erlaubt sein, auf einem weißen Felsen zu sitzen, in alle Ewigkeit Loblieder auf Gott zu singen und auf unsere heidnischen Väter, Mütter, Brüder und Schwestern herabzublicken, die in der Hölle wehklagen.

So geht es nicht. Die Moral der weißen Rasse kann sich in keiner Weise mit der Moral der Indianer vergleichen. Wir bezahlen weder Richter noch Priester, doch bei uns gibt es nicht ein Zehntel der Verbrechen, die Ihr Weißen verübt. Wenn unser Messias schließlich kommt, werden wir nicht versuchen, Euch Weißen unseren Glauben aufzuzwingen. Wir werden niemals unschuldige Frauen an einen Pfahl binden und verbrennen oder Männer mit Pferden in Stücke reißen, weil sie sich weigern, an unserem Geistertanz teilzunehmen. Ihr weißen Menschen hattet einen Messias, und wenn man der Geschichte glauben kann, so hatte beinah jede Nation einen. Ihr hattet zwölf Apostel, wir hatten nur elf, und einige von ihnen sind bereits im Militärgefängnis. Wir hatten eine Jungfrau Maria, und sie ist im Gefängnis. Ihr tut alles, um unseren Messias zu ergreifen und in Ketten zu legen. Es wird Euch vielleicht gelingen – in der Tat, Ihr werdet ihn vielleicht kreuzigen, wie Ihr jenen anderen Messias kreuzigtet. Doch Ihr könnt die Indianer nicht zur christlichen Religion bekehren, es sei denn, Ihr verseucht sie alle mit dem Blut des weißen Mannes. Der Natur des Indianers ist der Himmel des weißen Mannes widerwärtig, und wenn die Hölle des weißen Mannes zu Euch paßt, gut, so behaltet sie. Ich denke, Ihr habt genug weiße Bösewichter, um sie zu bevölkern.

Nach der Eroberung 1933–1953

Gegen Ende des 19. Jahrhunderts schienen die ‹Amerikaner› schließlich den vollständigen Sieg über die Indianer errungen zu haben; nun blieb nur noch, die Indianer als Rasse zu vernichten und ihre Kultur zu zerstören. Diese Ziele bezeichnete man natürlich nicht als Völkermord, sondern man hatte so respektable Worte wie ‹Assimilation› und ‹Akkulturation› dafür. Eine lückenlose Argumentationskette, die ausging von der Grundannahme der ‹Überlegenheit› weißer Religion, Kultur und Wirtschaft, ließ einen Plan zur Tötung und Ausbeutung der Indianer als hilfreich und menschenfreundlich erscheinen.

Der Widerspruch zwischen den angeblichen und wirklichen Zielen der ‹Amerikaner› konnte nicht verborgen bleiben. Wie damals vor der Umsiedlung der Cherokee-Nation zeigte sich auch jetzt wieder, daß die US-Regierung und allgemein die Vertreter der weißen Kultur gar nicht wollten, daß Weiße und Indianer gleich seien. Beweise dafür, daß Indianer die ‹Errungenschaften› der weißen ‹Zivilisation› genausogut wie weiße Menschen zu handhaben wußten, wurden nicht anerkannt. Selbst nach der Eroberung des Kontinents setzte die Regierung der Vereinigten Staaten ihre aggressive Politik gegen die Indianer fort.

Diese Art des Angriffs mit politischen Mitteln begann sogar schon, bevor die Eroberung abgeschlossen war. 1887 wurde der General Allotment Act oder Dawes Act erlassen. Dieses Gesetz diente dazu, die Reservationen zu zerstören und die Stammesbindungen, deren Grundlage die gemeinsame Benutzung des Landes war, aufzulösen. Der Dawes Act bestimmte, daß die Indianer in den Reservationen einzeln Land zugeteilt bekommen sollten: 160 Morgen pro Familienoberhaupt, 80 Morgen für jeden weiteren Erwachsenen und 40 Morgen für jeden Minderjährigen. Reservationsland, das nach der Zuteilung übrigblieb, sollte an Weiße verkauft werden. Der Dawes Act würde gut für den Indianer sein – so lief die Argumentation für die ‹Assimilation› –, weil er ermutigt würde «sein Land in Einzelbesitz zu nehmen, um im Schweiße seines Angesichts und mit seiner Hände Arbeit, so wie es sein weißer Bruder getan hatte, ein Heim für sich und seine Familie zu erringen». Die Praxis sah jedoch meistens anders aus. Zunächst einmal wurde das Land den Indianern nicht direkt zugeteilt, sondern dem Büro für indianische Angelegenheiten (BIA) zur Verwaltung übergeben. Diese Regierungsstelle besaß fast unumschränkte Macht in allen indianischen Belangen. Das BIA hatte nun die Genehmi-

gung zu erteilen, wenn ein Indianer sein ihm zugeteiltes Land verpachten, verkaufen oder vererben wollte oder es in bestimmter Weise zu nutzen beabsichtigte. Die vom BIA geförderten oder genehmigten Entscheidungen eines Indianers in bezug auf sein Land standen meist im vollsten Gegensatz zu der angeblichen Absicht, ihm zu helfen, ein wohlhabender, selbständiger Farmer zu werden. Wenn zum Beispiel ein Indianer Land hatte, aber keine Geräte, um es zu bestellen, so konnte es geschehen, daß ihm geraten wurde, sein Land an einen weißen Mann zu verpachten, anstatt dem Indianer zu einem Kredit zu verhelfen, zum Beispiel aus den Mitteln seines eigenen Stammes oder seiner Nation (die wiederum das BIA verwaltete). Selten reichte die Pachtsumme aus, um davon zu leben. Wenn sich der Indianer dann an die Wohlfahrt wandte, konnte es vorkommen, daß ihm gesagt wurde, er sei Landbesitzer und habe keine Ansprüche. Nun konnte der BIA-Agent den Verkauf des Landes an einen weißen Mann anregen und bewilligen. Selbst in diesem Fall erhielt der Indianer den Erlös seines Landes nicht in einer einmaligen Auszahlung, was ihm vielleicht einen vernünftigen Neubeginn für den Erwerb seines Lebensunterhalts ermöglicht hätte. Statt dessen behielt das BIA den Verkaufserlös des Landes ein und händigte ihn dem Indianer nach und nach in kleinen Raten aus. Erst wenn dieses Geld verbraucht war, hatte der Indianer Anspruch auf Unterstützung. Sein Kapital war dann vollständig aufgezehrt, und damit war sichergestellt, daß er von der Wohlfahrt abhängig bleiben würde. Auf diese und ähnliche Weise half das BIA, die annähernd 138 Millionen Morgen Land, die die Indianer besaßen, bis 1966 auf wenig mehr als 50 Millionen Morgen zu reduzieren. Der Landverlust bedeutete zugleich wachsende Armut, vermehrte Krankheiten, Verlust an Stammeseinheit und Kultur, Verlust der Sprache und der Selbstbestimmung.

1924 erließ die Regierung der Vereinigten Staaten den Citizenship-Act, wodurch alle Indianer die Staatsbürgerschaft der Vereinigten Staaten erhielten. Dies geschah in ‹Anerkennung der Verdienste›, die sich die Indianer während des Ersten Weltkrieges beim Militär erworben hatten. Eine Folge davon war, daß Indianerland lokal besteuert werden konnte. Viele Indianer waren zu arm, um die Steuern zahlen zu können, so wurde ihnen ihr Land weggenommen und von den Gemeinden verkauft.

Einzelne Indianer zu Landbesitzern zu machen war nicht das einzige Mittel zur ‹Assimilation›. Das BIA sorgte auch dafür, daß die Indianerkinder in Tagesschulen und Internaten im Sinne des ‹weißen Mannes› erzogen wurden. Gleich welchen Schultyp ein Indianerkind besuchte, es entdeckte bald, daß seine Lehrer sich mehr bemühten, seine Verbundenheit mit dem indianischen Leben zu zerstören, als ihm etwas Nützliches beizubringen. Kinder wurden geschlagen, weil sie sich in ihrer Indianersprache unterhielten; ihre Bräuche und ihre Geschicklichkeit wurden her-

abgewürdigt, ihre Religion als Aberglaube von ‹Wilden› abgetan. Es wurde ihnen klargemacht, daß weiße BIA-Angestellte sie höchstens für geeignet hielten, niedrige Arbeiten im Dienst von Weißen zu verrichten.

Die ‹Weltwirtschaftskrise›, die die ‹amerikanische› Gesellschaft in ihren Grundfesten erschütterte und viele Menschen einer gesicherten Existenz beraubte, führte dazu, daß 1933 unter Roosevelt die Politik der Vereinigten Staaten überprüft wurde (New Deal-Ära). Es sah zunächst so aus, als ob sich die Haltung der Regierung den Indianern gegenüber geändert hätte. 1934 setzte der Indian Reorganization Act der Landzuteilungs- und Landraubpolitik ein Ende. Es wurde festgestellt, daß die Indianer Schulen und medizinische Leistungen wünschten und bei Entscheidungen, die ihr Leben betrafen, mitsprechen wollten. Bei der Durchführung der notwendigen Veränderungen hatte jedoch das BIA weiterhin die Schlüsselstellung. Wie das BIA vorging, zeigt sich an der ‹Modellverfassung›, die von ihm entworfen und an die Stämme und Nationen verteilt wurde. In dieser ‹Modellverfassung› hatte das BIA bei allen Entscheidungen, die von indianischen Regierungen getroffen wurden, das letzte Wort. Und es war natürlich das BIA, das die Verfassungen, die sich die Stämme und Nationen gaben, anerkannte oder verwarf.

Die ersten beiden der folgenden Dokumente sind aus den dreißiger Jahren. In dem ersten legt der Sioux-Häuptling Standing Bear die Einstellung der Indianer gegenüber der weißen Kultur und der ‹Assimilation› dar. In dem zweiten werden die Erfahrungen der Navajo mit dem Landwirtschaftshilfeprogramm des BIA geschildert.

Mit dem Zweiten Weltkrieg gelang es den Vereinigten Staaten, die andauernde Wirtschaftsdepression zu überwinden. Bei der Armee und in der Rüstungsindustrie wurden neue Arbeitsplätze geschaffen, und die Zahl der Arbeitslosen ging erheblich zurück. Da die Indianer jetzt Staatsbürger waren, waren sie auch wehrpflichtig. Einige Indianer sprachen der US-Regierung das Recht ab, sie gegen ihren Willen einzuziehen. Einige, wie der Irokese Ernie Benedict, gingen lieber ins Gefängnis, als sich zum Militärdienst zwingen zu lassen – um dann nach Verbüßung der Gefängnisstrafe freiwillig zur Armee zu gehen. Andere erwiesen sich als gute Soldaten. Dieselbe Regierung, die die Indianer diskriminierte, nahm (und das nicht zum erstenmal) die Unterstützung der Indianer in einem Krieg gerne an: 25 000 Indianer dienten im Zweiten Weltkrieg. In einzelnen Fällen war das Kriegsministerium auch bereit, Kapital aus dem heroischen Einsatz der Indianer zu schlagen; zum Beispiel im Falle des Pima Ira Hayes. Hayes war Freiwilliger in einer Elitetruppe und Veteran der Kämpfe gegen die Japaner und wurde einer der berühmtesten Soldaten des Zweiten Weltkrieges.

Ira Hayes ging 1942 zur Marine-Infanterie und wurde Fallschirmsprin-

ger. Im Pazifik kämpfte er auf Vella Lavella, Bougainville und Iwa Jima, wo er berühmt wurde. Er gehörte zu der Gruppe Marines, die beim Hissen der US-Flagge auf der Spitze des Berges Suribachi mitten im Gefecht fotografiert wurde. Dieses Foto wurde sehr bekannt, und die militärische Propagandaabteilung kam auf die Idee, die Flaggenhisser in die Vereinigten Staaten zurückzuholen. Sie sollten auf eine Reise durch die Staaten gehen, um den Kauf von Staatsobligationen zu fördern. Ira Hayes und der andere überlebende Soldat wurden also zurückgebracht, geehrt, ausgezeichnet und berühmt gemacht. Dann ging der Krieg zu Ende. Ira Hayes kehrte in die Reservation seines Stammes zurück. Die Ehren, mit denen er überhäuft worden war, hatten jedoch die Haltung der Regierung gegenüber den Pima nicht geändert. Als Ira Hayes nach Washington ging und eine Eingabe für die Rechte der Pima machte, die besagte, daß sie «ihre Angelegenheiten selbst regeln und keine Mündel der Regierung mehr sein wollten», konnte er nichts erreichen. Die Regierung vergaß ihn nicht, als nach dem Iwo Jima-Foto eine Bronzestatue für den Arlington-Nationalfriedhof angefertigt wurde. Man ließ Ira Hayes nochmals holen und ehrte ihn als ein Symbol der ‹amerikanischen› Demokratie und des Heldentums. Nach den Feierlichkeiten kehrte er zurück, um wieder nur irgendein Indianer zu sein.

Ira Hayes wurde aber auch zum Symbol für die Demoralisierung, die sich aus den Widersprüchen ergibt, als Indianer in den Vereinigten Staaten zu leben. Ira Hayes wurde nach dem Krieg fünfzigmal wegen Trunkenheit festgenommen – und einmal wegen Flucht aus einem Arbeitslager in Arizona. Im Januar 1955 pflückte er Baumwolle, hundert Pfund für drei Dollar. Eines Nachts ging er betrunken über ein Feld. Einige sagen, er erfror; andere sagen, er ertrank in einem flachen Bewässerungsgraben.

Ira Hayes wurde als Held mit militärischen Ehren in Washington D. C. bestattet. Der Staat Arizona nannte ein Gesetz über die Behandlung von Alkoholikern nach ihm. Hollywood drehte einen Film über seine Kriegserlebnisse (dort wurde er von einem weißen Schauspieler dargestellt). Die Vereine der Kriegsveteranen sammelten Geld, damit seine Familie an dem Begräbnis teilnehmen konnte.*

Das dritte der folgenden Dokumente enthält Ira Hayes Antwort, als er wieder einmal von Weißen gebeten wurde (bei dieser Gelegenheit von der Phoenix Radiostation KOY), ‹Amerika› (am Tage der Flagge 1953) zu feiern. Ira Hayes war zu der Zeit in Chicago. Seine Absage, zu dieser Veranstaltung nach Arizona zu kommen, ist kurz, aber klar.

* Von dem lockigen Tony Curtis, in dem Film «The Outsider», 1962.

Aus «Land of the Spotted Eagle», Autobiographie von Häuptling Luther Standing Bear, Boston, 1933

Der Indianer wurde zum Bewahrer des Lebens erzogen. Er zerstörte nichts, ob groß oder klein. Zerstörung war nicht Teil des indianischen Denkens und Handelns. Wäre es anders gewesen, wäre dieser Mensch der grausame Wilde gewesen, als der er hingestellt wurde, so hätte er das Zerstörungswerk an der Natur auf diesem Kontinent längst vor den Europäern begonnen.

Der Indianer war genügsam inmitten der Fülle. Wenn der Büffel in großen Herden über die Ebenen zog, so erlegte er nur so viele, wie er essen konnte, und von diesen verwendete er alles, auch Fell und Knochen.

Einmal hatten die Lakota zu Beginn des Frühlings ihr Lager am Missouri, als das Eis gerade zu brechen begann. Eines Tages trieb ein Büffel vorüber und wurde an Land gezogen. Es zeigte sich, daß das Tier erst kurze Zeit tot und noch eßbar war, ein willkommenes Ereignis zu jener Zeit, da der Fleischvorrat knapp zu werden begann. Bald trieb ein zweiter Büffel den Fluß herunter, und kaum war er an Land gebracht, kamen noch mehr in Sicht. Alle Indianer waren eifrig beschäftigt, Fleisch und Häute zu retten. Doch bald waren es so viele Büffel, daß man sie vorbeitreiben lassen mußte. Warum so viele Büffel ertranken, erfuhren wir nie; ich berichte diesen Vorfall als eine Kindheitserinnerung.

Ich weiß von keiner Pflanzen-, Vogel- oder Tierart, die vor der Ankunft des weißen Mannes ausgerottet wurde. Als der Büffel verschwunden war, gab es noch einige Jahre lang große Antilopenherden. Doch kaum hatten die fremden Jäger das Büffeltöten beendet, als sie ihre Aufmerksamkeit dem Wild zuwandten. Es gibt Wild heute nur noch dort in großer Zahl, wo es geschützt ist. Der weiße Mann sah die in freier Natur lebenden Tiere ebenso wie die dort lebenden Menschen dieses Kontinents als ‹Ungeziefer› an. Pflanzen, die die Indianer als heilkräftig kannten, waren ‹Unkraut›. Es gibt kein Wort im Sprachschatz der Lakota, das der englischen Bedeutung dieses Wortes entspricht.

Es gab einen großen Unterschied in der Einstellung der Indianer und der Kaukasier zur Natur, und dieser Unterschied machte aus den einen Bewahrer des Lebens und aus den anderen Zerstörer des Lebens. Der Indianer wurde ebenso wie alle anderen Lebewesen, die geboren wurden und aufwuchsen, von unserer gemeinsamen Mutter ernährt – der Erde. Er war deshalb mit allen lebendigen Dingen verwandt, und er billigte allen Lebewesen die gleichen Rechte wie sich selbst zu. Alles auf Erden wurde geliebt und geehrt.

Die Philosophie des Kaukasiers war es, die Erde und ihre Geschöpfe herabzusetzen und zu verachten. Indem er sich selbst die Stellung und den Titel eines höheren Wesens verlieh, hatten andere bei dieser Rangordnung natürlich eine geringere Stellung und weniger Ansprüche; und diese Einstellung beherrschte seine Handlungsweise gegenüber allen Dingen. Er allein war es wert und hatte das Recht zu leben, darum konnte er kaltherzig alles andere zerstören. Wälder wurden abgehauen, der Büffel ausgerottet, der Biber nahezu vernichtet und seine wundervoll gebauten Dämme gesprengt, so daß die Flut noch weitere Verwüstungen anrichten konnte. Und selbst die Vögel in der Luft wurden zum Schweigen gebracht. Weite Grasebenen, die die Luft mit Duft erfüllten, sind zerwühlt worden; Quellen, Flüsse und Seen, die noch in meiner Kindheit lebten, sind ausgetrocknet, und ein ganzes Volk ist entwürdigt und getötet worden. Der weiße Mann ist das Symbol der Vernichtung des natürlichen Lebens dieses Kontinents geworden. Zwischen ihm und den Tieren gibt es kein Auskommen. Die Tiere haben gelernt, seine Nähe zu fliehen, denn sie können nicht in demselben Gebiet leben ...

Die mit Federn geschmückte und mit Decken behangene Figur des amerikanischen Indianers ist zum Symbol des amerikanischen Kontinents geworden. Er ist der Mensch, der jahrhundertelang von derselben Hand geknetet und geschnitzt worden ist, die seine Berge, Wälder und Ebenen formte und den Lauf seiner Flüsse bestimmte.

Der amerikanische Indianer gehört zur Erde, ob in den Wäldern, Ebenen, Dörfern oder Bergen. Er paßt in die Landschaft, denn die Hand, die den Kontinent formte, schuf auch den Menschen für seine Umgebung. Er wuchs einst so natürlich auf wie die wilden Sonnenblumen; er gehörte dazu, geradeso, wie der Büffel dazugehörte.

Mit einer Gestalt, die paßte, entwickelte dieser Mensch passende Fertigkeiten, die zum Teil heute als nationales Kunstgewerbe gelten. Und der Körper hatte eine Seele, die von der gleichen Meisterhand der Harmonie geschaffen war. Aus der indianischen Einstellung zum Leben erwuchs große Freiheit – eine starke und umfassende Liebe zur Natur, Ehrfurcht vor dem Leben; ein lebendiger Glaube an eine höhere Macht; der Indianer nahm die Grundsätze der Wahrheit, Aufrichtigkeit, Freigebigkeit, Gleichheit und Brüderlichkeit ernst.

In dieser Haltung entwickelte der Eingeborene seine Philosophie und Kunst, die es ihm ermöglichten, seine Eigenart zu bewahren; er drückte der Geschichte und der Seele dieses Landes sein Zeichen ein – schuf aus Land und Mensch eine Einheit.

Indem er lebte – kämpfte, verlor, nachdachte, verinnerlichte, hoffte, Taten vollbrachte –, schuf er sein unauslöschliches Erbe – ein Erbe, das geleugnet werden kann und oft geleugnet worden ist, aber niemals ganz zerstört werden kann. Leben – und alle die unfaßbaren Kräfte, die dieses Phänomen bilden – kommt vom Großen Geist, den niemand ändern kann. Nur die Hand der höchsten Macht kann den Menschen verwandeln, nur Wakan Tanka* kann den Indianer verwandeln. Doch von solchen tiefen, unendlichen Gnaden begreift der sterbliche Mensch nur wenig. Er hat deshalb keine Waffen, um das Unbesiegbare zu erschlagen. Er kann nur töricht dagegen anrennen.

Der weiße Mann versteht den Indianer nicht, wie er auch das ursprüngliche Amerika nicht versteht. Er ist zu weit entfernt von beider Entstehungsgeschichte. Die Wurzeln seines Lebens haben noch nicht in Fels und Erde Halt gefunden. Der weiße Mann wird noch immer von primitiven Ängsten erschüttert; sein Bewußtsein ist noch erfüllt von den Gefahren dieses Kontinents, der erst bezwungen sein will und dessen Eigenschaften sich nicht alle seinem suchenden Schritt und forschenden Blick ergeben haben. Er zittert noch immer bei dem Gedanken an den Tod seiner Vorfahren in den versengenden Wüsten und auf den abweisenden Berggipfeln. Der Mensch aus Europa ist noch immer der Fremde, der Eindringling. Und er haßt noch immer den Menschen, der seinen Weg über diesen Kontinent in Frage stellte.

Im Indianer wohnt noch der Geist des Landes. Dies wird so sein, bis andere Menschen fähig sind, den Pulsschlag dieses Landes in sich aufzunehmen und zu enträtseln. Die Menschen müssen geboren und wiedergeboren werden, um daran teilzuhaben. Ihre Körper müssen aus dem Staub der Knochen ihrer Vorfahren geformt werden.

Der Versuch des weißen Mannes, den Indianer umzuwandeln, und das Chaos, das daraus entstand, sind die Früchte des Ungehorsams des weißen Menschen gegenüber grundlegenden Gesetzen der Seele und des Geistes. Der Druck, der seit Beendigung des bewaffneten Kampfes auf das eingeborene Volk ausgeübt wurde, bei dem Versuch, Gleichförmigkeit der Bräuche und Sitten zu erzwingen, hat mehr zerstört als der Krieg. Das Unrecht hat nicht nur den Indianer betroffen, sondern es hat sich ebenso auf die weiße Bevölkerung ausgewirkt. Tyrannei, Dummheit und Konzeptlosigkeit haben zu einer Situation geführt, die jetzt als ‹Indianerproblem› bezeichnet wird.

Es gibt, das betone ich, kein Indianerproblem, das der Indianer selbst geschaffen hat. Jedes Problem, das es heute im Hinblick auf die Eingeborenenbevölkerung gibt, ist zurückzuführen auf die Geisteshaltung des weißen Mannes, der unfähig oder wenigstens nicht bereit ist zu verstehen und sich einer neuen und bedeutungsvollen Umgebung, die er noch nicht so lange kennt, anzugleichen.

Der weiße Mann entschuldigte seine Anwesenheit hier, indem er sagte, der Wille Gottes habe ihn geführt; und damit sprach er sich von aller

* Großer Geist (Lakota).

Verantwortung für sein Erscheinen in einem von anderen Menschen bewohnten Lande frei.

Sein Gesetz war ein geschriebenes Gesetz; seine zehn göttlichen Gebote ruhten in einem Buch. Der beste Beweis, daß seine Ankunft in diesem Land und seine folgenden Taten der Ausdruck göttlichen Willens waren! Er brachte das *Wort*! Es folgte eine blinde Anbetung der geschriebenen Geschichte, der Bücher, des geschriebenen Wortes, die das gesprochene Wort seiner Macht und Heiligkeit entkleidet hat. Das geschriebene Wort wurde zum Kennzeichen des höheren Menschen gemacht – zum Symbol des entwickelten Menschen. Der Mensch, der seinen Namen auf ein Stück Papier schreiben konnte, ob er nun die geistigen Qualitäten besaß, seine Worte einzulösen, oder nicht, er war durch irgendeine geheimnisvolle Formel eine höher entwickelte und empfindsamere Person als jener, der nie eine Feder in der Hand gehabt hatte, aber für den sein gesprochenes Wort unverletzlich war und dessen Ehrgefühl und Wahrheitsliebe über allem anderen standen. Eine falsche Denkweise leitete den Wert des Charakters eines Menschen von seiner Fähigkeit ab, mit einem Instrument Zeichen auf Papier zu machen. Angenommen, diese Denkweise wäre richtig und gerecht, wo soll man mit den Tausenden von weißen Analphabeten hin, die weder lesen noch schreiben können? Sind sie auch ‹Wilde›? Ist Menschlichkeit nicht eine Angelegenheit des Herzens und des Geistes? Beweist sie sich nicht in den Beziehungen der Menschen? Ist nicht Freundlichkeit mächtiger als Hochmut und Wahrheit mächtiger als das Schwert?

Es ist wahr, der weiße Mensch brachte große Veränderungen. Doch die verschiedenen Früchte seiner Zivilisation, obwohl sehr farbig und einladend, sind ekelerregend und töten. Und wenn Zivilisation bedeutet, zu verstümmeln, zu rauben und zu unterdrücken, was ist dann der Fortschritt?

Ich meine, daß der Mensch, der in seinem Tipi* auf dem Erdboden saß und über das Leben und seine Bedeutung meditierte, der Mensch, der die Verwandtschaft aller Lebewesen und die Einheit aller Dinge mit dem Universum erkannte, ich meine, daß sein Wesen vom wahren Gehalt der Zivilisation erfüllt war. Und als der Eingeborene gezwungen wurde, diese Lebensweise aufzugeben, konnte seine Menschlichkeit nicht mehr gedeihen ... Nach der Unterwerfung, nach dem Raub von Land und Eigentum, erfolgte der letzte Angriff auf das Volk, das einen tiefen Groll über das Unrecht und die Strafen empfand. Nun wurden sie als Wilde abgestempelt und etikettiert. Dieses Etikett fest aufzudrücken

* Zelt der Prärieindianer. Von Teepee (Lakota) = um darin zu leben.

hat sich die weiße Rasse seither bemüht. Sie fand damit das beste Linderungsmittel für ihr wundes, geplagtes Gewissen, das jetzt hart geworden ist durch die gewohnheitsmäßige Ausübung von Unrecht.

Doch man vermochte den Indianer nicht zu einem Wilden zu machen, indem man ihn immer und immer wieder so nannte. Alle Leugnung seiner Tugenden konnte sie doch nicht von ihm nehmen. Sein beharrlicher Widerstand, um die Dinge zu erhalten, die unveräußerlich zu ihm gehören, ist seine Rettung und Stärke – er wird sie brauchen, wenn die Gerechtigkeit schließlich doch noch siegt und er seine Ehre wiederherstellt.

Man kann alle möglichen fadenscheinigen Entschuldigungen für die fortwährende Unterdrückung des Indianers hören. Eine der gebräuchlichsten lautet, er sei noch nicht soweit, die Gesellschaft des weißen Mannes anzuerkennen – das heißt, noch nicht soweit, als soziales Wesen ungezwungen mit ihr zu verkehren.

Das, so behaupte ich, steht gar nicht zur Debatte. Es geht nicht darum, den außerhalb stehenden Indianer in ein Abbild der weißen Rasse umzumodeln – ein für beide Rassen bedrohlicher Prozeß. Wer kann sagen, daß die Lebensweise des weißen Mannes besser als die des Indianers ist? Wo thront das menschliche Urteilsvermögen, das die Ideale der Indianer und ihre geistigen Auffassungen wägen und beurteilen oder durch andere Werte ersetzen kann?

Weiter: Ist die soziale Ordnung des weißen Mannes so harmonisch und ideal, daß sie den Respekt des Indianers und den der kritischen Weißen verdient? Ist es weise, dem Indianer eine fremde Gesellschaftsform aufzuzwingen? Diese Frage soll nur der Indianer selbst beantworten!

Der weiße Bruder soll um sich schauen, und vor seinem geistigen Auge wird ein anderes Bild erscheinen. Er muß lernen, die Welt des Indianers als eine menschliche Welt zu sehen. Dann soll er dafür sorgen, daß der Indianer Menschenrechte erhält. Auf diese Weise soll er für seine eigene Gesellschaftsordnung einen Maßstab der Menschlichkeit schaffen ...

Wenn der Indianer die Musik seiner Vorfahren vergessen hat, wenn das Tomtom nicht mehr tönt, wenn lärmende Schlager die Flötenmelodie verdrängt haben, wird er ein toter Indianer sein. Wenn das Andenken seiner Helden nicht mehr in den Erzählungen weiterlebt und er das schöne, weiße Wildleder für Kunststoffe preisgibt, wird er tot sein. Wenn ihm alles, was zu ihm gehört, genommen sein wird, alles, was er in der Natur erblickt hat, alles, was aus unversiegbaren Quellen zu ihm gekommen ist, dann wird er wahrlich ein toter Indianer sein. Sein Geist ist von ihm gegangen, und wenn er auch durch belebte Straßen geht, er wird in Wahrheit – *tot* sein!

Doch all dies soll nicht untergehen. Es soll leben, es soll Amerika weiterhelfen; die Eingeborenenerzeugnisse aller Stämme – Volksüberlieferungen, Flechtwerke, Töpferei, Tanz, Gesang, Dichtung –, sie sollen nicht mehr einfach als Attraktionen für Touristen dienen, die die Eingeborenenkünstler als Marionetten der Weißen ansehen. Denn wer, außer dem Menschen, der diesem Land entstammt, könnte seine Gesänge, Geschichten und Märchen hervorbringen, wer außer dem Menschen, der den Staub unter seinen Füßen liebt, könnte ihm Gestalt geben und unsterbliche Keramik schaffen. Wer außer dem, der das Schilf an den stillen Wassern liebt und die feuchten Wurzeln der Sträucher und Bäume, könnte sie vor dem alljährlichen Tod retten und mit beinah übermenschlicher Geduld zu schönen, dauerhaften Gegenständen verarbeiten – zu zeitloser Kunst!

Wenn ich an die ‹Zivilisation› denke, die mir, seit ich in der Reservation lebe, aufgezwungen wurde, so hat sie meinem Gerechtigkeitsgefühl nicht das geringste hinzugefügt, noch meiner Ehrfurcht vor dem Leben, meiner Wahrheitsliebe, Aufrichtigkeit und Freigebigkeit; noch meinem Glauben an Wakan Tanka – Gott der Lakota. Die großen Religionen sind immer wieder gepredigt und ausgelegt oder von hervorragenden Gelehrten vermittelt worden, sie sind in Bücher geschrieben, sie sind in feine Sprache mit noch feineren Einbänden gekleidet worden. Der Mensch aber – jeder Mensch – steht noch immer dem Großen Rätsel gegenüber.

Wenn ich heute den Geist eines Kindes zu führen, seine ersten Eindrücke und Erfahrungen zu überwachen hätte und wenn ich vor die Aufgabe gestellt wäre, zwischen der natürlichen Lebensweise meiner Vorfahren und der gegenwärtigen Zivilisation des weißen Mannes zu wählen, ich würde den Fuß des Kindes zu seinem Wohl, ohne zu zögern, auf den Weg meiner Vorfahren setzen. Ich würde es als Indianer aufziehen!

Die Navajo und der New Deal, aus der «New York Times», 11. November 1941

Greasewood Springs, Arizona

Die New Dealer beschäftigten sich unter anderem mit den Indianern und begannen 1934 als erstes, deren Erziehungswesen umzugestalten. Dann gingen sie dazu über, ihr Wirtschaftsleben gründlich zu revidieren. Und dazu gibt es eine Geschichte.

Nach dem Selbstverständnis des Navajo-Indianers war sein Stamm schon seit langem der einzige Stamm im Südwesten, der sich selbst erhalten konnte. Insgesamt leben etwa 50000 Navajo in der dortigen Reservation, und sie hatten über 1000000 Herdentiere. Das Herz der Navajo-Wirtschaft ist die Viehzucht, und Schafe und Ziegen stellen die größte Erwerbsquelle der Navajo dar.

Für eine solche Wirtschaft braucht man große Grasflächen. Ein Teil der Navajo-Reservation gehört jedoch zum Dust Bowl, weshalb die Schäfer der Navajo immer unterwegs sein müssen, um die besten Weiden für ihre Herden zu finden. Die Erosion im Dust Bowl ist allgemein bekannt. Wenn das Gras zu weit abgefressen oder umgepflügt wird, hält das Erdreich nicht, und der Wind trägt es davon. Dies trifft bis zu einem gewissen Grad auf die Navajo-Reservation zu.

Doch was folgt nun aus diesen Feststellungen? Es wäre zunächst sinnvoll, den Navajo die Situation zu erklären und vielleicht einige Maßnahmen zu treffen, um ihre Herden vorübergehend in andere Gegenden zu bringen, bis die Weiden im Zentrum der Reservation sich wieder erholt haben. Es wäre sinnvoll, den Indianern zu erklären, daß sie, um Getreide auf diesem wüstenartigen Boden anzubauen, in jede zweite Reihe einige Gewächse pflanzen müssen, die die Erde und die Feuchtigkeit festhalten. Das klingt einfach, nicht wahr?

Doch die New Dealer gingen so furchtbar stümperhaft vor, daß diese und wahrscheinlich noch die folgende Navajo-Generation niemals die Invasion von 1935/1936 vergessen wird, als die Planer aus Washington das Kommando übernahmen und versuchten, einen neuen Menschen aus dem Navajo-Indianer zu machen.

Nachdem ganze Wagenladungen von College-Grünschnabel-‹Experten› die Reservation vermessen hatten, wurde dem Navajo gesagt, er müsse seine Herden verkleinern. *Müsse* verkleinern! Das waren Befehle, keine Vorschläge.

Der Navajo-Stammesrat, gezwungen, den Regierungserlaß zu befolgen, bat, die Herden bis zu einer Größe von 100 Tieren zu erhalten, denn ein Indianer konnte kaum mit weniger Tieren sich und seine Familie das ganze Jahr über ernähren. Doch das Indianerbüro war nicht an irgendwelche Navajo-Stammeswünsche gebunden. Die New Dealer zeichneten etwa 400000 Schafe und Ziegen – fast 40 Prozent des gesamten Viehbestandes der Navajo –, zahlten ihren Besitzern einen Dollar pro Stück und schlachteten die Tiere gleich an Ort und Stelle.

Ein Angestellter des Indianerbüros erzählte dem Berichterstatter ganz stolz: «Es gibt nicht mehr viel Vieh hier. Damals, 1936 oder so, kam die Regierung und kaufte etwa 19000 Stück allein in diesem Teil. Zahlte einen Dollar pro Stück, und wir töteten sie. Das war meine erste Arbeit hier draußen: Vieh töten. Allein mit diesem Gewehr hier», sagte er und deutete auf ein Gewehr, das er hinten im Auto liegen hatte, «sind 5000 Schafe erschossen worden. Jetzt benutze ich es für Präriehunde.»

Die Navajo entdeckten auch, daß die Regierungsleute die kleinen

Herden mit 100 Tieren nicht verschont, sondern sich gerade auf diese konzentriert hatten, weil es den Großzüchtern gelungen war, ihre Herden aufzuteilen und einige in Seitentäler zu treiben, wo die Männer vom Indianerbüro sie nicht finden konnten. Es kam hinzu, daß die indianischen Angestellten des Indianerbüros die ihnen gegebenen Anweisungen ganz buchstabengetreu durchführten. Sie ritten in die Dörfer und verkleinerten willkürlich die eine Herde von 100 auf 50, jene Herde von 50 auf 25, wieder eine andere von 20 auf zehn und so weiter. Die Navajo mußten dem Gemetzel (zu einem Dollar pro Tier) ohnmächtig zusehen, denn das Regierungsabzeichen garantiert uneingeschränkte Macht in der Reservation. Die Folge war, daß eine Hungersnot ausbrach.

Diesem Problem nun begegnete das Indianerbüro mit zweierlei Maßnahmen: Erstens mußten alle Indianer Weidegenehmigungen haben, und zweitens wurde der Bau von Bewässerungsanlagen vorgesehen, damit die enteigneten (ihrer Herden beraubten) Indianer irgendwie ihren Lebensunterhalt als Arbeiter bei diesem Regierungsprojekt verdienen konnten. Es war die ganze Zeit über das Ziel des Indianerbüros, aus den Viehzucht treibenden Navajo-Indianern Kleinbauern zu machen. Natürlich fragte das Büro für indianische Angelegenheiten die Navajo niemals, ob sie überhaupt Bauern werden wollten. Washington hatte den Plan ausgeheckt, und da der Indianer Mündel der Regierung war, hatte er nicht über sein Schicksal zu entscheiden.

Doch etwas ging schief. Viele Navajo wußten nichts von Weidegenehmigungen und pflegten mit großer Sorgfalt ihre Tiere, um die Herden wieder zu vergrößern, wodurch sie den Zorn der Regierungsbeamten auf sich luden. So zogen sich viele Schäfer in entfernte Talregionen zurück und hofften, daß die Beamten sie nicht finden würden.

Dann weigerte sich der Kongreß, der zu dem großangelegten Plan, den Navajo zum Bauern zu machen, nicht konsultiert worden war, das Geld für das riesige Bewässerungsprojekt und die großen künstlichen Seen zu bewilligen. Das Ergebnis war, daß nach etwa eineinhalb Jahren die Arbeiten am Bewässerungsprojekt fast ganz eingestellt wurden. Die Dämme blieben unfertig stehen, die Indianer wurden entlassen, und die Situation war wieder wie vorher – außer natürlich, daß die Indianer jetzt nicht mehr von ihren Herden leben konnten.

Als dann 1939 die große Dürre kam, ging ein bitteres Murren durch die Reservation. Die Navajo klagten, daß sie jetzt ihre Ziegen und Schafe essen könnten, wenn das Indianerbüro nicht in solcher Eile einen Großteil geschlachtet hätte. So lebten immer mehr Indianer von der Wohlfahrt, und der Navajo, der die Bettelphilosophie des New Deal bisher nicht gekannt hatte, nahm verbittert die Almosen entgegen und verfluchte das Indianerbüro, während er in seinen Hogan* zurückkehrte.

Selbst die traditionelle Art, seine Klagen vorzubringen, wurde dem Navajo genommen. Früher war die Reservation in sechs unabhängige Bezirke eingeteilt, so daß jeder Navajo seinen Aufseher kannte und zu ihm reiten konnte, um Schwierigkeiten zu besprechen und Veränderungen anzuregen. Diese Aufseher saßen in Crownpoint und Shiprock/New Mexico, in Leupp, Tuba City, Keams Canyon und Fort Defiance/Arizona. Doch die Zentralisierungstendenzen des New Deal, verbunden mit einer enormen Vergrößerung des Verwaltungsapparates, führten zur Auflösung der sechs Distrikte und zur Einrichtung von 18 Oberaufseherposten. Diese sind zwar näher bei den Indianern, haben aber keine Macht, irgend etwas durchzusetzen. Es sind reine Felddienststellen. Alle Macht ist jetzt in Window Rock konzentiert, und der Gesprächsverlauf war sehr einseitig und hatte nur eine Richtung: von Window Rock zum Indianer.

Das Indianerbüro hat sogar versucht, die Selbstorganisation der Navajo in 80 Untergruppen, die Hilfsfunktionen gegenüber dem Stammesrat haben, aufzulösen.

Wie schlecht die gegenwärtige Lage der Navajo ist, verdeutlicht der Bericht einer Navajo-Frau. Wir besuchten einen Navajo-Hogan (der an ein Fleischklößchen mit abgeschnittener Spitze erinnert) und fanden eine Frau, die den Händler, der uns begleitete, kannte. Sie trug ein altes Kattunmieder und einen weiten Rock, der eine Menge Unterröcke bedeckte, und sie sah sehr sauber und ordentlich aus. Ihre Erscheinung war typisch für die Gegend und ihre Geschichte typisch für die Reservation.

«Wir haben 30 Schafe und 14 Ziegen», erzählte sie dem Händler, der übersetzte, «früher wir haben allein mehr als 100 Schafe. Dann Polizist kommen von Indianeragentur, lesen Gesetz, und wir müssen verkaufen. Wir verstecken einige, sie erschießen andere. Dann Polizist kommen, Gesetz lesen für Weidegenehmigungen. Ich mich fürchten. Überall Indianer arbeiten, die Bäume pflanzen, doch bald sie hören auf. Dann wir werden hungrig. Wir Baumnüsse sammeln und versuchen zu verkaufen, doch Polizist kommen von Agentur, lesen Gesetz und nehmen Nüsse weg.

Aber Indianer sind hungrig, und Händler keinen Kredit mehr geben. Sie wissen, wir wenig Schafe haben, wenig Ziegen, keine Wolle. Polizist lesen Gesetz, und sie können nicht verkaufen. Indianeragentur bringen Essen in Büchsen, wenn nicht, muß Indianer bei weißem Mann betteln, der zu Besuch kommt. Auch meine Kinder jetzt zuviel husten, nicht genug Ziegenmilch oder Ziegenfleisch. Indianeragentur hat jetzt viele

* Erdhaus.

Männer auf der Reservation, doch Indianer keine Arbeit haben, keinen Kaffee, kein Mehl, kein Fleisch. Bald nehmen sie Hogans, und wir leben unter Bäumen.» Das sind die Früchte solcher Wirtschaftsplanung.

Aus einer Stellungnahme von Ira Hayes, Chicago, Illinois, Flaggentag 1953

Acht Jahre lang war ich unten in Arizona, und niemand schenkte mir die geringste Beachtung. Wenn Sie mich fragen würden, wie ich über die Behandlung der Indianer dort unten denke im Vergleich mit Chicago, ich würde ihnen die Wahrheit sagen, und Arizona würde sie nicht gerne hören.

Indianer im Aufstand 1969/1970

Das erste Dokument «Indianer im Aufstand – 1970» gibt eine gute Einführung in die Probleme der indianischen Widerstandsbewegung der Gegenwart. Es wurde ausgewählt, weil es sehr objektiv berichtet – und auch wegen der neuen, nicht profitorientierten Einstellung seines Herausgebers, des Race Relations Information Center, Nashville, Tennessee.

Im Einklang mit der indianischen Auffassung, daß das Anliegen wichtiger ist als Profit, veröffentlichte das Race Relations Information Center diesen Bericht – und mehrere andere Berichte über Rassismus in den USA –, ohne Copyright-Gebühren zu verlangen, so daß alle interessierten Gruppen das Material ohne weiteres nachdrucken können.

Die Konflikte und Beispiele, auf die sich dieser Bericht bezieht, werden im folgenden durch Dokumente ergänzt, die zeitgenössischen Monatszeitschriften und Zeitungen entnommen sind, die ebenfalls alle nicht durch das Copyright geschützt sind.

Aus «Indians in Revolt – 1970», Race Relations Information Center, Dezember 1970

Die Annahme, daß bewaffnete Aufstände der Indianer in den Vereinigten Staaten der Vergangenheit angehören, ist weit verbreitet. Sie ist aber falsch. Die Tage von Sitting Bull, Geronimo und Crazy-Horse mögen vorüber sein, aber *es gibt* einen Indianeraufstand, und es ist den Kriegern des 20. Jahrhunderts todernst.

Im Staat Washington griffen in diesem Jahr friedliche Fischer der Stämme Muckleshoot, Puyallup und Nisqually zu den Waffen – entschlossen, ihre in den Verträgen des 19. Jahrhunderts garantierte Lebensweise zu erhalten –, und es kam zu Zusammenstößen mit der Polizei. Vielen angelsächsischen Fischern mag der Streitpunkt, das Recht, in den westlichen Flüssen des Staates Washington zu fischen, geringfügig erscheinen. Für die betroffenen Stämme geht es aber darum, ihre Eigenart als Fischervolk zu bewahren. Sie sind entschlossen, in diesem Kampf zu siegen.

Wahrscheinlich werden die heutigen Indianer den bewaffneten Kampf auf breiter Front nicht wiederaufnehmen, nicht einmal in Notwehr. Ihre Vorfahren haben es bereits versucht, und die Ergebnisse waren vernichtend. Und außerdem, die Indianer sind und waren zumeist ein friedliches Volk. Doch sie sind zornig. Statistische Erhebungen, die allmählich einer großen Zahl von Amerikanern bekannt werden, zeigen zum Teil die Gründe dafür. Zum Beispiel:

– Die Lebenserwartung von Indianern in Reservationen beträgt 44 Jahre, verglichen mit 64 Jahren im nationalen Durchschnitt.

– Selbstmord ist bei jungen Indianern die zweithäufigste Todesursache, dreimal mehr als im nationalen Durchschnitt.

– Die Säuglingssterblichkeit bei den Indianern ist viermal so hoch wie bei den Weißen und doppelt so hoch wie bei den Schwarzen.

– Die durchschnittliche Schulbildung für unter Bundesaufsicht stehende Indianer (diejenigen, die im Lauf der Geschichte Verträge mit den Vereinigten Staaten geschlossen haben) beträgt kaum mehr als fünf Schuljahre – und das, obwohl für die Indianer Bildung ein so hoher Wert ist, daß diesbezügliche Regelungen in fast allen Verträgen zwischen den Vereinigten Staaten und den Stämmen mit an erster Stelle standen.

So schlimm diese Zustände auch sind, sie sind nicht die einzige Begründung für den Kampf der Indianer. Die Indianer wollen nicht in erster Linie eine Verbesserung des Lebensstandards und Bürgerrechte, sie wollen nicht in die amerikanische Gesellschaft aufgesogen werden. «Worum es wirklich geht», sagt Gerald Wilkinson vom National Indian Youth Council, «das ist nicht einfach unser Überleben, sondern unser Überleben als Indianer.»

Die indianische Lebensweise wird anscheinend nicht von selbst untergehen. Sie hat sich durch eine sehr lange und schmerzliche Beziehung mit den eingewanderten Europäern erhalten. Vielleicht aber werden Weiße diese Kultur doch noch vernichten. Gegenwärtig geschieht dies zum Beispiel mit den Pueblo in New Mexico – einer Indianerkultur, die Tausende von Jahren alt ist.

1970 machte der Kongreß Schlagzeilen, weil er ein Gesetz verabschiedete, das den Taos-Pueblo den Besitz von 48000 Morgen Land garantiert, das der Stamm als heilig betrachtet. Das Gesetz war ein Teil von Präsident Nixons siebenteiligem Gesetzespaket für Indianer, wurde aber erst nach einem langen erbitterten Kampf der Pueblo und anderer Indianergruppen – wie dem National Congress of American Indians – erlassen.

Die anderen 18 Pueblo-Stämme in New Mexico jedoch, die vielleicht in nicht zu ferner Zukunft aufhören werden zu existieren, haben kaum Schlagzeilen gemacht. Besonders bedroht sind die Cochiti-Pueblo, denn auf ihrem traditionsreichen Boden soll, so wollen es die Planer, das «7-Tage-Wochenendland» entstehen. Der Großkonzern Great Western United (besonders bekannt durch Shakeys Pizzakette) ist dabei, eine Ferienstadt für 50000 Menschen auf 7500 Morgen Cochiti-Land aus der Erde zu stampfen.

Das Projekt ist natürlich für die Geschäftsleute im nahen Albuquerque, New Mexico, ein Gewinn, für viele Cochiti-Indianer dagegen bedeutet es das Ende ihrer Lebensweise. Über Tausende von Jahren haben sie in ihren staubbedeckten, dicht zusammengedrängten Lehmhäusern zwischen Albuquerque und Santa Fee ein harmonisches, bedächtiges Leben geführt. Ihr Land ist felsig, trocken, gebirgig und fast unberührt. Es ist heiliges Gebiet und Zentrum des geistigen Lebens, das die Stammeskulturen immer geprägt hat.

Vor einigen Wochen erklärte einer der beiden heiligen Männer der Pueblo, daß für ihn der Stamm zu existieren aufgehört hätte. Planierraupen hatten den Stamm getötet. Er nahm die heiligen Gegenstände, die das Wesen und die Einheit der Cochiti symbolisieren, und brachte sie zu den benachbarten Santo Domingo-Pueblo. «Es war wie eine kosmische Katastrophe», sagte Gerald Wilkinson vom National Indian Youth Council später, «wie ein Stern, der nach Tausenden von Jahren verlöscht.»

Die Hintergründe des Entwicklungsprojektes wurden vom Race Relations Information Center mit Unterstützung der «New Mexico Review», einer in Albuquerque erscheinenden Monatszeitschrift, aufgedeckt. Zutage kommt ein Raub von Indianerland, in den das Büro für indianische Angelegenheiten, das Corps of Engineers der US-Armee, der Kongreß, eine mächtige Lobby von Geschäftsleuten in Albuquerque und einige nationale Großkonzerne verwickelt sind. Diesem Machtblock gelang es, die Indianer einzuschüchtern und ihnen jede echte Entscheidungsmöglichkeit für ihre Zukunft zu nehmen.

Die ganze Geschichte begann in den fünfziger Jahren, als aus dem kleinen Albuquerque mit 35000 Einwohnern eine Großstadt mit fast 200000 Menschen wurde. Die Geschäftsleute der Gegend witterten große Gewinne, entdeckten jedoch einen schwerwiegenden Mangel: die Wasserknappheit, die hier wie im übrigen Staat New Mexico herrschte.

Um dem Mangel abzuhelfen, begannen nun die beteiligten Interessengruppen, auf den Bau eines Staudamms am Hauptfluß des Rio Grande zu drängen, der durch Cochiti-Pueblo fließt. 1957 wurde ein Hearing abgehalten, bei dem alle interessierten Parteien ihre Ansichten über die Vorteile eines solchen Dammes vortragen konnten. Cochiti-Führer sagten, daß sie zu keiner Zeit über das Hearing unterrichtet wurden, und es gibt auch keine Aufzeichnungen indianischer Stellungnahmen. Ein Vertreter des Büros für indianische Angelegenheiten versicherte jedoch allen Anwesenden, daß der geplante Damm «für die Pueblo im mittleren Rio Grande-Tal von großem Nutzen sein würde».

Nun wurde 1960 eine Gesetzesvorlage zur Genehmigung des Dammes im Kongreß eingebracht. Texas und Colorado machten jedoch geltend, daß ein Damm am Rio Grande-Hauptfluß ihre eigenen Wasservorräte gefährden würde, und verlangten entsprechende Änderungen der Vorlage. Es kam zu einem Kompromiß, der besagte, daß nur zur Vermeidung von Überschwemmungen ein Damm am Rio Grande gebaut werden dürfe. Das Ergebnis war, daß die Befürworter der Gebietserschließung zwar ihren Damm hatten, aber kein Wasser. Sie machten sich sogleich daran, diese Situation zu ändern.

Zwei Jahre später wurde ein Gesetz eingebracht, wonach das Wasser des San Juan River westlich der kontinentalen Wasserscheide über die Wasserscheide hinweg in der Nähe von Espanola, New Mexico, in den Rio Grande geleitet werden sollte. Das übrige Wasser sollte dann bei Cochiti gestaut werden. Obwohl die Navajo-Indianer eindringlich auf die Gefährdung ihrer Wasservorräte hinwiesen, ging das Gesetz durch, und der Cochiti-Stausee war seiner Verwirklichung einen großen Schritt näher gekommen.

Der entscheidende Schritt erfolgte 1964, als ein Gesetz durchgebracht wurde, wonach das Wasser gestaut werden konnte, vorausgesetzt, die Indianer gaben ihre Zustimmung. Die Machtgruppen, auf die es ankam, waren mit Recht davon überzeugt, daß das kein Problem sein würde.

Man sagte den Indianern, es seien Gesetze zum Bau des Dammes erlassen worden, für einen Stausee und zur Entwicklung der Gegend für Erholungszwecke. Das Corps of Engineers der US-Armee, das den Auftrag zum Bau des Dammes erhalten hatte, bot dem Stamm Ausgleichszahlungen an. Gleichzeitig warnte das Büro für indianische Angelegenheiten die Führer der Cochiti, daß die Ingenieure, falls sie das Angebot ablehnten, das Land einfach beschlagnahmen würden, nach einem Gesetz von 1926, das der Regierung die Verfügungsgewalt über Indianerland zusprach.

«Wir erwogen, den Bau des Dammes und des Stausees nicht zu erlauben», so erinnert sich ein Stammesführer, «aber wir hatten im Grunde keine Wahl. So wie uns die Sache dargestellt wurde, konnten wir entweder unsere Länder verlieren und Geld dafür bekommen oder unsere Länder verlieren, ohne Geld dafür zu bekommen.»

Eine Entschließung, die der Stammesrat 1964 verabschiedete, zeigt, welche Hoffnungslosigkeit damals bei den Cochiti herrschte:

«Da nun die Pueblo von Cochiti durch das Corps of Engineers der US-Armee und das Verteidigungsministerium der Vereinigten Staaten informiert worden sind, daß geplant ist, ein Bauwerk zur Hochwasserkontrolle am Rio Grande nahe Cochiti-Pueblo, nämlich den Cochiti-Damm und -Stausee zu errichten ... Da nun gesetzliche Regelungen getroffen worden sind, durch die für die Anlage eines Erholungsgebietes ein ständiger Wasservorrat gewährleistet sein soll ... Da der geplante Damm und Stausee, wenn sie gebaut werden, einen großen Teil der Pueblo-Länder überfluten werden; und da bestimmte der so enteigneten und überfluteten Pueblo-Länder für die Mitglieder des Stammes heiliges Gebiet von großer geistiger, moralischer und emotionaler Bedeutung sind ...

Da die so enteigneten und unter Wasser gesetzten Länder der Pueblo einen wichtigen Teil des bewässerten Gebietes und der Weiden der Pueblo umfassen und diese Landnahme sich katastrophal auf die Subsistenzwirtschaft des Stammes auswirken wird ...»

Es folgt eine Resolution, mit der die Ausgleichszahlungen für die erlittenen Härten angenommen werden. Von nun an war der Stamm bemüht, den wirtschaftlichen Gewinn aus dem Verlust seiner Länder zu maximieren.

1967 suchten die Cochiti, die sich inzwischen mit dem Bau des Erholungszentrums abgefunden hatten, eine Gesellschaft, die die Erschließung ihrer übrigen Länder übernehmen sollte. Vier Ölgesellschaften und die California City Development Corporation boten ihre Dienste an. Auf den Rat des Büros für indianische Angelegenheiten hin unterzeichnete der Stamm 1969 mit California City Development einen Pachtvertrag auf 99 Jahre, wodurch die Gesellschaft Verfügungsgewalt über etwa ein Drittel der Reservation erhielt.

Viele Stammesführer wußten anscheinend nicht, daß gegen die Gesellschaft Ermittlungen und ein Anklageverfahren wegen Verdachts betrügerischer Machenschaften bei einem Entwicklungsprojekt in Kalifornien liefen. Pat Wehling, der Angestellte des Büros für indianische Angelegenheiten, der bei den Verhandlungen über den Pachtvertrag die entscheidende Rolle spielte, behauptet, daß die Indianer vollständig informiert waren, während der damalige Unterhändler des Büros für indianische Angelegenheiten, Robert Bennett, gegenüber der «New Mexico Review» äußerte, daß er California City Development volles Vertrauen entgegenbrachte, da «sowieso jeder von jedem angeklagt werden kann». Der «Review» zufolge sagte Bennett den Cochiti nie etwas von dem Gerichtsverfahren.

Great Western United kaufte bald nach Unterzeichnung des Pachtvertrages California City Development auf und erbte nicht nur die Pacht, sondern auch das Gerichtsverfahren in Kalifornien. So ist heute die Situation.

Laut Philiph Ashby, Rechtsanwalt für die Cochiti-Pueblo, respektierte Great Western die Pachtbedingungen, und nach Schätzungen von Great Westerns 31jährigem Präsidenten William White werden die Indianer jährlich bis zu einer Million Dollar aus dem Vertrag erhalten, sobald die Erschließung anläuft. «Wir wissen, daß einige Cochiti dem Vertrag feindlich gegenüberstehen», sagte Great Western-Vizepräsident

Tom Rondell. «Uns ist es klar, daß es da ein Problem gibt. Doch Probleme müssen gelöst werden. Das Projekt, das wir vorhaben, wird den Cochiti nutzen. Wir wollen natürlich, daß sich unsere Investitionen für uns lohnen, aber wir wollen niemanden vergewaltigen.»

Doch der Preis, nach menschlichen, nicht nach wirtschaftlichen Kategorien, wird hoch sein. Ein früherer Führer des Stammes sagte kürzlich, indem er den Blick über die Stammesgebiete in ihrer wilden, unberührten Schönheit schweifen ließ: «Diese neue Stadt wird alles zerstören, unsere Kultur, unsere Lebensweise, unseren Glauben, unsere überlieferten Sitten und Gebräuche, und sie wird 7500 Morgen unseres Landes verschlingen. Unser Pueblo wird zum Vorort werden. Das kann das Ende unseres Volkes und seiner besonderen Eigenarten bedeuten. Ich weiß nicht. Ich fühle mich sehr schuldig wegen der Rolle, die ich dabei gespielt habe.»

Das Cochiti-Projekt ist kein Einzelfall. Es ist nur eines in einer ganzen Reihe von Entwicklungsprojekten, die die Wasserversorgung aller 19 Pueblo-Stämme in New Mexico gefährden, wie William Veeder, Wasserexperte des Innenministeriums, fürchtet. Wenn keine Abhilfe geschaffen wird, so wird eine der ältesten Kulturen der westlichen Erdhälfte sterben. Zahlreiche andere Stämme haben mit ähnlichen Problemen zu kämpfen. Zum Beispiel:

– Die Cherokee-Nation war früher eine der stabilsten und reichsten Indianergesellschaften und hatte eine verfassungsmäßige Regierung nach dem Muster der Vereinigten Staaten. Der Stamm führte ein gestaffeltes Steuersystem ein und verfügte über ein hervorragendes Schulwesen. Mehr als 90 Prozent der Cherokee konnten in ihrer eigenen Sprache lesen und schreiben, und nicht wenige junge Cherokee besuchten die Universitäten im Osten. Doch die Nation wurde systematisch zerstört, als Oklahoma 1907 ein Staat wurde. Von da an kontrollierte die US-Regierung die Angelegenheiten der Cherokee.

Heute besuchen die Cherokee durchschnittlich nur fünf Jahre eine Schule, und das Durchschnittseinkommen einer Cherokee-Familie beträgt 500 Dollar im Jahr. Etwa 10000 Vollblut-Cherokee leben in dem Hügelland Oklahomas und halten an ihrer Sprache und ihren Überlieferungen fest. Die Stammesregierung allerdings ist in den Händen von W. W. Keeler, dem Aufsichtsratsvorsitzenden von Philips Petroleum, einem Mann, der nur zu einem Sechzehntel Cherokee ist. Keeler wurde von Präsident Truman eingesetzt. Hier zeigt sich in aller Deutlichkeit, wieweit der Stamm die Kontrolle über seine Angelegenheiten verloren hat.

– Viele Navajo-Kinder müssen ihre Reservation verlassen, um die 400 Meilen entfernte BIA Intermountain-Schule in Brigham City, Utah, zu besuchen. Die Schüler und die indianischen Angestellten erklären, daß Sprache, Religion und Kultur der Navajo mit Gewalt, durch Methoden wie Kahlscheren des Kopfes, Anlegen von Handschellen und andere körperliche Züchtigungen unterdrückt werden. Als der National Indian Youth Council im letzten Frühling die Zustände an der Schule untersuchte und anprangerte, beförderte das Büro für indianische Angelegenheiten Wilma Victor, Schulleiterin von Intermountain, zur Direktorin für das gesamte Erziehungswesen innerhalb des BIA. Diese Stelle bekleidete Miss Victor drei Monate, bevor sie Ende November auf ihren jetzigen Posten in das BIA-Büro in Phoenix, Arizona, versetzt wurde.

– Rücksichtslose Kohleförderung im Tagebau, wie sie bereits in den Appalachen betrieben wurde, bedroht nun die Navajo- und Hopi-Reservationen, weil ihre heiligen Gebiete davon betroffen sind. Die maßgebliche Gesellschaft dabei ist die Peabody Coal Company.

– Alaska ist wahrscheinlich das einzige Land, das genügend unberührte Gebiete hat, wo die eingeborenen Amerikaner frei ihre Lebensweise ausüben können. Doch diese Situation wird sich voraussichtlich sehr bald ändern, wenn Ölgesellschaften und andere mächtige Interessengruppen in das Land eindringen. Es scheint schon festzustehen, daß die Indianer, Eskimos und Aleuten große Teile ihrer Länder aufgeben müssen. Die Frage ist nur noch, wie unbefriedigend die Abkommen sein werden.

Bei all diesen Vorgängen zeigt sich immer wieder, daß mächtige weiße Gruppen die Indianerkulturen bestenfalls für einen merkwürdigen Anachronismus in der Gesellschaft des 20. Jahrhunderts halten. «Machen wir uns nichts vor», so sagte Tom Rondell von Great Western United, «die Cochiti-Pueblo kommen gerade erst aus der Steinzeit.» Indianer antworten darauf, daß ihre Kultur eine Existenzberechtigung hat, ganz gleich, was Nichtindianer davon halten. Es gibt keine Rechtfertigung für Kultur- und Rassenmord, und Indianer sollten so leben können, wie es ihnen entspricht. Sie fügen hinzu, daß die Weißen prüfen sollten, wie es mit ihrer angeblichen Überlegenheit steht.

Lange bevor General Philip Sheridan einen guten Indianer mit einem toten Indianer gleichsetzte und George Armstrong Custer Collegeabhandlungen über die bevorstehende Auslöschung der Indianer verfaßte, bestimmte die Auffassung von Minderwertigkeit des roten Mannes die offizielle und die inoffizielle Politik der Vereinigten Staaten. Ausführendes Organ dieser Politik war zunächst das Kriegsministerium, unterstützt von vielen Freiwilligen, die sich meldeten, um gegen die Indianer zu kämpfen. In jenen Tagen lehnten sich die Stämme gegen ihr angeblich unausweichliches Schicksal auf, und sie hatten noch genug Kraft, Widerstand zu leisten.

Als die Weißen schließlich den ganzen Kontinent beherrschten, kehrten sie eine Haltung des Wohlwollens heraus. Die Autoritäten in Washington kamen allmählich zu der Auffassung, daß es hinreichte, die Lebensweise der Indianer zu zerstören – ohne daß man sie alle töten mußte. So wurde 1887 der Dawes Act erlassen.

Durch dieses Gesetz bekam jeder Indianer ein Stück Land, in der Hoffnung, daß er zu einem zivilisierten Bauern werden würde. Diese Politik schlug völlig fehl, nicht weil der Indianer ein Wilder war, sondern weil die Stämme den Privatbesitz an Land nicht kannten und weil es weißen Spekulanten noch leichter wurde, sich indianischen Besitz anzueignen. Solange der Dawes Act in Kraft war, verminderte sich der indianische Landbesitz um 80 Millionen Morgen.

Diese Politik der Aufteilung des Reservationslandes wurde bis zur Zeit des New Deal betrieben, als die Regierung in einem plötzlichen Anfall von Menschlichkeit einen Versuch machte, ihre bisherigen Irrtümer zu korrigieren. Der Kongreß erließ den Indian Reorganization Act von 1934 und hob damit den Dawes Act auf. Die Indianer konnten nun ihren zerstückelten Stammesbesitz wieder zusammenfassen.

Bald danach jedoch trat das Land in den Zweiten Weltkrieg ein, und die Probleme der Indianer wurden als unbedeutend zurückgestellt. Nach Kriegsende kamen dann die Irrtümer der Vergangenheit wieder zum Vorschein.

In den fünfziger Jahren herrschte die sogenannte «Termination»-Politik.* Der Termination Act wurde unter dem Vorwand erlassen, den Indianern damit die volle Staatsbürgerschaft zu verleihen und ihre Abhängigkeit von der Regierung zu beseitigen. In Wirklichkeit aber entzog sich die Regierung auf diese Weise ihren Verpflichtungen zu Dienstleistungen für die Stämme. Die Abhängigkeit vom Büro für indianische Angelegenheiten verstärkte sich höchstens noch. Die «Termination»-Gesetze existieren noch immer (wenn auch Präsident Nixon von dieser Politik abgerückt ist und statt dessen von der «Selbstbestimmung» der Indianer gesprochen hat). Viele Indianerführer sehen in den Gesetzen für die Ureinwohner Alaskas, die gegenwärtig durch den Kongreß gepeitscht werden, eine Fortsetzung dieser Politik.

Vor diesem Hintergrund ist leicht erklärlich, daß die Indianer fast einstimmig eine radikale Veränderung der Politik gegenüber den Ureinwohnern Amerikas fordern. Und vielleicht noch eindringlicher ist der Appell einiger Indianer an die Weißen, ihre Politik sich selbst gegenüber radikal zu ändern, bevor alle Menschen vernichtet sind.

* Termination = Schluß, Ende – also eine Art Endlösung des Indianerproblems.

Das Beispiel des roten Mannes

In dem luxuriösen Festsaal eines Hotels in Tulsa, Oklahoma, blickte eine untersetzte, mütterliche Indianerin hinter einem Rednerpult hervor, das fast so groß war wie sie. Mrs. Martha Grass, eine Ponca, schaute auf das Meer nichtindianischer Gesichter vor sich und redete ohne Umschweife.

«Wir kamen wunderbar zurecht, bevor Sie in diesen Kontinent eingefallen sind», erklärte sie der Versammlung von Menschenrechtlern. «Sie könnten die Wesenszüge einer schönen Kultur von den Indianern lernen. Wir haben Sie noch eine Menge zu lehren.»

Buffalo Tiger, Sprecher des sehr traditionellen Miccosukee-Stammes, äußerte sich kürzlich ähnlich in einem Interview: «Ich gehöre zu den Menschen, die die Lebensweise des Indianers viel höher einschätzen als die des weißen Mannes. Die weißen Menschen müssen von den Indianern die einfachen Dinge lernen, zum Beispiel, in Harmonie mit dem zu leben, was Gott ihnen gegeben hat.»

Vielen Weißen erscheint Buffalo Tigers Standpunkt völlig verkehrt. Wie, so fragen sie, kann ein Angehöriger eines Volkes, das sich seinen Lebensunterhalt durch Jagd auf Frösche und Kleinwild verschafft, sich weigern, in einem Haus zu leben und – was gar nicht so selten vorkommt – seine Kinder in eine öffentliche Schule zu schicken? Wie kann er seine primitive Existenz in den Everglades* dem Stadtleben vorziehen und dann noch behaupten, seine Lebensweise sei besser?

Viele Indianer geben darauf folgende Antwort: Die Kultur der Indianer ist nicht notwendigerweise unvereinbar mit technologischem Fortschritt. Die Miccosukee, einer der allerkonservativsten Stämme, sind bereit, im Gesundheitswesen, im sanitären Bereich, sogar bei den Transportmitteln (sie verwenden jetzt Luftkissenboote an Stelle von Kanus) und begrenzt auf einigen anderen Gebieten moderne Methoden anzuwenden. Andere Stämme gehen noch wesentlich weiter: «Es ist wahr, wir haben einiges von dem weißen Mann gelernt», sagt John Olguin, ein Isletta-Pueblo und Leiter des Indianerprogramms in Dartmouth. «Doch es ist eine große Kraft in der Kultur der Indianer. Das Lernen sollte im Austausch vor sich gehen.»

Was die Indianer zu vermitteln haben, ist eine Art geistig-philosophische Betrachtungsweise gegenüber Menschen, Lebensformen und ihrer natürlichen Umgebung. «Der weiße Mann», sagte Charles Cambridge, ein junger Navajo-Führer, «hat sich auf philosophischem und kulturellem Gebiet nicht genug entwickelt, um die von ihm geschaffene Technologie zu kontrollieren. Nun ist es dahin gekommen, daß er von der

* Sumpfgelände in Florida.

Technologie kontrolliert wird, und wenn nichts getan wird, kann die ganze Menschheit ausgelöscht werden.»

Die vielleicht umfassendste Darstellung von Cambridges Standpunkt ist in dem Buch «We Talk, You Listen» von Vine Deloria Jr., einem Standing Rock Sioux, zu finden, der berühmt wurde durch das Buch «Custer Died for Your Sins». In der Einleitung zu «We Talk, You Listen» schreibt Deloria: «Ich bin immer wieder beeindruckt davon, wie Nichtindianer denken. Letztes Jahr in Cleveland kam ich mit einem Nichtindianer über die Geschichte Amerikas ins Gespräch. Er sagte, es täte ihm wirklich leid, was mit den Indianern passiert sei, aber es gebe natürlich gute Gründe dafür. Der Kontinent mußte erschlossen werden, und er meinte, die Indianer seien ein Hindernis gewesen und mußten daher entfernt werden. ‹Schließlich›, so bemerkte er, ‹was habt ihr denn aus dem Land gemacht, als ihr es noch hattet?› Ich verstand ihn erst nicht, bis ich entdeckte, daß der Cuyahoga River in Cleveland feuergefährlich ist. Er enthält so viele brennbare Industrieabfallprodukte, daß die Anwohner im Sommer besondere Vorsichtsmaßnahmen einhalten müssen, um ihn nicht aus Versehen anzuzünden. Ich ließ mir nochmals durch den Kopf gehen, was mein nichtindianischer Freund gesagt hatte, und kam zu der Einsicht, daß er wahrscheinlich recht hatte. Die Weißen hatten das Land besser genutzt. Welcher Indianer wäre wohl auf den Gedanken gekommen, einen brennbaren Fluß zu schaffen?»

Über solch beißenden Witz hinaus weist Deloria auf einige sehr ernste Punkte hin: erstens, daß die philosophischen Grundannahmen, auf die sich das nichtindianische Amerika stützt, den Menschen seiner Identität berauben; zweitens, daß Amerikas Weltanschauung versagt hat und eine neue benötigt wird; und drittens, daß radikale Schritte zur Kontrolle der Technologie unternommen werden müssen, bevor der Planet unbewohnbar wird. Zum ersten Punkt erklärt Deloria (dessen Denken stark beeinflußt ist von Marshall McLuhan und Sitting Bull), daß es mindestens zwei große Irrtümer in der Weltanschauung Amerikas gibt. Der erste besteht seit langem in der Anhimmelung des ‹homo oeconomicus›, der zweite ist das Dogma vom Schmelztiegel Amerika.

Individuen, so Deloria, existieren nicht isoliert voneinander; die Wichtigkeit der Gruppe wird aber in Amerika geleugnet. Das angelsächsische Amerika verherrlicht den Einzelkämpfer im Dschungel der Wirtschaftswelt. Dagegen beruhen bei dem Indianer (nach Deloria) Identität, Zielsetzungen und Selbstgefühl auf der gemeinschaftlichen Arbeit in der Gruppe.

Deloria glaubt jedoch, daß die Weißen sich vielleicht ändern: «Den Menschen wird ihre Vereinsamung bewußter, auch wenn sie weiterhin den harten Individualisten verehren, der niemanden braucht. Der selbstgenügsame Mensch sucht nach einer Gemeinschaft, zu der er gehören kann. Die glitzernden Mythen und Allgemeinplätze der amerikanischen Gesellschaft können das dringende Bedürfnis und den Wunsch, zu einer Gemeinschaft zu gehören, nicht mehr verdecken.» Deloria verbindet seinen Glauben an die Bedeutung der Gruppe mit einer Absage an die Vorstellung, daß Amerika ein großer Schmelztiegel sein könnte. Diese Vorstellung, nach der Menschen verschiedenster Abstammung und Geschichte die gleiche Kultur und Lebensweise annehmen, hält er weder für realistisch noch für wünschenswert. Auf dem Symposium des Smithsonian Instituts fand ein Aufsatz Delorias Beachtung, in dem er erklärt, daß die Amerikaner allmählich «das angenehme Land der Assimilation (verlassen) und sich draußen in der Dunkelheit ethnischer Verschiedenheit wiederfinden. Alle Werkzeuge, die wir haben, um Informationen zu sammeln und uns zurechtzufinden, wurden für eine Welt der Assimilation und Integration geschaffen. Unsere Regierung, unser Wirtschaftssystem und die Grundsatzerklärungen unserer Gesellschaft beruhen auf Voraussetzungen, die völlig anders sind als die, die wir heute allmählich erkennen.»

Deloria sieht auch große Probleme mit Amerikas Religion – zum Beispiel mit der Behauptung der Christen, Gott habe sie als Herren über alle Geschöpfe und die Elemente eingesetzt. Die Religion der Indianer lehrt genau das Gegenteil, sagt Deloria. Bei den Indianern ist dem Menschen von Gott keine Herrschaft über irgendein anderes Wesen als ihn selbst übertragen worden. Der Mensch ist einfach, oder sollte es sein, ein Teil des Kreislaufs, der sich auf der Erde vollzieht; er existiert bescheiden gemeinsam mit anderen Lebensformen und anerkennt die geistige Bedeutung und die Begrenztheit der Lebensquellen der Erde.

Die weißen Menschen jedoch, so erklärt Deloria, haben nicht diese Auffassung, und Stella Leach, die eine führende Rolle bei der Alcatraz-Besetzung spielte, sagt: «Sie haben unsere Mutter Erde vergewaltigt.» Zu viele weiße Amerikaner, denen jede geistige Beziehung und Verehrung für das Land fehlt, haben es einfach als etwas betrachtet, was man benutzt und ausbeutet. Das Ergebnis war, sagt Deloria, die Schaffung eines ‹künstlichen Universums›, in dem vielleicht kein Leben mehr möglich sein wird.*

Deloria nimmt die Untersuchungen einer Gruppe europäischer Wis-

* Eine Anzahl Indianer, die RRIC interviewte, finden die Umweltschutzbewegungen in gewissem Grad ermutigend, machen aber große Einschränkungen. Viele von ihnen sehen darin eine Panikreaktion in einer brenzligen Lage und nicht eine Bewegung, die von der geistigen Verehrung der Erde ihren Ausgang nimmt und von da auch die Kräfte für den Erfolg bezieht.

senschaftler ernst, die zu dem Schluß kamen, daß das Leben auf der Erde vielleicht in 35 Jahren aufhört, weil der verfügbare Sauerstoff verbraucht ist. Deloria propagiert darum eine Reihe radikaler, notwendiger Veränderungen. Er schlägt unter anderem vor, alles verfügbare Land – besonders brachliegende Äcker – als natürliche Wälder aufzuforsten und Wild dort auszusetzen. Viele Menschen sollten zu Jägern und Fischern ausgebildet und in der Ausübung dieser Berufe unterstützt werden. Die Machtzentren, wie Regierung und Industrie, sollten ihre Konzeptionen von Wachstum und Fortschritt überprüfen.

Ähnliche Ansichten hat kürzlich zum Beispiel auch der nichtindianische Schriftsteller Charles Reich, Autor von «The Greening of America» vertreten. Es gibt aber einen Unterschied. Reich ist im Grunde optimistisch, während Deloria und viele Indianerführer pessimistisch sind. «Ich denke nicht, daß die Mächtigen fähig sind, sich so radikal zu verändern, wie dies notwendig ist», erklärte Deloria kürzlich in einem Interview. «Ich habe nicht viel Hoffnung für dieses Land. Ich meine, es könnten einige kleinere Gruppen überleben, die soziale Organisationsformen und Philosophien übernommen haben, die in ihrem Wesen nicht westeuropäisch sind.» Deloria geht davon aus, daß die Indianer unter diesen Überlebenden sein werden.

Die wachsende Militanz der Schwarzen und anderer Minderheiten hat mit zu dem Aufschwung beigetragen, den die Indianerbewegung in den letzten fünf Jahren genommen hat. Gleichzeitig haben sich damit weitere Beweise für den weißen Rassismus angesammelt. Doch das ist nicht alles. Die Indianer haben das weiße Amerika auch mit dem Gedanken konfrontiert, daß die angelsächsische Erbschaft Selbstmord, das blinde Vertrauen in die Technik tödlich sein kann. Die rücksichtslose Ausbeutung der Natur mag sich als große Torheit erweisen und die arrogante Behauptung vom unausweichlichen Schicksal der Indianer gegen die mächtigste Nation der Erde kehren.

Im Morgengrauen des 9. November 1969 landeten 78 Indianer auf der Insel Alcatraz in der Bucht von San Francisco. Die dramatische Besetzung lenkte die Aufmerksamkeit der Weltöffentlichkeit auf die Widerstandsbewegung der Indianer. Am 30. November lebten annähernd 600 Indianer, Vertreter von mehr als 50 Stämmen, auf der ehemaligen Gefangeneninsel. Ihre Zahl nahm in den folgenden Monaten stark ab, da die Regierung der Vereinigten Staaten Telefon, Strom und Wasser sperrte, um so die Indianer zum Abzug zu zwingen. Doch die Indianer gaben nicht auf. Sie konstituierten sich als «Indianer aller Stämme» und blieben auf der Insel, bis sie eineinhalb Jahre später mit Gewalt vertrieben wurden. Das Dokument besteht aus zwei Proklamationen. Die erste wurde zur Übernahme von Alcatraz verfaßt, die zweite zum Jahrestag der Landung.

Alcatraz Reclaimed. Aus der Presseerklärung der Indianer aller Stämme und Nationen, Januar 1970

Proklamation:

An den Großen weißen Vater und alle seine Kinder!

Wir, die eingeborenen Amerikaner, fordern im Namen aller amerikanischen Indianer das Land, das als Insel Alcatraz bekannt ist, zurück. Es steht uns Rechtens zu, da wir seine Entdecker sind.

Wir wollen gerecht und ehrenhaft mit den kaukasischen Bewohnern dieses Landes umgehen, und wir bieten hiermit den folgenden Vertrag an:

Wir wollen besagte Insel Alcatraz für 24 Dollar in Glasperlen und rotem Tuch erwerben. Der weiße Mann hat uns mit dem Kauf einer ähnlichen Insel vor 300 Jahren ein Beispiel gegeben. Wir wissen, daß 24 Dollar in Handelsgütern für diese 16 Morgen Land mehr sind, als beim Verkauf der Insel Manhattan* gezahlt wurde, aber wir wissen, daß der Boden seither im Wert gestiegen ist. Unser Angebot von 1,24 Dollar pro Morgen liegt über den 47 Cent pro Morgen, die die weißen Männer jetzt den Indianern Kaliforniens für ihr Land zahlen.

Wir werden allen Bewohnern dieser Insel ein eigenes Stück Land geben, das sie auf ewig – solange die Sonne aufgeht und die Flüsse sich ins Meer ergießen – behalten sollen und für das die Behörde für die Angelegenheiten der amerikanischen Indianer und das Büro für kaukasische Angelegenheiten als Treuhänder eingesetzt werden sollen. Wir werden die Bewohner außerdem in der richtigen Art zu leben unterweisen. Wir werden ihnen unsere Religion, unsere Erziehung, unsere Lebensform anbieten, um ihnen zu helfen, auf den Stand unserer Zivilisation zu kommen und auch all ihre weißen Brüder aus ihrem barbarischen und unglücklichen Zustand zu befreien. Wir unterbreiten diesen Vertrag in gutem Glauben, und wir wollen gerecht und ehrenhaft mit allen weißen Menschen umgehen.

Wir sind der Ansicht, daß die sogenannte Alcatraz-Insel nach den Maßstäben des weißen Mannes überaus geeignet für eine Indianerreservation ist. Damit meinen wir, daß dieser Ort mit den meisten Indianerreservationen folgendes gemeinsam hat:

* Der Deutsche Peter Minnewit oder Minuit aus Wesel am Rhein kaufte im Jahre 1626 den Manhattan-Indianern die Insel Manhattan für 24 Dollar im Auftrag der Holländer ab.

1. Er ist von allen modernen Einrichtungen abgeschnitten und besitzt keine angemessenen Transportmittel.
2. Es gibt kein frisches oder fließendes Wasser.
3. Die sanitären Einrichtungen sind unzureichend.
4. Öl oder andere Bodenschätze sind nicht vorhanden.
5. Es gibt keine Industrie. Die Arbeitslosigkeit ist also sehr groß.
6. Es gibt keinen Gesundheitsdienst.
7. Der Boden ist felsig und unfruchtbar. Es gibt kein Wild.
8. Es gibt keine Schulen.
9. Die Bevölkerungszahl war im Verhältnis zu den Erwerbsmöglichkeiten des Landes immer zu groß.
10. Die Bevölkerung ist immer in Gefangenschaft und in Abhängigkeit gehalten worden.

Weiter wäre es sehr angemessen und von symbolischer Bedeutung, wenn die Schiffe aus aller Welt, die Golden Gate passieren, zuerst Indianerland sehen und an die wahre Geschichte dieser Nation erinnert würden. Diese winzige Insel wäre das Symbol für die großen Länder, über die einst freie und edle Indianer herrschten.

Welchen Gebrauch wollen wir von diesem Land machen?

Seit das Indianerzentrum in San Francisco abgebrannt ist, gibt es keinen Ort, wo Indianer sich versammeln und ihr Stammesleben in der Stadt des weißen Mannes fortführen können. Deshalb haben wir den Plan, auf dieser Insel verschiedene indianische Einrichtungen zu schaffen.

1. Ein Zentrum für amerikanische Eingeborenenstudien soll geschaffen werden, wo die Fertigkeiten und Kenntnisse gelehrt werden sollen, mit deren Hilfe das materielle und geistige Leben aller Indianervölker gedeihen kann. Von Indianern geleitete Wanderuniversitäten sollen an dieses Zentrum angeschlossen werden. Die Mitglieder dieser Universitäten sollen sich in den Reservationen das notwendige Wissen aneignen.

2. Ein geistiges Zentrum der amerikanischen Indianer soll die überlieferten religiösen Riten und die heiligen Gesundungszeremonien der Stämme ausüben. Unsere Kultur und Kunst soll lebendig sein, und unsere jungen Leute sollen in Musik, Tanz und Heilungsritualen unterrichtet werden.

3. Ein indianisches Zentrum für Ökologie soll unsere jungen Leute ausbilden und sie in der wissenschaftlichen Forschung anleiten wie auch in dem praktischen Bemühen, unsere Länder und Gewässer wieder in ihren ursprünglichen, natürlichen Zustand zu bringen. Wir werden an dem Problem der Reinigung der Luft und des Wassers im Bereich der Bucht von San Francisco arbeiten. Wir werden versuchen, wieder Le-

bensmöglichkeiten für Fische und andere Tiere in dieser Gegend zu schaffen. Wir wollen das vom weißen Mann bedrohte Meeresleben schützen. Wir werden Einrichtungen für die Entsalzung des Meerwassers zum Wohl der Menschen entwickeln.

4. Eine große indianische Ausbildungsstätte soll errichtet werden, wo unser Volk lernen kann, wie es sich seinen Lebensunterhalt erwerben, seinen Lebensstandard verbessern kann, wie Hunger und Arbeitslosigkeit bei unserem ganzen Volk überwunden werden können. Zu dieser Ausbildungsstätte soll auch ein Zentrum für indianische Kunst und indianisches Handwerk gehören, und ein Restaurant für Eingeborenengerichte, das die kulinarischen Künste wiederbeleben soll. In diesem Zentrum wird indianische Kunst ausgestellt und den Besuchern indianische Gerichte angeboten werden, so daß jedermann von der Schönheit und dem Geist der traditionellen indianischen Lebensweise erfährt.

Einige der vorhandenen Gebäude sollen übernommen werden, um ein Museum der amerikanischen Indianer einzurichten, wo gezeigt werden soll, welche Dinge wir der Welt gegeben haben: Früchte, Drogen und andere Kulturgüter. In einem anderen Teil des Museums sollen die Dinge zu sehen sein, die der weiße Mann den Indianern dafür gab, daß er ihnen Land und Leben nahm: Krankheit, Alkohol, Armut und Zerstörung der Kultur (dargestellt durch alte Blechbüchsen, Stacheldraht, Gummireifen, Plastikbehälter etc.). Ein Teil des Museums soll ein Kerker bleiben, um an die indianischen Gefangenen zu erinnern, die in Ketten gelegt wurden, weil sie die weiße Herrschaft in Frage gestellt haben; er soll auch an diejenigen erinnern, die in Reservationen gefangengehalten wurden. Das Museum wird die großen und die tragischen Ereignisse der indianischen Geschichte zeigen, die gebrochenen Verträge, eine Dokumentation über den Pfad der Tränen, das Massaker von Wounded Knee und auch den Sieg über Yellow Hair Custer und seine Armee.

Im Namen aller Indianer fordern wir deshalb diese Insel für unsere Indianernationen zurück. Aus all diesen Gründen halten wir unsere Forderung für gerecht und angemessen, denn rechtmäßig sollte uns dieses Land überlassen werden, solange die Flüsse Wasser führen und die Sonne scheint.

Indianer aller Stämme
November 1969, San Francisco, Kalifornien

Proklamation zum Jahrestag, November 1970

Wir, die Indianer aller Stämme, grüßen unsere Brüder und Schwestern aller Rassen und aller Sprachen auf unserer Mutter Erde. Wir hier auf der Insel Alcatraz in der Bucht von San Francisco, Kalifornien, repräsentieren viele Stämme der Vereinigten Staaten wie auch Kanadas, Alaskas, Zentral- und Südamerikas. Wir behaupten uns noch immer im Namen wahrer Freiheit, Gerechtigkeit und Gleichheit auf der Insel Alcatraz, weil ihr, unsere Brüder und Schwestern auf dieser Erde, unsere gerechte Sache unterstützt habt. Wir reichen euch unsere Hände, und unsere Herzen sind bei euch. Wir senden jedem einzelnen von euch unsere Botschaft – wir halten den Fels!* Unser Zorn über die vielen Ungerechtigkeiten, die wir erleiden mußten, seit die ersten weißen Menschen an diesen heiligen Küsten landeten, hat sich in Hoffnung verwandelt, daß uns endlich das lange verweigerte Menschenrecht gewährt wird, unser Leben selbst zu gestalten und zu führen, im Einklang und in Gemeinschaft mit allen Lebewesen und mit der Natur. Wir haben erfahren, daß Gewalt Gegengewalt nach sich zieht, und darum haben wir die Besetzung von Alcatraz auf friedliche Weise durchgeführt. Wir hoffen, daß die Regierung dieser Vereinigten Staaten ebenso handeln wird. Es soll jedoch jedermann wissen, daß es uns ernst ist, wenn wir diese Insel im Namen der Indianer aller Stämme fordern. Wir, Männer, Frauen und Kinder werden hierbleiben. Wir meinen, daß dies eine geringe Bitte an eine Regierung ist, die planmäßig unsere Länder geraubt und eine einst schöne, natürliche Landschaft zerstört hat, die die Geschöpfe der Natur ausgerottet, die Luft und das Wasser vergiftet und in sinnloser Gier selbst die Eingeweide unserer Erde herausgezerrt hat. Und sie hat ein Programm entworfen, durch das viele Indianerstämme dieses Landes vernichtet wurden, das auch jetzt noch fortgesetzt wird durch Raub, Unterdrückung, Vorurteile, Vertragsaufkündigung und sogenannte Umsiedlung und Assimilation. Wir sind ein stolzes Volk! Wir sind Indianer! Wir haben viele ‹Errungenschaften› der sogenannten Zivilisation geprüft und zurückgewiesen. Wir sind Indianer! Wir werden unsere Tradition und Lebensart bewahren, indem wir unsere Kinder selbst erziehen. Wir sind Indianer! Wir werden unseren Brüdern und Schwestern die Hände reichen und eine Gemeinschaft bilden, wie sie bisher noch niemals bestanden hat. Wir sind Indianer! Unsere Mutter Erde wartet darauf, daß wir unsere Stimme erheben. Wir sind die Indianer aller Stämme! Wir halten den Fels!

Nachdem die Indianer aller Stämme 18 Monate auf der Insel gelebt hatten, wurden sie 1971 von Regierungstruppen entfernt. Vorausgegangen war die Verhaftung von drei Indianern, die des Kupferdiebstahls angeklagt wurden. Sie hatten in mühsamer Kleinarbeit Kupferdrähte aus dem

* Gemeint ist die Felseninsel Alcatraz.

Beton des verlassenen Gefängnisses herausgelöst. Ein Bundesbeamter erklärte, «da die Indianer stehlen», könnten sie nicht auf der Insel bleiben. In einem Berufungsverfahren wurden die drei Männer im Sommer 1973 freigesprochen. Zur gleichen Zeit gab das Innenministerium bekannt, daß Alcatraz als Touristenattraktion ausgebaut werden soll. Das Ministerium erwartete Vorschläge von interessierten Geschäftsleuten. Der Millionär Lamar Hunt jr. zum Beispiel möchte, daß auf Alcatraz eine Freiheitsfakkel als Denkmal gebaut wird (siehe «Akwesasne Notes», Frühherbst 1973, S. 19).

Die Pit River-Indianer Nordkaliforniens waren entschlossen, ihren Rechtsanspruch auf jenes Land, das niemals an weiße Menschen abgetreten wurde, zu wahren. Was daraufhin geschah, beschreibt der folgende Artikel. Es ist zu beachten, daß von den dreißig Personen, die bei dem Zusammenstoß verhaftet wurden, keine einzige wegen unerlaubten Betretens fremden Bodens angeklagt wurde.*

Die Konfrontation am Pit River. Aus der Zeitschrift «La Raza», Bd. 1, Nr. 3

Es war der 27. Oktober 1970. Weniger als 60 Pit waren an dem «Pit River Challenge»** beteiligt. Wir haben Verhaftungen erwartet, aber mit dieser Brutalität, solchen Mißhandlungen und der Bedrohung mit Maschinengewehren haben wir nicht gerechnet. Man legte uns Handschellen an, die die Haut der Gelenke abscheuerten. Und wir wurden zusammengekettet. Selbst Kriegsverbrecher werden besser behandelt.

Am 23. Oktober 1970 schrieb uns die Forstverwaltung einen Brief, in dem stand, daß wir unser Gebiet, die Vier Winkel vom Pit River, zu verlassen hätten. Wir weigerten uns.

Am 26. erschienen diese Leute in Begleitung von Polizisten auf unserer Versammlung und sagten, daß wir abzuziehen hätten. Wir sagten ihnen wieder, daß wir nicht die Absicht hätten, auch nur einen unserer 3368000 Morgen abzugeben. Als die gelben Flammen unserer Feuer

* Der Kampf der Pit River-Indianer um 3500 Morgen ihres Stammeslandes in Kaliforniens Shasta County beschäftigt seit Frühherbst 1973 die Bundesgerichte. Der Landanspruch der Vereinigten Staaten bezieht sich auf ein Statut von 1853. Es gibt jedoch keinen Vertrag, der die Zustimmung der Eingeborenen enthält, wie das geltende Recht der USA fordert. Die Pit River-Indianer erklären demgegenüber, daß die Vereinigten Staaten, um dieses Land zu erhalten, mindestens 100000 kalifornische Indianer töteten (siehe «Akwesasne Notes», Frühherbst 1973, S. 19).

** Pit River-Konfrontation.

tanzten und die Bäume zum Leben erweckten, als die Kälte aus der Dunkelheit gegen das sprechende Feuer drang und unser Atem in kleinen Wolken ausströmte, da sprachen wir.

Wieder und wieder zischte die hervorschnellende, gespaltene Zunge der weißen Schlange, daß das Land der Regierung gehöre. Wir fragten nach einem Gesetz, einem Vertrag oder Dokument, das dies belege. Sie konnten nichts vorweisen. So ist das Land Pit River-Land, denn US-Verfassung, Artikel 194, lautet:

«In allen Fällen, in denen nicht klar ist, wem das Land gehört und ein Indianer und ein Weißer sich gegenüberstehen, trägt der weiße Mann die Beweislast, wann immer ein Indianer Ansprüche erhebt, weil er das Land vor den Weißen nutzte und bewohnte.»

... und Artikel XIV der Verfassung der Vereinigten Staaten ... und der 5. Zusatz zur Verfassung ... und Artikel VI.

«Wir erwarten, daß Sie bis zum Morgen abgezogen sind. Die Wellblechhütte, die Sie hier gebaut haben, steht auf fremdem Boden. Sie muß weg», zischten sie.

Wieder beschloß meine Gruppe, zu bleiben. Wir waren nicht bereit, Befehle zu befolgen, die ein weißer Hund bellte, bloß weil der Lärm groß war und der Blick gnadenlos. Doch wir dachten oft daran, daß vor langer Zeit jemand dem weißen Mann sagte, er sei Gott. Ich bin sicher, Gott wäre nicht einverstanden. Denn Gott ist in dieser langen Geschichte nie einverstanden mit dem, was die weiße Schlange tut.

Sie sagten, die Wellblechhütte sei «häßlich» und müsse entfernt werden, weil sie «die Landschaft verunstalte».

Die ganze Welt verrottet. Das Wasser ist vergiftet, die Luft verpestet, die Politik korrupt, die Erde aufgerissen, der Wald geplündert, die Strände verdreckt, die Städte verbrannt, die Menschen getötet ..., und die Föderalisten bringen die schönsten Oktobertage damit zu, uns zu erklären, die Wellblechhütte sei «häßlich»!

Für uns war sie schön, der Anfang unserer Schule. Unser Versammlungsort. Obdach der Obdachlosen. Ein Heiligtum der Ruhebedürftigen. Unsere Kirche. Unser Hauptquartier. Unsere Geschäftsstelle. Unser Symbol für die Verwirklichung der Freiheit. Und sie steht noch immer.

Sie war auch das Zentrum der Wiederbelebung unserer schwerverwundeten, geschwächten und zerstückelten Kultur. Unser Anfang. Sie war unsere aufgehende Sonne an einem klaren Frühlingsmorgen bei wolkenlosem Himmel. Ihr Anblick machte das Herz gut und rein. Dieser kleine Ort auf Erden. Unser Ort.

27. Oktober, 12 Uhr mittags. Sie kamen – 150 Mann stark. Sie brachten Maschinengewehre, Büchsen, Pistolen, Schlagstöcke, Tränengas,

Hunde, Ketten, Handschellen und Haß mit. Langsam, in Gestapo-Manier, kamen sie näher. Masken, nicht Gesichter. Leise, schlangenartig bewegten sie sich. Die Augen ein Abgrund von Haß. Ihre Absichten waren klar. Töten bei jeder sich bietenden Gelegenheit!

Die Alten unter uns hatten Angst. Die Jungen versuchten sich tapfer zu zeigen. Die kleinen Kinder waren wie vom Blitz getroffen. Ihre Herzen schlugen so heftig wie nach einem raschen Lauf in der Sommerhitze. Todesangst ist natürlich. Kein Mensch stirbt gern – besonders nicht in dieser Welt ständiger Gewalttätigkeiten, in der das Todesurteil für hundert Menschen mit einem Federstrich auf weißem Papier von einer weißen Hand in einem weißen Gebäude, das man Rathaus nennt, gefällt wird.

Sie sind schlecht. Sie töten die Mutter Erde. Sie töten alles. So werden sie nicht weitermachen können, denn das Leben ist zu kostbar, um es einem weißen Mann mit einem Gewehr in der Hand hinzugeben, bloß weil er eine Uniform trägt und Befehle gegen Gottes Gesetz gibt. Besonders wenn diese Befehle gegen das Gesetz verstoßen, das er selber gemacht hat.

Mein Volk zeigte am 27. Oktober eine Tapferkeit, die man nur bewundern kann. Selten ist ein Volk mit leeren Händen dagestanden und hat gegen mit Maschinengewehren bewaffnete Tiere gekämpft.

Unser stellvertretender Führer, Ross Montgomery, begann, die Zweige einer riesigen Ponderosa abzuschneiden, während Mickey Gemmill mit den Verantwortlichen verhandelte. Wir wollten sichergehen, daß die Polizisten nicht nur einen Einschüchterungsversuch vorhatten und wieder abzögen. Wir wollten verhaftet werden. Ein weißer Schlagstock zerschnitt die Luft. Er sollte Ross Montgomerys Hinterkopf treffen. Ich lenkte den Schlag ab. Dieser Schlag hätte ihm ganz sicher den Schädel zertrümmert, denn er wurde von einem weißen Mann geführt, der voll aufgestautem Haß war. Dieser Schlag eines weißen Teufels war der Auftakt der Schlacht der Vier Winkel!

«Seit hunderttausend Jahren hat mein Volk hier gelebt. Freiwillig gehe ich nicht. Ihr werdet mich abtransportieren müssen.» Meine Augen brannten von einer Flüssigkeit. Es schmerzte so sehr, daß ich meinen Körper nicht mehr beherrschen konnte. Ich versuchte, mir durch Wasser Linderung zu schaffen. Tränengas. Tränengas in den Augen ist ein Grund, um zu hassen. Das ist, was das ‹Establishment› im Herzen hat – Tränengas!

Sie drängten uns zurück bis zur Wellblechhütte. Wir waren umgeben von Teufeln, die Keulen und Gewehre schwangen. Neben mir tauchte wieder grellweiß ein erhobener Stock auf, der jetzt Erik Matilla traf. Überall spritzte Blut. Wieder ein Schlag, dieses Mal traf er in den ungeschützten Nacken. Ich packte die Keule. Klauen ergriffen mich. Ein blauuniformiertes Tier schlug mich mehrmals in den Magen. Einer kam von hinten und drückte mir mit seinem Schlagstock die Kehle zu. Dann lag ich auf dem Boden und die hartherzigen Teufel auf mir.

Während ich mit dem Gesicht nach unten dalag und mir Handschellen angelegt wurden, schlug mich einer der Friedenswächter mehrmals auf den Hinterkopf.

In dem Handgemenge wurde der 66 Jahre alte Gordon Montgomery bewußtlos geschlagen. Er hatte schon mehrere Rückenverletzungen in seinem Leben gehabt, aber niemals Angst vor bellenden weißen Hunden gezeigt. Er ist ein Vollblut-Pit. Er kam bald wieder zu sich. Obwohl er im Krankenwagen weggebracht werden mußte, war er doch schon eine Woche später in der Lage, zu der Anklage der Regierung Stellung zu nehmen, die auf «tätlichen Angriff auf Bundesstaatenpolizisten» lautete. Wir sind ein zähes Geschlecht. Es wurden noch mehr Menschen niedergeschlagen: «Gebt es den Indianerfreunden!» Der weiße Reporter John Hurst und ich wurden mit Handschellen zusammengeschlossen und abgeführt. Seine Frau Pam wurde ebenfalls geschlagen und mit Tränengas beschossen.

Wir kämpften und erlitten eine Niederlage. Weiße Hände griffen nach Gewehrkolben. Weiße Krallen streichelten den schwarzen Abzug und vier Fuß lange Schlagstöcke. Und mit diesen Waffen schlugen sie auf die Alten und die Kinder, die Blinden und die Tauben, die Gesunden und die Lahmen, die Braunen und die Weißen ein. Doch sie konnten unseren Widerstandsgeist nicht brechen.

Der 76 Jahre alte Ryle Webster versetzte mehreren Polizisten kräftige Schläge und führte einen linken Haken gegen einen von ihnen, daß alle Knochen seines weißen Körpers klapperten. Es wurde keine Anklage erhoben. Wer möchte schon vor Gericht erscheinen und aussagen, daß der alte Indianer ihn niedergeschlagen hat? Nicht einer unserer Helden der siebziger Jahre. Wie Raubtiere wurden braune Menschen gefesselt und in Polizeiwagen geworfen. Als sie uns in ‹sicherem Gewahrsam› hatten, erschienen 50 Mann von der Forstverwaltung und begannen unsere Wellblechhütte zu zerschlagen, als ob sie ihnen persönlich etwas Furchtbares angetan hätte.

Bald wurde unser armseliger kleiner Besitz auf einen Lastwagen geladen und nach Redding gebracht. Die meisten von uns verfrachtete man in das Bundesgefängnis von Susanville. Später wurden sie (in Ketten) nach Sacramento überführt. Eine kleine Gruppe von Gefangenen folgte der Wellblechhütte nach Redding ins Gefängnis. Wie eine riesige Falle, ein dunkler Schlund, standen die schweren Eisentüren offen und schlugen mit einem Knall wie aus einer Büchse hinter uns zu.

Wir forderten die Beamten auf, uns für unbefugtes Betreten fremden Bodens zu verhaften, doch sie wissen genau, daß kein Mensch (ob schwarz, braun, gelb) sein eigenes Land unbefugt betreten kann. Und sie wollen nicht in einem Gerichtshof zugeben müssen, daß sie Angst vor den Gesetzen haben, die sie machen – selbst wenn wir sie befolgen. Wir werden sie weiter herausfordern. Vielleicht müssen einige von uns sterben, damit wir vor Gericht kommen. Eine friedliche Lösung scheint in dieser todgeweihten Gesellschaft kaum möglich. Ich weiß, einige von uns sind entschlossen, zum Wohle der Menschen Berge zu versetzen. Zum Wohle aller Menschen!

Bei den Vier Winkeln wurden nur wenige verhaftet. Es gibt viele Beispiele dafür, daß Menschen geschlagen werden, bis sie sich unterwerfen, und dann als Angreifer angeklagt werden. Doch es geschieht selten, daß ein Friedenswächter sagt: «Sie sind verhaftet. Laut Verfassung steht Ihnen das Recht zu, zu schweigen ...»

15. März 1970, 10 Uhr morgens: Gerichtsverhandlung. Sacramento. Werden wir vor Gericht Gerechtigkeit finden? Nach fast 400jährigen Erfahrungen scheint das äußerst zweifelhaft.

1. 13 Anklagen: Angriff auf Bundespolizisten.
2. 6 Anklagen: Bäume fällen.
3. 5 Anklagen: Angriff auf Landespolizisten.
4. 6 Anklagen: Behinderung von Polizisten in ihrer Dienstausübung.
5. Die Anklagen gegen einige ältere Mitglieder unserer Gruppe wurden fallengelassen.

Schande über alle weißen Heuchler, die voller Haß sind, weil sie kein Land vom Großen Geist bekamen. Sie sind so erzogen worden, daß sie sich selbst für Gott halten. Was sie tun, soll niemand in Zweifel ziehen. (Jeder soll nur gehorchen.) Schande über die, die die ganze Welt unbefugt betreten, nach denselben Gesetzen, nach denen wir eingesperrt werden, und die sich auch noch im Recht fühlen.

Ich muß im Namen meines Volkes sagen:

1. Wir haben unseren Gott verteidigt, und wir sehen, ihr habt den euren im Stich gelassen. Doch wir klagen euch deswegen nicht an.

2. Wir haben uns bemüht, die Mutter Erde zu schützen, doch nach eurem Gesetz sind wir schlecht. Auch wenn ihr die Gesetze willkürlich verletzt, denen wir gehorchen müssen. Wir versuchen zu verstehen.

3. Wir haben unsere Wohnstätte verteidigt. Das könnt ihr nicht verstehen. Ihr glaubt im Gegenteil, daß uns unsere Wohnstätte nicht wertvoll ist. Wenn jemand in euer Haus kommt, gebt ihr Waffen aus und den Befehl zu töten.

4. Wir waren dabei, eine Schule zu bauen, unsere Alten als Lehrer der

Weisheit einzusetzen, obgleich wir wissen, daß ihr die Alten als Last betrachtet, deren man sich «entledigen» muß.

5. Wir haben einander gegenseitig verteidigt. Wir wissen, daß ihr euch gegenseitig geringachtet. Eure Achtung füreinander ist fast erloschen, und darum sollten wir nicht viel Verständnis von euch erwarten.

6. Wir haben unser Leben verteidigt. Obgleich wir nicht verstehen, daß ihr zu eurem Schutz nach bewaffneter Polizei ruft und uns verhöhnt, wenn wir mit bloßen Händen und Keulen unsere Kinder verteidigen, halten wir euch nicht für schlecht, aber für furchtbar irregeleitet in eurem Haß, eurer Unwissenheit und Überheblichkeit.

7. Nachdem wir all dies über euch wissen, können wir euch nicht wirklich hassen. Wir bedauern euch zutiefst, und wir beten zu unserem Geist, daß er eure Herzen verwandeln möge, denn euer Weg führt nur in den Tod. Eure Kirche sagt, sie führe zum Leben. Eure Kirche belügt euch. Eure Kirche wird zugrunde gehen, denn auch in ihr regiert die Angst.

Dies also taten wir am 27. Oktober 1970. Ihr weigert euch, uns zu glauben, da ihr nicht die Kraft in euch habt, die Wahrheit zu erkennen. In euren Herzen ist nur Leere. In euren Augen ist nur Einsamkeit, in eurer Kirche ist nur Falschheit, und ihr geht dorthin, um *zu* Gott zu sprechen oder *über ihn*.

Wenn Gott ein guter Geist ist, so hat er sich schon vor langer Zeit von euch abgewandt, als ihr den Büffel getötet und mein Volk ermordet habt. Mehr kann nicht gesagt werden. Mein Herz grämt sich über eure Lebensweise, denn ihr werdet alle sterben, und ihr werdet alle Menschen töten, während sich euer Schlangenkörper im Schmerz und Todeskampf windet. Und dann wird die Sonne niemals mehr aufgehen.

Darryl B. Wilson

In den Jahren um 1794 bemühte sich Tecumtha, die Indianervölker westlich der Allegheny in einer Föderation zusammenzuschließen, die stark genug gewesen wären, den Vormarsch der ‹Amerikaner› in ihre Länder einzudämmen. In dieser Zeit verstärkten sich die Spannungen zwischen den Vereinigten Staaten und Großbritannien, die zu dem Krieg von 1812 führen sollten. Die Regierung der Vereinigten Staaten versuchte mit allen Mitteln, Verbündete unter den weniger entfernten Indianernationen zu finden – oder wenigstens, sich ihrer Neutralität zu versichern. Unter diesen Vorzeichen wurde der Vertrag von 1794 zwischen der US-Regierung und der Seneca-Nation geschlossen, der den Seneca Gebiete in New York und Pennsylvania auf immer garantierte. Die Vereinigten Staaten verpflichteten sich in diesem Vertrag, «niemals Ansprüche zu erheben …

noch die Seneca-Nation zu stören». Bis in die sechziger Jahre unseres Jahrhunderts wurde dieser Vertrag, das ist geradezu einzigartig, nicht gebrochen. Doch als das Corps of Engineers der Armee entschied, daß der Damm am Allegheny-Fluß – zum Schutz Pittsburghs – auf Seneca-Land gebaut werden sollte, brach die US-Regierung das alte Abkommen. Man wählte dieses Gebiet trotz des Vertrages und trotz einer anerkannten Studie, die ein anderes Gelände (Cattaraugus-Conewango) bei einer Kostenersparnis von 100 Millionen Dollar als geeigneter auswies. Der Cattaraugus-Conewango-Damm müßte in etwa zwanzig Jahren ohnehin gebaut werden.

Mit der folgenden Ansprache protestierte George D. Heron, der Präsident der Seneca-Nation, vor der US-Regierung gegen den Kinzua-Damm und den Bruch des Vertrages von 1794.

Kinzua Damm. George Heron spricht vor dem Unterausschuß für Indianische Angelegenheiten des Kongresses, 1970

Mein Name ist George D. Heron. Ich lebe in der Allegheny-Reservation in New York und ich bin Präsident der Seneca-Indianernation. Ich erscheine heute als offizieller Vertreter meines Volkes vor diesem Unterausschuß, um nochmals zu erklären, daß mein Volk unverändert Widerstand gegen den Bau des Kinzua-Damms leistet. Wie Sie wissen, wird dieser Damm das Zentrum unseres Stammeslandes überfluten, das wir Seneca seit dem Vertrag vom 11. November 1794 unter dem Schutz der Vereinigten Staaten friedlich bewohnt haben. Der Damm wird die zwangsweise Umsiedlung von mehr als 700 Angehörigen unserer Nation erfordern.

Bevor ich zum Hauptteil meiner Ausführungen komme, möchte ich einigen falschen Behauptungen entgegentreten, die bei den gestrigen Hearings vor diesem Unterausschuß aufgestellt wurden. Meine Freunde aus Pennsylvania nehmen offenbar an, daß einige Seneca bereit sind, ihre Länder zu verkaufen. Ich weiß nicht, woher diese Leute ihre Informationen haben, doch ich kann mir vorstellen, daß es in jeder Gruppe, selbst in einer Indianernation, einige unglückliche Menschen gibt, die bereit sind, ihr Geburtsrecht zu verkaufen. Ich weiß aber sicher, daß die überwältigende Mehrheit meines Volkes, einschließlich aller amtierender und nicht amtierender Stammesratsmitglieder und Stammesführer, verzweifelt versucht, unsere Reservation zu retten. Der Gedanke, freiwillig das Land unserer Väter aufzugeben, und die Verpflichtung, es für unsere noch ungeborenen Kinder zu bewahren, steht in vollstem Gegensatz zur Lebensweise der Seneca und wurde nicht einmal ernsthaft erwogen.

Weiter haben meine Freunde aus Pennsylvania gesagt, daß der Vertrag vom 11. November 1794 hinfällig wurde, als alle Indianer 1924 die Staatsbürgerschaft bekamen. Ich möchte darauf hinweisen, daß der Vertrag von 1794 von der Seneca-Nation und nicht von einzelnen Indianern unterzeichnet wurde. Und die Nation ist bis jetzt noch nicht Staatsbürger geworden. Sie bleibt heute genau das, was sie vor 165 Jahren war – in der Sprache der Gerichtshöfe nach Mitteilung unseres Rechtsanwaltes, Mr. Lazarus, eine «quasi-souveräne, abhängige Nation». Noch wichtiger ist, daß mir der Anwalt unseres Stammes erklärt hat, der Oberste Bundesgerichtshof habe nicht einmal, sondern mindestens ein dutzendmal entschieden, daß die Verleihung der Staatsbürgerschaft die vertraglichen Rechte der Indianer nicht einschränkt und in keiner Weise die besonderen Beziehungen der Indianer und ihres Eigentums zur Bundesregierung verändert. Ich bin kein gelehrter Mann, aber es erscheint mir doch überaus seltsam, daß die Rechtsanwälte aus Pennsylvania zu der Behauptung bereit sind, der Oberste Bundesgerichtshof habe gegen die Seneca entschieden, während dieser Fall unserem Anwalt noch nicht einmal zu Gehör kam. Gleichzeitig übergehen sie einfach eine ganze Reihe tatsächlicher Bundesgerichtsurteile, die ihre Argumente widerlegen.

Ich bin stolz darauf, amerikanischer Staatsbürger zu sein, und ich kann als Beweis vier Dienstjahre in der Marine der Vereinigten Staaten anführen. Ich bin ebenso stolz darauf, ein Seneca-Indianer zu sein. Und ich sehe keinen Grund, warum ich nicht beides sein kann.

Nun lassen Sie mich etwas davon erzählen, was der Kinzua-Damm meinem Volk antun wird. Unsere eigene Zählung zeigt, daß mehr als 700 Angehörige der Nation, also über die Hälfte der Bevölkerung der Allegheny-Reservation, dem Stausee weichen müssen. Auf dem Papier sieht das nicht nach vielen Menschen aus: Anderes Land, andere Häuser können gefunden werden, sagen die Befürworter des Projekts. Wenn Sie diese Seneca so kennen würden wie ich, wenn Sie wüßten, wie sehr sie dieses Land lieben – das letzte Überbleibsel des ursprünglichen Seneca-Landes –, würden Sie eines Besseren belehrt. Ihre Heimat auf der Reservation zu verlieren bedeutet wirklich, einen Teil ihres Lebens zu verlieren.

Das Corps of Engineers wird Ihnen erklären, daß der Kinzua-Damm nur 9000 oder 29000 Morgen innerhalb der Allegheny-Reservation überfluten wird. Das Corps verschweigt, daß diese 9000 Morgen fast das ganze flache Tiefland und die fruchtbaren Flußufer umfassen, während der Rest der Reservation unzugängliches und also unbewohnbares Gebirge ist. Das Corps of Engineers verschweigt außerdem, daß diese 9000 Morgen in der trockenen Jahreszeit kein See, sondern eine schlammige, schmutzige Fläche sein werden. Was für eine angenehme jährliche Erinnerung, was für ein jährliches Gedenken an den Bruch des Vertrages von 1794 wird das sein!

Letztlich, das wird Ihnen vielleicht etwas einfach oder dumm vorkommen, doch im Grunde ist mein Volk fest davon überzeugt, daß George Washington den Vertrag von 1794 gelesen hat, bevor er ihn unterschrieb, und daß er auch genau das meinte, was da stand. Die Grundlage dieses Dokumentes ermöglichte den Seneca, mehr als 165 Jahre lang dort zu leben. Für uns ist es mehr als ein Kontrakt, mehr als ein Symbol; für uns ist der Vertrag von 1794 eine Lebensweise.

Die Zeiten sind nicht immer leicht gewesen für das Seneca-Volk. Wir haben Armut und Diskriminierung gekannt, und wir kennen sie noch. Doch trotz alledem hat uns ein Unterpfand des Vertrauens aufrecht gehalten, das die Bundesregierung nicht gebrochen hat. Nehmt dieses Unterpfand weg, brecht unseren Vertrag, und ich fürchte, ihr werdet die Seneca-Indianergemeinschaft zerstören.

Die Seneca-Nation hat immer den Standpunkt vertreten, daß sie ihren Widerstand gegen den Kinzua-Damm aufgeben wird, wenn ein einleuchtender Nachweis erbracht wird, daß die bestehenden Pläne des Corps of Engineers allen alternativen Möglichkeiten überlegen sind. Tatsächlich zeigt aber Dr. Morgans Studie eine Alternative auf. Der Conewango-Cattaraugus-Plan hat offensichtlich große Vorzüge gegenüber dem von Ihnen verfolgten Projekt. Aus diesem Grund fordern wir den Ausschuß mit allem Nachdruck auf, den Beschluß H. J. 703 zu erlassen, womit eine unabhängige Untersuchung über den Wert der beiden Vorschläge gesichert wäre.

Ich möchte Ihnen im Namen der Seneca-Nation dafür danken, daß Sie uns dieses Hearing gewährt haben.

Der Nationale Indianische Jugendrat bekämpft den Rassismus in Intermountain. Aus der Zeitung «ABC – Americans Before Columbus», April 1970

Der National Indian Youth Council arbeitete mehrere Monate lang mit einer Gruppe von 60 indianischen Angestellten der Intermountain-Schule in Brigham City, Utah, zusammen. Ihr Arbeitgeber ist das Büro für indianische Angelegenheiten. Dabei wurde ein erschreckender Rassismus an der Schule aufgedeckt, und schwere Anklagen wurden erhoben. Die 60 Angestellten haben sich in einer Vereinigung zusammengeschlossen und bereits die Zusage des Büros für indianische Angelegenheiten, daß es wichtige Verbesserungen an der Schule geben wird.

Die Anklagen, die vom National Indian Youth Council und der Vereinigung der Angestellten gegen das Büro für indianische Angelegenheiten erhoben wurden, umfassen allgemeine Diskriminierung indianischer Angestellter bei Beförderungen, Ausbildung, Kranken- und Jahresurlaub; besondere Diskriminierung von Indianern, die nicht der Kirche der Latter Day Saints (LDS)* angehören; besondere Diskriminierung von Mitgliedern der Native American Church**; Diskriminierung der Navajo-Sprache und -Kultur sowie Brutalität gegen die indianischen Schüler.

Rückblick

Kurz nach dem Zweiten Weltkrieg übernahm das Büro für indianische Angelegenheiten ein Militärkrankenhaus in Brigham City, um eine Berufsschule für Indianer einzurichten. Inzwischen ist aus dieser Schule ein Internat für 2700 indianische Schüler geworden. Alljährlich werden Schüler, fast alle Navajo, von ihren Familien getrennt und mit dem Bus von der Reservation zu der 400 Meilen entfernten Schule gebracht, um dort ‹ausgebildet› zu werden.

Der Navajo-Stamm schenkt der Schule sehr wenig Beachtung. Es gibt einen beratenden Ausschuß der Navajo, der selten tagt. Einmal im Jahr besuchen Vertreter des Stammes die Schule. In der Vergangenheit haben diese Vertreter sich darauf beschränkt, die Führung der Schule in der gegenwärtigen Form zu bestätigen. 1969 schickte eine Gruppe von Navajo-Angestellten an der Schule einen Brief an den Stammesvorsitzenden, in dem sie sich über die Art und Weise, wie Kleidungs- und Nahrungsmittelsendungen für die Schüler verteilt werden, beschwerten. Gleichzeitig beschwerten sie sich über die allgemeine Diskriminierung der Navajo-Angestellten. Der Brief wurde nicht beantwortet, sondern einfach an die Schulleitung zurückgeschickt, die die Verfasser des Briefes lächerlich machte und schikanierte.

Nach dem berühmten Schulaufstand von 1969 besuchte eine offizielle Navajo-Abordnung die Schule. Vor dem Besuch wurde so ziemlich alles verändert. Vorhänge wurden gekauft und aufgehängt. Stammeskleidung, die einfach nicht an die Schüler weitergegeben worden war, packte man in Kisten, die mit falschen Aufschriften versehen wurden. Die

* Die Religionsgemeinschaft der Mormonen wurde 1830 von Joseph Smith aus New York gegründet. Da sie unter anderem die Vielweiberei praktizierten, wurden die Mormonen von Ort zu Ort getrieben, bis sie sich schließlich 1847 in Utah niederließen, damals eine einsame Gegend im fernen Westen. Sie gründeten unter Brigham Young den Mormonenstaat mit der Stadt Salt Lake City.

** Kirche der Ureinwohner Amerikas.

Schulleitung zog eine große Schau ab und erlaubte den Navajo-Angestellten nicht, mit den Stammesvertretern zu sprechen. Die Abordnung verließ die Schule mit dem Eindruck, daß alles in Ordnung sei.

So ist Intermountain eine Schule für Navajo, die nicht nur mehr als 400 Meilen von der Reservation entfernt ist, sondern das Navajo-Volk weiß auch so gut wie gar nicht, was dort vor sich geht, und es hat auch keine Kontrolle darüber.

Personalpolitik

Das Büro für indianische Angelegenheiten ist verpflichtet, Indianer bevorzugt einzustellen. In Intermountain scheint man dieser Verpflichtung von Anfang an nicht nachgekommen zu sein. Weniger als ein Viertel der Angestellten sind Indianer, und diese sind fast alle in den unteren Gehaltsklassen. Gleich welche Ausbildung oder Erfahrung Indianer haben, es werden ihnen keine verantwortlichen Posten übertragen. Die meisten Indianer sind Hilfserzieher*. Die Beispiele für die Mißachtung der indianischen Angestellten häuften sich.

Ein Blick in das Jahrbuch der Schule von 1960 zeigt, daß damals mit einer Ausnahme alle Betreuungsposten von Indianern besetzt waren. Nur drei der in dem Jahrbuch aufgeführten Indianer sind noch da. Alle anderen haben wegen der Diskriminierung ihre Stellung aufgegeben. Tatsächlich sind in den letzten Jahren 45 Indianerfamilien wegen der Zustände an der Schule weggegangen.

Weiter zeigt sich, daß Indianer nicht Lehrer sein dürfen. Von etwa 100 Lehrern sind nur zwei Indianer. Ein Angestellter sagte: «Es ist tatsächlich so, daß die Schule uns Indianer für unfähig hält, Lehrer unserer eigenen Kinder zu sein.»

Die leitenden Angestellten des Büros für indianische Angelegenheiten erkennen in ihrer Kurzsichtigkeit auch nicht, daß für die Schüler die Vorschriften im Internat einen Teufelskreis bilden. Das System wirkt psychologisch verheerend auf die indianischen Schüler. Nur bei vollkommener Unterwerfung unter das System kann ein Schüler den Abschluß schaffen. Viele Schüler lehnen sich auf und werden dann gequält und schikaniert.

Körperliche Züchtigungen durch die Aufseher sind ziemlich häufig. Dem National Indian Youth Council liegen zahlreiche Aussagen von Schülern, die geschlagen wurden, vor. Ein Aufseher mit dem Spitznamen ‹Gladiator› nimmt häufig Schüler mit in sein Privatbüro, wo er sie wegen irgendeines Fehlers oder einfach wegen schlechten Betragens bis

* Instructional aides (IA).

zur Unterwerfung prügelt. Diese Situation ist bei Angestellten und Schülern bekannt. Es hat viele Beschwerden gegeben, aber ohne Ergebnis. Die Züchtigungen gehen mit Wissen der Schulleitung weiter, obwohl die Statuten des Büros für indianische Angelegenheiten diese Form der Bestrafung untersagen.

Das Rasieren des Kopfes ist eine andere Art der Bestrafung in Intermountain. Dutzende von Schülern sind auf diese Art bestraft worden. Man sieht häufig Schüler auf dem Schulgelände, die Wintermützen tragen, um ihren fast kahlen Schädel zu verbergen.

Ein Aufseher hat eine Gruppe von Schülern, die er regelmäßig dafür belohnt, daß sie ihm beim Rasieren der Köpfe anderer Schüler helfen.

Durch eine Verfügung wurde die Benutzung von Handschellen bei Schülern genehmigt. Eine weitere Verfügung bezeichnete diejenigen Angestellten, die sie bei sich tragen durften.

Den Schülern werden Handschellen angelegt, wenn sie betrunken sind oder wenn man meint, daß sie betrunken sind. Wenn ein Schüler erwischt wird, der beschwipst oder betrunken ist, so holt man entweder die Polizei oder legt ihm Handschellen an. Wenn die Polizei kommt, so wird der Schüler in die Stadt gebracht und in eine Zelle geworfen. Für einen Schüler ist es genauso schlecht, der Polizei übergeben zu werden, wie der Schule ausgeliefert zu sein. Ein Schüler erklärte: «Wenn man in die Zelle geworfen wird, fühlt man sich gleich zu Hause, denn es sind nur Indianer und Mexikaner darin.»

Als Fortführung der Unterdrückung durch die Schule soll im nächsten Jahr ein ‹Gelegenheitsschlafsaal› für ‹Problemschüler› eingerichtet werden. Es gibt bisher keinerlei Hinweise, wie man genau dazu kommt, als ‹Problemschüler› bezeichnet zu werden.

Der National Indian Youth Council und die Vereinigung der indianischen Angestellten bekämpfen den Plan für diesen Schlafsaal, der die braven und bösen Schüler (das heißt die, die als solche bezeichnet werden) voneinander trennen soll. Sie sind überzeugt, daß ein solcher Schlafsaal mehr schaden als nützen würde, da so Probleme unter den Schülern entständen und einzelne der Lächerlichkeit preisgegeben wären, wie die Schüler mit kahlrasierten Köpfen.

Bis Frühsommer 1974 herrschten noch diese Mißstände in der Intermountain-Schule, und niemand wußte, ob die Schule geschlossen oder die Mißstände abgestellt würden. Wie es weiterging, siehe «Akwesasne Notes», Bd. 6, Nr. 3, Frühsommer 1974, S. 35–36.

Kampf den Stereotypen 1969–1971

Die Protestbewegung setzt sich in den letzten Jahren immer mehr mit dem Zerrbild des Indianers auseinander, das die Medien vermitteln – Fernsehen, Filme, Zeitschriften und Zeitungen, Bücher, insbesondere Kinderbücher. In dem ersten Dokument äußert ein Indianer seinen Zorn darüber, daß er sich als Kind mit den ‹heroischen› weißen Siedlern identifizierte, die auf ‹feindliche› Indianer treffen.

Um dem Zerrbild des Indianers entgegenzutreten und seine wahre Geschichte zu erzählen, wurde The Indian Historian Press, das erste indianische Verlagshaus, gegründet. Der Verlag befindet sich in San Francisco (seine Adresse ist am Ende des Buches angegeben). Das zweite Dokument ist ein Protest des Direktors der Indian Historian Press. Die Erklärung wurde für den Council on Interracial Books for Children im März 1971 verfaßt, als der Council eine Artikelserie über Rassismus im Verlagswesen vorbereitete. Die Serie erschien in der Zeitschrift «Publishers' Weekly» von 1971 bis 1972 unter dem Titel «Verleger: Ein Klub von Rassisten?» Die Autoren erhoben Anklage, daß das Verlagswesen «... eine rassistische sexistische Welt ist, die ausschließlich von einem Klub weißer, elitärer Männer der Mittelklasse beherrscht wird».*

Der Verlagsgründung vorausgegangen war eine umfangreiche Untersuchung von Schulbüchern und anderen auf die Lehrpläne abgestimmten Materialien, die eine entscheidende Rolle bei der Herausbildung von Einstellungen spielen. Die Untersuchung deckt auf, daß wichtige Ereignisse in den Geschichtsbüchern einfach ausgelassen sind. Sie kommt zu dem Schluß, daß die gängigen sozialwissenschaftlichen Lehrbücher nicht einfach nur wissenschaftlich unbedeutend sind, sondern daß sie eine wichtige Quelle für falsche Ansichten und Meinungen über Indianer abgeben. Hier rühren teilweise große innere Konflikte her, mit denen indianische Jugendliche heute zu kämpfen haben. Ein Schulbuch – in Kalifornien offiziell eingeführt – ist zum Beispiel «allen Jungen und Mädchen, die Indianer und Tiere mögen» gewidmet. In einem Geschichtsbuch wird die Behauptung aufgestellt, daß die amerikanischen Indianer im Laufe ihrer Wanderungen (im Gegensatz zu den Weißen reisen Indianer nie – sie ‹streifen umher› oder ‹wandern›) längere Zeit in der eisigen Einöde Alaskas lebten und daß durch diese Erfahrung «ihr Geist abstarb und ihre

* Organisation für Kinderbücher verschiedener Rassen.

Phantasie und Tatkraft getötet wurden». Wie, so fragen die Indianer, wirken solche Behauptungen auf Indianerkinder? Und auf nichtindianische Kinder? Selbst Bücher, die nicht solche extremen Lügen verbreiten, fälschen die Geschichte und verleumden das indianische Volk.

Die Aussage eines GI über Rassismus. Aus der Zeitschrift «Akwesasne Notes», Bd. 3, Nr. 3

Von Mary Louis

Detroit, 24. Februar. Evan Haney, indianischer Vietnam-Veteran aus Oklahoma, sagte bei dem ‹Tribunal der Wintersoldaten› aus, das im vergangenen Monat hier durchgeführt wurde. Er sprach von dem Rassismus, unter dem er sein Leben lang leiden mußte, und insbesondere von dem Rassismus in der US-Marine.

Das Zeugnis Haneys und zehn anderer nichtweißer Veteranen wurde von der kommerziellen Presse unterdrückt und somit der Öffentlichkeit vorenthalten. Hier ist eine Zusammenfassung von Haneys Aussage und den Interviews mit ihm:

«Einer meiner wichtigsten Beweggründe dafür, zu dem Tribunal der Wintersoldaten zu kommen, war, daß ich in Vietnam gewesen bin und gesehen habe, was dort vor sich ging. Die gleichen Massaker wurden vor 100 Jahren an den Indianern verübt. Auch damals wurden Bazillen als Waffe eingesetzt. Die Decken der Indianer wurden mit Pocken infiziert. Ich habe das vietnamesische Volk kennengelernt und erfahren, daß es genauso ist wie wir. Was wir tun, ist, uns und die Welt vernichten.

Ich bin mit dem Rassismus aufgewachsen. Wenn ich als Kind die Cowboys und Indianer im Fernsehen sah, war ich auf der Seite der Kavallerie und nicht für die Indianer. So schlimm war das. Soweit war ich schon mit meiner Selbstzerstörung.

Obwohl 50 Prozent der Kinder in der Dorfschule in Oklahoma, die ich besuchte, Indianer waren, lernten wir weder in der Schule noch im Fernsehen oder Radio etwas über die Kultur der Indianer. Es gab keine Bücher über die Geschichte der Indianer, nicht einmal in der Bibliothek.

Mein Vater ist ein Methodistenpfarrer. Meine Mutter schloß mit der siebten Klasse ab, mein Vater mit der fünften. Meine Eltern wurden diskriminiert, weil sie Indianer sind. Doch sie meinten, sie könnten nichts dagegen tun. Sie wollten eine gute Stellung, Land, Geld, Autos, finanzielle Sicherheit. Und sie wollten uns die Schwierigkeiten ersparen, die sie selber gehabt hatten, weil sie die Sprache und Kultur der Weißen nicht kannten.

Doch ich wußte, daß etwas falsch war. Ich begann zu lesen und unsere eigene Kultur kennenzulernen. So wurde mir alles klar.

Es gibt keine Möglichkeiten für das indianische Volk in den heutigen USA. Die Indianer können keine Arbeit finden. Viele leben von der Wohlfahrt. Man findet kaum Indianer, die überhaupt arbeiten.

Ich sah die Indianer in ihren glücklichsten Augenblicken, als sie Alcatraz besetzten und nach Washington gingen, um ihre Fischrechte zu verteidigen. Endlich fühlten sie sich als Menschen.»

Haney wiederholt die Forderungen des indianischen Volkes nach Rückgabe des Landes, das die Bundesregierung «für sie als Treuhänder verwaltet», und nach strengen Maßnahmen gegen die Verschmutzung von Luft, Land und Wasser. Auch er fordert Selbstbestimmung, angemessene Sozialleistungen und offene Grenzen zwischen den USA, Kanada und Mexiko. Nach seiner Ansicht sind das Forderungen «aller Menschen, nicht nur der Indianer». «Alles Land gehört allen, nicht nur das Land ‹in Treuhänderschaft›», sagte er. «Wir wollen es nicht nur für uns haben, sondern für alle.»

Haney schloß seine Zeugenaussage mit folgender Warnung: «Als wir Indianer Friedensverträge mit dem weißen Mann abschlossen, sollten sie Bestand haben ‹solange das Gras wächst und die Flüsse fließen›. Doch was ist, wenn das Gras aufhört zu wachsen und die Flüsse nicht mehr fließen?»

Erklärung von Rupert Costo, Direktor der Indian Historian Press

The Indian Historian Press wurde 1969 von der American Indian Historical Society* gegründet. Die Verlagsgründung war das Ergebnis siebenjähriger intensiver Forschungen zur Bewertung von Büchern, die in diesem Land für den Schulgebrauch erscheinen. Die Untersuchung und Bewertung von fast 400 gebräuchlichen Schulbüchern und Ergänzungsmaterialien für den Grund- und Oberschulbereich führte uns zu der Überzeugung, daß keines dieser Bücher als Quelle für das Studium der eingeborenen Amerikaner verwendet werden kann. Die Untersuchung umfaßte Geographie- und Geschichtsbücher des ganzen Landes, der Einzelstaaten und Heimatkunde, ebenso Weltgeschichte, Staatsbürgerkunde und Ergänzungsmaterial zur Geschichte und zu den Kulturen der Indianer. Die Ergebnisse der Untersuchung sind als erstes Buch in dem neuen Verlagshaus erschienen, und aus ihnen hat sich unser weiteres Vorgehen und die Notwendigkeit, The Indian Historian Press ins Leben zu rufen, ergeben.

Während der sieben Jahre, in denen wir die Untersuchung durchführten, hatten wir ständig engen Kontakt mit vielen bekannten Verlagshäu-

* Gesellschaft für die Geschichte der amerikanischen Indianer

sern dieses Landes. Sie waren außerordentlich bestrebt zu ‹helfen› und zeigten große Bereitschaft, ein richtiges Bild der indianischen Kulturen und Geschichte zu vermitteln. In völliger Unwissenheit über die Motive der Verleger, öffneten wir ihnen unsere Herzen und unseren Geist. Einige Jahre später begannen sie mit der Veröffentlichung neuer Bücher in den Themenbereichen, die für uns von Interesse sind. Das wurde eine furchtbare Enttäuschung für uns. Was zum Vorschein kam, waren erneut Fehlinterpretationen, dieses Mal in wissenschaftlicherem Gewand. Die herabwürdigenden Äußerungen über die Lebensweise der Indianer blieben, nur jetzt waren sie wissenschaftlich verbrämt. In einem Fall erlaubten wir einem Verleger, eine Geschichte des Maidu-Volkes zu verwenden, die von einem unserer eingeborenen Historiker erzählt wird und die die Schöpfungsgeschichte seines Volkes darstellt, das noch immer in seiner alten Heimat im Herzen Kaliforniens lebt. Wir hatten also die Erlaubnis gegeben, und das Buch wurde gedruckt. Die Autoren – etwa zehn der bekanntesten Historiker und Sozialwissenschaftler der akademischen Welt – zogen jedoch folgenden Schluß aus der überlieferten Schöpfungsgeschichte der Maidu: Sie behaupteten, der Schüler könnte nun sehen, «wie weit die Zivilisation fortgeschritten ist», da die Vorstellungen der Maidu von ihrer Entstehung wegen ihrer ‹Primitivität› heute völlig unakzeptabel seien. Selbstverständlich hat die moderne Wissenschaft Fortschritte gemacht. Nun diese überlieferte Geschichte und den Glauben dieses großen Volkes in einer solchen Weise auszuschlachten, war mindestens verantwortungslos. Genausogut kann man die christliche Bibel nehmen und erklären, wie weit es die Wissenschaft seit der Geschichte von Jonas und dem Wal, die als Teil der christlichen Lehre aufgeschrieben wurde, gebracht hat! Wir verweigerten unsere Zustimmung zum Wiederabdruck in der zweiten Auflage.

Dies war nur eine der Erfahrungen, die wir mit den Verlegern der Vereinigten Staaten machten. In jedem einzelnen Fall wurden Kulturen verfälscht dargestellt und Völker herabgewürdigt. Die Schulbücher sind weiterhin voller Unwahrheiten. Einer unserer ‹besten Freunde› unter den Verlegern bot ein Schulbuch für den Gebrauch im Staat Kalifornien an, das den Titel «The Story of California» trug und so grobe Unrichtigkeiten enthielt, daß wir eine Kampagne gegen seine Einführung einleiteten. Viermal gingen wir zur State Curriculum Commission in Kalifornien wegen eines anderen Buches, Helen Bauers «California Indian Days». Schließlich erreichten wir, daß das Buch abgelehnt wurde. Der Vertreter des Verlages besaß trotzdem die Frechheit, während der Sitzung aufzustehen und provokativ zu erklären: «Es ist völlig gleichgültig, was Sie machen. Lehnen Sie das Buch ab, wenn Sie wollen. Ich habe soeben ohnehin mehrere tausend Exemplare an den Schulbezirk Los

Angeles verkauft.» Nun ist es in Kalifornien gesetzeswidrig, Bücher zu verkaufen oder zu benutzen, die die State Curriculum Commission abgelehnt hat. Nichtsdestoweniger hat der Los Angeles-Schulbezirk dieses Buch gekauft, und es wird dort benutzt.

Ausgehend von den Erfahrungen der Leute in Kalifornien, führten die Indianer des Staates Minneapolis eine Beschwerde gegen ein verleumderisches Buch der Geschichte dieses Staates. Schließlich erreichten sie, daß das Buch abgelehnt wurde. Auch dieses Buch wird dort weiter verwendet und ist auch weiter in den Bibliotheken erhältlich.

Diese und andere Erfahrungen waren so enttäuschend, so zeitraubend und so völlig nutzlos in Anbetracht der Macht dieser Verleger, daß wir den einzigen Weg, sie zu bekämpfen, darin sahen, selbst Bücher zu verlegen und auf positive Weise zur Änderung der Situation beizutragen.

So entstand The Indian Historian Press.

Wir nahmen unsere privaten Geldmittel, schlossen uns zusammen, arbeiteten zunächst mit unseren mageren Ersparnissen und bewarben uns dann um ein Darlehen der Small Business Administration. Nachdem wir Monate damit verbracht hatten, unseren Antrag auszuarbeiten, und monatelang immer wieder zu Verhandlungen nach Washington D.C. gefahren waren, erklärte man uns schließlich, die Bundesgesetzgebung verbiete es, Darlehen an Verleger zu geben. Dieser Auskunft lag die Behauptung zugrunde, daß die Gewährung von Geldmitteln der Bundesregierung an Verleger den Einsatz von Bundesmitteln zur Beeinflussung der öffentlichen Meinung bedeuten würde.

Die Situation der Indianer ist völlig verschieden von der irgendeiner anderen ethnischen Gruppe in den USA, und wir wiesen darauf hin, daß das Büro für indianische Angelegenheiten (ein Bundesamt) ständig selbst Informationen (unrichtige) verbreitet, Propaganda (irreführende) betreibt und in Druckerzeugnissen und Veröffentlichungen Ansichten bringt (die dem indianischen Volk schaden). Das alles geschieht mit Bundesmitteln.

In jedem einzelnen Fall mußten wir uns gegen solche falschen Informationen des Büros für indianische Angelegenheiten wehren.

Nachdem wir sieben Monate lang ergebnislos mit diesem Bundesamt verhandelt hatten, wandten wir uns an Privatbanken. Sie hatten kein Geld für uns. Es wurde uns gesagt, wir könnten nicht genügend Sicherheiten bieten. Sie verlangten Sicherheiten in Form von ‹hartem Geld› oder Einrichtungen. Nun, welche Einrichtungen braucht man in einem Verlagshaus! Die Bibliothek und die Archive, die The Indian Historian Press besitzt, sind auf nicht weniger als 65000 Dollar geschätzt worden. Das wurde als Sicherheit zurückgewiesen. Schließlich brachte man uns in Kontakt mit einem neuen Geldinstitut in San Francisco, Opportunity

Through Ownership. Diese Gesellschaft war angeblich neu gegründet worden, um Minderheiten bei ihren Unternehmungen zu helfen. Wir gingen hin und stellten fest, daß alle Entscheidungsbefugnisse in den Händen von Weißen lagen und diese alle Verwaltungsposten bekleideten. Nun, wir kommen mit jedermann gut aus, und als man uns schließlich ein Darlehen von 30000 Dollar bewilligte, dachten wir, wir hätten wenigstens einige Freunde. Doch unser Glaube an diese Freundschaft wurde bald zerstört. In den vergangenen 18 Monaten hat sich Opportunity Through Ownership als noch schlimmer als die üblichen Bankinstitute entpuppt. Die Geschäftsmethoden dieser Gesellschaft stammten noch aus den zwanziger Jahren, als das sogenannte Gewissen der Bankleute von dem Gedanken geprägt wurde, daß ein Kerl, der Geld will, so ziemlich alles unterschreibt, um es zu bekommen. Unser erster Vertrag wurde mehrmals geändert, hauptsächlich weil OTO selbst eine neue Gesellschaft war, die organisatorische Schwierigkeiten auszubügeln hatte. Schließlich bot man uns einen Vertrag an, der bestimmte, daß «die Gesellschaft, wann immer sie es für nötig hält, zusätzliche Sicherheiten fordern, die Zahlungen oder Zinsen heraufsetzen oder den vollen Betrag zurückfordern kann». Die Rechtsanwälte, denen wir diesen Vertrag zur Begutachtung vorlegten, waren schockiert und entsetzt von diesen Bedingungen, die im Grunde Drohungen sind. Wir weigerten uns, den neuen Vertrag zu unterschreiben. Daraufhin verweigerte man uns den noch ausstehenden Betrag des vereinbarten Darlehens. Hinzu kamen die Fehler, die OTO bei den Buchungen machte. Ein Betrag von 4000 Dollar wurde nicht auf unser Konto überwiesen. Wir verbrachten drei hektische Tage in größter Sorge, weil wir nicht auf die Idee kamen, daß der Fehler bei ‹ihnen› liegen könnte. Schließlich wurde uns klar, daß der Fehler bei ihnen liegen mußte, und wir stellten fest, daß unsere Abrechnungen richtig waren. Kurze Zeit später, nach nur neun Monaten Geschäftspraxis, verlangte der OTO-Finanzkontrolleur eine vollständige amtliche Rechnungsprüfung. Das bedeutete Kosten von 600 Dollar für uns. Es ist praktisch kein Fall bekannt, daß irgendeinem neuen Unternehmen, das mit geliehenem Geld arbeitet, eine solche Forderung gestellt wurde. Zudem erfolgten unsere Rückzahlungen für das Darlehen von 1000 Dollar pro Monat regelmäßig.

Kurz, dieses Geldinstitut und die Erfahrungen, die wir mit ihm machen mußten, haben uns in unserer Arbeit schwer behindert. Wir waren gezwungen, die Zeit, die wir so dringend benötigten, Bücher zu schreiben und herauszugeben, mit Verhandlungen und Feilschen zuzubringen, und diese Verhandlungen waren noch dazu erfolglos.

Gleichzeitig erlebten wir noch andere ‹Abenteuer›. Ein Mr. Harry Smith aus New York behauptete, unser erstes Buch mit dem Titel «Textbooks and the American Indian» sei von den Grossisten in New York zurückgewiesen worden, weil der Vertriebsleiter des bekanntesten Verlagshauses im Lande interveniert habe. In diesem Buch erklären wir unseren Standpunkt und unser Vorgehen, seinetwegen haben wir überhaupt den Verlag gegründet. Ob die Intervention tatsächlich stattgefunden hat oder nicht, Tatsache ist, daß die Verleger uns bei unserem Wagnis in keiner Weise geholfen haben. Sie wollten uns nicht im Geschäft haben. Sie sind zufrieden, wenn sie unseren Verstand und unser Wissen ausbeuten können, damit wir ihren Schulbüchern Authentizität verleihen. Als wir aber versuchten, sie auf die Fehler und falschen Darstellungen in den Büchern aufmerksam zu machen, wurden sie wütend und publizierten einfach weiter so, wie sie wollten. Es wäre vergebliche Mühe gewesen, wenn wir diese Arbeit fortgesetzt hätten. Wir müssen die Bücher selber veröffentlichen. Es wird uns immer klarer, daß dies die einzig mögliche Schlußfolgerung ist.

Wir gehen davon aus, daß es Möglichkeiten für die Verlage der eingeborenen Amerikaner geben muß. Wir meinen, daß sie einen guten Einfluß auf das gesamte Verlagswesen haben werden. Wir hatten die größten Schwierigkeiten, in das Geschäft hineinzukommen, und die Schwierigkeiten wachsen noch ständig. Wir müssen jedoch feststellen, daß die anderen Verleger uns einfach nicht im Geschäft haben wollen.

Damals, als die meisten heutigen Verlagshäuser begannen, waren rosige Zeiten für amerikanische Unternehmer. Man konnte mit einem Schnürsenkel als Kapital beginnen. Einige Verleger waren durch Ausbeutung indianischen Landes und indianischer Rohstoffe zu ihrem Geld gekommen. Mit diesen Profiten stürzten sie sich ins Verlagsgeschäft. Während die Verleger begannen, ihre Geschäfte aufzubauen, wurden wir Indianer von unserem Land vertrieben und gezwungen, gegen Rassenmord und Ausrottung zu kämpfen. Wir mußten unser Heim und unser Land verteidigen. Wir waren die Verlierer in dieser Schlacht, und wir waren auch die Verlierer in jener Phase der amerikanischen Geschichte, die als die Zeit der ‹unbegrenzten Möglichkeiten› bezeichnet wird. Heute, wo die wirtschaftliche Situation in diesem Land sehr gespannt ist und es kaum noch Möglichkeiten gibt, sehen wir uns in einer eisernen Falle gefangen. Wer wird uns helfen? Warum sollten wir nicht Hilfe als unser Recht fordern! Wir finden nirgendwo Hilfe.

Ein Beispiel: Die Druckkosten sind für die kleinen Verleger untragbar. Doch es ist fast unmöglich, mit einer eigenen Druckerei zu beginnen, und es ist auf jeden Fall ein Glücksspiel. Einige der Drucker, die uns astronomische Summen abgenommen haben, scheinen sich nicht mehr zu erinnern, daß ihre Maschinen auf indianischem Boden stehen und daß wir wahrscheinlich ihren Anspruch auf das Land wegfegen könnten. Bei alldem scheint kein Gefühl für Rechtschaffenheit zu existieren, kein Sinn für Verantwortung von Person zu Person, von Geschäft zu Geschäft. Jeder frißt jeden und plündert den anderen so weit aus, wie er nur kann, besonders, wenn der andere ein neuer Verleger ist und Hilfe braucht.

Ist es so undenkbar, die Drucker zu bitten, für unsere Bücher zu arbeiten, als Teil ihrer moralischen Verantwortung einem Volk gegenüber, das sie auf schändliche und unrechte Weise vertrieben haben? Ist es so undenkbar, sie zu bitten, ihre Gewinne auf 20 Prozent zu reduzieren, statt der üblichen 35 Prozent oder 40 Prozent? Wenigstens für die ersten drei oder vier Jahre. Solche privaten Abkommen gibt es zwischen nichtindianischen Verlegern und ihren Druckern. Wenn wir aber zu den Druckern kommen, so versuchen sie jeden erdenklichen Trick, um noch einen Dollar mehr aus uns herauszupressen. Wenn wir in diesen Dingen nicht geschult wären (und wir sind es), so wären wir in einem Jahr aus dem Geschäft heraus. Die Druckerei, die unsere Vierteljahresschrift «The Indian Historian» übernommen hatte, ließ die fertige Zeitschrift einfach liegen. So waren wir mit der Auslieferung viel zu spät dran. Der Preis für die Druckkosten war natürlich ein Spitzenpreis.

Das sind einige Probleme, mit denen The Indian Historian Press – dieses *einzige* Verlagshaus eingeborener Amerikaner in den Vereinigten Staaten – zu kämpfen hat. Wir sagen, daß die großen Verleger uns gegenüber verpflichtet sind. Sie haben zumindest die Pflicht, uns zu helfen. Und tatsächlich hat man uns Hilfe angeboten ...aber, und dies ist lächerlich ... nur, wenn wir ihnen unsere Manuskripte geben, sie publizieren lassen und 10 Prozent Tantiemen nehmen. Dies wäre ein sicherer Weg, um uns aus dem Verlagsgeschäft herauszuhalten. Wir hätten keine Kontrolle über den Inhalt und wir müßten damit rechnen, daß die Herausgeber Veränderungen an den Büchern vornehmen, die im Widerspruch zu unserem Wissen und zu unserer Position stehen. Können wir Erfolg haben? Das ist nicht die Frage, denn wir werden in der Tat Erfolg haben. Doch jetzt ist die Zeit, wo wir Hilfe und Freunde brauchen.

Kein Ort ist zu weit entfernt 1969–1971

Ökologen aus allen Teilen der Vereinigten Staaten trafen im August 1969 in Fairbanks, Alaska, zusammen. Sie beschäftigten sich mit der Frage, wie sich die Entdeckung von Erdöl auf die Umwelt und die Lebensweise der Eingeborenenvölker Alaskas auswirken würde.

Atlantic Richfield hatte am 16. Februar 1968 in der Nähe der Prudhoe-Bucht an der Nordküste Alaskas Erdöl entdeckt. Die sich an den sensationellen Fund anschließenden Aktivitäten der Ölgesellschaften hatten bereits zu einer schwerwiegenden Störung des ökologischen Gleichgewichts der Gegend geführt. Eine wachsende Zahl von Experten erklärte, daß eine Umweltkatastrophe bevorstünde, wenn die profitorientierten Unternehmungen der Ölgesellschaften nicht sofort gestoppt würden.

Einer der Redner auf der Konferenz von Fairbanks war Ted Stevens. Er war erst kürzlich zum Senator von Alaska ernannt worden, und zwar von dem damaligen Gouverneur Walter J. Hickel, einem erklärten Freund der Ölgesellschaften. Senator Stevens warf den Umweltschützern vor, sie seien bloß Besserwisser. Dann nahm er ein Wörterbuch und las herablassend die Definition von Ökologie vor: «Ökologie befaßt sich mit den Verhältnissen lebender Organismen.» Daraufhin rief der Senator aus: «Aber es existieren gar keine lebenden Organismen an der Nordküste.»

Die Nordküste ist die Heimat von mehr als 4000 Eskimos. Außerdem gibt es etwa 56000 weitere Eskimos, Aleuten und Indianer, die zusammen die Eingeborenenvölker Alaskas bilden – das ist etwa ein Zehntel der gesamten indianischen Bevölkerung der Vereinigten Staaten.

Noch bis vor kurzem gab es kaum Weiße in den Gebieten der Eingeborenen Alaskas. Sie lebten in ihrer traditionellen Weise. Seit undenklichen Zeiten waren die Indianer Alaskas Jäger und Fallensteller auf dem Land, während die Aleuten Fischer und Robbenfänger waren. Die Eskimos hingegen lebten von der Jagd und vom Fischfang.

Alle diese Eingeborenenvölker benötigen zu ihrer Existenzsicherung große Landgebiete. In einer Broschüre, die 1969 von der Association on American Indian Affairs (einer Organisation zur Verteidigung der Rechte der amerikanischen Indianer mit Sitz in New York City) herausgegeben wurde, heißt es: «Land ist die Grundlage für die Kultur und Wirtschaft der Eingeborenen Alaskas. Der Verlust des Landes würde das sofortige Ende ihrer Lebensweise bedeuten, denn ohne eine entsprechende Landbasis kann sie nicht fortgeführt werden.»

Als die Vereinigten Staaten 1867 Alaska von den Russen kauften, erwarben sie nicht das Land selbst, sondern lediglich das Recht, es zu besteuern und zu regieren. Das zaristische Rußland, in dem eine Russisch-Amerikanische Gesellschaft gegründet wurde, die mit Fellen aus Alaska handelte, hatte den Eingeborenen niemals das Recht auf den Besitz des Landes streitig gemacht, das ihnen seit Hunderten von Jahren gehörte. Die Regierung der Vereinigten Staaten verhielt sich – zunächst – ebenso.

1884 setzte der Kongreß die erste Zivilregierung in Alaska ein. (Alaska war von den Vereinigten Staaten anfangs vom Kriegsministerium, dann vom Finanzministerium und anschließend von der Marine verwaltet worden.) Der Kongreß bezeichnete Alaska als einen der «zivilen Gerichtsbarkeit» unterstellten Distrikt und erklärte, daß den Eingeborenen Alaskas «der Besitz aller Gebiete, die sie gegenwärtig nutzten oder bewohnten oder auf die sie Anspruch erhoben, nicht streitig gemacht werden würde». Der Organic Act von 1912, durch den Alaska Territorium der Vereinigten Staaten wurde, bestätigte diesen Punkt, der 1958 mit dem Gesetz, das Alaska zum Bundesstaat machte, nochmals bekräftigt wurde.

Mit dem Gesetz von 1958 verband der Kongreß einen Besitzanspruch auf ein Viertel von Alaska – 102,5 Millionen Morgen – für den Staat. Der Kongreß machte jedoch keine Angaben, um welche Gebiete es sich handeln sollte. Gleichzeitig bestimmte der Kongreß, daß «der Staat und seine Bewohner übereinstimmend erklären, daß sie auf immer auf alle Rechte und Ansprüche verzichten ... auf irgendwelche Gebiete oder anderen Besitz ... wo Rechte oder Ansprüche irgendwelcher Indianer, Eskimos oder Aleuten bestehen».

Nicht lange danach gab es erste Anzeichen auf Ölvorkommen in Alaska, besonders an der Nordküste. Zwar wurde erst 1968 in der Nähe der Prudhoe-Bucht Erdöl entdeckt, doch begründete Hinweise auf Erdölvorkommen in dieser Gegend waren schon einige Jahre vorher gegeben worden. 1964 wandte sich die Legislative des Staates Alaska (natürlich von Weißen kontrolliert) an das Bureau of Land Management der Vereinigten Staaten (einer Abteilung des Innenministeriums), um die Ansprüche auf einen Teil des im Statehood Act versprochenen Landes abzusichern. Der Staat erhob insbesondere Anspruch auf zwei Millionen Morgen entlang der arktischen Küste in der Umgebung der Prudhoe-Bucht (eben das Gebiet, wo Atlantic Richfield für viele Billionen Dollar Erdöl entdeckte). In seinem Antrag an das Bureau of Land Management hatte der Staat erklärt, daß das Gebiet «frei sei, von Ureinwohnern weder genutzt noch bewohnt» werde. Obwohl das Bureau davon unterrichtet war, daß die Eskimos und Indianer Rechte auf genau dieses Gebiet geltend machten, bewilligte es ohne eine weitere Frage den Antrag und veröffentlichte eine Pressenotiz über das Vorhaben des Staates Alaska in dem obskuren «Jes-

sen's Weekly», einer unregelmäßig erscheinenden, von Hand vervielfältigten Zeitschrift. Doch die Nachricht von dem Landraub des Staates Alaska sickerte durch und verbreitete sich von Dorf zu Dorf. Es gibt etwa 200 Eingeborenendörfer in Alaska, und als ein Aufruf zur Verteidigung ihrer Interessen überall bekanntgeworden war, fand ein Treffen von Eskimos und Indianern in Fairbanks statt, das zur Gründung der Alaska Federation of Natives (AFN) führte.

Die AFN trug ihren Kampf nach Washington D.C. Der Innenminister Stewart L. Udall veranlaßte, daß der Staat Alaska mit seinen Ansprüchen abgeblockt wurde, aber erst, nachdem das Bureau of Land Management dem Staat einen Besitz von sechs Millionen Morgen gewährt und die Übertragung von weiteren zwölf Millionen Morgen in Aussicht gestellt hatte. Udall stoppte die weitere Vergabe von Land an den Staat, bis der Kongreß die Rechtsansprüche der Eingeborenen Alaskas geklärt hätte.

Alaskas Gouverneur Walter J. Hickel verurteilte Udalls Vorgehen als ungesetzlich. Als nun bekanntgegeben wurde, daß Gouverneur Hickel die Nachfolge Udalls antreten und Innenminister werden würde, schienen die Aussichten der Eingeborenen auf Durchsetzung ihrer Rechtsansprüche sehr schlecht. Senator Henry M. Jackson jedoch, Vorsitzender des Senatskomitees für innere und insulare Angelegenheiten, rang Hickel die Zusage ab, daß der Landvergabestopp in der 91. Legislaturperiode durchgehalten würde. Die Frage, ob Innenminister Hickel sich gezwungen sehen wird, zu seiner Zusage zu stehen und den Landvergabestopp auch noch in der 92. Legislaturperiode aufrechtzuerhalten, ist der Gradmesser für die Schlagkraft militanter Gruppen innerhalb der ethnischen Minderheiten Amerikas.

Gemeinsame Erklärung zweier Eingeborenenführer zu den Landrechten der Ureinwohner

Die Vereinigten Staaten dürfen nicht heute in Alaska die Ungerechtigkeiten wiederholen, mit denen sie vor einem Jahrhundert die amerikanischen Indianerstämme überschütteten. Die Eingeborenenbevölkerung Alaskas – 60000 Indianer, Eskimos und Aleuten – kämpft gegenwärtig im Kongreß und in den Gerichtshöfen um ihr Land, das der Staat Alaska enteignen will.

Sie hat ihr Land nicht verkauft oder im Krieg verloren, noch hat sie es in Verträgen abgetreten. Doch nur der Kongreß kann ihr den sicheren Rechtsanspruch auf das Land gewähren. Immer und immer wieder haben die Ureinwohner aus den 200 Dörfern in Alaska um die Eigentumsurkunde für ihre Länder gebeten, und man hat ihnen gesagt, daß sie im Kongreß keine Gerechtigkeit erwarten können – sie müßten

Kompromisse schließen. Das haben sie getan. Sie haben ihre Rechtsansprüche erst auf 80 Millionen Morgen und dann auf 40 Millionen Morgen herabgesetzt. Und nun verlangt man nochmals Kompromisse von ihnen.

Man warnt sie, daß sie einen schlechten Handel akzeptieren müssen, oder es werde gar keinen geben. Man sagt ihnen, daß sie mit der Forderung nach genügend Land zur Sicherung ihres Lebensunterhalts riskieren, all ihr Land zu verlieren. Ihre Furcht wird durch die erklärte Absicht des Innenministers Walter J. Hickel verstärkt, ihre Länder dem Staat Alaska zu übergeben, wenn der Kongreß nicht bis Dezember 1970 ihre Ansprüche festlegt.

Der Alaska Native Claims Settlement Act von 1970, den der Senat am 15. Juli verabschiedete, würde alle Rechtsansprüche der Ureinwohner Alaskas auf ihre Länder auslöschen. Er bietet den Ureinwohnern eine Abfindung in Geld und sichert ihnen nur den Besitz von 10 Millionen Morgen Land zu, weniger als 3 Prozent der 350 Millionen Morgen Land, auf die sie einen gültigen Rechtsanspruch haben. Die finanzielle Abfindung, die das Gesetz des Senats anbietet, wird zu einem Sinken des Nettojahreseinkommens der Ureinwohner führen. Der gegenwärtige Wert des Landes für den Lebensunterhalt durch Jagd, Fischfang, Fallenstellen und Sammeln liegt bei weitem über der vom Senat vorgeschlagenen Abfindungssumme – ebenso der langfristige wirtschaftliche Wert. Die finanzielle Abfindung würde in Form von Sozialleistungen und Anteilen an einer Anlagegesellschaft für die Ureinwohner erfolgen. Man schätzt, daß ein eingeborener Aktionär 1971 53 Dollar, 1980 152 Dollar und 1990 418 Dollar an Dividenden aus seinen Aktien erhalten wird. Bis 1990 wird sich die Eingeborenenbevölkerung in Alaska verdoppelt haben. Alle die Ureinwohner jedoch, die nach dem Inkrafttreten des Senatsgesetzes geboren werden, werden keine Ansprüche auf Anteile an der Anlagegesellschaft haben. Es ist offensichtlich, daß die Eingeborenen mit den vorgeschlagenen Leistungen und Dividenden in keiner Weise ihren Lebensunterhalt bestreiten können, weder die, die jetzt leben, noch die Ungeborenen. Der Senat hat zwar bedingte Jagd- und Fischrechte für die Länder, die den Eingeborenen genommen werden, vorgesehen, doch die Geschichte der amerikanischen Indianer in dieser unserer Nation zeigt, daß solche Rechte sich ohne die Sicherheit einer Eigentumsurkunde sehr schnell in nichts auflösen.

Wir weisen die Ansicht zurück, daß die Ureinwohner Alaskas im Kongreß keine Gerechtigkeit erlangen können. Wir sind der festen Überzeugung, daß es sich lohnt, für diese letzte Möglichkeit einer fairen Regelung mit den Eingeborenen zu kämpfen. Eine sichere und angemessene Landbasis ist die unabdingbare Voraussetzung für die Wahrung der Würde und das Überleben der 60000 Indianer, Eskimos und Aleuten in Alaska.

Wir fordern das Repräsentantenhaus auf, ein Gesetz zu erlassen, das die Rechtsansprüche der Eingeborenendörfer Alaskas durch eine Eigentumsurkunde auf ein Minimum von 40 Millionen Morgen des Landes ihrer Vorfahren bestätigt. Die Ureinwohner Alaskas hängen von dem Land und seinen Binnen- und Küstengewässern ab. Sie beschaffen sich ihre Nahrung durch Jagd- und Fischfang, so wie sie es seit undenklichen Zeiten getan haben. Überdies bietet ihnen das Land die beste Gewähr dafür, am wirtschaftlichen Wachstum der Zukunft und an der Entwicklung des Staates und der Nation teilzunehmen. Ebenso wichtig ist, daß das Land die Grundlage ihrer reichen und verschiedenartigen Kulturen ist, eine hochgeschätzte und gehegte Quelle ihres geistigen Lebens.

Die Verweigerung einer angemessenen Landbasis von mindestens 40 Millionen Morgen wird dazu beitragen, daß sie in Abhängigkeit geraten, daß ihre Gemeinschaften sich auflösen und ihre Kulturen ausgehöhlt werden. Die Ureinwohner Alaskas ihres Landes berauben bedeutet, ihre traditionelle wirtschaftliche Unabhängigkeit zu zerstören. Es ist sicher, daß ein solcher Raub bei ihnen Bitterkeit gegenüber anderen Alaskanern hervorrufen wird und ein tiefes Mißtrauen gegen unsere Institutionen und Gesetze.

Die Forderung der Eingeborenen auf einen gesicherten Rechtsanspruch für ein Minimum von 40 Millionen Morgen ihres Landes ist bescheiden, vernünftig und menschlich. Das Repräsentantenhaus der Vereinigten Staaten hat eine historisch einmalige Gelegenheit, ein gerechtes Gesetz zur Sicherung der Urbevölkerung Alaskas zu erlassen, das eine Ehre für die Nation und eine Quelle des Stolzes für zukünftige Generationen von Amerikanern darstellt.

Earl Old Person
Präsident des National Congress of American Indians
Emil Notti
Präsident der Alaska Federation of Natives

Überleben im Staat Washington 1968–1974

Als Isaac Ingalls Stevens 1853 zum Gouverneur des neuen Washington-Territoriums ernannt wurde und sich anschickte, den weißen ‹Siedlern› den Weg zu ebnen, indem er in aller Eile mit den Indianervölkern dort Verträge schloß (siehe «Vom Meer zum strahlenden Meer»), befanden sich unter den vielen Verträgen, die er für die Bundesregierung abschloß, auch die von Medicine Creek (1854) und Point Elliot (1855). Zu den Stämmen und Gruppen, die von dem ersten Vertrag betroffen waren, gehören die Nisqually und die Puyallup. Die Vorfahren der Muckleshoot verloren ihr Land durch die Bestimmungen des zweiten Vertrages. Beide Verträge besagen, daß die jeweiligen Stämme ihre Länder an die Regierung der Vereinigten Staaten abgetreten haben. Sie enthalten aber auch Artikel, die den Indianern das Recht zusprechen, innerhalb und außerhalb der Reservationen zu fischen. Artikel V des Point Elliott-Vertrages lautet:

Das Recht, in den üblichen Fischgründen und an den gewohnten Orten zu fischen, wird den genannten Indianern weiter zugesichert, gemeinsam mit allen Bürgern des Territoriums, ebenso, zum Zweck des Fischräucherns vorübergehend Häuser zu errichten, zusammen mit dem Vorrecht, zu jagen und Wurzeln und Beeren in offenen und nicht beanspruchten Gebieten zu sammeln; vorausgesetzt jedoch, daß sie nicht Muscheln von Muschelbänken entnehmen, die von den Bürgern abgegrenzt und kultiviert werden.

Gouverneur Stevens war sehr zufrieden über die ‹Vereinbarungen› mit den Indianern. Er meinte, und das zu Recht, daß die Vereinigten Staaten einen für sich sehr vorteilhaften Handel abgeschlossen hatten. Doch die Zeiten ändern sich. Bis zu den fünfziger Jahren unseres Jahrhunderts war die weiße Bevölkerung des Staates Washington enorm angewachsen, und selbst vor diesen übriggebliebenen Fischrechten machte der Zugriff der Weißen nicht halt. Um 1955 begann der Staat Washington, den Fischfang der Indianer am Puyallup River zu kontrollieren. Die Indianer protestierten, und weiße Gerichte bestätigten ihre Fischrechte. Doch schon wenige Jahre später fing man an, den Fischfang der Indianer außerhalb der Reservationsgrenzen einzuschränken. So begann ein Kampf, der noch heute nicht zu Ende ist. Die Indianer Washingtons haben weiter ihre vertraglichen Fischrechte wahrgenommen. Weiße Sportfischer, die Polizei des Staates und das Jagdministerium verfolgen und verhaften die Indianer. Einzelstaatliche und Bundesgerichte verfertigen widersprüchliche und unvereinbare Entscheidungen, die eine eindeutige Lösung des Problems vermeiden. Das Büro für indianische Angelegenheiten redet mit doppelter Zunge.

Es folgt eine Liste der wichtigsten Stationen des Kampfes:

1963: Das Appellationsgericht der Vereinigten Staaten bestätigte die Entscheidung, die die obenerwähnten Fischrechte anerkannte. Trotzdem erließen einzelstaatliche Gerichte Verfügungen, die den ganzen Green River für den indianischen Netzfischfang sperrten.

1964: Gerichte des Staates Washington erließen eine Verfügung, die den Nisqually River unterhalb der Nisqually-Reservation für indianische Fischer sperrte.

In dem gleichen Jahr wurde die Survival of American Indian Association gegründet, um die Fischrechte außerhalb der Reservationen zu bekräftigen und zu erhalten. Protest-Fish-ins wurden in Frank's Landing am Nisqually River abgehalten. Fischer wurden verhaftet. Es wurden Petitionen eingereicht, die gerichtliche Untersuchungen über Mißhandlungen von Indianern durch Polizisten forderten.

1965: Richter Cochran entschied, daß der Puyallup-Stamm nicht existiert, und erließ eine ständige Verfügung gegen Mitglieder des Stammes, die im Puyallup River fischen.

Eine große Truppe staatlicher und örtlicher Polizisten überfiel Frank's Landing, zerstörte Boote und Fischereiausrüstung, zerschnitt Netze und mißhandelte Menschen. Zwei Augenzeugen des American Friends Service Commitee berichteten, daß zwei der weißen Staatspolizisten unter Alkohol standen. Sieben Indianer wurden verhaftet. Klagen der Indianer wegen unverhältnismäßiger Gewaltanwendung durch Polizisten wurden ignoriert. Die Muckleshoot führten ebenfalls Demonstrationen am Green River durch. (Vorausgegangen war die Entscheidung eines Richters, daß auch der Muckleshoot-Stamm nicht existiert.)*

1966: Das Department of Justice kündigte an, daß es einer Bitte der Indianer um Verteidigung der Fischrechte nachkommen werde. Es beteiligte sich an dem Fall als Friend of the Court.

1967: Ein höheres Staatsgericht entschied, daß die Muckleshoot doch ein Stamm sind, sprach ihnen aber das Recht ab, außerhalb der Reservation zu fischen.

1968: Das Oberste Bundesgericht bestätigte die vertraglichen indianischen Fischrechte, wies aber gleichzeitig dem Staat das Recht zu, alle Fi-

* Soziale Dienstleistungsstelle der Quäker.

scherei zu regulieren, «vorausgesetzt, die Regulierung vollzieht sich in angemessener Weise und diskriminiert die Indianer nicht». Die Staatsgerichte erließen nun eine neue Verfügung gegen die Puyallup, die fast genau derjenigen glich, gegen die der Protest eingelegt worden war.

1969: Die in Frank's Landing 1965 verhafteten Indianer wurden vor Gericht gestellt und freigesprochen. Das Washingtoner Fischereidepartment gestattete den Nisqually, außerhalb der Reservation zu fischen – verbot aber den Indianern, die in Frank's Landing protestiert hatten, auf überlieferte Art und Weise zu fischen.

1970: Bei einem weiteren Polizeiüberfall auf Frank's Landing wurden sechzig Personen verhaftet. Wieder erhoben die Indianer Anklage wegen unverhältnismäßiger Gewaltanwendung durch Polizeikräfte.

1971: Hank Adams, Mitglied der Survival of American Indian Association, wurde durch einen Schuß in den Unterleib verletzt. Adams erhob Anklage gegen zwei weiße Sportfischer, und seine Aussage wurde von einem indianischen Begleiter bestätigt. Die Polizei von Tacoma stellte die Untersuchung des Vorfalls ein und äußerte die Vermutung, Adams habe selber auf sich geschossen.

1974: Ein umfangreiches Bundesgerichtsurteil bestätigte die Fischrechte der Indianer im Staat Washington.

Das erste Dokument ist eine Erklärung von Sid Mills, einem indianischen Soldaten der US-Armee, der in Vietnam gekämpft hatte und den weiteren Militärdienst verweigerte, um statt dessen sein Volk in dem Kampf um seine vertraglichen Fischrechte in Frank's Landing zu unterstützen. Seine Erklärung wurde 1969 von dem Informationsdienst der Survival of American Indian Association veröffentlicht.

Das zweite Dokument schildert den täglichen Kampf um die Fischrechte im Jahr 1973. Der Bericht ist ein Brief an einen weißen Freund in der Schweiz. Danach folgt ein Artikel aus den «Akwesasne Notes», der sich auf den vorläufigen Sieg der Indianer im Fischereikampf, auf das Bundesgerichtsurteil zugunsten der Stämme im Staat Washington bezieht und der zugleich offensichtlich kriminelle Vergehensweisen gegen die Indianer durch Ministerien, Polizeiapparate und Gerichte anprangert.

Das letzte Dokument aus dem Staat Washington zeigt eine andere Ebene des Kampfes der Indianer, den Kampf um Gesundheitsfürsorge und Sozialleistungen.

Wie in anderen Teilen der USA ist auch hier die Versorgung auf den genannten Gebieten mangelhaft. Immer wieder verschwinden für soziale Leistungen bestimmte Gelder in dunklen Kanälen oder es werden über die Köpfe der Betroffenen hinweg, ja gegen ihren ausdrücklichen Willen, Maßnahmen ergriffen, wie zum Beispiel die häufige Einweisung indianischer Kinder in weiße Pflegestellen.

Die Indianer des Nordwestens sehen als einzigen Ausweg aus dieser Situation, daß sie mehr und mehr ihre Angelegenheiten selbst in die Hand nehmen und die Kontrolle über die finanziellen Mittel gewinnen.

Im Juni 1973 erhob Donald Matheson, der Vorsitzende des Puyallup-Stammes, gegenüber dem Staat Washington die Forderung, dem Stamm ein Spital mit dem dazugehörigen 38 ½ Morgen großen Grundstück zurückzugeben, das dieser der Bundesregierung zur medizinischen Versorgung der Indianer überlassen hatte, das aber an den Staat Washington verkauft und für andere Zwecke verwendet wurde. Matheson und andere Mitglieder des Stammes erklärten, daß die Indianer das Spital nach ihren eigenen Vorstellungen für die Gesundheitsfürsorge der Indianer nutzen wollten, da der Staat seinen Verpflichtungen zu Sozialleistungen nach dem Medicine Creek Treaty von 1854 nicht nachkomme.

Das Dokument, das von der Survival of American Indian Association veröffentlicht wurde, erläutert die Pläne der Indianer für das Krankenhaus und enthält erschreckende Zahlen: 90 Prozent der bis zu 18 Jahre alten Indianer sind Alkoholiker. 25 Prozent bis 30 Prozent der indianischen Kinder werden weißen Familien übergeben. Nach über einem Jahr sind die Verhandlungen um das ehemalige Cushman-Spital noch nicht abgeschlossen. Gegenwärtig, Herbst 1974, wird den Indianern ein Flügel des Gebäudes für die medizinische Versorgung der Indianer im Nordwesten in Aussicht gestellt.

Erklärung von Sid Mills

Frank's Landing am Nisqually River, Washington, 13. Oktober 1968

Ich bin ein Yakima, ein Cherokee-Indianer und ein Mann. Zwei Jahre und vier Monate war ich Soldat in der Armee der Vereinigten Staaten. Ich habe in Vietnam gekämpft – bis ich schwer verwundet wurde. Ich habe vor kurzem eine Entscheidung getroffen, die ich heute öffentlich bekanntgebe – eine Entscheidung des Gewissens, des Einsatzes und der Treue.

Ich schulde zuerst dem indianischen Volk, dessen viele Stämme das Recht auf Selbstbestimmung haben, Treue, und ich schwöre, ihm zu dienen. Diese Treuepflicht und dieser Einsatz fordern nun von mir, daß ich mich hiermit von allen weiteren Verpflichtungen zum Dienst in der Armee der Vereinigten Staaten lossage.

Ich bin nun zuerst dem Kampf des indianischen Volkes um die vertraglich gesicherten Fischrechte in den vertrauten Wassern des Nisqually, Columbia und anderer Flüsse des Nordwestens verpflichtet, und es ist meine Aufgabe, ihnen bei diesem Kampf in jeder möglichen Weise zu dienen.

Dieser Kampf ist real – ebenso real wie die Bedrohung indianischen Lebens durch die Politik der Gewalt, die der Staat Washington verfolgt und die die Regierung der Vereinigten Staaten durch ihre kompromißlerische Haltung und die Ablehnung jeglicher Verantwortung ermöglicht.

Die Verteidigung des indianischen Volkes und der Lebensweise, die es gewählt hat, in diesem Kampf um niemals veräußerte Fischrechte fordert meine Zeit und meinen Einsatz viel mehr als irgendeine Verpflichtung dem US-Militär gegenüber. Ich sage mich los und betrachte mich nicht mehr der Rechtsprechung und Gewalt der US-Armee unterstellt.

Ich habe den Vereinigten Staaten in einem weniger verpflichtenden Kampf in Vietnam gedient, und ich will mich nicht hindern lassen, ebensoviel für mein Volk innerhalb der Vereinigten Staaten zu tun.

Die Vereinigten Staaten hätten das Opfer meines Lebens in Vietnam in einer weniger gerechten Sache angenommen – tatsächlich hätten sie dieses Opfer fast bekommen, und sie hätten diesen Tod geehrt. Doch ich bin noch am Leben und jetzt bereit, in einer anderen Schlacht zu kämpfen, in einer Sache, die unter dem Schutz der Vereinigten Staaten stehen sollte – einem Kampf für ein Volk, das statt dessen von den Vereinigten Staaten im Stich gelassen wurde. Während ich diesen Schritt tue, weiß ich sehr wohl, daß die Nation, die das Opfer meines Lebens, meinen ‹ehrenvollen Tod› angenommen hätte, weil das ihren Regeln entsprochen hätte, mir nun mit ernsten Konsequenzen und schwerer Strafe droht, da ich mich ganz in den Dienst des indianischen Volkes stelle.

Ich habe der US-Armee genug gegeben – ich will jetzt meinem Volk dienen.

Meine Entscheidung wird dadurch beeinflußt, daß wir schon indianische Fischer, die in Vietnam gefallen sind, beerdigt haben, während hier indianische Fischer schutzlos den ständigen Angriffen der Machtapparate dieser Nation und der Staaten Washington und Oregon ausgesetzt sind. Ich stelle fest, daß wir im letzten Monat wieder den Tod eines indianischen Fischers zu beklagen hatten.

Mich hat zugleich die Tatsache beeinflußt, daß unter den gegebenen Bedingungen viele indianische Frauen und Kinder notwendigerweise einen großen Teil der Last dieses Kampfes tragen müssen. Diese Frauen und Kinder haben die brutalsten, lebensbedrohenden Angriffe käuflicher Schergen erdulden müssen. Derlei Ausschreitungen gegen das indianische Volk sind seit den frühen Indianerkriegen nicht mehr vorgekommen.

Genau heute vor drei Jahren, am 13. Oktober 1965, sind 19 Frauen und Kinder von mehr als 45 bewaffneten Beamten des Staates Washington auf Frank's Landing am Nisqually River bei einem hinterhältigen Überraschungsangriff schwer mißhandelt worden.

Nicht weil heute der Jahrestag dieses Ereignisses ist, sind wir hier – sondern vielmehr, weil solche Vorkommnisse sich häufen und die Furcht vor tätlichen Angriffen ein Bestandteil unseres täglichen Lebens geworden ist. Erst in der vergangenen Nacht wurden wir Zeugen eines Vorfalls, bei dem Frauen geschlagen und verletzt wurden, nur weil sie zu jener begrenzten Zahl derer gehören, die unsere begrenzten Rechte nicht aufgeben wollen. Solche und andere Überlegungen haben die Entscheidung beschleunigt, nach der ich jetzt handle. Ich möchte nicht zu jenen gehören, die ihr Selbstgefühl aus einer Vergangenheit ableiten, an der sie nicht teilhatten, und von einem stolzen Erbe, das sie doch nicht fortführen. Wir müssen heute selber für uns einstehen – und ich will nicht, daß Frauen und Kinder an meiner Stelle kämpfen. Wenigstens will ich unter ihnen sein, wenigstens werden sie nicht allein sein (und das, mein Bruder, ist Geistertanzsprache).

Die beunruhigende Frage ist: «Warum muß unser Volk kämpfen?»

Liegt es daran, daß die Verfassung der Vereinigten Staaten fast 200 Jahre alt ist, die bestimmt, daß alle Verträge oberstes Gesetz des Landes sind und daß widersprechende Gesetze der Einzelstaaten gegenstandslos sind? Doch es werden noch jetzt Verträge auf dieser Grundlage geschlossen. Oder liegt es daran, daß es mehr als hundert Indianerverträge gibt, die hier in Betracht kommen? Oder liegt es daran, daß die nichtindianische Bevölkerung in diesem Gebiet in unserem Jahrhundert Von 3900 auf mehr als 3000000 angewachsen ist?

Wir glauben nicht, daß die Summe der Jahre oder die zahlenmäßige Überlegenheit Rechte außer Kraft setzen kann, die uns von dieser Nation nicht etwa großzügig gewährt wurden. Diese Rechte sind vielmehr in gültigen Verträgen festgelegt worden, und sie garantierten den Vereinigten Staaten ihren sicheren Fortbestand.

Die Verträge bestimmen sowohl den Umfang als auch die Beschränkung der Fischrechte. Des Indianers «Recht zu fischen» bezieht sich nur auf die traditionellen Gewässer jedes einzelnen Stammes und geht nicht über diese geographischen Grenzen hinaus.

Gesetze der Einzelstaaten regulieren den gewerblichen Lachsfang fast ausschließlich in Gebieten, wo Indianer keine Fischrechte haben. Es gibt keine einzelstaatlichen Gesetze oder Erlasse, die ausdrücklich den gewerblichen Fischfang der Indianer am Nisqually River festlegen, wo mehrere Stämme oder Gruppen von Indianern gemeinsame Rechte haben. Die einzelstaatlichen Gesetze und Erlasse beziehen sich in keiner Weise auf die indianischen Fischrechte in Gewässern, für die diese Rechte bestehen.

Die meisten Lachse, etwa 80 Prozent der Gesamtmenge, fangen Nichtindianer, die mit allen möglichen Geräten und jeder Ausrüstung in Gebieten, wo es keine indianischen Fischrechte gibt, gewerblich fischen dürfen. Ungefähr 15 Prozent der Lachse werden von Sportfischern gefangen. Indianische Fischer haben die größte Mühe auf die Erhaltung des Fischbestandes verwandt; und sie haben immer wieder darauf hingewiesen, daß alle am Lachsfang Beteiligten zur Erhaltung des Fisches beitragen müssen. Jeder ausgewachsene Lachs, der gefangen wird, ist auf dem Weg zu den Laichgründen, um zur Vermehrung beizutragen. Dies gilt für die elf Millionen Lachse, die von Nichtindianern gefangen werden, ebenso wie für die paar hunderttausend, die die Indianer fangen. Der Staat muß dort mit Vorschriften zur Bestandserhaltung einsetzen, wo der erwachsene Lachs zu seinen Ursprungsgründen zurückkehrt. Fischerhaltung wird nur wirksam, wenn der gesamte Bestand betrachtet wird, unabhängig davon, ob es sich um Salzwasser- oder Süßwasserfischerei handelt, um Reservationsgebiet oder nicht.

Der Staat Washington erklärt, er wolle nur das Gesetz auf alle Personen gleich anwenden. Doch das sieht so aus, daß Nichtindianer bis zu elf Millionen Lachse in allen Gewässern fangen dürfen, während es Indianern verboten ist, auch nur einen einzigen in Gebieten zu fangen, wo das Bundesrecht gültig ist. Der Staat erklärt, daß in jeder anderen Situation der indianische ‹Bürger› Vorrang haben würde, erkennt aber rechtlich nicht an, daß der Indianer auf gesetzlicher Ebene einen besonderen, klar unterschiedenen Status hat.

Das Bürgerrecht des Indianers hat der Regierung nur zu oft als Mittel gedient, uns bestimmte Rechte und Besitztümer zu rauben, die wir haben, weil wir Indianer sind.

Wir wurden erst am 2. Juni 1924 Bürger dieser Nation und rechtlich Einwohner ihrer Staaten – und nicht zu jener Zeit, als alle anderen Menschen die Staatsbürgerschaft erwarben durch den 14. Zusatz zur Verfassung. Der Oberste Gerichtshof entschied damals, daß Indianer von Geburt die Treuepflicht gegenüber ihrem Stamm und nicht gegenüber den Vereinigten Staaten hätten. Die Gewährung der Staatsbürgerschaft bedeutete keine Ablösung der indianischen Treuepflicht oder der damit verbundenen Rechte. Auf diese erste Treuepflicht beziehe ich mich, indem ich mich ganz und gar der indianischen Sache verbinde und dem gegenwärtigen Kampf um die Erhaltung der Fischrechte.

Es gibt keinen einsichtigen Grund, warum diese Nation und der Staat Washington die begründeten Ansprüche und Rechte des indianischen Volkes nicht respektieren und auf unsere Grundbedürfnisse eingehen können. Interessanterweise wurden vor kurzem menschliche Skelette an den Ufern des Columbia River entdeckt, die die ältesten Funde der westlichen Erdhälfte sind – die Knochen indianischer Fischer. Was ist das für eine Regierung oder Gesellschaft, die Millionen von Dollar zur Ausgrabung unserer Knochen, zur Rekonstruktion unserer ältesten Lebensformen und zum Schutz dieser Überreste ausgibt – während sie gleichzeitig unser lebendes Volk bis auf das Mark aussaugt durch eine Machtpolitik, die dem Haß auf unser Leben als Indianer entspringt und uns und unsere selbstgewählte Lebensweise vernichten soll – auf die wir doch Anrecht haben?

Wir werden für unsere Rechte kämpfen!

Survival of American Indian Association – P. O. Box 719, Tacoma, Washington 98401, 9. April 1973

Lieber Freund!

Auf unsere übliche langsame Art – nach indianischer Zeit, wie wir sagen – schreiben wir Dir, um Dir für Deinen finanziellen Beitrag zu unserem Kampf zu danken.

Die letzten Monate hindurch sind wir sehr beschäftigt gewesen, und in Zukunft scheinen immer noch mehr Aufgaben auf uns zuzukommen. Doch ich werde versuchen, Dir einiges von dem zu berichten, was wir seit Anfang Januar getan haben, und einige unserer Zukunftspläne zu umreißen. Im Januar begann wieder der Kampf um unsere Fischrechte gegen das Jagdministerium. Nachdem sie fünf Wochen lang unsere Netze gestohlen hatten, sobald wir sie ausgelegt und ihnen den Rücken gekehrt hatten, stellten wir Tag und Nacht eine Wache auf. Etwa zwei Wochen nachdem wir diese Wache eingerichtet hatten, begannen sie in aller Öffentlichkeit unsere Fischer zu verhaften. Bei mehreren Gelegenheiten verhafteten sie fünf bis acht Fischer auf einmal, nahmen alle Boote samt Motoren und Netzen fort, steckten unsere Fischer ins Gefängnis und verlangten jeweils eine Kaution von 250 Dollar. Sie erhöhten dann die Kaution für zwei von ihnen auf 500 Dollar, nachdem diese bei drei verschiedenen Gelegenheiten verhaftet worden waren. Anfang Februar besetzten schließlich etwa achtzig von uns zusammen mit Helfern aus allen Teilen des Staates die Hauptstelle des Jagdministeriums in Olympia. Nach Verhandlungen mit dem Direktor des Ministeriums und anderen offiziellen Vertretern des Staates zogen wir ab. Wir erreichten in diesen Verhandlungen, daß uns drei unserer Boote mit den Motoren und sechs unserer Netze zurückgegeben wurden. Es war das erste Mal in zwanzig Jahren, daß wir Teile unserer Ausrüstung von ihnen zurückbekamen. Doch selbst nach diesen Verhandlungen verhafteten sie weiter unsere Fischer. Beim letztenmal waren Angehörige der Fischereistreife, der örtlichen Polizei und der Militärpolizei beteiligt – insgesamt waren mehr als hundert Polizeibeamte im Einsatz. Unter Aufbietung von fünf düsengetriebenen Booten, einem Hubschrauber, Heckenschützen auf Brükken in der Nähe und zahlreicher Autos und Lastwagen verhafteten sie acht Fischer. Wir fanden diese Streitmacht, die sie meinten aufbieten zu müssen, wirklich empörend und protestierten direkt beim Gouverneur. Wir sagten ihnen, und die Beamten, die unsere Fischer verhaftet hatten, leugneten das nicht, daß die Polizeitruppe, die über uns herfiel, volle Überfallausrüstung trug, M 16-Gewehre und Pistolen mit sich führte und Tränengas gegen unsere Leute einsetzte. Wir sagten dem Gouverneur auch, daß Blut am Fluß vergossen werden würde, wenn er nicht endlich seine Leute kontrolliert, und daß es seine Schuld sein würde. Danach begann er, seine Männer zu überwachen. Er teilte uns mit, daß bis nach dem Juli keiner unserer Fischer verhaftet und nichts von unserer Ausrüstung beschlagnahmt werden würde. So begannen wir mit dem Fischfang nach unseren eigenen ökologischen Kenntnissen, und wir erzielten einen besseren Preis für unseren Fisch als je zuvor! Da die Lachse spät vom Meer heraufkamen, hatten wir, als wir von den Störungen durch den Staat befreit waren, noch den größten Teil der Fischsaison vor uns.

Seit Anfang März sind wir immer wieder in Wounded Knee gewesen, um unsere Brüder dort zu unterstützen. Wir haben Nahrungsmittel und medizinischen Bedarf für sie gesammelt, und wir haben auch mit Leuten ausgeholfen. Hank Adams und Sid Mills, zwei unserer Männer, beraten sie bei den Verhandlungen. Hank ist ihr ‹juristischer Berater› und hilft ihren Rechtsanwälten bei der Auslegung von Indianergesetzen und berät sie, wie sie vorgehen sollen. Fast jeder von uns in Frank's Landing hat einige Zeit in Wounded Knee verbracht. Gerade jetzt kämpfen wir wieder gegen den Staat wegen unseres steuerfreien Status. In der letzten Woche haben sie eine Zigarettenladung, die uns 11000 Dollar gekostet hat, beschlagnahmt. (Wir haben einen Tabakladen, der uns hilft, einige unserer Rechnungen und einige unserer Kautionen zu bezahlen.) Jedenfalls, wir verloren mehr Geld, als wir verkraften konnten, und wir fangen jetzt so ziemlich wieder von vorn an. Wir bereiten auch unser Fischlager für diesen Herbst vor. Wir erwarten mehr Schwierigkeiten vom Staat als je zuvor, und wir müssen alle unsere Eigentumsurkunden für unser Land und andere juristische Papiere bereithalten.

Bleib in Kontakt mit uns, soweit Du kannst. Wir werden versuchen, Dir sobald wie möglich ein Informationsblatt zu schicken – jedenfalls sobald wir eins gedruckt haben.

Mit freundlichen Grüßen
Sue Hvalsoe

S. A. I. A.

Fischrechte vom Bundesgericht bestätigt, aus «Akwesasne Notes», Frühlingsanfang 1974, S. 26

Seattle, Washington. Ein umfangreiches Bundesgerichtsurteil, das in Tacoma, Washington, am 12. Februar bekanntgegeben wurde, bestätigt von neuem das Recht der Indianer des Staates Washington, in ihren historischen Fischgründen außerhalb der Reservation zu fischen, und es erkennt den Vorrang der Bundesgesetzgebung auf der Grundlage vertraglicher Regelungen mit Indianern gegenüber den Gesetzen der Einzelstaaten für Indianer an. Hank Adams von der Survival of American Indian Association in Frank's Landing, einer Gruppe an der vordersten Front in den Fischereikämpfen, hat Zusammenkünfte mit dem Gouverneur des Staates, Daniel Evans, und Slade Gorton, dem Generalstaatsanwalt, vorgeschlagen, um Pläne zur Herstellung einer «vernünftigen positiven Haltung des Staates» zu diskutieren. Adams erhob schwere Vorwürfe gegen Beamte des Staates Washington und gegen Bundesbeamte. Er sagte, von den Indianern sichergestellte Dokumente zeigten, daß Larry Coniff und William Lemke, die Vizegeneralstaatsanwälte Washingtons in den Fischereiprozessen, immer wieder die Intimsphäre indianischer Angeklagter verletzt hätten. Sie hätten in Strafverfahren bösartig Beweismaterial konstruiert und sich anderer Machenschaften schuldig gemacht, die zu ihrer Ausschließung aus dem Anwaltsstand, zu Gerichtsverfahren wegen krimineller Handlungsweise oder zumindest zu scharfen Disziplinarmaßnahmen führen könnten. Adams sagte, die Akten des Jagd- und Fischereiministeriums und der Anwälte sollten beschlagnahmt und genau studiert werden. Sie würden neben den Verfehlungen von Staatsbeamten eine Verschwörung unter Bundes- und Staatsbeamte zur Beseitigung der indianischen Fischrechte aufdecken, obgleich die betreffenden Stellen verpflichtet seien, die Interessen der Eingeborenen zu vertreten.

So zitierte Adams zum Beispiel aus dem Schriftstück eines Vizegeneralstaatsanwaltes: «Es scheint mir, daß sie zur Zeit sehr stark auf die Sympathien der Öffentlichkeit rechnen ... Das einzige Mittel gegen diese Strategie, das mir zur Zeit einfällt, ist, uns als wahre Freunde der Fischer hinzustellen und Berichte zu lancieren, die zeigen, welchen Raubbau sie mit diesem gottgegebenen Naturreichtum treiben, um ihnen so einige Trümpfe aus der Hand zu nehmen.»

Dokumente weisen darauf hin, daß manchmal Geheimagenten des Bundes zur Unterstützung der Gewaltmaßnahmen des staatlichen Fischereiamtes abgestellt wurden. Und das, obwohl die Bundesstellen angeblich auf der Seite der Indianer sind.

«... Dieses (indianische) Subjekt kam an der Seite des Deiches herunter und kämpfte mit den Beamten des Jagdministeriums. Wir mußten ihm mehrere heftige Schläge mit dem Schlagstock auf den Kopf verabreichen ... Ich meine, die gesamte Operation war ein Erfolg, und ich bin froh, daß ich daran teilgenommen habe.» Das sind Sätze aus dem offiziellen Bericht von Howard Simpson, einem Fischereibeamten, über einen ungesetzlichen Angriff auf indianische Fischer, der mit Bundesunterstützung durchgeführt wurde. Indianer hatten sich über Mißhandlungen bei dem Einsatz von vierzig mit Gewehren und Schlagstöcken bewaffneten Polizisten beschwert. Walter Neubrech vom Jagdministerium des Staates Washington äußerte vor Reportern, seine Männer seien bei dem Polizeieinsatz vom 5. Januar 1972 unbewaffnet gewesen. In seinem vertraulichen Bericht an den Direktor des Jagdministeriums Carl Crouse heißt es dagegen, daß der Stoßtrupp, der nach dem «Nisqually River-Polizeiplan» operierte, fünfzehn Mann einer Spezialeinheit zur Niederschlagung von Aufständen, bewaffnete Polizeieinheiten, US-Militärpolizei und fünfzehn reguläre Polizisten umfaßte.

Richter Boldts Entscheidung machte nun offiziell klar, daß die Aktionen der Indianer rechtlich ganz einwandfrei waren. Indianer treffen sich gegenwärtig mit Vertretern des Staates, um die praktischen Fragen zu lösen, die sich aus ihrem Sieg in dem jahrelangen Fischereikrieg mit dem Staat Washington ergeben.

Der Senior US-District Court-Richter George H. Boldt entschied, daß die Kläger – die Stämme Lummi, Hoh, Makh, Muckleshoot, Nisqually, Puyallup, Quileute, Quinault, Sauk-Suiattle, Skokomish, Squaxin, Stillaguamish, Upper Skagit und Yakima – Nachfolger der Vertragsnationen sind.

Das Urteil wurde als «endgültige Beilegung» des Streits zwischen den vertraglich geschützten Urvölkern und den staatlich unterstützten kommerziellen und Sportfischern gefeiert. Die meisten Indianer waren jedoch sehr skeptisch. Das Urteil hat sie aber jedenfalls in ihrem Kampf ‹vorangebracht›, in dessen Verlauf es immer wieder zu Ausbrüchen von Gewalttätigkeiten an den Flüssen des Staates gekommen ist und in dem es zahlreiche Verhaftungen von Eingeborenen überall im Staat Washington gegeben hat. Das Urteil spricht den Stammesgruppen das Recht zu, den Fischfang seiner Mitglieder selbst zu regulieren, wenn auch verschiedene Bedingungen eingehalten werden müssen. So sind Berechtigungsausweise für jeden Fischer erforderlich, es müssen Berichte über den Fischfang an staatliche Stellen gegeben werden, und die vom Stamm aufgestellten Regelungen für den Fischfang müssen die Zustimmung des Büros für indianische Angelegenheiten finden. Boldt sagte, um vollständig frei von staatlichen Regelungen zu sein, müsse jeder Stamm das Gericht überzeugen, daß er seinen Fischfang einwandfrei durchführen und die Regelungen wirksam durchsetzen könne.

Richter Boldt sagte weiter, daß sein Gericht auch bei zukünftigen Streitigkeiten für den Fall zuständig bleiben werde. Sein Urteil besagt, daß die Indianer zwar frühere Rechte hätten, der Staat aber das Recht habe, diese Garantien im Interesse der Erhaltung des Fischbestandes zu regulieren. Wo diese beiden Rechte in Konflikt geraten, wird sich in zukünftigen Auseinandersetzungen zeigen.

Boldt ordnete die Rückgabe von Booten und Netzen an, die Staatsbeamte bei Polizeieinsätzen beschlagnahmt hatten.

Den Weißen jedenfalls ist die Erhaltung des Fischbestandes nicht gelungen. Wegen der zunehmenden Wasserverschmutzung, künstlichen Überflutungen und Kiesentfernung vom Grund der Flüsse ist der Lachsfang im Staat Washington in den letzten fünfzig Jahren von 16 Millionen Pfund jährlich auf 3 Millionen zurückgegangen. Geht zudem der Raubbau am Fischbestand durch weiße kommerzielle und Sportfischer so weiter wie bisher, wird der Lachs voraussichtlich noch in unserem Jahrhundert aussterben. Eine ausführliche Darstellung der Geschichte der Muckleshoot-, Puyallup- und Nisqually-Indianer von 1854, als die ersten Verträge geschlossen wurden, bis zu den heutigen Fischereikämpfen findet sich in dem Buch «Uncommon Controversy», hg. für das American Friends Service Committee, University of Washington Press, Seattle und London 1970.

Indianerklinik Häuptling Leschi
Herausgegeben von dem Informationsdienst der Survival of American Indian Association, Juni 1973

I. Unterkunft

Es erscheint uns dringend notwendig, Unterkünfte für indianische Kinder zu schaffen. Wir erleben immer wieder, daß weiße Sozialarbeiter veranlassen, daß indianischen Eltern ihre Kinder fortgenommen werden. Allzuoft halten diese Sozialarbeiter es für ihre Pflicht, sicherzustellen, daß die indianischen Kinder ihres Fürsorgebereichs die ‹richtige› Erziehung durch Erwachsene erhalten, wobei sie von Regeln und Vorschriften der weißen Gesellschaft ausgehen. Indianische Eltern werden nach den Standards und Wertvorstellungen des weißen Staates beurteilt. Wenn diese Eltern den gegebenen Standards nicht entsprechen, werden die indianischen Kinder entweder vorübergehend oder ständig zu Nichtindianern gegeben.

Gewöhnlich haben diese nichtindianischen Eltern Bücher über Indianerprobleme gelesen oder selbst Beobachtungen angestellt, und sie sind daher der Meinung, daß sie diese Indianerkinder besser erziehen und versorgen können als die indianischen Eltern. Sie begreifen nicht, daß sie auf diese Weise den Kindern das Recht nehmen, als Indianer heranzuwachsen und stolze indianische Männer und Frauen zu werden.

Indem die Kinder in nichtindianischen Familien aufwachsen und ihren Gesetzen unterworfen sind, werden sie zu verwirrten, rothäutigen weißen Menschen. 25 Prozent der indianischen Kinder in den USA werden nichtindianischen Familien übergeben. Diesen Kindern wird fortwährend das Recht genommen, an der stolzen indianischen Kultur teilzunehmen. Die indianische Kultur wird immer noch weiter zerstört, indem uns Fischrechte, Jagdrechte, Land- und Wasserrechte genommen werden. Doch das Recht auf eine Zukunft für alle Indianer ist unbestreitbar. Diese Zukunft liegt in unseren Kindern, denn diese sind unsere zukünftigen Führer.

Indianische Werte und Vorstellungen werden durch die Rücksichtslosigkeit und Gefühllosigkeit des Staates, der Sozialarbeiter und schließlich der nichtindianischen Familien, denen nichts an der Zukunft des indianischen Volkes gelegen ist, zerstört und verändert. Damit werden die vertraglich gesicherten Rechte der Indianer auf eine Zukunft als eigenes Volk ständig verletzt und verdreht. Indem versucht wird, unsere indianischen Kinder in ihrer frühen Jugend in Weiße zu verwandeln, wird auf die zentralen und lebenswichtigen Lernphasen eingewirkt, die unsere Kinder zu nützlichen Mitgliedern und Führern der indianischen Gemeinschaft machen sollen. Den indianischen Kindern wird das Recht vorenthalten, ihr indianisches Erbe kennenzulernen, da sie aus ihren indianischen Familien und Gruppen fortgenommen werden, wo das Erbe des Volkes eine zentrale Rolle spielt. Indem wir für diese Kinder, deren Zukunft durch die Verpflanzung auf eine nichtindianische Pflegestelle bedroht ist, Obdach schaffen und für sie sorgen, werden wir gleichzeitig die Zukunft unserer indianischen Familien und Gemeinschaften schützen.* Die Unterkünfte werden auch indianischen Familien zur Verfügung stehen, wenn sie in eine Notlage geraten oder wenn die Eltern eine psychische Krise erleben und sich nicht in der Lage sehen, ihre Familienprobleme zu lösen.

* Unabhängig von der Indianerklinik Häuptling Leschi setzt sich die Survival of American Indian Association gegenwärtig sehr dafür ein, durch Errichtung von Gemeinschaftshäusern, die von indianischen Hausmüttern betreut werden, dringend notwendige Alternativen zu weißen Pflegestellen zu schaffen. Auch andere Stämme, etwa die Navajo, sind dabei, ähnliche Projekte zu verwirklichen. Diese Häuser werden ‹Shelters› genannt.

II. Medizinische Versorgung
Am 30. Juni wird das öffentliche Krankenhaus in Seattle, Washington, für Indianer geschlossen werden, und die Bundesregierung legt die indianische Gesundheitsfürsorge in die Hände des Staates Washington. Wir wissen, daß der Staat sich nicht für das Wohlergehen der Indianer, die hier leben, interessiert. Wir haben im Kampf gegen diesen Staat um unser Recht, das stolze Leben von Indianern zu leben, viele Erfahrungen gemacht. Wir wissen, daß das Geld für die indianische Gesundheitsfürsorge vom Kongreß bereitgestellt wird, aber die Indianer scheinen nie über die Mittel zu verfügen, wenn sie sie dringend benötigen. Wenn wir ein von Indianern organisiertes und geleitetes Krankenhaus haben, sollte es uns möglich sein, festzustellen, wo die Mittel für unsere Gesundheitsfürsorge bleiben, denn das Krankenhaus wird das Zentrum der Gesundheitsfürsorge im Nordwesten sein, sowohl für die Indianer auf den Reservationen als auch für solche, die auf dem Lande und in der Stadt leben.

Das Grundstück für unser Spital wurde der Bundesregierung vom Puyallup-Stamm unter der Voraussetzung überlassen, daß es so lange für ein indianisches Sanatorium und für die medizinische Versorgung der Indianer genutzt werden würde, wie diese sie benötigen. Das war jedoch während der Tuberkuloseepidemie, die viele indianische Gemeinden erfaßt hatte. Nachdem die Tuberkuloseerkrankungen zurückgegangen waren, meinte die Bundesregierung, daß das Cushman-Indianerspital (jetzt Indianerklinik Häuptling Leschi) nicht länger wichtig sei, und sie verkaufte das Objekt an den Staat Washington für die Summe von einem Dollar (Dollar 1,00).

Seit dieser Zeit hat der Staat das Indianerspital als Diagnosezentrum für labile und geistig oder emotional gestörte nichtindianische Jugendliche benutzt. Damit war es von keinem Nutzen für die indianischen Gemeinden. Wir möchten in aller Deutlichkeit erklären, daß die indianischen Einwohner des Nordwestens noch immer medizinische Versorgung benötigen. Wir brauchen ein indianisches Spital, das für die besonderen Probleme der Indianer eingerichtet ist. Die Krankheiten haben bei den Indianern nicht mit dem Abklingen der Tuberkuloseepidemie aufgehört. Viele Untersuchungen können nur im Spital durchgeführt werden, und viele Erkrankungen können nur dort behandelt werden.

Zur Zeit sind wir dabei, Personen zu finden, die wir für qualifiziert halten, in unserer Klinik mitzuwirken. Wir brauchen Fachärzte, die bereit sind, zeitweise unentgeltlich zu arbeiten, bis wir die Mittel finden können, um ihnen Gehälter zu zahlen. Glücklicherweise gibt es Ärzte, die in der Vergangenheit vorübergehend ohne Honorar in der indianischen Gesundheitsfürsorge gearbeitet haben und denen das Wohlergehen des indianischen Volkes ein Anliegen ist. Bisher war es allerdings oft schwierig gewesen, sie zu erreichen, wenn sie tatsächlich gebraucht wurden.

III. Sorge für die Alten
Viel zu oft werden alte Indianer einfach ignoriert oder vollständig vergessen, und ihre Furcht davor, in ein weißes Pflegeheim gegeben zu werden, ist sehr berechtigt. Sie sind sehr betrübt bei dem Gedanken, in ein weißes Pflegeheim zu kommen. Sie werden nicht nur aus ihrer gewohnten Umgebung gerissen, auch ihr nützlicher Beitrag zur Gemeinschaft wird meist vergeudet. Das soll in der Indianerklinik Häuptling Leschi nicht geschehen. Unsere Alten werden dort ihre eigenen Zimmer haben. Ihre Mahlzeiten werden aus einer ausgewogenen Diät bestehen, insbesondere die für Diabetiker ... Sie können in ihren Zimmern essen oder in einem großen gemeinschaftlichen Speiseraum, um in Gesellschaft zu sein ... Sie können auch ihre gewohnte indianische Kost bekommen. Ein ausgebildetes medizinisches Personal unter Aufsicht des indianischen Ausschusses wird für ihr Wohlergehen Sorge tragen.

Die von unseren Alten bewahrten Traditionen zu verlieren wäre unverzeihlich. Viele dieser alten Menschen sind in der Lage, Unterricht für indianische Kinder zu geben, und sie sollen sie in dem Erbe ihrer Stämme und der großen Kulturen, die wir hatten, unterweisen.

IV. Entziehungs- und Rehabilitationsprozesse
Von den Indianern bis zu 18 Jahren sind etwa 90 Prozent klinische Alkoholiker. Die Indianer auf den Reservationen haben mit vielen Schwierigkeiten zu kämpfen, und wenn sie in die Städte gehen, stellen sie fest, daß die Bedingungen für sie dort auch nicht besser sind. Wegen der Vorurteile gegen Indianer ist es fast unmöglich für sie, Arbeit zu finden. So bietet sich der Alkohol als Fluchtmöglichkeit an. Sobald Indianer trunksüchtig werden, sind sie meist unfähig, sich zu beherrschen, und sie greifen häufig zu jedem Mittel, um Alkohol zu bekommen.

Die Ausbildung, die sie bei einer Entziehungskur, die von der Bundesregierung oder vom Staat finanziert wird, erhalten, hilft ihnen nicht, nach dem Entziehungs- und Rehabilitationsprozeß eine Anstellung zu finden. Die Indianer werden für Arbeitsstellen ausgebildet, die es weder innerhalb noch außerhalb der Reservationen gibt.

Dies wird in der Indianerklinik Häuptling Leschi ganz anders sein. Der Alkoholiker wird dort den üblichen Entziehungsprozeß durchmachen und zugleich rehabilitiert und in einem nützlichen Beruf ausgebildet werden, in dem er nach Abschluß der Kur auch eine Stelle finden kann. Er ist dann in der Lage, seine Familie zu ernähren und das Leben zu genießen, indem er einen nützlichen Beitrag für die indianische Gemeinde leistet. Das Gefühl, produktiv zu sein und wertvolle Fertigkeiten zu besitzen, wird ihn stützen und sein Selbstgefühl stärken.

Wir wollen außerdem Berater einsetzen, die den Alkoholikern helfen sollen, eine neue Perspektive für ihr Leben zu finden. Ihre Familien sollen ebenfalls beraten werden, damit sie die Probleme des Alkoholikers besser verstehen und damit möglichen zukünftigen Schwierigkeiten vorgebeugt werden kann.

Rauschgiftsucht

Rauschgiftsucht ist ein anderes schwerwiegendes Problem, das besonders bei der jüngeren Generation auftaucht, die oft keine Ahnung davon hat, wie einige Drogen physisch und psychisch wirken. Vielen kann durch rechtzeitige Beratung und durch die richtige Führung geholfen werden, ihre Probleme zu überwinden.

Rauschgiftsucht tritt oft schon bei Kindern ab neun Jahren auf.

Die Entziehungsprogramme für Rauschgiftsüchtige werden im Prinzip die gleichen sein wie für Alkoholiker. Wir brauchen ausgebildete Berater, um diesen unglücklichen Menschen zu helfen, ihre Sucht zu überwinden.

Wounded Knee 1973

Mit der Gründung des American Indian Movement (AIM) im Jahre 1968 trat die Politik der Indianer in den USA in eine neue Phase ein. Die Gründung dieser Dachorganisation für Indianer sowohl in den Städten als auch in den Reservationen erfolgte mit dem Ziel, die verschiedensten bestehenden Organisationen zusammenzuführen, um so die Schlagkraft indianischer Politik zu erhöhen. Mit dem Zusammenschluß ist zugleich eine Änderung der Organisationsform verbunden. In der neuen Bewegung soll nicht mehr paternalistisch für das indianische Volk entschieden werden. Die Entscheidungsprozesse sollen von unten nach oben, von der Basis zur Spitze der Pyramide verlaufen. AIM besteht heute aus etwa 79 Untergruppen. «Die Untergruppen», so heißt es in einer Verlautbarung des AIM, «sind es, die der nationalen Führung die vorrangigen Anliegen der Indianer aufzeigen und die Ziele diktieren. Im Rahmen einer langfristigen Strategie schaffen und leiten die nationalen Führer das AIM zur Durchsetzung dieser Anliegen.»*

In allen Teilen der USA und auch in Kanada gewann AIM rasch an Boden. Bis zum November 1972 hatte AIM bei 150 verschiedenen indianischen Demonstrationen mitgewirkt.

AIM ist nach der Tradition der Indianer nicht nur eine politische, sondern zugleich eine geistige Bewegung. In den Worten von Kills Straight, einem Oglala-Sioux von Pine Ridge:

... Die Mitglieder des AIM reinigen sich von innen. Viele sind zu den alten Religionen ihrer Stämme zurückgekehrt, fort von den wirren Ideen einer Gesellschaft, die sie zu Sklaven ihrer eigenen richtungslosen Existenz machte. AIM ist in erster Linie eine geistige Bewegung, eine religiöse Wiedergeburt und eine Wiedergeburt indianischer Würde. AIM ist erfolgreich, weil sich seine Aktionen auf Glaubensüberzeugungen aufbauen. AIM versucht, die Realitäten der Vergangenheit mit den Versprechen der Zukunft zu verbinden.

Eine der wichtigsten Zielsetzungen des AIM war von Anfang an, das Büro für indianische Angelegenheiten im Interesse der Mehrheit der Indianer zu verändern oder abzuschaffen. AIM weist immer wieder darauf hin,

* Die Gründer waren Dennis Banks, Clyde Bellecourt und George Mitchell.

daß diese Unterabteilung des Innenministeriums mit 16000 Angestellten und einem Jahresetat von 240 Millionen Dollar sich in der Hand bestimmter Interessengruppen befindet, außerordentlich korrupt ist und dem indianischen Volk in keiner Weise dient. Die Verschleuderung von Mitteln, krasse Fehlplanungen und die Zusammenarbeit mit bestimmten Vertretern der Großindustrie und weißen Gewerbetreibenden auf den Reservationen ist nach Meinung vieler Indianer wesentlich an den Lebensbedingungen und der Armut der Mehrheit der Indianer mitschuldig.

Im November 1972 organisierte AIM einen großen Protestzug aus verschiedenen Teilen der USA nach Washington D.C., den Trail of Broken Treaties. Dieser Protestzug, bei dem AIM-Führer der Regierung der Vereinigten Staaten in zwanzig Punkten ihre Forderungen unterbreiteten, führte zu der bisher größten Konfrontation zwischen Indianern und der US-Regierung in diesem Jahrhundert. Der Protestzug gipfelte in einer sieben Tage langen Besetzung der Washingtoner Zentrale des Büros für indianische Angelegenheiten. Die Forderung der Indianer** auf Einhaltung der Verträge der US-Regierung mit den indianischen Nationen, auf Selbstbestimmung für das indianische Volk, auf Rückgabe von 100 Millionen Morgen Land an die Ureinwohner und Abschaffung des Büros für indianische Angelegenheiten bis 1976 sind Ausdruck des wiedergewonnenen Selbstbewußtseins und Nationalgefühls der Indianer; sie haben neue Formen der Auseinandersetzung hervorgebracht.*

Die amerikanische Regierung antwortete wie üblich mit einem unverhältnismäßigen Polizei- und Militäraufgebot, während sie sich in den Verhandlungen keine konkreten Zusagen abringen ließ. Dennoch werteten die Indianer die Aktion als Erfolg. Sie zeigte ihre Entschlossenheit, als Volk weiter um ihre Rechte zu kämpfen, und ermutigte viele vereinzelte oder resignierende Indianer, sich der Bewegung anzuschließen. Im Laufe der Besetzung wurde das Gebäude des Büros für indianische Angelegenheiten stark beschädigt. Als die Beamten nach der Vertreibung der Indianer zurückkehrten, stand an den Wänden unter anderem folgende Botschaft:

Ich entschuldige mich nicht für die Trümmer noch für die sogenannte Zerstörung dieses Mausoleums, denn um Neues aufzubauen, muß erst das Alte zerstört werden.

* Pfad der gebrochenen Verträge.

** Eine englische Dokumentation der Ereignisse mit den zwanzig Forderungen der Indianer und den Antworten der Regierung unter dem Titel «Trail of Broken Treaties. B. I. A. I'm not Your Indian Any More» kann bezogen werden durch Akwesasne Notes, Mohawk Nation at Akwesasne via Roosevelttown, New York 13683.

Wenn die Geschichte sich unserer Anstrengungen an diesem Ort erinnert, werden unsere Nachfahren mit Stolz erfüllt sein, wissend, daß ihr Volk verantwortlich für den Widerstand gegen die Tyrannei, die Ungerechtigkeit und die schreiende Schlamperei dieses Teils einer dekadenten Regierung war.*

*Schon wenige Monate später, im März 1973, erfolgte der nächste Zusammenstoß zwischen Indianern und der US-Regierung. Mit der Besetzung der historischen Ortschaft Wounded Knee** auf der Pine Ridge-Reservation in Süd-Dakota gelang es den Indianern, die Aufmerksamkeit der Weltöffentlichkeit für ihre Anliegen zu gewinnen. Die beiden folgenden Dokumente zeigen die Hintergründe, Ziele und Folgen der Besetzung.*

Vernon Bellecourt, Sprecher der amerikanischen Indianer-Bewegung (American Indian Movement, AIM), spricht zu Europäern in Genf, Juni 1973

AIM kam nach Wounded Knee, um dem Oglala-Stamm zu helfen. Wir folgten dem Ruf der traditionellen Häuptlinge des Stammes. Sie werden von der Regierung nicht mehr anerkannt, seit einem illegalen Beschluß des amerikanischen Kongresses von 1934, der den Vertrag von Fort Laramie von 1868 brach; jener Vertrag hatte vorgesehen, daß, wenn der amerikanische Kongreß Wechsel in der Führung des Stammes beschließen sollte, das Einverständnis von drei Vierteln der männlichen Bevölkerung des Stammes einzuholen sei.

Die folgenden Forderungen wurden in Wounded Knee gestellt:

1. Die Ernennung einer Präsidialkommission durch das Weiße Haus, die auf die Reservation kommen und direkt mit den traditionellen Häuptlingen und Führern des Stammes verhandeln sollte.

2. Einhaltung des Vertrages von 1868 und die Abberufung der von der Regierung eingesetzten Marionettenführungen der Pine Ridge- und anderer Reservationen, die nun seit 1934 als Instrument zur systematischen Unterdrückung der Indianer benutzt werden.

3. Eine Prüfung der Geschäftsbücher des Stammes, um die gegen den von der Regierung eingesetzten Stammesvorsitzenden in Pine Ridge, Richard Wilson, erhobenen Anschuldigungen der Korruption und einer mit seinen treuhänderischen Pflichten unvereinbaren Geschäftsführung

* Dokumentation «Trail of Broken Treaties», S. 27.

** An dieser Stelle wurden kurz nach Weihnachten 1890 etwa 350 unbewaffnete indianische Männer, Frauen und Kinder von Soldaten der 7. US-Kavallerie getötet.

zu enthüllen. AIM kam zur Unterstützung einer Gruppe von 250 Leuten, von denen etwa 90 Prozent Oglala-Sioux waren. Wir harrten siebzig Tage lang aus und widerstanden den Versuchen der amerikanischen Regierung, uns durch Waffengewalt zu vertreiben. Während dieser siebzig Tage wurden zwei unserer Männer bei einem Feuerwechsel erschossen. Wir hatten über zwölf Verwundete (davon verschiedene zwei- oder dreimal verwundet), aber dennoch hielten wir aus. Nach siebzig Tagen erklärte sich die amerikanische Regierung schließlich mit den Wünschen der traditionellen Häuptlinge einverstanden und stimmte der Ernennung einer Präsidialkommission zu, die die Pine Ridge-Reservation besuchen und direkt mit den Häuptlingen über den Vertrag von 1868 verhandeln sollte. Nach der Unterzeichnung der Vereinbarung durch Vertreter des Weißen Hauses beendeten wir die Besetzung von Wounded Knee. Vor zwei Wochen gab ein juristischer Berater von Präsident Nixon eine Erklärung ab, die etwa folgendes besagt: Man habe entdeckt, daß das Weiße Haus nicht berechtigt sei, direkt mit den traditionellen Häuptlingen und über den Vertrag von 1868 zu verhandeln. Es sei Sache des Kongresses, sich mit diesen Problemen zu befassen. Wieder einmal wurde also ein Versprechen nicht eingehalten. Der große weiße Vater in Washington hat wieder einmal Worte zu Papier gebracht und mit Füßen getreten, noch ehe die Tinte trocken war. Das erleben wir nun immer wieder seit 480 Jahren.

Wir haben den Grund für die ursprüngliche Zustimmung der Regierung zur Entsendung einer Kommission erfahren: Der amtierende Justizminister Elliot Richardson, der auf seine Bestätigung im Amt wartete, wurde unter beträchtlichen Druck verschiedener Kongreß- und Senatsmitglieder gesetzt, vor allem aus den Staaten mit einer großen Indianerbevölkerung, die dort systematisch unterdrückt wird und deren Bodenschätze geplündert werden. Gegenwärtig stehen über hundert unserer Leute unter Anklage. Wir haben gehört, daß im geheimen mindestens weitere fünfzig Anklageschriften gegen unsere Führung verfaßt wurden. Während also das Weiße Haus die jüngste Vereinbarung bricht, hat der Krieg gegen die Führung des AIM und gegen den Oglala-Stamm in den Gerichten begonnen. Unsere Leute müssen mit bis zu 180 Jahren Gefängnis rechnen, und es werden astronomische Kautionen verlangt. Dennis Banks, unser Vorsitzender, steht auf der FBI-Liste der zehn meistgesuchten Verbrecher. Seine Kaution ist auf 105000 Dollar festgesetzt: Er will sich nicht stellen, ehe nicht dieses Geld zusammengebracht ist, damit er sofort wieder freigelassen und für unser Volk weiterarbeiten kann.

Wounded Knee war ein Sieg für uns, trotz des Wortbruchs der Regierung. Wir haben der Welt zeigen können, daß wir Indianer als eine lebende Gemeinschaft existieren, daß es uns nicht nur in Cowboy- und Indianerfilmen gibt oder in Büchern oder den Museen, die überall in der Welt die Gebeine unserer Vorfahren zur Schau stellen. Dank Wounded Knee erhielten wir auch die Unterstützung der Organisation der Schwarzen und der Chicanos (Mexico-Amerikaner), der Vietnam-Veteranen, der armen Weißen, der Nationalen Frauenorganisation (und fast jeder anderen Frauenbefreiungsgruppe in Amerika) und der Friedenskoalition.

Viele Jahre lang waren wir sehr kritisch gegenüber der Rolle, die die Kirchen bei der Zerstörung unserer Zivilisation spielten. Heute haben uns Männer wie John Adams vom Nationalen Kirchenrat durch ihre Anwesenheit unterstützt. Das aber genügt nicht: Wir bitten um die volle Unterstützung eines jeden – überall in der Welt –, der weiß, daß wir die meistunterdrückte Nation in unserem eigenen Lande geworden sind.

Die Kosten für die Verteidigung unserer Leute dürfte sich wahrscheinlich auf 800000 Dollar belaufen. Ich bin hierhergekommen, um zu versuchen, Komitees zu gründen wie die neuen Indianerkomitees in Frankreich und Italien. Wir sind jetzt daran, eine solche Hilfsorganisation in der Schweiz zu gründen. Wir hoffen, daß alle Welt sieht, daß das, was wir in Amerika für Gerechtigkeit und für ein menschenwürdiges Dasein für unser Volk tun, nicht nur für uns allein geschieht, sondern zum Nutzen der ganzen Menschheit. Wir hoffen, daß Wounded Knee der amerikanischen Regierung, der amerikanischen Öffentlichkeit und der ganzen Welt den Anstoß gibt, nun endlich Schritte zu unternehmen, um die Lebensbedingungen unseres Volkes zu verbessern.

Wir haben erklärt und wiederholen es, daß wir innerhalb des Systems in Amerika arbeiten werden. Aber wenn nötig, werden wir Ungerechtigkeiten auf jedem Gebiet entgegentreten. Die Regierung muß ernsthafte Schritte unternehmen und eine Kommission ernennen, um sich mit 371 gebrochenen Verträgen zu befassen und sie nun einzuhalten. Die amerikanische Regierung muß die Probleme im eigenen Lande mit Vorrang behandeln und ebensoviel Geld bereitstellen für die Einhaltung von Verträgen mit den indianischen Nationen und für die Hilfe am Wiederaufbau unserer Zivilisation, wie sie in anderen Teilen der Welt für die Zerstörung anderer selbständiger Völker ausgegeben hat. Mit diesen Geldmitteln und mit der Unterstützung unserer Förderer können wir unserem Volk wieder zu einem menschenwürdigen Dasein in Amerika verhelfen.

Nicht lange nach dieser Rede wurde Vernon Bellecourt am Krankenbett seines Bruders, der durch Schüsse verletzt worden war, verhaftet und ins Untersuchungsgefängnis gebracht.

Dave Long, Vizepräsident des Stammesrates von Pine Ridge, gab die folgende Erklärung am 2. März 1973 ab. Er sprach nach einer von der Regierung angesetzten Pressekonferenz, obwohl viele Pressevertreter den Raum verließen und nur wenige sich die Mühe nahmen, ihm zuzuhören.

Die Lebensbedingungen in Pine Ridge sind sehr schlecht, erbärmlich. Es gibt hier jede Art von Terror. Es gibt nicht genug Arbeit. Wir leben unter erbärmlichen Bedingungen. Wir sind dem BIA (Büro für indianische Angelegenheiten) ausgeliefert. Das Vieh, das ihr auf unserem Lande seht, gehört Weißen. Die Sioux haben kleine Gemeinschaftsweiden. Es reicht nicht aus, und wir können so nicht auskommen. Wir sind gezwungen, unsere Weiden, unser Vieh und unsere Pferde aufzugeben.

Das BIA hat niemals etwas unternommen, um die Lebensbedingungen unseres Volkes zu verbessern. Wir können nicht über unser Geld verfügen – es wird von dem BIA verwaltet. Die Schuld an Fehlern wird einfach weitergeschoben an das Regionalbüro in Aberdeen, Süd-Dakota, und von dort nach Washington. Unsere Leute haben dieses Leben satt.

Die Ärzte für unser Spital kommen direkt von der Schulbank. Sie bleiben nur kurze Zeit hier, dann gehen sie fort und eröffnen eine Praxis. Die Zustände können Sie aus den Akten des Gesundheitsamtes selbst ersehen. Heute wollen die Leute, daß man sie wenigstens anhört, aber niemand möchte sie anhören. Wir gründeten eine Bürgerrechtsorganisation in Pine Ridge. Die Leute waren eingeschüchtert. Die Dinge müssen sich hier ändern, und wir dachten, das würde uns helfen. Aber bis jetzt haben wir keine Unterstützung erhalten.

Ich selbst habe Senator Abourezk gebeten, hierherzukommen. Man hat uns nicht gestattet, mit Abourezk und McGovern zu sprechen. Gestern warteten die Leute vor Billy Mills Haus, unserem Gemeindezentrum in Pine Ridge. Wir wollten mit unseren Kongreßvertretern reden. Aber die Stammespolizei rückte an, weiße Betrunkene kamen und begannen eine Schlägerei. Dann kam die Polizei und jagte die Leute weg. Wir kamen nie dazu, mit unseren Kongreßvertretern zu sprechen. Wieder einmal, wie so oft, hat man uns mundtot gemacht.

... Ich bin kein Mitglied des AIM; aber wir brauchen Hilfe.

... Unser Medizinmann, Pete Catches, wurde von der Stammespolizei verhaftet. Das ist die Polizei des BIA; er ist nicht zurückgekommen, wir wissen nicht, wo er ist. Man hat uns mit Bomben gegen mein Haus und das eines anderen Ratsmitgliedes gedroht. Wir haben einen Anwalt, Mario Gonzales, angerufen. Jetzt kann ich aber nicht mehr nach außerhalb von Pine Ridge telefonieren ... man hat eine sogenannte ‹Gerüchtekontrolle› eingeführt. Aber offenbar ist das nichts anderes als eine Überwachung von Personen.

Der Stammesrat ist seit Oktober 1972 nicht mehr zusammengetreten. Die Leute sind eingeschüchtert.

Ich lade die Presse ein, hier herumzugehen und die Häuser, die Straßen und die Gemeinde zu fotografieren. Es ist ein Jammer.

Wir brauchen Hilfe. Die ganze Welt soll erfahren, was in Pine Ridge geschieht und wie die Leute hier leben müssen. Die AIM-Leute sind hier, weil wir sie gerufen haben.

Von woher sollten wir sonst Hilfe bekommen?

Aufruf an die Europäer

Der Kampf der Indianer um ihr Überleben, ihre Rechte, ihre Kultur, ihre Rolle in der Geschichte der Menschheit vollzieht sich nicht nur in dem Land, in dem sie leben. Dieser Kampf hat internationale Ausmaße und muß international ausgetragen werden. Der Kampf gegen die Unterdrükkung erfordert die Vereinigung der unterdrückten Völker und Klassen der ganzen Welt.

Die Indianer in den USA haben bislang große Zurückhaltung in bezug auf Bündnisse mit anderen unterdrückten Völkern, Rassen und Klassen gezeigt. Ihre Zurückhaltung mag teilweise auf die Propaganda der Herrschenden zurückzuführen sein, die den Kampf der Indianer, um wirksame Bündnisse zu verhindern, ausschließlich als Rassenkampf darzustellen bestrebt sind. Doch Befreiungskampf ist nicht der Kampf von Roten gegen Weiße oder von Schwarzen gegen Weiße. Der Befreiungskampf ist der Kampf der unterdrückten Menschen aller Rassen gegen die Unterdrücker aller Rassen.

Nur langsam und zögernd scheinen sich die Indianer der Notwendigkeit des weltweiten Bündnisses bewußt zu werden. Neben der Propaganda ist wohl auch das Ringen der Indianer um die Erhaltung und Wiederherstellung ihres geschichtlichen und kulturellen Erbes, ihres Selbstverständnisses und ihrer Selbstbehauptung als Indianer ein Faktor der Verzögerung. Doch es wird sich erweisen, daß das Streben nach Identität als Volk, Stamm, Gruppe, Angehörige einer Rasse der Solidarität mit anderen Menschen, Gruppen und Völkern nicht entgegensteht, sondern letztlich die Grundlage für das Bündnis bildet. Im Streben um Selbstverwirklichung auf der Grundlage gegenseitiger Toleranz, im Interesse der Erhaltung der Vielfalt der Kulturen und Individuen müssen sich die Unterdrückten treffen und zusammenarbeiten. Ein kleiner Schritt auf diesem Weg mag es sein, wenn Indianer verschiedener Staaten Nord-, Zentral- und Südamerikas seit einigen Jahren versuchen, über die bestehenden Landesgrenzen hinweg zusammenzuarbeiten, und auch nach Unterstützung ihrer Interessen in europäischen Ländern Ausschau halten. Eine Organisation, die diesem Ziel dienen will, ist Incomindios (International Committee for Indians of the Americas).

Die als Verein ohne kommerzielle Zwecke von Indianern und Weißen gemeinsam getragene Organisation mit europäischem Hauptsitz in Genf setzt sich folgende Ziele:

Die Respektierung der zwischen den jeweiligen Regierungen und den Vertretern der Stammeskulturen geschlossenen Verträge und die Respektierung der Rechte der Stammeskulturen mit aller nötigen Rechtshilfe zu bewirken, wo immer die Notwendigkeit besteht.

Darauf hinzuarbeiten, daß Gesetze gefördert und durchgesetzt werden, welche die Stammeskulturen vor Ausbeutung und Diskriminierung schützen. Diese Gesetze bekanntzumachen.

Die Achtung und Verteidigung der Stammeskulturen zu fördern und ihr Überleben und ihre Entwicklung in der modernen Welt zu fördern.

Die Verständigung der Stammeskulturen zu der übrigen Welt zu fördern. Am Beispiel der Stammeskulturen die zerstörerischen Elemente in unserer Gesellschaft und ihre Zusammenhänge mit den grundlegenden materiellen und ideologischen Strukturen der ‹technokratischen Zivilisation› aufzudecken und im Rahmen unserer Möglichkeiten auf deren positive Veränderung hinzuwirken. Darin sehen wir den grundlegendsten Aspekt einer Hilfe für die Stammeskulturen und unserer eigenen.

Incomindios möchte mit anderen Vereinigungen, welche ähnliche Ziele verfolgen, zusammenarbeiten. (Statuten von Incomindios Schweiz, 3. 1.–3. 6.).

Incomindios wirbt gegenwärtig um Mitglieder besonders in der Schweiz, in der BRD, in den Niederlanden und in Frankreich.

In der Präambel zu den Statuten von Incomindios heißt es:

Die Völker Europas müssen erkennen, daß sie mitwirken an der Unterdrückung, der die amerikanischen Indianer nach wie vor ständig ausgesetzt sind. Tatenloses Zusehen im Angesicht des Kolonialismus und des Rassenmordes, der ständig weitergeht, sei es in der Form unmittelbarer Diskriminierung oder unter dem Banner des Fortschritts, macht sie zu Handlangern dieser Praktiken. Trotz weitverbreiteter romantischer Sympathien für die Indianer beider Amerika sind nur wenige weiße Menschen hinreichend über das Ausmaß der tyrannischen Unterdrükkung, die die Indianer erleiden, unterrichtet. Es ist Zeit für die Europäer, aktiv Verantwortung zu übernehmen und mit dafür zu sorgen, daß die Menschenrechte der Indianer beider Kontinente geachtet werden.

Im Juni 1974 fand auf der Standing Rock Sioux-Reservation in Süd-Dakota die erste große Vertragskonferenz der Sioux-Nation statt. Indianer aus allen Teilen Nordamerikas kamen zusammen, um über die Sicherung, Verteidigung und Wiederherstellung ihrer in Verträgen mit den USA und mit Kanada niedergelegten Rechte zu beraten. Das Treffen, an dem etwa 4000 Menschen teilnahmen, wurde zu einer großen Demonstration des Willens und der Entschlossenheit der Indianer, gemeinsam weiter um ihr Überleben in der heutigen Welt, die Verbesserung ihrer Lebensbedingungen und die Anerkennung als Volk zu kämpfen.

Das anschließende Dokument ist der Bericht eines indianischen Mitglieds von Incomindios über diese Konferenz an die europäischen Mitglieder. Jimmie Durham berichtet, daß er Incomindios für die Angelegenheiten in den USA der Leitung des American Indian Movement unterstellt hat, damit es fest in die gegenwärtige Indianerbewegung integriert wird. Er fordert seine europäischen Freunde auf, Incomindios zu stärken und zu vergrößern, um mitzuhelfen, die Sache der Indianer auf internationaler Ebene voranzubringen. Die indianischen Mitglieder von Incomindios bemühen sich zur Zeit darum, als nicht regierungsgebundene Organisation bei der UNO akkreditiert zu werden. Das American Indian Movement plant außerdem, ein Indianerbüro bei der UNO einzurichten.

Abschließend eine Rede von AIM-Gründer Clyde Bellecourt. Im Dezember 1974 wurde er vom Weltkirchenrat nach Genf eingeladen, wo er einen Bericht zur Lage der indianischen Nationen gab und nicht versäumte, gegen die Arbeit der Kirchen und Missionsschulen in den Reservaten zu protestieren. Anschließend besuchte Bellecourt das AIM-Chapter in Berlin. Diese Rede hielt er bei einer öffentlichen Pressekonferenz am 10. Dezember 1974 in Berlin.

Jimmie Durham c/o WKLD OC
P. O. Box 255, Sioux Falls, S. D. 57101

20. Juni 1974

Liebe Freunde – Mitglieder von Incomindios,

gerade bin ich Zeuge und Teilnehmer des für die Ureinwohner Nordamerikas schönsten und vielleicht wichtigsten Ereignisses dieses Jahrhunderts gewesen. Die zukünftigen Ziele und Aufgaben von Incomindios müssen sich an diesem Ereignis orientieren.

Das Ereignis, das ich meine, war die Internationale Vertragskonferenz, die vom 8. bis 16. Juni auf der Standing Rock Sioux-Reservation in Dakota stattgefunden hat. Es waren fast 4000 Menschen dort, die 97 Stämme vertraten. Wir teilten uns in regionale Arbeitsgruppen und in eine Arbeitsgruppe für internationale Angelegenheiten und arbeiteten fast ohne Unterbrechung eine ganze Woche lang. Am Donnerstag, dem 13. Juni, kamen zwei Vertreter jeder regionalen Arbeitsgruppe zum internationalen Arbeitskreis, und wir bildeten einen internationalen Rat, der jetzt unter dem Namen International Indian Treaty Council eine ständige Organisation geworden ist und eine abschließende Erklärung herausgegeben hat.

Mitglieder sind traditionelle Stammesführer, Medizinmänner und Stammesratsvorsitzende zusammen mit den Führern des American Indian Movement und Leuten, die Führer und Organisatoren bei ihren Stämmen oder in Stadtgebieten gewesen sind. Die ganze Zeit über herrschte ein Gefühl der Zusammengehörigkeit und Einheitlichkeit der Zielsetzung, das uns beglückte und anspornte. Die Konferenz und die Erklärung markieren einen Wendepunkt in unserer Geschichte. Wir haben einen ersten Schritt in eine neue Richtung getan. Wir Indianer wollen von nun an gemeinsam unser Schicksal in die Hand nehmen und unsere Geschichte selbst bestimmen. Es muß wohl nicht gesagt werden, daß wir uns in einem euphorischen Zustand befinden, obwohl wir uns sehr klar dessen bewußt sind, was Russel Means in seiner Ansprache vor dem Council hervorhob: daß jetzt die wirkliche Arbeit beginnen muß und daß ein langer, harter Kampf stattfinden wird, ehe wir wieder unabhängig sind, und daß sicherlich noch mehr Blut vergossen werden wird.

Der Council ist nun dabei, Büros in Washington D.C. und New York City einzurichten und die ernste Arbeit der Kontaktaufnahme mit anderen Nationen überall auf der Welt aufzunehmen. Außerdem wird er Dokumentationen für Gerichtsprozesse vorbereiten und zusammenstellen.

Darüber hinaus versuchen wir nun für den Treaty Council auf der Grundlage einer nicht regierungsgebundenen Organisation Beobachterstatus bei den Vereinten Nationen zu bekommen. Während des Council-Treffens am Samstag, dem 15. Juni, unterstellte ich alle die USA betreffenden Angelegenheiten von Incomindios der Kontrolle und Leitung des International Indian Treaty Council unter der Führung des American Indian Movement. Meine Gründe waren: a) Der Council (und die Sioux-Nation, die ihren Vertragsfall bald dem Internationalen Gerichtshof in Den Haag vorlegen wird) braucht sehr dringend Unterstützung in Europa. Er sollte in die Lage versetzt werden, auf die Art und Weise der Unterstützung, auf die er sich verlassen können muß, einigen Einfluß zu nehmen. b) Incomindios muß, um leistungsfähig zu sein, von Indianern getragen werden. Dies zu erreichen, war mein Ziel, seit ich in die USA zurückgekehrt bin. Im Council sind mehr Indianer auf einer wirksamen Basis vereint als irgendwo sonst, und seine Ziele sind mit denen von Incomindios identisch. Es ist meine Hoffnung, daß dieser Zusammenschluß auch auf Incomindios vereinigend wirkt und den Mitgliedern bewußtmacht, daß ihre Arbeit für die amerikanischen Indianer von größter Wichtigkeit ist.

Von unserem Standpunkt aus, und ich spreche für alle Mitglieder des

Council, ist das Wissen, daß es in Europa bereits eine Organisation gibt, die bereit ist, auf der Grundlage der Gleichberechtigung mit uns zu arbeiten, erregend und ermutigend. Für die Mitglieder von Incomindios muß dies zugleich das Gefühl der Verantwortlichkeit erhöhen und verstärken.

Ich will nochmals betonen, daß besonders im Lichte dieser Entwicklungen das europäische Hauptquartier von Incomindios in Genf sein muß. Weiter, Incomindios muß seine Anstrengungen, Mitglieder zu gewinnen, verdoppeln und muß Kontakte in diplomatischen und juristischen Kreisen aufbauen. Wir müssen auch anfangen, Zweigstellen in anderen Ländern zu errichten – insbesondere in den Niederlanden.

Ich danke euch, daß ihr mit uns arbeitet. Geht mit Ometeotl, sprecht gut und hört gut zu in dem Rat des Universums.

Jimmie Durham
(Cherokee-Nation)

10. 12. 1974, Berlin

Vor langer Zeit erzählte mir mein Großvater, daß sein Vater ihm erzählte, daß sein Ururgroßvater ihm von einem Mann namens Drinks Water erzählte, der einst lebte. Er war ein sehr heiliger Mann. Ein heiliger Mann, der stark in Medizin und Wissen war, ein Mann, der wußte, daß die Erde rund war, und alles was darin war, war rund. Und er sagte, daß eine fremde Rasse kommen wird und wir vier Generationen unter ihr leiden würden. Sie würde ein Netz um unsere Kultur weben und das Land, das wir unsere Mutter nennen. Sie würde uns aus unserer traditionellen Lebensweise herausnehmen und in kleine graue Regierungshäuser stecken. Sie würde Zäune um uns herum errichten, und sie würde alles töten, was uns lieb und wertvoll war. Und dort in unseren grauen Häusern würden wir welken und sterben. 27 Jahre vor 1890 wurde ein anderer Prophet in South Dakota geboren. Was heute South Dakota genannt wird, war zu dieser Zeit die große Nation der Sioux. Sein Name war Crazy Horse, aber er nahm den bescheidenen Namen Black Elk und gab seinen Namen einem jungen Krieger. Dieser trat für seine Leute ein und sagte, «heute ist ein guter Tag zum Sterben, für das, woran wir glauben». So gab er ihm den Namen Crazy Horse, und er nahm den Namen Black Elk an. 1890 kam Black Elk dorthin, was jetzt als Pine Ridge bekannt ist, eine Reservation, ein Konzentrationslager, wo sie rundherum Zäune und hohe Mauern bauen, so daß du nicht von einem Teil des Landes zum anderen gehen kannst. Er hörte Gewehre und wußte nicht, was es zu bedeuten hatte. Er bestieg sein Pferd und ritt zu dem Ort, der als Wounded Knee bekannt wurde. An der höchsten Stelle des Berges stieg er auf sein Pferd und schaute in die Täler. Er sah die 7. Kavallerie der US Armed Forces, die einen Kreis gebildet hatten, und Big Foot und die Minneconjon-Sioux, die sich dort versammelt hatten, um den heiligen «Ghost Dance» abzuhalten. Er sah Frauen und Kinder in die Schlucht rennen, wie 392 von ihnen niedergeschossen wurden. Er sah, wie ihnen die Köpfe abgeschnitten wurden, er sah die aufgerissenen Blusen, ihre Brüste waren abgeschnitten, mitgenommen als Souvenirs nach Denver und die umliegenden Städte, wo sie tranken und ihren großen Sieg feierten. Black Elk war erst 27 Jahre alt, aber er war schon damals der größte religiöse, heilige Mann, der je gelebt hat. Er war stark in Medizin, so konnte er die Krankheiten seiner Leute heilen.

Black Elk bekam eine Vision, in der ihm davon erzählt wurde, daß ein heiliger Reifen geboren werden würde. Er sagte, ein heiliger Baum würde wachsen, und alle Stämme würden zusammenkommen.

Aber als er jenen Tag auf seinem Pferd saß, weinte er und er wußte, daß der heilige Reifen gebrochen war und daß der Baum verwelkt und gestorben war, dort in Wounded Knee.

1935 hörte ein Mann namens John Neihardt von der Universität in Nebraska von Black Elk und besuchte ihn. Black Elk war ein sehr alter Mann geworden, er konnte kaum noch sehen. Black Elk erzählte ihm von einer Vision, die er kürzlich hatte. Er sagte, er ginge dorthin, wo er als junger Krieger geritten war. Er trank nichts und aß nichts und fastete so vier Tage und vier Nächte. Schließlich wurde ihm wieder eine Vision gegeben. Der Große Geist erzählte ihm, daß irgendwo dort unten in den Tälern, dort unten die Wurzeln jenes Baumes noch leben würde, und er sagte, eines Tages werden Krieger aus den vier Richtungen des Universums kommen. Die schwarzen Leute werden kommen, die gelbe Rasse wird kommen und jene Weißen, die an euch glauben, und alle Stämme werden kommen. Die Stämme der sogenannten USA werden dorthin zurückkommen, und sie werden die Wurzeln jenes Baumes nähren, und sie werden wieder wachsen. Und der heilige Reifen, den ich euch so viele Jahre zuvor versprochen hatte, wird wieder zusammengefügt werden.

Wir glauben, daß Wounded Knee 1973 ein Teil dieser Prophezeiung war. Denn wir sahen die vier Rassen zurückkommen. Fünf Jahre lang versuchten wir, die Augen und Ohren jener Weißen zu öffnen, die uns ausbeuten. Fünf Jahre lang versuchten wir, die Augen jener Schwarzen zu öffnen, die nur das nutzten, was der Weiße ihnen geben kann, und uns ebenfalls ausbeuteten. Aber es scheiterte. So kam es zu Wounded Knee 1973.

Ich bin kein gebildeter Mann. Ich habe nicht in indianischen Gräbern gegraben oder indianischen Begräbnisstätten, ich habe meine Kultur nicht so eindringlich studiert, daß ich in den Gräbern meines eigenen

Volkes graben würde, um herauszufinden, von woher sie kamen. Ich hatte Glück, mit der vierten Klasse abzugehen. Das, was ich so sehr verabscheute, war, was der Weiße nach Amerika gebracht hatte. Ich habe fast 14½ Jahre meines Lebens in Gefängnissen und Erziehungsanstalten, Missionsschulen, Boarding Schools verbracht. Ich bin kein gebildeter Indianer. Ich bin kein Indianerexperte. Ich bin heute abend hierhergekommen, um euch etwas von meinen Erfahrungen zu vermitteln, die ich in den 38 Jahren meines Lebens hatte. Ich bin aus zweierlei Gründen hier in Europa. Zum erstenmal in der Geschichte des Weltkirchenrates entschieden sie sich, einen Indianer aus den USA einzuladen, um dort über die Armen und ihren Kampf zu sprechen; um bei der Neuerung ihrer Programme zu helfen, so daß sie den Armen wirklich nützlich sind. Über 150 Nationen waren bei dieser Zusammenkunft vertreten; in Montreux, Schweiz, von wo ich gerade komme. Ich erzählte ihnen dort von meinen Erfahrungen mit den Kirchen. Ich erzählte ihnen, daß ich einst Mitglied der nationalen amerikanisch-lutheranischen Kirche war. Ich erzählte ihnen, daß ich bei verschiedenen Gelegenheiten in meinem Leben christianisiert wurde. Und daß ich ein wenig über ihre Religion weiß, weil sie mein ganzes Leben lang versuchten, mich zu bekehren. Und ich sagte ihnen, daß sie zu den Herausforderungen, die wir ihnen in den letzten sechs Jahren entgegenbrachten, nichts unternommen hatten, nichts! Ich sagte ihnen das, was uns betrifft, und ich spreche nicht nur als AIM-Mitglied, ich spreche ebenso als (Gründungs-)Mitglied der unabhängigen Sioux-Nation, die in Wounded Knee, South Dakota, wiederhergestellt wurde. Ich habe den Segen unserer Ältesten, hierherzukommen und Entscheidungen zu treffen, die ich in der letzten Woche zu machen hatte. Ich erzählte den Kirchen, daß alles, was sie tun könnten, ist, das Land zu bestellen und Obst und Gemüse anzubauen, wovon sie denken, es würde auf diesem Lande wachsen, das zu ernten und die Armen zu ernähren. Das ist alles, was sie zu tun hätten, um die sogenannte Krise zu überwinden, der die ganze Welt entgegensieht. Dann sagte ich ihnen auch, daß ihre Mission in Amerika vorüber sein würde, wenn sie das nicht täten, und daß wir jedes gesetzliche gerichtliche Verfahren einleiten werden, das dafür notwendig ist, sie von unserem Land zu entfernen.

AIM wurde 1968 ins Leben gerufen. Es war eine verzweifelte Zeit in unserer Geschichte, in der wir uns zusammenschlossen. Wir waren uns der Lage, in der sich die Indianer in Amerika befanden, vollkommen bewußt. Wir wußten, daß für jedes weiße Kind, das in den USA geboren wurde und lebte, drei indianische Kinder nicht überlebten. Wir wußten, die Lebenserwartung der Indianer liegt bei 42,5 Jahren, für das weiße Amerika 65 und mehr. Unsere Selbstmordrate ist siebenmal höher als die des nationalen Durchschnitts. All diese Mißstände kannten wir nicht, bevor Kolumbus aus dem Wasser kam und uns entdeckte, nicht unser Land.

Wir wußten, daß 87 Prozent der Wohnunterkünfte der Indianer Amerikas unter dem Lebensstandard waren und daß ca. 70 Prozent davon keine Toiletten oder Waschräume, überhaupt keine innen angelegte Wasserversorgung hatten, und wenn sie es hatten, waren sie verschmutzt. Wir wußten, daß zu 65 bis 100 Prozent vom Wohnort in Amerika abhängt, ob deine Kinder den High-School-Abschluß schaffen oder nicht. Und wir wußten, daß es in den vergangenen 450 Jahren in Amerika 2800 indianische Organisationen gab, aber nicht eine davon wurde von Indianern kontrolliert oder geführt. So waren wir uns der Ausbeutung, die stattfand, völlig bewußt. Die nicht nur gegen unser Land gerichtet war, sondern gegen unsere Kultur, und ich sage Kultur, nicht Religion, denn wir hatten keine Religion, bis zu dem Zeitpunkt, als die Pilger kamen. Und ich fragte die Kirche in Montreux: «Wie habt ihr uns gerettet? Als ihr dorthin kamt, hatten wir keine Gefängnisse, keine Waisenhäuser, keine Selbstmordrate, die siebenmal höher als der nationale Durchschnitt ist, kein jährliches Einkommen von 1500 Dollar pro indianische Familie, keine Syphilis, keine Gonorrhoe, keinen Alkohol.» Ich fragte: «Wie habt ihr uns gerettet, uns arme Indianer?» Ich frage das heute, ich fragte die Kirche. Und ich sagte: «Weil wir keine Zehn Gebote hatten.» Und ich fuhr fort, indem ich, was auch das American Indian Movement in den letzten sechs Jahren versucht hatte, ihnen zeigte, wie sie unseren Kontinent verletzten. Sie sagten, du sollst deinen Vater und deine Mutter ehren, und schickten unsere Kinder weit weg, steckten sie in Boarding Schools oder Missionsschulen, in denen man sie lehrt, ihren Vater und ihre Mutter zu verachten, wo man sie lehrt, ihre Sprache zu vergessen. Sprich englisch! Sei kein Wilder! Sei nicht heidnisch! Glaube nicht, daß die Erde deine Mutter ist. Und daß die Bäume, die Tiere, die Fische im Wasser und die Vögel, die über dir fliegen, deine Brüder und Schwestern sind. Glaube nicht daran, verachte deine ganze Kultur. Du sollst nicht töten, sagten die Pilger, als sie Anfang des 16. Jahrhunderts kamen. Du sollst nicht töten, sagten sie! Und die Indianer kamen aus den Wäldern und akzeptierten sie auf dem Land und gaben ihnen alles, was sie brauchten. 50 Prozent von ihnen kamen in diesem ersten Winter um, denn sie hatten nicht genug Lebensmittel mitgebracht. Wenn man die «Mayflower» in Plymouth Rock besichtigt, und sich den Bericht ansieht, findet man heraus, daß sie zuviel Rum und zuviel Bier mithatten und daß sie es deshalb fast nicht in Amerika geschafft hätten. Die Indianer kamen aus den Wäldern und heilten sie mit ihrer Medizin. Sie zeigten ihnen, wie sie ihre Heime bauen konnten, gaben ihnen zu essen, alles, was sie wollten. Sie hatten das Erntedankfest und erzählten den Indianern über die Zehn Gebote. In der einen Hand die Bibel, in der anderen das Schwert. Sie erzählten über die Zehn Gebote. Du sollst nicht töten, und 59 Jahre später, nach dem achten Erntedankfest, waren 57 Stämme von der Erdoberfläche verschwunden, vernichtet im Namen Jesus Christus. Indianer, die es ablehnten, sich taufen zu lassen, wurden vernichtet. Sie sagten: «Du sollst nicht töten.»

Sie sagten, halte den Sonntag heilig, und sie konnten nicht verstehen, daß indianische Religion 24 Stunden am Tag stattfindet. Daß alles, was wir von unserer Mutter nehmen, ihr wieder zurückgeben müssen. Oder sie verstanden uns vielleicht doch, und sie waren gekommen, um uns auszubeuten.

Durch AIM, das im Juli 1968 gegründet wurde, wurde entschieden, daß die Kirche, das Christentum, und ich spreche jetzt nicht über die Religion, denn wir haben vor der Vision unseres weißen Bruders Respekt, ich spreche über die Institution, die uns ausbeutet, daß wir uns weigern, noch etwas zu geben, sonst fahren sie fort, uns zu bestehlen, jeden Sonntag. Ich spreche von dieser Art Christentum. Wir bezeichnen das Christentum als unseren Feind Nummer eins, das Schulwesen als Feind Nummer zwei, und auch die Bundesregierung ist natürlich unser Feind. Und wir erzählten der Welt, daß diese drei Institutionen und ihre Verschwörer die Eingeborenen der westlichen Hemisphäre fast vernichtet hatten. Ich sage fast, denn 1968 lebte unsere Kultur wieder auf, es war eine leise Stimme im Universum und eine Gruppe von Leuten, wie ich selbst, die vierzehn Jahre ihres Lebens in den Institutionen des weißen Mannes verbracht hatten, drop-outs. Erzieher kamen zu unseren Meetings. Wir waren gerade damit beschäftigt, wie man das Polizeiproblem in Minneapolis, Minnesota, lösen könnte. Wir beschäftigten uns mit den Bundesgeldern in Ohio, von denen nur die Schwarzen etwas bekamen und die Indianer wieder einmal beiseite geschoben wurden; soweit es um Rassismus ging, gab es 1968 angeblich nur ein schwarzes Problem. Wir wußten nicht, daß es vorwärtsgehen würde, daß fünf Jahre später 87 AIM-Chapter in den USA entstehen würden und daß es die am schnellsten wachsende Bewegung der Welt werden würde. Wir wußten zu der Zeit noch nicht einmal, daß es eine spirituelle Bewegung war, eine sehr, sehr heilige Sache, die stattfand. Fünf Jahre lang traten wir den drei Institutionen friedlich, ohne jegliche Gewalt entgegen. Wir erzählten diesen Erziehern, warum sie im Unrecht waren. Wir erzählten ihnen, daß diese Männer mit den seidenen Strümpfen und Schuhen mit hohen Absätzen, in Rüschenhemden und blonden Perücken und den hölzernen Zähnen nicht die Väter unseres Landes waren.

George Washington war nicht der Vater unseres Landes. Und ihr großer Befreier, Abraham Lincoln, wir erzählten ihnen die Wahrheit über ihn. Wir wollen ja gar nicht, daß sie sich auf die indianische Kultur, indianische Traditionen und indianische Spiritualität konzentrieren, wir wollen nur, daß ihr die Wahrheit über diese Leute erfahrt. Wir wissen, daß Abraham Lincoln am selben Tag, an dem er die Emanzipations-Proklamation unterzeichnete, den Befehl dazu gab, 38 Sioux, Little Crows Leute, in Mankato, Minnesota, zu hängen. Wir versuchten fünf Jahre lang, daß man die Geschichte in den Büchern richtigstellt, aber nichts geschah. Fünf Jahre lang stellten wir uns dem BIA (Büro für indianische Angelegenheiten) entgegen, das der größte und älteste Verwaltungsapparat in den USA heute ist. Das BIA wurde 1824 eingerichtet, es war die Zeit, in der auch die Verträge gemacht wurden. Ihnen wurde die Verantwortung für die Ausführung der Verpflichtungen übergeben, die die Bundesregierung gegenüber den indianischen Nationen und dem indianischen Volk hatte. Dokumente, die heilige Verträge waren, wie es in der Konstitution, in jeder Konstitution der Welt, festgelegt ist. Das war ihre Verantwortung. Heute ist es die größte und älteste Verwaltung in Amerika. Eine Einrichtung, die uns fast alles geraubt hat, was uns heilig war. Man sagt, daß es für je 18 Indianer in den USA einen BIA-Bürokraten gibt. Von den Millionen und aber Millionen Dollars, die ausgegeben werden, bekommen die Indianer nur 8 Prozent, der Rest wird gestohlen und zerrissen.

Fünf Jahre lang versuchten wir, Amerika aufzuwecken, ohne Gewalt, friedlich. Wir versuchten, das Verständnis der Leute zu wecken, um ihnen Augen und Ohren für das zu öffnen, was nicht nur in Amerika, sondern in der ganzen Welt vor sich geht. Niemand hörte. Schließlich, im Frühjahr 1972, machten wir einen Aufruf in alle vier Richtungen, das, was wir Mutter Erde nennen, und forderten die Indianer auf, zu einem kleinen Ort auf der Rosebud-Reservation zu kommen. Dieser kleine Ort wird Crow Dogs Paradies genannt, dort, wo die Traditionen und die Medizin noch erhalten sind und leben. Die Crow Dogs sind nie in die Schule gegangen, aber sie können jeden einzelnen Tag vorhersagen, was den Menschen geschehen wird. Wir sprachen über all die Demonstrationen und all die Konfrontationen, die wir mit der Kirche, der Erziehung und der Bundesregierung hatten. Und wir entdeckten, daß alles, was wir hatten, waren eine Menge Beulen am Kopf und schwere Gerichtskämpfe, und nichts wurde vollendet. So beschlossen wir, ein Programm aufzustellen, womit wir Amerika aufwecken können, und wir nannten es «Trail of Broken Treaties» (Marsch der gebrochenen Verträge).

Anfang Oktober 1972 fuhren drei Karawanen von der Westküste los in Richtung Osten, nach Washington D.C. ... Jede der Karawanen wurde von einem Medizinmann geführt, einem heiligen Mann, der die heilige Pfeife und die Trommel mitgenommen hatte. Sie stoppten in jedem indianischen Dorf, in jedem Getto entlang des Weges und an jedem Kirchenkorridor und erzählten jedem, was wir in Washington D. C. versuchen wollten. Es sollte ein gewaltloses Unternehmen sein, es sollte ein spirituelles Erwachen sein. Es gab von seiten der «Poor People's Campaign» Vorschläge für den Kampf der Civil Rights, der gerade in Amerika stattfand, aber das betraf uns nicht. Unser Kampf ist ein Kampf um die Verträge, das ist etwas vollkommen anderes, und es ist noch nicht einmal ein verfassungsrechtlicher Kampf, denn unsere Verträge sind in keiner Verfassung der Welt enthalten. Wir glauben das aufrichtig. Und wir waren mehr als einmal bereit, für diesen Glauben zu sterben. Mitte Oktober kamen wir in St. Paul, Minnesota, an und stoppten dort im Hauptquartier des American Indian Movement. Zwei Wochen setzte man sich zusammen, vom «Grasswood's»-Niveau bis zum gebildeten Indianer hin, um eine Lösung für das große weiße Problem auszuarbeiten. Es gibt kein indianisches Problem in Amerika, sie wollten uns das ein Leben lang einreden. Es ist ein weißes Problem, das sie sich selber zu verdanken haben, und wir hatten eine Lösung für sie. Wir hatten eine Lösung für Richard Nixon, der sich 1970, nachdem er das Amt übernommen hatte, in bezug auf die indianischen Angelegenheiten an den Kongreß gewandt hatte. Er sagte: «Die Indianer werden uneingeschränkte Selbstbestimmung bekommen. Wir werden die Ausrottung des indianischen Volkes beenden. Wir werden die Vernichtungspolitik der Eisenhower-Zeit gegen die Indianer beenden. Während meiner Amtszeit als Präsident werden die Indianer ihre Selbstverwaltung bekommen. Sie werden die Kontrolle über ihr Land und ihre Hilfsmittel haben. Sie werden uneingeschränkte Selbstbestimmung bekommen.» Er bestimmte Vizepräsident Spiro T. Agnew, der seine Politik ausführen sollte. Er stellte ihn an die Spitze des «National Council of Opportunities». – Uneingeschränkte Selbstbestimmung – ihr seht, wir haben «Watergate» schon seit 149 Jahren. Jede Verwaltung, ob sie rechts oder links waren, wir hatten 149 Jahre lang «Watergate». So entwarfen wir ein Solution-Papier, das von allen indianischen Nationen befürwortet wurde, und es wurde ein sehr, sehr heiliges Dokument für alle Indianer.

Am ersten November 1972 erreichten wir unseren Bestimmungsort. Es waren 540 Indianer mitgekommen, der Rest war zu arm, um diese Reise mitzumachen. Aber wir wußten, daß sie zu Hause für uns beten würden, daß sie die alten traditionellen Zeremonien jede Nacht abhalten würden. Wir wußten, daß wir die Kraft hatten. Wir hatten keine Millionen von Menschen, wie es bei der Kampagne für die Armen ist. Wir haben keine Hunderte und Tausende von Menschen, die sich mit uns solidarisieren, wie sie es taten, um den Vietnam-Krieg zu beenden, obwohl wir alle Rassen aufgefordert hatten, uns zu unterstützen. 540 Indianer erreichten Washington D. C., und als wir ankamen, war der rote Teppich nicht ausgerollt. Sie wollten uns nicht empfangen wie Breschnew oder Arafat, sie wollten uns nicht willkommen heißen. Sie haben uns in den Keller einer Kirche gesteckt. Sie sagten: Sucht euch 15 Delegierte aus und kommt nächsten Monat wieder, wenn wir nicht so beschäftigt sind, und dann werden wir uns mit euch unterhalten. Am gleichen Morgen, an dem wir angekommen waren, wurde eins von unseren kleinen Kindern, ein zwei Jahre altes Mädchen, im Keller dieser Kirche von einer Ratte gebissen. Dies alles geschah nur einen Steinwurf vom Weißen Haus entfernt. Das war der Moment, in dem das American Indian Movement traditionell wurde, nicht militant, traditionell. Das war, als wir den Ruf unserer Vorfahren aufnahmen: Bevor wir noch weiter unter diesen Bedingungen existieren, sterben wir lieber. Und der Ruf verwandelte sich von einer gewaltlosen Atmosphäre in eine Stimmung der Opferbereitschaft jedes einzelnen, und es war ein guter Tag zum Sterben, für das, woran wir glauben. Für sieben Tage war das BIA-Gebäude in unserer Hand, und jedesmal, wenn sie uns ein Ultimatum schickten, schickten wir es wieder zurück und sagten ihnen, wenn sie mit uns nicht über die Verträge und das, weshalb wir nach Washington D.C. gekommen waren, nicht verhandeln wollten, dann würden sie uns umbringen müssen. Aber die Welt schaute zu, jeder beobachtete Richard Nixon, um zu sehen, wie er reagieren würde. Sieben Tage lang schickte er uns unwichtige, nichtssagende Leute von der Justizbehörde, der Gesundheitsbehörde, der Schulbehörde, des Wohlfahrtsamtes, der Bürgerrechtskommission, des Innenministeriums und des Büros für indianische Angelegenheiten. Niemand, der Entscheidungen über die Verträge fällen konnte, wurde uns geschickt. Am 8. November 1972 kamen die Traditionalisten, die heiligen Männer, diese Männer, zu denen wir auch heute noch Vertrauen haben, zu einer Entscheidung. Sie sagten, daß dieses Gebäude zerstört werden muß, daß es heruntergebrannt werden muß, weil Hunderte, Tausende von Indianern unter dieser weißen Bürokratie gelitten haben. Aber sie sagten: Informiert den Präsidenten darüber. Und so haben wir ihn in San Clemente angerufen. Ich nehme an, daß ihr alle von San Clemente, Kalifornien, gehört habt. Es ist der Platz, wo sich Nixon mit Ehrlichman, Haldeman, Dean und Mitchell und mit all den Rabauken und anderen Schwindlern getroffen hat, um seine schmutzigen Tricks zu planen. Dann stellten wir der Regierung ein Ultimatum. Wir sagten ihnen, wenn sie nicht in zwei Stunden antworten würden, wenn der Präsident der Vereinigten Staaten nicht innerhalb von zwei Stunden auf unsere Bitten und Forderungen antworten würde, wird das BIA in Asche gelegt. Und kaum eine Stunde später kam ein Telefonanruf direkt vom Schwein; das Schwein selbst rief uns an: Richard Milhouse Nixon. Er sagte: Ich werde euch einen meiner Vertreter aus dem Weißen Haus schicken. Er wird meine persönliche Autorisierung haben, um über ein Ende der Besetzung des BIA zu verhandeln. Aber brennt es nicht ab. Und wen schickte er uns? John Ehrlichman, ich denke, ihr alle habt von John Ehrlichman gehört, und mein Bruder hier kann euch erklären, wer diese Leute sind. Er versprach uns, daß keine Indianer verhaftet würden, er versprach, daß der Präsident selbst das 20-Punkte-Programm Punkt für Punkt innerhalb von sechs Monaten beantworten würde, und dann drehte er sich um und gab uns 65000 Dollar in Hundertdollarscheinen, damit wir wieder nach Hause kommen konnten. Wir glaubten ihm, wieder einmal, denn das ist die indianische Art. Aber jetzt fing erst die richtige Tyrannei gegen die Indianer an. Man erlaubte uns nicht mehr, nach Hause zu gehen, um den armen Leuten, die die Reise mit uns nicht machen konnten, zu erzählen, wie sie uns in Washington D. C. behandelt hatten. Spezielle Gesetze wurden von den Marionetten der Stammesregierung verabschiedet. Wenn sich mehr als zwei Indianer in Pine Ridge auf der Straße getroffen haben, konnten sie wegen «Planung einer Verschwörung» festgenommen werden.

Anfang Januar passierte den Indianern etwas anderes. Ein junger Mann namens Wesley Bad Heart Bull wurde von drei Weißen angegriffen in Buffalo Gap, South Dakota. Einer von ihnen, Derrol Schmitz, ein Weißer, stach Wesley mit dem Messer neunundvierzigmal in den Rükken, Hunderte von Menschen waren Zeugen dieser Tat. Doch Schmitz wurde nur zu Totschlag zweiten Grades verurteilt. Wie ihr seht, ist es in Amerika immer noch legal, einen Indianer zu ermorden. Es ist immer noch legal, einen Indianer zu ermorden, denn wir leben unter einem zweideutigen Justizsystem. Und Sarah Bad Heart Bull rief uns an. Sie sagte: Ich war beim Justizministerium, ich war beim Obersten Rechtsanwalt der Vereinigten Staaten, ich war bei der BIA-Polizei, bei meiner eigenen Stammesregierung – keiner will mir helfen. Sie sagte: Wird das American Indian Movement mir helfen? Ihr seht, das AIM in Amerika ist das Gericht der letzten Zuflucht geworden. Sie sagte weiter: Wird das American Indian Movement hierher nach Custer, South Dakota, kommen, am 6. Februar, um mich zu unterstützen, sie weinte und bettelte. Werdet ihr hier mit mir stehen und Gerechtigkeit suchen? Sie sagte: Alles, was ich will, ist Gerechtigkeit. Sie haben meinen ältesten Sohn umgebracht, und alles, was ich will, ist Gerechtigkeit. Und wir sagten Sarah, daß wir am 6. Februar dort sein werden, und wenn es nötig wäre, würden wir dort in Custer, South Dakota, sterben.

Als wir an diesem Tag nach Custer kamen, war es genau wie in einem alten Western, die ganze Stadt war abgeriegelt. Es waren 140 Indianer da, und die ganze Stadt war abgeriegelt. Genauso wie in einem alten John Wayne-Film. Scharfschützen standen auf den Dächern, Marshalls, Maschinengewehre waren aufgestellt, und wir trugen die heilige Pfeife mit uns, keine Friedenspfeife, eine heilige Pfeife. Als wir dann zum Gerichtsgebäude kamen, wo dieser junge Mann wegen der Ermordung des Sohnes von Sarah angeklagt werden sollte, wollten sie uns nicht hereinlassen. Sie sagten: Fünf von euch können hereinkommen – also gingen fünf hinein. Sarah Bad Heart Bull, deren Sohn ermordet wurde, durfte das Gerichtsgebäude nicht betreten, und als sie darauf bestand, packte sie ein junger Staatspolizist um den Nacken und begann, sie zu verprügeln. Fünfzehn Minuten später war das Handelsgebäude bis auf die Grundmauern niedergebrannt, jedes Fenster der Stadt war nicht mehr dort, wo es hingehörte, und das Gerichtsgebäude stand in Flammen, und sie konnten nicht verstehen, weshalb. Achtzehn Marshalls und Staatspolizisten lagen im Krankenhaus, ernsthaft verwundet, doch wir hatten keine Waffen, nur die heilige Pfeife und das, woran wir glaubten.

Die Indianer in South Dakota baten uns: Geht nicht weg, bleibt hier bei uns, wir brauchen eure Hilfe. Sie bringen unsere Söhne um, sie vergewaltigen unsere Töchter, irgend jemand muß das stoppen. Und wir nahmen ihre Aufforderung an und entschieden, dort einen Monat zu bleiben. Während dieses Monats kamen die Leute von der Pine Ridge-Reservation, die alten Traditionalisten, die Vollblutindianer, sie kamen und sie erzählten uns, wie die weiße Regierung und die weißen Rancher, wie das weiße Rechtssystem, wie das weiße BIA, wie das weiße Innenministerium und wie das weiße Erziehungssystem und die weißen Kirchen sie ausrauben und umbrachten. Und sie bettelten uns, nach Pine Ridge zu kommen, um zu zeigen, daß irgendwo in Amerika ein Feuer angezündet werden muß. Zwei Wochen lang hörten wir uns ihre Bitten und Beschwerden an, und schließlich, am 18. Februar 1973, verlas ich ein Pressestatement, das American Indian Movement betreffend und alle indianischen Völker, die an unsere Sache glauben. Wir sagten der Welt, daß wir uns sehr wohl über die Verschwörung bewußt sind, die hier vor sich geht, von Richard Nixon bis zu seiner marionettenhaften Stammesregierung aus dem Reservat, um das American Indian Movement und seine Führungsgruppe in eine Position zu drängen, in der sie uns dann auslöschen, wie sie es mit unseren schwarzen Brüdern, den Black Panthers, Malcholm X, Martin Luther King und mit all den anderen gemacht haben. Wir sagten ihnen, daß wir uns dieser Verschwörung durchaus im klaren sind, aber daß wir nicht länger dabeisitzen und zuschauen werden.

Schließlich kam eine Frau zu uns. Sie sagte, ihre Tochter, die ein

AIM-Mitglied ist, die an das American Indian Movement glaubt, die an mich glaubt, sei verhaftet und vergewaltigt worden von achtzehn BIA-Polizisten. Ein junger Stammesrichter, ein ehemaliger Richter, kam zu uns und sagte, daß er von drei BIA-Polizisten in den Straßen von Pine Ridge zusammengeschlagen worden ist. Er sagte: Schaut mich an: Seine Augen waren zugeschwollen. Er war zusammengeschlagen worden, ein Stammesrichter, weil er uns unterstützte. Er sagte: Ich war in der Lage, sie festnehmen zu lassen. Gestern war die Verhandlung, und sie wurden für schuldig befunden, alle drei. Die Strafe wurde auf 10 Cents, 10 Pennies oder fünf Minuten Gefängnis festgesetzt.

Also wir waren uns sehr wohl über die Verschwörung im klaren, die sich gegen das indianische Volk richtete, als wir uns entschlossen, am 26. und 27. Februar zu der Pine Ridge-Indian-Reservation zu fahren. Und als wir ankamen, stellten wir wieder einmal fest, daß alle Hüter des Gesetzes in Alarmbereitschaft waren. Wir mußten herausfinden, daß Richard Nixon seine Spezialeinheit, «Special Operations Group», herangeordert hatte. Ehemalige «Green Barrets», die im Vietnam-Krieg zu Killern ausgebildet wurden, insgesamt 87 von ihnen. Als wir in die Stadt hineinfuhren, war jedes Stammesbürogebäude mit Sandsäcken gesichert, dahinter Maschinengewehre. Es waren weniger als 200 von uns, die in die Stadt fuhren und sich zwei Wochen lang die Lügen und die hochgeschraubten Versprechungen und Drohungen anhörten, über die ihr hier in Europa sicher auch Bescheid wißt. Zwei Tage lang mußten wir uns anhören, wie sie versuchten, ihre eigenen Verträge durchzusetzen, die von ihrer eigenen Regierung für sie gemacht worden waren. Zwei Tage lang beobachteten wir jeden Schritt, jede Bewegung, die sie machten, und wir wußten, daß sie alle Mittel erschöpft hatten.

Und schließlich kam eine alte Dame, eine alte Frau – ich möchte euch Frauen bitten, alle zuzuhören, denn bei uns auf Indianerland gibt es keine Freiheitsbewegung für Frauen. Bei uns, in unseren Gemeinschaften, treffen die Frauen die Entscheidungen, und sie sind diejenigen, die die Häuptlinge, die Anführer, gewählt haben, die uns in unseren Gemeinden und in unserer Art zu leben ihre Rückenstärkung gaben, und wir sind nie hinausgegangen und haben irgend etwas getan, ohne ihre Zustimmung zu haben. – Und diese alte Frau stand auf und forderte uns heraus. Sie sagte: Na gut, AIM, American Indian Movement, jetzt habt ihr alles gehört – was habt ihr jetzt vor? Werdet ihr zurückgehen in eure städtischen Gettos und euch besaufen und dann im Gefängnis landen? Oder werdet ihr uns helfen, die Verträge durchzusetzen, die mit der US-Regierung geschlossen wurden, oder werdet ihr weglaufen und uns allein lassen? Nun war es soweit, daß die wirklichen Führer des American Indian Movement aufstanden, die traditionellen Häuptlinge, die Alten, die Vollblutindianer, die wirklichen Herren von Amerika, und wir gingen über die Straße in den Keller einer Kirche. Nach einer zweistündigen Diskussion rauchten wir wieder die heilige Pfeife, und wir entschlossen uns, Wounded Knee zu befreien. Wir würden indianisches Land nehmen, kein Land, das dem weißen Mann gehört oder der Kirche. Wir würden Indianerland nehmen, heiliges Land, wo das Grab Big Foots ist, wo sie unsere Indianer und unsere Medizin massakriert und unsere Tradition auszulöschen versucht haben. Wir würden dieses Land nehmen und vielleicht, dadurch, daß wir dieses Land zurücknehmen, würde die Welt uns hören, zuhören, was wir zu sagen haben.

Abends um 8 Uhr am 27. Februar fuhren weniger als 300 Indianer nach Wounded Knee, South Dakota. Wir besetzten es sehr friedlich. Wir erklärten den Indianern in diesem Dorf, daß sie nicht länger Angst zu haben brauchten, sie brauchten sich nicht länger vor der Kirche zu fürchten, die da war, um sie auszubeuten. Sie brauchten keine Angst mehr zu haben vor den Farmern, die sie in den Rücken schießen, und sie brauchten keine Angst mehr zu haben vor den Händlern, die ihre Tradition und ihre Kultur ausbeuten. Und wir sagten sogar zu den Missionaren und weißen Leuten in diesem Dorf, daß sie sich vor uns nicht zu fürchten brauchten, daß sie fortgehen könnten, wenn sie wollten, denn wir waren hierhergekommen, um das größte aller Opfer zu bringen, für das, woran wir glauben: Entweder muß die Regierung mit uns verhandeln, entweder muß die Regierung die heiligen Verträge anerkennen oder sie muß uns wieder einmal umbringen. Und hier in Wounded Knee entschlossen wir uns zu sterben, genau wie in dem Buch «Begrabt mein Herz an der Biegung des Flusses» es gesagt wurde – und es hat die ganze Welt erschüttert. Am nächsten Morgen, als wir aufwachten, mußten wir feststellen, daß 24 gepanzerte Mannschaftswagen uns umzingelt hatten. Hubschrauber brachten Lebensmittel und andere Versorgungsmittel für die Armee. 150 FBI-Agenten und Scharfschützen wurden eingeflogen. Sie kamen von einer Spezialeinheit. Außerdem kamen alle Rancher, die von dem Land der Indianer lebten und es ausbeuteten. Sie sind zusammengefaßt unter der «John Birch Gesellschaft», dem Klu-Klux-Klan des nördlichen Westens. Ja, sie hatten uns umzingelt. Wir wachten auf und fanden mehr als 1000 bewaffnete Mannschaften um uns herum. Jedes Ultimatum, das sie uns schickten, wurde während der 71 Tage vor den Kameras der ganzen Welt verbrannt. Wir sagten ihnen, daß sie entweder die Verträge anerkennen müssen, oder sie müssen uns auslöschen. 80 Prozent der Leute in Wounded Knee waren Frauen und Kinder. Sie waren die wirkliche und die einzige Kraft, die wir hatten, diese Frauen und diese Kinder und die heilige Pfeife und die Bereitschaft, nicht nur zu kämpfen, wie sie es getan haben, um den Vietnam-Krieg zu stoppen und friedlich weggetragen zu werden, sondern die Bereitschaft zu sterben für das, woran wir glauben. Die Regierung konnte das nicht verstehen, sie konnte es einfach nicht begreifen: Da sind Leute, die sind bereit zu sterben, die wollen sich einfach nicht mehr verhaften lassen. – Sie wollen für das, woran sie glauben, sterben. Die Regierung hat alles nur Mögliche versucht, alles, was sie nur tun konnte. Jede militärische Taktik, die sie benutzt haben, um andere Nationen überall auf der ganzen Welt zu erobern, haben sie an uns versucht. Und nur zwei, nur zwei Leute haben dieses größte Opfer gebracht. Einer war ein junger Mann mit dem Namen Frank Clearwater, der mit seiner Frau Morningstar den ganzen Weg von Cherokee, North Carolina, 2200 Meilen weit fort, nach Wounded Knee getrampt war. Er brachte uns Medikamente, er brachte uns Essen, als wir kein Essen mehr hatten, er brachte uns Munition, als wir keine Munition mehr hatten. Er sagte: Laßt mich für ein paar Stunden ausruhen, und ich gehe noch mal und bringe euch mehr. Also ging er schlafen, in der Methodistenkirche. Er ist nie wieder aufgewacht, eine Kugel kam geflogen und schoß ihm den Hinterkopf weg. Im späten April brachte ein anderer junger Mann das große Opfer, doch die Welt hat nur von Clyde Bellecourt, von Dennis Banks und Russel Means und dem American Indian Movement gehört. Sie hat die Aufmerksamkeit nicht auf diesen jungen Mann gerichtet. Sein Name war Charles Buddy le Mont, und er war gerade nach Hause gekommen, von zwei Einsätzen in Vietnam, einer der höchstdekorierten Helden auf seinem Reservat. Und gleich in der ersten Nacht, nachdem er nach Hause gekommen war, verließ er seine Mutter und ging nach Wounded Knee, um für sein Volk zu kämpfen. Buddy le Mont hat Wounded Knee nie verlassen, er liegt dort begraben. Ein Mann, der zweimal für sein Land in Vietnam gekämpft hat, ist begraben, weil er für sein wirkliches Land gekämpft hat in Wounded Knee, South Dakota. Am 5. Mai hat die US-Regierung wieder einmal, wieder einmal, wie sie es schon zum 371. Mal getan hat, eine neue Vereinbarung, einen neuen Vertrag mit uns unterzeichnet. Verträge, wie sie sie mit anderen fremden Ländern unterzeichnet haben. Heilige Dokumente, die beide Vertragsparteien versprochen haben einzuhalten. Und sie anerkannten unsere traditionellen Häuptlinge. Sie sind die Leute, die uns regieren, die uns führen, und deshalb haben wir Wounded Knee, South Dakota, verlassen.

Ich bin gerade zurückgekommen aus St. Paul, Minnesota, wo die Regierung der Vereinigten Staaten eine der längsten Gerichtsverhandlungen in der Geschichte gegen zwei meiner Brüder, Dennis Banks und Russel Means, beendet hat. Und während dieses Gerichtsprozesses war es nicht das American Indian Movement, das angeklagt war. Es waren die Regierung der Vereinigten Staaten, die Kirchen und die weiße europäische Erziehung, die unter Anklage standen. Die Prozesse mußten zweimal unterbrochen werden, weil festgestellt wurde, daß das FBI mehr als 319000 Dokumente der Verteidigung vorenthalten hatte. Man fand heraus, daß das Militär illegal in Wounded Knee war. FBI-Agenten wurden der falschen Aussage angeklagt, während der Prozesse hatten sie gelogen. Schließlich, als die Verhandlung zu den Geschworenen kam, wurden die Prozesse am nächsten Tag eingestellt und fallengelassen, weil einer der Geschworenen eine Herzattacke erlitten hatte. Die Verteidigung war damit einverstanden, mit elf Geschworenen weiterzumachen, um eine Entscheidung in den Vertragsfragen zu erhalten, aber die Regierung weigerte sich. An diesem Punkt hatte der Bundesrichter, dieser rassistische Bundesrichter, endlich genug, und 97 Minuten lang attackierte er in seiner Rede seine eigene Regierung. Er sagte: Ich habe an das FBI geglaubt, ich habe immer geglaubt, es sei das größte der Welt, aber es ist auf einen neuen Tiefpunkt gesunken, hier bei den Wounded Knee-Prozessen, und er ließ die Anklagen fallen.

Der Kampf geht weiter. 108 Leute haben noch Anklagen der US-Regierung zu erwarten, weil sie ihr Land verteidigt haben, ihre Verträge, ihre Kultur und ihre Lebensart. Es sind 108 Leute, die sich noch den Gerichten stellen müssen, ungefähr 72 von ihnen sind Frauen, Frauen! Bis zum jetzigen Zeitpunkt hatten wir nur sieben Verurteilungen, und 40 Verfahren sind eingestellt worden.

Aber etwas anderes, sehr Wichtiges, passiert in diesem Monat. Etwas, wovon ihr nicht allzuviel hören werdet, weil sie es nicht wollen, daß der Rest der Welt es erfährt. Aber ich bin hierhergekommen, um dem Weltkirchenrat in Montreux, Schweiz, darüber zu berichten. Und ich bin hergekommen, um den Hunderten, den Tausenden und Millionen von Europäern, die sich mit uns solidarisiert haben, zu sagen, daß am 16. Dezember zum erstenmal in der Geschichte der US-Regierung eine besondere Anhörung im Bundesgericht in Nebraska, in Lincoln, stattfindet. Und zwar geht es um den Vertrag von 1868. Das ist es genau, worum es uns eigentlich geht, worum es AIM geht. Wir sind nicht hier, um über Eroberung zu sprechen. Wir sind nicht hier, um über Sieg zu sprechen, wir sind nur hier, um unser Volk zu erhalten, die noch ungeborene Generation. Sie sollen ein besseres Leben haben. Und ich will meinem Bruder hier danken, Pete Bender, den ich hier getroffen habe, dafür, daß er es am Leben erhalten hat, seit Wounded Knee vorüber ist. Im nächsten Monat, habe ich ihm versprochen und ebenso meinen Brüdern und Schwestern in Frankreich, meinen Brüdern und Schwestern in Belgien, meinen Brüdern und Schwestern in Südamerika und überall auf dem europäischen Kontinent, daß wir zurückkommen werden. Und das nächste Mal wird es keine Art Buffalo Bill-Show sein, es wird keine

Ausstellung sein, wo ihr kommen würdet, um eure federgeschmückten Indianer, die Wilden, zu sehen. Ihr werdet kommen, um die Wahrheit zu hören. Wir werden unsere heilige Pfeife hierher nach Deutschland bringen, wir werden unsere heilige Trommel bringen, wir werden unseren Medizinmann bringen und unsere Alten und Traditionalisten. Und sie werden singen, sie werden sprechen und sie werden sich bei den Hunderten, Tausenden und Millionen von Menschen, die uns gerade vor zwei Wochen geholfen haben: Freiheit für Sarah Bad Heart Bull, bedanken. Es waren eure Tausende und Millionen von Unterschriften, die auf den Petitionen kamen, die Sarah Bad Heart Bull befreit haben. Wir werden hierherkommen, um dafür danke zu sagen, aber wir werden auch kommen, um eure vereinigte Unterstützung zu fordern, um es zu stoppen, die Ausbeutung, die gegen die Armen vor sich geht, ob sie schwarz sind, ob sie gelb sind, ob es der rote Mann ist oder ob sie weiß sind. Und selbst in dieser konfusen Gesellschaft weiß ich, daß der Traum, den Black Elk hatte, bevor er 1935 gestorben ist, ich weiß, daß diese Prophezeiung in Wounded Knee zur Wirklichkeit geworden ist. Und glaube wirklich, daß wir, wie er es gesagt hat, die vier Enden des Universums erreichen werden. Und die, die immer noch zuhören, die aufmerksam zuhören und immer noch glauben, daß die Erde heilig ist; diejenigen, die zuhören und immer noch glauben, daß die Bäume und das Pflanzliche leben, die Fische und die Vögel über uns unsere Brüder und Schwestern sind, sie werden die einzigen sein, die gerettet werden. Unsere Prophezeiungen sagen uns das. Sie sagen: Die Technologie des weißen Mannes allein wird ihn zerstören, aber die, die sich an die Wahrheit halten, und wir sind der Beweis dafür auf der westlichen Halbkugel, werden überleben. Wir sind die Wahrheit.

Möge unsere heilige Mutter Erde eure Leiden ertragen.

Bicentennial – 200 Jahre USA

1976, dem Jubeljahr der USA, gaben Amerikas Ureinwohner, sofern dem American Way of Life nicht abhold, einen eigenen Namen: Jahr der Trauer. Rund 400 gebrochene Verträge und 200 Jahre Verfolgung waren kein Grund zum Feiern.

1976 war das Jahr der politisch Verfolgten: Jimmy Eagle, Bob Roubideaux, Johnson Warledo, Mike Sturdevant, Richard Mohawk, Paul Skyhorse, Dick Marshall, Leonard Pelletier, Herb Powless, Leonard Crow, Dennis Banks u. a. m. mußten ihre Gesinnung mit Gefängnis bezahlen. Ihre Anklagen waren konstruiert, die Zeugen der Anklage gekauft. Drahtzieher in den meisten Fällen war das FBI. Ein Agent, Doug Durham, schlich sich in die Reihen von AIM ein und gelangte, mit langem, schwarz gefärbtem Haar, an die Seite von Dennis Banks und Vern Bellecourt. 1975 kehrte er zu seinen Auftraggebern zurück. Seitdem bereist er als Referent der ultrarechten John Birch Society die Staaten und berichtet über die Ziele des American Indian Movement: Eine militärische Organisation, die den Umsturz der Regierung plant. Er wurde sogar als Sachverständiger vor den Senat zitiert. Zur Veranschaulichung eine Anzeige der John Birch Society.

Stellvertretend für die unbekannte Zahl der politischen Gefangenen sei Crow Dog genannt. Sein Name wurde in Deutschland zum Symbol für die Situation der US-Indianer. Er war der erste Indianer, den amnesty international zum politischen Gefangenen erklärte. Am 21. März 1977 wurde Crow Dog auf Bewährung freigelassen. Die Bewährung läuft im November 1981 aus. Dies ist nicht zuletzt auf die Arbeit der «Gesellschaft für bedrohte Völker» in Hamburg (deutsche Sektion von Survival International/London) zurückzuführen, die für Öffentlichkeit sorgte und eine breit angelegte Spendensammlung und Unterschriftenaktion in Deutschland, der Schweiz und Österreich ankurbelte. An die US-Botschaft in Bad Godesberg gingen u. a. 12000 Postkarten mit der Aufschrift: Freiheit für Crow Dog. Dem Informationsblatt von amnesty international folgen die Antworten der Botschaft an die Absender der Postkarte.

Aus der indianischen Szene sind noch zwei Erfolge anzumerken. Im vorigen Kapitel berichtete Jimmy Durham von der ersten Vertragskonferenz und dem Beschluß, ein Treaty Council in New York zu eröffnen. Inzwischen hat das Büro bereits die politische Bühne betreten: Im Frühjahr 1977 erhielt das Treaty Council – nach zweieinhalbjährigem Behördenkampf – einen Beraterstatus in der UNO. Und im September 1977 kamen – erstmals in der Geschichte der Vereinten Nationen – Delegationen aus Nord-, Mit-

A.I.M.

is a military operation.

It is a foreign army using guerrilla warfare to destroy America. A.I.M. terrorists have stashed dynamite on the Rosebud Reservation, and in Wisconsin, New Mexico, Kansas, Nebraska, and Iowa!

Hear

DOUG DURHAM

Former A.I.M. Leader

tell what he learned while "Inside A.I.M."

Doug Durham joined the "American Indian Movement" in March, 1973, at the request of the F.B.I. As an undercover operative, he became National Security Director, National Administrator and Director of National Offices. As the right-hand man to Dennis Banks, Doug attended secret strategy meetings and wrote policy-making papers. During the Wounded Knee trial of Banks and Means, Doug acted as A.I.M.'s Security Chief.

TUESDAY, OCTOBER 7 –– 8:00 P.M.
SHERATON INN, I-80 AIRPORT EXIT
SPONSORED BY: SUPPORT YOUR LOCAL POLICE COMM. &
AD-HOC COMM. OF THE JOHN BIRCH SOCIETY
FOR TICKETS AND INFORMATION CALL: 475-4806
OR WRITE: AMERICAN OPINION BOOKS
RT. 1, BOX 301
LINCOLN, NEBRASKA 68502
TICKETS $2.00

tel- und Südamerika nach Genf, um vor dem Subcommittee On Racism, Racial Discrimination, Apartheid And Decolonization Of The Special NGO-Conmittee On Human Rights auszusagen. Die Themen: Souveränität, Landraub, Wasserrechte, Bodenschätze, Verfolgung, Zwangssterilisation: In den letzten Jahren wurden in den USA 25 000 Indianerinnen gegen ihren Willen unfruchtbar gemacht. Berichten in der «Los Angeles Times» und «Chicago Tribune» zufolge sind allein 1976 in vier indianischen Gesundheitsbezirken über 3400 Frauen ohne deren Wissen sterilisiert worden.

amnesty international

Leonard Crow Dog, geboren im Februar 1942 auf der Rosebud-Reservation in South Dakota, gehört zum Stamm der Brule-Sioux. Er ging nie in eine weiße Schule. Mary und Henry Crow Dog, seine Eltern, waren seine Lehrer. Leonard spricht Lakota, die Sprache seines Volkes. Englisch benutzt er nur, wenn er muß. Leonard ist Medizinmann wie sein Vater. Er ist verheiratet mit Mary; Pedro ihr Sohn, wurde während der Besetzung von Wounded Knee geboren, auf dem Territorium der Unabhängigen Oglalla-Nation. Damals, im Frühjahr 1973, behandelte er die Kranken und Verletzten und hielt die traditionellen Zeremonien ab.

Leonard Crow Dog hat sich als spiritueller Führer zum American Indian Movement bekannt. Er ist heute ein wichtiger Kopf der Bewegung.

Ein Fall für den Richter ist der Mann aus der Prärie bereits seit drei Jahren: Während der einundsiebzigtägigen Belagerung von Wounded Knee (die Oglallas wurden bei ihrer symbolischen Besetzung auf eigenem Boden von FBI und Bundespolizei in Panzerwagen belagert) gelang es vier bewaffneten FBI-Agenten, als Postbeamte verkleidet, durch den Ring der indianischen Wachtposten ins Innere zu schlüpfen. Der Schwindel flog auf: Die vier Spitzel wurden von einigen jungen Indianern entwaffnet und in das kleine Touristenmuseum von Wounded Knee eingeschlossen. Leonard Crow Dog, der sich just zu dem Zeitpunkt im Museum befand, erteilte ihnen eine halbstündige Lektion über indianisches Recht und die Ursachen der Sioux-Bürgerrechtsbewegung. Dann geleitete er sie zurück zum Polizeigürtel. Dem Staatsapparat genügte das schon: Die Anklage lautete auf ‹Anstiftung zur Gewalt und Behinderung eines Bundesbeamten an der Ausübung seines Amtes›.

Der Prozeß in Cedar Rapids, Iowa, im Juni 1975 dauerte ganze drei Tage. Der Verteidigung wurde nicht gestattet, Fragen an die Geschworenen zu stellen. Die drei vorgeladenen Zeugen – drei der vier ‹Postbeamten› – konnten Crow Dog nicht mehr identifizieren, widersprachen sich gegenseitig und gaben sogar zu, daß sie in Wounded Knee nicht tätlich angegriffen oder belästigt worden waren. Das Urteil lautete auf elf

Jahre. Zahlreiche Bittschriften auf dem Tisch des Richters McManus mögen dazu beigetragen haben, daß sie Strafe schließlich auf Bewährung ausgesetzt wurde. Unter den Absendern fanden sich Kirchenleute und Künstler. Einer hieß Marlon Brando. Gegen das Urteil hat die Verteidigung Berufung eingelegt.

Am 3. September 1975 kamen zwei Männer des Nachts auf das Crow Dog-Grundstück in Rosebud: McCloskey und Beck (beide sind vorbestraft; Beck wird zudem des Mordes an dem Sioux Andrew Stuart, einem Neffen Crow Dogs, verdächtigt). Das Anwesen der Crow Dogs wird seit Wounded Knee von Stammespolizisten (Regierungsangestellte) und AIM-Feinden regelmäßig beschossen – und daher von Freunden und Verwandten abwechselnd bewacht. So auch an diesem Abend. Es kam zu einem Handgemenge zwischen den Eindringlingen und zwei Indianern. McCloskey und Beck suchten das Weite, ohne daß Crow Dog sie überhaupt zu sehen bekam. Zwei Tage später, am 5. September, 3.00 Uhr morgens, kamen wieder ungebetene Gäste: in Hubschraubern, Gummibooten (durch das Crow Dog-Land fließt ein Bach) und Panzerwagen, mit Scheinwerfern und Maschinenpistolen, gekleidet in Kampfwesten: 120 Bundespolizisten und FBI-Agenten. Sie wollten Leonard Crow Dog. Und sie holten ihn sich auf altbewährte Weise: Sie sangen: «We're gonna take you to jail and you're gonna stay there forever», sie zerrissen das Bettzeug seiner betagten Mutter, sie warfen seinen Sohn Pedro aus dem Bett und gegen die Wand, sie erschossen sein Pferd, sie hielten seiner Frau und den Kindern die Pistole an die Schläfe, sie fesselten ihn nackt an Händen und Füßen und schlugen ihm einen Spießrutenlauf vor: «Wenn du es durch unsere M-16 hindurch bis zu dem Baum dort schaffst, dann bist du frei.»

In der Nacht noch transportierten sie ihn neunzig Meilen weit nach Pierre, der Hauptstadt von South Dakota. Im Bezirksgefängnis wurde er Tag und Nacht verhört. Sie rissen ihm Haare aus und weckten ihn jede Stunde. Und immer wieder die Frage: «Wo ist Dennis Banks?» Crow Dog wußte es nicht. (AIM-Führer Dennis Banks wurde am 24. Januar in San Francisco vom FBI verhaftet.) Leonard Crow Dog wurde des «tätlichen Angriffs mit Körperverletzung» angeklagt. Der Prozeß dauerte vier Stunden einschließlich der Wahl der Geschworenen. Er war außerdem so knapp angesetzt worden, daß Crow Dogs Verteidiger keine Zeit zur Vorbereitung hatte. Das Gericht verurteilte ihn zu zweimal fünf Jahren, da «Crow Dog, auch wenn er selbst in den Kampf nicht verwickelt war, als Medizinmann und spiritueller Führer für das Geschehen auf seinem Grund und Boden verantwortlich ist». Gegen das Urteil wurde Berufung eingelegt.

FREIHEIT FÜR LEONARD CROW DOG

Das Zuchthaus von Terre Haute im Bundesstaat Indiana war die erste Station der «zweimal fünf Jahre»: In einer Einzelzelle ohne Fenster, 1,20 × 2,10 Meter und 1,70 Meter hoch, verbrachte er drei Wochen ohne Unterbrechung und ohne körperliche Betätigung. Dies sei – so versicherte ihm die Anstaltsleitung – keine Bestrafung; da Terre Haute jedoch nicht sein endgültiges Gefängnis sei, habe er keinen Anspruch auf eine normale Zelle; zudem sei ohnehin keine verfügbar.

Am 5. Januar wurde Leonard plötzlich nach Rapid City, South Dakota, verlegt. Als ihn Richard Erdoes, ein in New York lebender Schriftsteller und langjähriger Freund der Familie Crow Dog, am 10. Januar im Rapid City County Jail besuchte, fand er einen körperlich völlig heruntergekommenen Indianer vor: Leonard hatte vierzig Pfund abgenommen, seine braune Haut war mangels Sonnenlicht bleich, sein Haar zeigte noch die Spuren der Tortur. Nach South Dakota wurde er wegen Prozeß Nr. 3 geholt. Bei diesem Verfahren wurde er für schuldig befunden, einen Roger Pfersick, der während Leonards Abwesenheit am 25. März 1975 in sein Haus eingedrungen war, bei seiner Ankunft mit einer «gefährlichen Waffe» (ein Spielzeug-Tomahawk) bedroht zu haben. Pfersick hatte Leonard Crow Dogs Frau Mary belästigt. Bei diesem Verfahren waren alle Geschworenen Weiße. Ein Beweisfoto, das den Verwundeten Pfersick zeigte, erwies sich als nachträglich koloriert. Der Verteidiger wischte im Beisein der Geschworenen das «Blut» mit dem Finger vom Foto ab.

amnesty international, USA-Koordinationsgruppe, Zimmerstr. 45, 2000 Hamburg 76 – Presserechtlich verantwortlich: Claus Biegert

Ambassy of the
United States of America

5300 Bonn-Bad Godesberg
Mehlemer Aue
März 1977

Lieber Korrespondent,
wir schätzen Ihre Sorge und Interesse im Fall Leonard Crow Dog und hoffen, daß Ihnen die beiliegende Information den Hintergrund liefern wird. Weil die U.S. sehr interessiert ist an Mr. Crow Dogs Rechten, mußten wir alle Fakten zu diesem Fall sammeln. Ich glaube, Sie werden verstehen, daß Mr. Crow Dog ein gebührender Prozeß nach unseren Gesetzen gemacht worden ist mit Rücksicht auf die Beschuldigungen, die gegen ihn erhoben worden sind.

Am 21. März wurde er laut dem Urteil vom 23. Febr. auf Bewährung freigelassen.

Ihr ergebener
John P. Clyne
Deputy Public Affairs Officer
U.S. Embassy
Bonn, Germany

Leonard Crow Dog wurde beschuldigt, eine Hauptrolle beim bewaffneten Überfall auf den Ort Wounded Knee, S.D., 1973 gespielt zu haben.

Er und seine Verbündeten hielten 10 Geiseln gefangen und forderten die Bundesregierung auf, ihren Anspruch auf den Ort, der angeblich indianisches Land sein soll, zu untersuchen und auf mehrere andere Beschwerden, u. a. angebliche Vertragsbrüche, zu antworten. 71 Tage später übergaben sie ihre Waffen den Bundesbeamten. Während der Dauer der Besetzung starben zwei Personen, und mehrere wurden schwer verwundet.

Seitdem wurde gegen Mr. Crow Dog wegen verschiedener Beschuldigungen verhandelt, einige davon entstanden aus seiner Beteiligung an dem Zwischenfall von Wounded Knee, andere stammen aus späteren Ereignissen. Im Dez. 74 wurde Mr. Crow Dog laut einer Anklage in drei Punkten beschuldigt, Bundesbeamte tätlich angegriffen und sie bei der Ausübung ihrer Pflicht gehindert zu haben, die Pistole eines Bundesbeamten an sich genommen und Waren aus der Wounded Knee Trading Post am 11. März 73 geraubt zu haben. Mr. Crow Dog wurde angeklagt und in allen Punkten für schuldig befunden. Zwei Monate später wurde er auf Grund des tätlichen Angriffs zu drei Jahren und wegen des Raubs zu acht Jahren Gefängnis verurteilt. Das Gericht setzte jedoch das Urteil auf Bewährung aus. Mr. Crow Dogs Verteidiger erhoben Berufungsklage, aber das U.S.-Berufungsgericht befand, daß das Beweismaterial ausreichte, die Anklage aufrechtzuerhalten.

Im November 75 wurde gegen Mr. Crow Dog erneut wegen eines Zwischenfalls im Sept. 75 verhandelt, bei dem zwei Männer mit einem Gewehr schwer mißhandelt wurden. Er wurde in zwei Punkten des tätlichen Angriffs mit einer gefährlichen Waffe für schuldig befunden. Mr. Crow Dog wurde zweimal zu fünf Jahren verurteilt, später wurde das Urteil im zweiten Punkt fallengelassen. Das U.S.-Berufungsgericht bekräftigte diese Beschuldigungen und erwähnte besonders, daß Mr. Crow Dog und einige seiner Gefolgsleute zwei andere Indianer, deren Frauen und Kinder drei Stunden lang gefangen hielten, währenddessen er alle mit dem Tod bedrohte und die beiden Indianer schwer mißhandelte. Im Januar 76 wurde Mr. Crow Dog auf Grund eines Zwischenfalls im März 75 des tätlichen Angriffs mit einer gefährlichen Waffe angeklagt und für schuldig befunden, wobei er eine Kettensäge und einen Tomahawk gebrauchte. Ebenfalls im Januar 76 wurde Mr. Crow Dogs Bewährung auf Grund der Schuldigerklärung im Juni 75 widerrufen. Einen Monat später begann er die beiden Strafen von acht und drei Jahren auf Grund der Überführung im Juni 75 gleichzeitig mit der Strafe zu fünf Jahren, die auf Grund des Angriffs mit einer gefährlichen Waffe verhängt worden war, abzusitzen.

Einer der Vorwürfe, die von den Anhängern Crow Dogs erhoben worden waren, war der, daß die Richter ihn auf Grund von Vorurteilen für schuldig befunden hätten und nicht auf Grund von Fakten. Tatsache ist, daß Mr. Crow Dogs Verteidiger jede Möglichkeit aktiv ausnutzte, bei der Auswahl der Jurymitglieder beteiligt zu sein, oft mit der Hilfe von freiwilligen Anthropologen und Psychologen.

Mr. Crow Dog wurde am 23. Febr. von einer U.S. Regional Parole Commission (Bewährungskommission) auf Bewährung freigesprochen, die am 21. März in Kraft tritt.

Der Widerstand geht weiter 1978 bis 1981

Prophezeiungen sind fester Bestandteil indianischer Politik: Die Stammesältesten sehen, wie sich Zeichen erfüllen – die Zeit zum Handeln ist gekommen. Der Welterschaffungsmythos der Hopi definiert einen schwarzen Tafelberg im Nordosten des heutigen Arizona als das spirituelle Zentrum der Hopi-Kultur und – als die Mitte der Welt, als den Ruhepunkt der Erde. Sollte Black Mesa, der heilige Berg, je zerstört werden, so warnt eine jahrtausendealte Zukunftsvision, ist der Erdball in Gefahr und jenes Gleichgewicht gestört, das Voraussetzung für den Fortbestand des Lebens ist.

1970 kam die Peabody Coal Company aus Missouri und nahm den Berg in Beschlag. Sechzig Meter hohe Bagger – Giant Earth Mover – fressen sich seitdem in das 2500 Quadratmeilen große Hochplateau, um Kohle im Tagebau zu fördern. Das Tun des Konzerns ist legal: 1966 hatten die «progressiven» Stammesräte der Hopi die ersten Pachtverträge unterschrieben. Peabody konnte sich der Unterschriften sicher sein: 1935 hatte die US-Regierung das Hopi Tribunal Council installiert und damit einen gefügigen Handelspartner für künftige Gewinnung von Ressourcen geschaffen. Die indianischen Funktionäre sind meist Mitglieder der Mormonenkirche. Drei Viertel der Hopibevölkerung lehnen den Stammesrat als Fremdkörper ab. Der Protest der Traditionalisten gegen die Verpachtung des Heiligtums blieb ungehört.

Die Kohle von Black Mesa – zerstampft und mit kostbarem Grundwasser vermischt – nimmt ihren Weg durch Pipelines ins Kraftwerk «Four Corners», um den Südwesten mit Strom zu versorgen. Lasche und wirtschaftsfreundliche Gesetzgebung sieht für weiße Industrie auf Reservatsland kaum Auflagen zum Schutz der Umwelt vor. In der Nachbarschaft des Kraftwerks grasen die kranken Schafherden der Navajos im Smog. Ein aus 273 Kilometer Höhe vom Satelliten Gemini 12 aufgenommenes Foto zeigt die Rauchwolke von «Four Corners» als einzigen Fremdkörper über dem nordamerikanischen Kontinent.

Die Zerstörung der Mitte der Welt – der Mensch im Weltraum: Die Prophezeiung markiert mit diesen Zeichen die Zeit, da die Hopi sich in die Welt wagen und ihre Botschaft übermitteln sollen. Regelmäßig finden wir seitdem Hopis unterwegs: von Kalifornien bis New York, in Schweden, Frankreich, Deutschland, bei der UNO-Konferenz in Genf, beim Russell-Tribunal in Rotterdam.

Wenn besorgte indianische Sprecher seit Ankunft des «behaarten Mannes aus dem Osten» (Luther Standing Bear) vor der Zerstörung ihrer Mutter, der Erde, warnen, dann meinen sie den Raubbau großen Stils. Sie fürchten dabei nicht allein um ihr Leben, sondern bangen um die Lebensmöglichkeiten der kommenden Generationen. Der Griff nach Kohle, Uran, Öl und Wasserkraft ist auch der Griff nach Reservationen und Resten unbehandelter Natur. Ein Drittel aller im Tagbau förderbaren schwefelarmen Kohle im Westen und über die Hälfte des US-Urans liegen unter Indianerboden.

1974 kamen 100 Prozent des produzierten US-Urans von indianischem Land; von 384 Pachtverträgen für Uranförderung lagen 1974 vier auf öffentlichem Grund und 380 auf Indianerland. Die Uranvorkommen konzentrieren sich hauptsächlich auf folgende Stämme: Navajo-Nation (Arizona, New Mexico), Laguna-Pueblo (New Mexico), Spokane-Nation (Washington), Sioux-Nation (North Dakota, South Dakota). Die Bewohner des zerstörten Landes erhalten durchschnittlich für jede geförderte Tonne Kohle 15 Cents und pro Pfund Uran 60 Cents; zusätzlich sorgen die Konzerne (auch deutsches Kapital ist beteiligt: Urangesellschaft mbH, Frankfurt, und Uranerzbergbau GmbH, Bonn) für verkürzte Lebenserwartung.

Mit der Uranförderung auf der Navajo-Reservation, in der Nähe von Shiprock, dem größten Bevölkerungszentrum, begann Kerr McGee um 1950. In den frühen siebziger Jahren waren die Vorräte abgebaut. Kerr McGee hinterließ eine hochradioaktive Aufbereitungsanlage und verseuchte Navajo-Bergleute. Bis heute starben zwanzig von ihnen, und weitere zwanzig haben durch Strahlung verursachten Lungenkrebs. Die Firma übernimmt dafür weder die Verantwortung noch die entstandenen medizinischen Kosten. Eine Fläche von 71 Acres ist bedeckt mit den hochradioaktiven Abfällen der Aufbereitungsanlage, sie enthalten 85 Prozent der ursprünglichen Radioaktivität des Urans. Nach einem Report des Department of Energy erhöht die Verbreitung dieser Abfälle durch Wind oder Wassererosion das Krebsrisiko um 100 Prozent für Personen, die innerhalb einer halben Meile dieser Halden leben. Der San Juan River, die Hauptwasserader der Reservation, fließt an diesen Halden in einem Abstand von nur 18 Metern vorbei.

Die größte Uranmine befindet sich auf dem Laguna-Pueblo und ist seit 25 Jahren in Betrieb. Kein Teil des Landes ist bisher wieder instand gesetzt worden, und Tausende Tonnen von Uran mit niedrigem Radioaktivitätsgehalt sind in der Gegend verstreut. 1973 fand die Enviromental Protection Agency, daß das Laguna-Wasser verseucht war. Bis heute ist nichts unternommen worden.

Gegenwärtig gibt es 22 verlassene Abfallhalden der Aufbereitungsanla-

gen mit 26 Millionen Tonnen radioaktiven Abfalls, bis 1990 werden es 280 Millionen Tonnen sein. Das Department of Energy schätzt den Bedarf an Aufbereitungsanlagen im Jahr 2000 auf 100 innerhalb der US-Grenzen. Eine vor kurzem herausgegebene Studie des BIA geht davon aus, daß allein in New Mexico 100 Uranbergwerke und 10 Aufbereitungsanlagen bis zum Jahr 2000 produzieren können.

Die Black Hills, die heiligen «Paha Sapa» der Sioux, sollen, wenn es nach dem Willen von zwei Dutzend multinationalen Konzernen geht, eingeebnet und genutzt werden. Auf 1 Million Acres sind 25 Reaktoren, diverse Uranmühlen und 70 Kohle-Verbrennungsanlagen geplant. Die Kohle der nördlichen Black Hills enthält Spuren von Uran, das bei der Verbrennung der Kohle als radioaktives Radium und Thorium frei wird. Diese Substanzen trägt der Wind über das Land. Die Konzerne geben zu, daß die Bergwerke in 35 Jahren eine radioaktive Wüste zurücklassen. In den Black Hills gründeten die Sioux gemeinsam mit Umweltschützern und weißen Farmern die «Black Hills Allience», eine Koalition zur Rettung der Berge.

Black Mesa und Black Hills sind Beispiele. Kaum eine Nation, deren Refugium nicht bedroht ist: Das Land der Dene in den North West Territories wird eine Pipeline für Alaska-Öl durchschneiden, und östlich der James Bay in der Provinz Quebec wird in den Jagdgründen der Cree am bisher größten hydroelektrischen Komplex der Welt gebaut. Die Stauseen des ersten Projekts am Chisasibi, dem großen Fluß (La Grande) sind zusammen zwanzigmal so groß wie der Bodensee: 11000 Quadratkilometer.

Widerstand von Minderheiten orientiert sich an der Unterdrückung durch die herrschende Gesellschaft. Für kolonialisierte Völker kommt erschwerend hinzu, daß die herrschende Kultur nie die ihre ist und sich die Unterdrückung auch in moralische und geistige Bereiche ausdehnt. Form und Maß des Widerstandes werden bestimmt von Form und Maß der Unterdrückung. Die Gründung des American Indian Movement (AIM) war die Reaktion auf die Situation in den Städten und Reservationen des Westens Anfang der siebziger Jahre: der Kampf gegen Alkoholismus, Selbstmorde, Ethnozid, der Kampf für Selbstbewußtsein und Selbstbestimmung. AIM war die Wiederbelebung einer zum Tode verurteilten und von Washington mit allen Mitteln bekämpften Kultur. AIM war eine Bewegung, deren Geist die Menschen auf den Reservationen wachrüttelte, AIM verbreitete Mut und Glauben, AIM war jenen ein Strohhalm, die sich von ihrer eigenen Kultur schon zu weit entfernt hatten. AIM öffnete Türen für die nachkommenden Generationen. AIM fand nicht immer den Zuspruch der alten intakten, spirituell starken Gemeinden, wie Hopi und Irokesen, doch versagten jene bei aller Kritik an Militanz, Egozentrik und Chauvi-

nismus der Bewegung ihre Solidarität nicht. AIM ist keine Einrichtung für die Dauer, AIM wird verschwinden, wenn die einzelnen indianischen Nationen stark genug sind, selber um ihre Souveränität und die Wahrung ihrer Rechte zu kämpfen. Viele neue Namen haben bei Aktionen jüngerer Zeit den Namen AIM ersetzt, doch ohne AIM wären sie nicht entstanden:

Survival Schools: Indianische Eltern griffen zur Selbsthilfe, nahmen ihre Kinder aus den öffentlichen Schulen und starteten freie Schulen mit bikulturellem Unterricht. Mit Erfolg.

WARN: Frauen aller indianischen Nationen (Women of All Red Nations) taten sich zusammen, um ein Selbsthilfeprogramm zu entwickeln. Komitees im ganzen Land beschäftigen sich mit Zwangssterilisation, Familie, Gesundheit, Geburtshilfe, Schule, politischer Erziehung, politischen Gefangenen, Kommunikation.

Black Hills Allience: Indianer und Weiße organisieren sich gemeinsam für die Rettung der Natur.

Longest Walk: Im Frühjahr 1978 marschierten Indianer aller Nationen von der Westküste nach Washington D.C. Der Protest galt einer Reihe indianerfeindlicher Gesetzesvorschläge. Zu einem zweiten Marsch über den Kontinent kam es im Sommer 1980.

Konservative Beobachter und etablierte Presseorgane sehen in der schwindenden Präsenz des Namens AIM schnell und gern ein Zerbrechen der Bewegung (Titel einer dreiteiligen «Spiegel»-Serie im November 1980: «Das zweite Sterben der Indianer»).

Der Gang nach Europa signalisiert die achtziger Jahre. Seit der Konferenz der nicht regierungsgebundenen Organisationen der UNO im September 1977 in Genf bereisen traditionelle indianische Sprecher regelmäßig europäische Länder. Die «Gesellschaft für bedrohte Völker» organisierte zwei Informationsreisen (1977/78) mit Vertretern indianischer Nationen aus beiden Amerikas. Im Februar 1980 – während der Olympischen Winterspiele in Lake Placid, N.Y. – trat die europäisch-indianische Begegnung in eine neue Phase: Mario Capanna aus Mailand, Mitglied des Europäischen Parlaments, besuchte die Mohawk-Nation in Akwesasne, die zur selben Zeit massive Auseinandersetzungen mit den Behörden und Polizeikräften hatte. Traditionelles Territorium wurde von weißer Seite mißachtet, ebenso die «Langhaus»-Häuptlinge nicht anerkannt. Wie selten zuvor erkannten die traditionellen Mohawks, daß der von der Regierung eingesetzte Stammesrat nicht ihre Interessen vertritt. Da die Mohawks als souveräne Nation die Anerkennung durch die Europäer suchen, sah Capanna es als Aufgabe des Europäischen Parlaments an, zu untersuchen, inwieweit die USA gegenüber der Mohawk-Nation die Menschenrechte verletzten.

Am 21. Februar 1980 erklärte die Russel Peace Foundation die «Rechte und Situationen der Indianer Nord-, Mittel- und Südamerikas» zum Thema ihres vierten internationalen Tribunals im November 1980. Ort: Rotterdam, Holland. Den Hopi-Ältesten war diese Nachricht eine weitere Bestätigung. Die Weißen, die den ersten Menschen Amerikas helfen werden, kommen aus dem Osten über das Wasser, sagt die Prophezeiung.

Die folgenden Gesetzesvorschläge wurden 1978 dem Kongreß zur Prüfung vorgelegt und lösten den fünfmonatigen Fußmarsch aus (gekürzte Darstellung aus den Bekanntmachungen der Longest Walk-Komitees).

Gesetzesvorschläge, die den Longest Walk provozierten

HR Nr. 9054 (Cunningham)

Vollständige und endgültige Auflösung aller indianischer Nationen und ihrer Reservationen. Aufhebung aller Verträge.

HR Nr. 9175 (Cunningham)

Ausübung der Jagd und Fischerei im Staat Washington wird staatlicher Kontrolle unterstellt.

HR Nr. 9736 (Cunningham)

Verbot des Verkaufs von Steel-Head-Forellen von Indianern innerhalb der USA.

HR Nr. 9906 (Walsh)

Löschung aller indianischer Ansprüche innerhalb des Staates New York auf Vertragsland durch Ratifizierung von Verzichtsverträgen.

HR Nr. 9950 (Meeds)

Einschränkung der zivilen Rechtsprechung in den Reservationen sowie der Jagd- und Fischereirechte. Reduzierung der Amtsgewalt des Stammesrats.

HR Nr. 9951

Restriktion der Wasserressourcen in den Reservationen. Der besondere Anspruch auf Wassernutzung auf Grund der Rechte als Ureinwohner wird aufgehoben.

HR Nr. 4169 (Cohen) und SB Nr. 842 (Muskie)

Löschung aller Ansprüche der Indianer von Maine auf Vertragsland.

SB Nr. 1437 (Kennedy), HR Nr. 6869, HR Nr. 2311

Verstärkung von Staats- und Bundesrechtsprechung in den Reservationen. Erweiterung der Liste der Bundeskapitalverbrechen auf «Terrorismus» und «Gefährdung durch fahrlässige Handlungen, die eine andere Person in Gefahr bringen können oder ihr schweren körperlichen Schaden zufügen».

HJR Nr. 206 (Dinghell)

Neuregelung des Jagd- und Fischereirechts außerhalb der Reservationen.

HJR Nr. 1

Gründung einer Fischereirechtskommission für die Regelung indianischer Handelsrechte außerhalb der Reservationen.

Auf den Brief, den Mario Capanna, Mitglied des Europäischen Parlaments, aus Akwesasne an Präsident Carter schrieb, erhielt er weder Antwort noch Audienz. Um Pfadfinder oder Tanzindianer zu treffen, so ein Sprecher der Mohawks bei der internationalen Pressekonferenz in Saranac Lake während der Olympiade, hat der weiße Vater immer Zeit.

Brief des Mario Capanna, Mitglied des Europäischen Parlaments, an James Carter, Präsident der Vereinigten Staaten von Amerika

12. Februar 1980

Herr Präsident:

Ich nehme mir die Freiheit, Ihnen zu schreiben und Ihre Aufmerksamkeit auf einen schweren Fall der Menschenrechtsverletzung zu lenken. Nachdem Sie des öfteren über die Notwendigkeit gesprochen haben, die Menschenrechte zu achten, bin ich der Überzeugung, daß Sie mit eben jener Achtung der Menschenrechte jedes Volk dieser Erde gemeint haben.

Die Mohawk-Nation, ein Volk der Haudenosaunee, auch «Konföderation der Sechs Nationen» genannt, sieht sich seit jüngster Zeit Repressalien und ernsthaften Verletzungen ihrer Rechte zur Selbstbestimmung von seiten der Behörden des Staates New York ausgesetzt. Mehrere Mohawk-Häuptlinge und Bürger der Mohawk-Nation wurden dabei gerichtlich verfolgt. Die Verhältnisse eskalierten so weit, daß eine ganze Mohawk-Gemeinde während der letzten Monate auf ihrem Territorium am Racquette Point von Polizeikräften des Staates New York umgeben war.

Dies, Herr Präsident, geschah in offensichtlicher Mißachtung der alten, jedoch nicht minder gültigen Verträge von Fort Stanwix (1784) und Canadaigua (1794) und in krassem Widerspruch zu den Artikeln VIII und X der Schlußerklärung von Helsinki.

Am 16. Januar 1980 unterbreitete ich gemeinsam mit 22 weiteren Parlamentsmitgliedern dem Europäischen Parlament eine Resolution zum Fall der Mohawk-Nation. Nach einer bemerkenswerten Aussprache übergab das Präsidium die Resolution dem Politischen Ausschuß mit dem Auftrag der Untersuchung.

Gegenwärtig bin ich als Besucher in Akwesasne, um mir persönlich ein Bild von den Verhältnissen zu machen. Nach sorgfältiger Prüfung aller Fakten muß ich mit aller Bestimmtheit erklären, daß die fortgesetzten Aktionen des Staates New York, und damit auch der Vereinigten Staaten, eine offene Verletzung der Menschenrechte und des Rechts zur Selbstbestimmung der Mohawk-Nation darstellen. Dieser Angelegenheit wird weiterhin meine besondere Aufmerksamkeit gelten.

Herr Präsident, ich weiß, daß Ihr Augenmerk auf die großen Probleme dieser Welt gerichtet ist, aber ich bin zuversichtlich in der Annahme, daß Sie nicht zögern werden, Ihren Einfluß und Ihre staatsmännische Klugheit zu benützen, um den ältesten und nahmhaftesten eingeborenen Völkern Amerikas Gerechtigkeit widerfahren zu lassen. Dazu bitte ich Sie dringend, einer Delegation des Großen Rates der Haudenosaunee und mir zum baldmöglichsten Zeitpunkt eine Audienz zu gewähren. Uns liegt sehr daran, Ihnen den Kern des Problems persönlich darzulegen.

Ich stehe zu Ihrer Verfügung: meine derzeitige Adresse: Racquette Point, Akwesasne, Mohawk Nation, Via Rooseveltown, N.Y. 13683, Tel.: 518-358-9531

Ich hoffe, Sie werden meinem dringenden Anliegen entsprechen.

Mario Capanna
Mitglied des Europäischen Parlaments

Den folgenden Aufsatz verfaßte der englische Jurist Gordon Bennett. Bennett ist Rechtsberater der englischen Minderheitenhilfsorganisation Survival International und gehört zu den wenigen Anwälten, die sich auf Internationales Recht unter Berücksichtigung der Rechte eingeborener Völker spezialisierten. Sein Papier gehört zu den ersten Arbeitsunterlagen, die das holländische Vorbereitungskomitee der Russell Peace Foundation vorlegte.

Gordon Bennett
Warum ein internationales Tribunal?
Der juristische Hintergrund

Eingeborenen werden im Völkerrecht weitreichende Rechte zugestanden, aber die Mittel zu ihrer Durchsetzung werden ihnen verwehrt. Diese Ungereimtheit ist darauf zurückzuführen, daß die eingeborenen Völker eher als Objekt, denn als Subjekt des Völkerrechts betrachtet werden. Diese Tatsache verdeutlicht die dringende Notwendigkeit des Internationalen Tribunals über die Rechte der amerikanischen Indianer.

Im 19. Jahrhundert wurde die Souveränität eingeborener Völker oft anerkannt. Dies war z. B. die Haltung Großbritanniens gegenüber den Maoris vor dem Verzicht auf Neuseeland im Jahre 1840. Die Vereinigten Staaten haben einst ihre Indianervölker als eigenständige Nationen behandelt, und noch 1885 hat der amerikanische Delegierte bei der Berliner Afrikakonferenz bemerkt, daß «modernes Völkerrecht stark dahin tendiert, das Recht der eingeborenen Völker anzuerkennen, frei über sich und ihr ererbtes Gebiet zu verfügen. In Übereinstimmung mit diesem Prinzip würde meine Regierung umfassendere Verordnungen begrüßen, die auf dem Grundsatz basieren, eine freiwillige Übereinkunft mit den Völkern zu erreichen, deren Land in Besitz genommen worden ist; dies jedenfalls in allen Fällen, in denen sie keine Gewalt provoziert haben.»

Aber die Berliner Konferenz verwarf kurzerhand den Vorschlag, daß «unzivilisierte» Völker Rechte erhalten sollten, die ihre freiwillige Zustimmung erforderlich machten, wenn eine international anerkannte Regierung über sie verfügen wollte, und in vielen Ländern schlug die Rechtsprechung einen ähnlichen Kurs ein. Typisch für die paternalistische Haltung der Gerichte war Oberrichter Marshalls Beschreibung der nordamerikanischen Indianer in «Cherokee Nation versus State of Georgia» (1831). Er sagte, daß indianische Stämme betrachtet werden müssen als «einheimische, abhängige Nationen, ... die sich im Stadium der Minderjährigkeit befinden. Ihr Verhältnis zu den Vereinigten Staaten läßt sich mit dem eines Mündels zum Vormund vergleichen. Sie erwarten Schutz von unserer Regierung ... und betrachten den Präsidenten als ihren großen weißen Vater.»

Gegen Ende des Jahrhunderts wurde diese Auffassung weitgehend von Völkerrechtlern übernommen. Im Rechtsfall der Cayuga-Indianer im Jahr 1926 entschied das «British and American Claims Tribunal», daß ein Indianerstamm kein Subjekt des Völkerrechts sei und daß er ein Rechtskörper nur insoweit sei, als ihn die Gesetzgebung des Landes, in dem er lebe, als solchen betrachte. Zwei Jahre später führte die umstrittene Souveränität der Insel Palmas zu einem anderen internationalen Schiedsspruch, in dem der Richter Max Hubor es als eine Selbstverständlichkeit betrachtete, daß Verträge, die zwischen der Ostindischen Kompanie und Häuptlingen der Insel abgeschlossen worden waren, «nicht, im Sinne des Völkerrechts, Verträge oder Übereinkommen waren, die Rechte und Verpflichtungen schaffen können, wie sie üblicherweise nach dem Völkerrecht aus Verträgen hervorgehen». Der Ständige Internationale Gerichtshof kam zu einem ähnlichen Schluß im Fall des Status von Ostgrönland (1939), als er all das Territorium als «terra nullius» (Niemandsland) einstufte, das von «rückständigen» Völkern bewohnt war, deren politische Organisation nicht den westlichen Normen entsprach. Daraus folgte, daß diese Gebiete – ungeachtet der Wünsche der Ureinwohner – automatisch der erstbesten zivilisierten Macht zufielen, die sie zu besetzen beliebte.

Diese juristischen Entwicklungen hatten ihre Wurzeln in einer Vorstellung von Urvölkern, die sich mehr auf blinde Vorurteile stützte als auf wissenschaftliche Tatsachen. Und natürlich bot die Tatsache, daß den Einheimischen ein Rechtsstatus verweigert wurde, eine bequeme Rechtfertigung für den Drang des Westens nach territorialer Expansion. Eine verspätete Anerkennung des Unrechts, das auf diese Weise den eingeborenen Völkern zugefügt worden ist, kam vor nicht allzu langer Zeit durch den Internationalen Gerichtshof in seinem Gutachten über die Westsahara (1975) zum Ausdruck, wo der Gerichtshof schwerwiegende Bedenken äußert über die Anwendung der Terra-nullius-Doktrin in bezug auf Land von eingeborenen Völkern. Der Vizepräsident des Gerichtshofes, Richter Fouad Ammoun, stützte sich vor allem auf die Argumentation, die der erste Verfechter der Rechte der Eingeborenen, Francisco de Vitoria, schon vor Jahrhunderten entwickelt hat. In «Reflectiones de Indis recenter inventis et de iure belli Hispanorum» (1557) behauptet Vitoria, daß nach internationalem Recht «... die Ureinwohner ohne Zweifel die rechtmäßige Oberhoheit sowohl in öffentlichen wie auch in privaten Angelegenheiten hätten, genau wie die Christen, und weder ihre Fürsten noch Privatpersonen dürften ihres Besitzes beraubt werden mit der Begründung, sie seien nicht dessen Eigentümer». Laut Richter Ammoun ist dies der Standpunkt, der heute eingenommen werden muß, während der Grundsatz der «res nullius», der «zu allen Zeiten bis ins 20. Jahrhundert hinein zur Rechtfertigung von Eroberung und Kolonisierung benützt wurde, heute verurteilt werden muß».

Es bleibt abzuwarten, ob das Gericht diesem Spruch in letzter logischer Konsequenz folgen und den eingeborenen Völkern den ihnen zustehenden Platz im Völkerrecht einräumen wird. Inzwischen wird jedoch die traditionelle Klassifizierung der eingeborenen Gemeinschaften als Objekte und nicht als Subjekte des Völkerrechts bestehenbleiben; und die verheerenden Auswirkungen dieser Klassifizierung werden die Sache der Eingeborenen weiter schwächen. Ein Volk mag ein Gebiet bewohnen, das weit größer ist als das Territorium vieler moderner Kleinstaaten, und er mag einen beträchtlichen Grad an sozialer und ökonomischer Unabhängigkeit aufweisen – trotzdem wird er keinen «locus standi» vor internationalen Gerichtshöfen erhalten. Seine Verträge und traditionellen Gesetze werden nur die Gültigkeit erhalten, die der Staat, in dessen Grenzen er lebt, ihnen zugesteht. Der höherstehende und grundsätzliche Rechtsanspruch auf Stammesgebiete wird als dem Staat zustehend betrachtet, auch wenn diese Gebiete nie von staatlichen

Behörden erforscht oder vermessen worden sind. Auf diese Weise erhält die Urbevölkerung nur einen geringen oder keinen Gegenwert für ihr Land.

Kurz gesagt: die eingeborenen Völker werden effektiv daran gehindert, ihre Rechte auf den üblichen Wegen des Völkerrechts durchzusetzen. Daraus resultiert die Notwendigkeit des Internationalen Tribunals über die Rechte der amerikanischen Indianer, das den Indianern Nord- und Südamerikas im Augenblick das einzig mögliche Forum bieten kann, um ihre Beschwerden an die Öffentlichkeit zu bringen.

Die Aufgabe des Tribunals ist klar. Es wird entscheiden, ob das Beweismaterial, das ihm sowohl von Indianern als auch von fachkundigen Zeugen unterbreitet wird, Verletzungen der jetzt international anerkannten Rechte der eingeborenen Völker durch nationale Regierungen bestätigt. Wenn es das Tribunal für angebracht hält, kann es Maßnahmen empfehlen, durch die bestimmte nachgewiesene Rechtsverletzungen abgestellt werden. Es kann auch prüfen, ob das Beweismaterial in einem besonderen Fall (im Sinne der ECOSOC-Resolution 1503) auf ein «ständig wiederkehrendes Muster grober und zuverlässig nachgewiesener Verletzungen der Menschenrechte» hinweist. Wenn ein solches Muster enthüllt worden ist, würde sich das Tribunal wahrscheinlich für eine Petition an die Menschenrechtskommission der Vereinten Nationen entscheiden und dort um weitere Aktionen bitten.

Wenn das Beweismaterial auf eine oder mehrere Verletzungen der ILO-(International Labour Organization-)Konvention über eingeborene Völker hinweist, könnte das Tribunal überlegen, ob Schritte zur Darstellung des Falles oder zur Einreichung einer Beschwerde nach Art. 24 und 26 der ILO-Verfassung unternommen werden sollten.

Die Rechte der Urbevölkerung, mit denen sich das Tribunal in erster Linie befassen wird, sind in zwei Kategorien einzuordnen:
– diejenigen, die in den Menschenrechtspaketen und -übereinkommen der Vereinten Nationen enthalten sind,
– diejenigen, die in der ILO-Konvention über eingeborene Völker zusammengestellt sind.

Offizielle Kopien all dieser Dokumente werden dem Tribunal natürlich vorliegen. Ihr Inhalt kann folgendermaßen kurz zusammengefaßt werden:

1. Die UN-Konvention zur Verhütung und Bestrafung von Völkermord (Genozid) wurde am 9. Dezember 1948 angenommen und von mehr als siebzig Ländern ratifiziert. Unter Genozid versteht man Handlungen, die in der Absicht unternommen werden, ethnische oder rassische Gruppen ganz oder teilweise zu vernichten. Darunter fällt auch ausdrücklich «das absichtliche Herbeiführen von Lebensbedingungen,

die die physische Vernichtung einer Gruppe zum Ziel haben». Dies mag auch auf Entwicklungsprojekte und Bergbauunternehmungen zutreffen, die zwangsläufig die Umwelt zerstören, auf die marginalisierte Völker angewiesen sind.

2. Der UN-Pakt über bürgerliche und politische Rechte trat am 23. März 1976 in Kraft und wurde sowohl von Kanada als auch von den USA sowie von sieben lateinamerikanischen Staaten ratifiziert. Er wurde durch den Pakt über wirtschaftliche, soziale und kulturelle Rechte ergänzt, der am 3. Januar 1976 zum Gesetz erhoben wurde. Art. 1 (1) beider Konventionen besagt, daß «Alle Völker ... das Recht auf Selbstbestimmung (haben). Kraft dieses Rechts entscheiden sie frei über ihren politischen Status und gestalten in Freiheit ihre wirtschaftliche, soziale und kulturelle Entwicklung». Art. 1 (2) besagt: «Alle Völker können für ihre eigenen Zwecke frei über ihre natürlichen Reichtümer und Mittel verfügen ... In keinem Fall darf ein Volk seiner eigenen Existenzmittel beraubt werden.»

Der Terminus «Völker» wird in keinem der Pakte definiert, aber es ist ziemlich eindeutig, daß er sich auch auf eingeborene Gruppen erstreckt, deren ethnische, rassische und soziale Merkmale sie von der Kultur der Mehrheit unterscheiden. Diese Auslegung wird von den Vorbereitungsarbeiten zu den Pakten gestützt, die dem Tribunal zur Einsicht vorliegen werden. Damit wird das Tribunal in der Lage sein, jegliches Beweismaterial daraufhin zu überprüfen, ob es den Vorwurf einer Verletzung des Art. 1 (1) erhärtet, d. h., ob einem Stamm das Recht auf politische Selbstbestimmung oder auf Selbstbestimmung der wirtschaftlichen Entwicklung verwehrt worden ist oder ob er seiner Existenzgrundlage beraubt worden ist.

3. Art. 27 der Konvention über bürgerliche und politische Rechte besagt, daß Angehörigen ethnischer, religiöser oder sprachlicher Minderheiten «nicht das Recht vorenthalten werden darf, gemeinsam mit anderen Angehörigen ihrer Gruppe ihr eigenes kulturelles Leben zu pflegen, ihre eigene Religion zu bekennen und auszuüben oder sich ihrer eigenen Sprache zu bedienen». Diese Vorschrift wird ergänzt durch Art. 18 (2), der lautet: «Niemand darf einem Zwang ausgesetzt werden, der ihn in seiner Religions- und Glaubensfreiheit in irgendeiner Weise einschränkt.» In diesem Zusammenhang ist «Zwang» nicht beschränkt auf körperliche Gewalt, sondern erstreckt sich auch, wie eine Studie der UN über religiöse Diskriminierung bereits ausgewiesen hat, auf Missionsarbeit unter Eingeborenen, denen eine materielle Belohnung für Abschwörung ihres traditionellen Glaubens angeboten wird. Demzufolge werden auch die Vorgehensweisen des Sommerinstituts für Linguistik ein Untersuchungsgegenstand des Tribunals sein.

4. Andere Bestimmungen des Paktes über bürgerliche und politische Rechte mit direktem Bezug zu den Urvölkern beinhalten: die Abschaffung von grausamen und erniedrigenden Strafen (Art. 7) und von Sklaverei und Zwangsarbeit (Art. 8); das Recht jedes einzelnen, im Fall einer gegen ihn erhobenen Anklage unverzüglich und detailliert in einer ihm verständlichen Sprache über Art und Grund des Vorwurfs unterrichtet zu werden (Art. 1 [4]); das Recht des einzelnen auf Schutz vor willkürlichen Eingriffen in sein Privatleben (Art. 1 [7]). Außerdem muß das Recht auf Versammlungs- und Vereinigungsfreiheit (Art. 21 und 22) sicherlich auch Stammesversammlungen und -vereinigungen zugestanden werden wie anderen Gruppen auch.

5. Die Internationale Konvention zur Beseitigung jeder Form von Rassendiskriminierung wurde am 7. März 1966 zur Unterzeichnung vorgelegt und ist inzwischen von den meisten amerikanischen Staaten ratifiziert worden. Art. 2 (2) erklärt:

> «Wenn die Umstände es erfordern, müssen vom Staat auf sozialem, wirtschaftlichem, kulturellem und anderem Gebiet besondere und konkrete Maßnahmen ergriffen werden, um eine angemessene Entwicklung und einen ausreichenden Schutz bestimmter rassischer Gruppen oder deren Angehöriger zu gewährleisten, um so sicherzustellen, daß sie in den vollen und gleichberechtigten Genuß der Menschenrechte und der grundlegenden Freiheiten gelangen.»

Die verbindlichen Bedingungen dieses Artikels zeigen an (wie der Autor einer UN-Studie über Diskriminierung von Urvölkern bemerkt hat), daß «es die Pflicht des Staates ist, zum Wohle der Urbevölkerung in den unter seiner Rechtsprechung stehenden Gebieten besondere Maßnahmen zu ergreifen, besondere Rechte einzuräumen oder besondere Dienstleistungen zu erbringen, um damit seine Verpflichtung zu erfüllen, ihre ungünstige Lage zu verbessern». Viele Länder Nord- und Südamerikas haben hinsichtlich ihrer indianischen Völker «besondere Maßnahmen» ergriffen, aber es wird die Aufgabe des Tribunals sein zu entscheiden, ob solche Maßnahmen zu ihrem Wohl waren oder nicht.

6. Zu den bürgerlichen Rechten, auf die laut Art. 5 der Rassenkonvention jeder Mensch einen Anspruch hat, ungeachtet seiner Rasse, seiner Hautfarbe, seiner nationalen oder ethnischen Abstammung, gehört auch «das Recht, allein oder in Verbindung mit anderen Vermögen als Eigentum zu besitzen». Daraus folgt: wo nationale Gesetze dem weißen Siedler Eigentumstitel an Land durch bloßen Besitz desselben zugestehen, muß es auch die Landansprüche der Urbevölkerung verteidigen: Der Anspruch des Siedlers wie auch der des Ureinwohners basieren gleichermaßen auf Besitz, und eine Anerkennung des einen bei Mißachtung des anderen bedeutet unvermeidlich einen Verstoß gegen Art. 5. Das

Recht auf Eigentum «in Verbindung mit anderen» ist ausdrücklich in diesen Artikel aufgenommen. Deshalb kann nicht behauptet werden, daß Ansprüche der Urbevölkerung hinfällig sind, weil die nationale Gesetzgebung gemeinschaftliche Rechtstitel nicht anerkennt. Im Rechtswesen mehrerer Staaten Südamerikas sind Gesetze eingeführt worden, die vorgeben, Indianerland vor Invasion zu schützen; auf der anderen Seite hindern sie Indianergemeinschaften daran, selbst zu ihrem Recht zu kommen. Das Tribunal könnte entscheiden, ob eine solche Gesetzgebung mit den Verpflichtungen aus Art. 5 in Einklang steht, die Staaten durch die Ratifizierung übernommen haben.

7. Jener Artikel muß in Verbindung gesehen werden mit Art. 11 der ILO-Konvention über eingeborene Völker und Stämme (Nr. 107). Diese letztere Konvention trat am 2. Juni 1959 in Kraft und wurde bis heute von 13 lateinamerikanischen Staaten ratifiziert. Kanada hat sie nicht ratifiziert, und die USA sind nicht einmal mehr Mitglied der ILO. Art. 11 besagt: «Die Eigentumsrechte der Angehörigen der genannten Bevölkerungsgruppen (d. h.: Angehörige in Stämmen lebender oder stammesähnlicher Bevölkerungsgruppen – d. Übers.) an dem von ihnen von alters her besiedelten Land sind anzuerkennen, gleichviel ob es sich um kollektive oder individuelle Rechte handelt.»

Da die ILO-Delegierten sehr wohl wußten, daß der Anspruch der Ureinwohner normalerweise nur als Besitzanspruch betrachtet wird, deutet die ausdrückliche Verwendung des Wortes «Eigentum» darauf hin, daß die eingeborenen Völker das volle Eigentumsrecht über ihre angestammten Länder haben sollen. Die vorbereitenden Artikel (zu der Konvention) machen deutlich, daß der Terminus «Land» weit gefaßt ist und Flüsse, Seen und Wälder mit umfaßt. Und obwohl Art. 11 das Eigentum an Bodenschätzen nicht behandelt, bestimmt Art. 4 einer ergänzenden ILO-Empfehlung, daß die eingeborenen Völker «hinsichtlich des Eigentums an Bodenschätzen oder der Prioritätsrechte auf Ausbeutung derselben die gleiche Behandlung genießen (sollten) wie die anderen Angehörigen der Landesbevölkerung». Dies ist ein weiteres Gebiet, auf dem Untersuchungen durch das Tribunal notwendig sein könnten.

8. Von besonderer Bedeutung ist Art. 12 (1) der Konvention Nr. 107, der bestimmt, daß Stammesbevölkerungen «nicht ohne ihre freiwillige Zustimmung aus den Gebieten, in denen sie ansässig sind, ausgesiedelt werden (dürfen), es sei denn, daß dies im Einklang mit den Landesgesetzen aus Gründen der Landessicherheit, im Interesse der wirtschaftlichen Entwicklung des Landes oder der Gesundheit dieser Bevölkerungsgruppen geschieht». Ferner bestimmt Art. 12 (2), daß dort, wo eine Umsiedlung indianischer Gemeinschaften gerechtfertigt ist, ihnen «als Ersatz für ihren früheren Landbesitz Grund und Boden von minde-

stens gleich guter Beschaffenheit zuzuweisen (ist), dessen Ertrag ihre Bedürfnisse deckt und ihre künftige Entwicklung sicherstellt».

Die Terminologie von Art. 12 (2) weist eindeutig darauf hin, daß die Pflicht des Staates, irgendwo anders einen geeigneten Siedlungsraum zu finden, absolut und unabdingbar ist. Das Tribunal wird jedoch zu untersuchen haben, inwieweit dieser Pflicht bislang in Lateinamerika genügt worden ist.

9. Andere Aspekte der Konvention 107, die für das Tribunal von Bedeutung sein könnten, sind: das Verbot von Gewaltanwendung und Zwang gegen eingeborene Völker mit dem Zweck, ihre Integration in die nationale Bevölkerung voranzutreiben (Art. 2 [4]); das Recht der eingeborenen Völker, «ihre Bräuche und Einrichtungen zu bewahren, soweit sie nicht mit der innerstaatlichen Rechtsordnung unvereinbar sind» (Art. 7 [2]); und ihr Recht, frei zu sein von «persönlichen Dienstleistungen irgendwelcher Art, gleichviel ob entgeltlicher oder unentgeltlicher Art» (Art. 9).

Es wäre zwecklos, so zu tun, als stelle das Völkerrecht in seiner augenblicklichen Form einen ausreichenden Schutz der Rechte der Eingeborenen dar; seine Unzulänglichkeiten sind dafür viel zu offensichtlich. Aber es gibt doch einige grundlegende Rechtsnormen, nach denen das Tribunal die Haltung und die Politik der amerikanischen Staaten ihren Indianervölkern gegenüber beurteilen kann. Es wird es dem Tribunal ermöglichen festzustellen, ob die Indianer gegenwärtig die Rechte genießen, die ihnen ohne jeden Zweifel zustehen – ungeachtet der Ungerechtigkeiten, die ihnen in der Vergangenheit zugefügt worden sind.

So wird sich also das Tribunal auf eine höchst praktische Arbeit einlassen müssen; und in dem Maß, wie es auf der Grundlage von glaubwürdigem Beweismaterial Verletzungen der Eingeborenenrechte feststellt, wird sein Urteil eine Herausforderung an die Vereinten Nationen und an die ILO darstellen, der sich diese Organisationen kaum entziehen können.

Die folgende Betrachtung ist dem «Akwesasne Notes»-Kalender 1980 entnommen; Verfasser ist John Mohawk, Schriftsteller und Herausgeber der «Akwesasne Notes».

Die Alten sagen uns immer, daß die natürliche Lebensweise die eigentliche Lebensweise der Menschen sei, und sie sagen, daß, wenn wir abweichen von dieser Lebensweise, unsere Kinder verwirrt werden und viele Leiden uns heimsuchen. Sie sagen weiter, wenn wir abweichen von den uns bestimmten Wegen, werden wir womöglich unser Leben auf dieser Erde selber zerstören.

Immer wenn ich an diese Worte denke, komme ich um ein paar Tatsachen nicht herum:

Wenn die Regierung in Washington oder die großen Konzerne uns beruhigen trotz Dürre oder Ölknappheit, dann beruhigen sie uns, damit wir weiter kaufen, Obst und Gemüse und Benzin. Denn sie wollen, daß wir kaufen. Doch die traditionellen Ureinwohner dieses Landes haben uns nichts zu verkaufen. Wenn sie uns mahnen, dem Weg des Schöpfers zu folgen und um unsere Kinder Sorge zu tragen – da gibt es nichts zu kaufen, keine Abzeichen zu tragen und keine Musik im Hintergrund. Wenn sie uns zur richtigen Lebensweise drängen, dann weiß ich jetzt, was sie meinen. Und in unseren krisengeschüttelten Zeiten erscheint mir der Rat der Alten das beste Angebot auf dem Markt.

Das Lied der Geistertanz-Bewegung aus dem letzten Jahrhundert ist auf einer Plattenhülle unserer Tage zu finden: Die Rockgruppe «Kansas» plazierte das Lied auf die Innenseite des Covers ihres 1979 erschienenen Albums «monolite».

Geistertanz-Lied, Kansas, 1889

Bald wird die Erde
von Staub bedeckt sein,
und eine neue Erde
wird geboren werden.
Alle verschwundenen indianischen Nationen
werden wieder zum Leben erwachen.
Der weiße Mann wird gehen,
und die Büffel werden zurückkehren.

Der Erde eine Stimme geben 1981–1994

Im indianischen Geschichtsbewußtsein ist die Vergangenheit Begleiter in die Zukunft: Der 12. Oktober 1992 ist auch der 12. Oktober 1492. Das Jubiläum der Eroberer ist die Trauerfeier der Eroberten: 500 Jahre Unterdrükkung sind auch 500 Jahre Widerstand. Die Wunden der Freiheit sind noch nicht verheilt.

Die Situation des Planeten vor Augen richteten die indianischen Nationen, Organisationen und Aktivisten Ende der achtziger Jahre zunehmend ihren Blick über die eigenen Grenzen hinaus und erweiterten ihren Aktionsradius. Dies hieß: Solidarität sowohl mit den Verwandten in den Anden und im Amazonastiefland als auch mit den Ureinwohnern der übrigen Welt; vermehrt Allianzen mit nicht-indigenen und dabei besonders mit europäischen Umwelt- und Menschenrechtsorganisationen, Kernkraftgegnern und Fraktionen der Friedensbewegung; vor den Vereinten Nationen die Forderung auf Anerkennung der Souveränität indigener Nationen; und schließlich die Einmischung in die internationale Politik.

Der indianische Widerstand – von Kanada und den USA als «nationales Problem» behandelt – war nicht mehr nur die Antwort auf regionale Mißstände, sondern hatte eine globale Dimension angenommen und hatte sich darin bewährt. Immer mehr Indianer treten mittlerweile aus der Abgeschiedenheit der Reservate heraus und beteiligen sich an der Erdpolitik am Ende des zweiten Jahrtausends.

So ist es inzwischen zur Selbstverständlichkeit geworden, daß auf internationalen Konferenzen in Moskau, Hannover oder New York ein Sprecher der Haudenosaunee eine Arbeitsgruppe leitet, ein Schriftsteller der Kiowa seine Sicht der Welt beisteuert oder ein Medizinmann der Lakota die Sitzung mit einem Gebet eröffnet. Auf dem Erdgipfel in Rio de Janeiro war die gemeinsame Stimme der indigenen Welt nicht zu überhören.

Sicher hat auch das Jahr 1992 und seine in den USA von oben verordneten Feiern in der Öffentlichkeit zu der Erkenntnis beigetragen, daß die Geschichtsschreibung der Sieger in Frage zu stellen ist und vielleicht ein anderer Blickwinkel als der traditionell europäisch-amerikanische einzunehmen sei. Daß die Vollversammlung der Vereinten Nationen sich schließlich dazu bewegen ließ, das Jahrzehnt von 1994 bis 2004 zur «Decade of The Indigenous Peoples of the World» zu ernennen, zeigt ebenso wie die Fernsehserie «How the West Was Lost» aus dem Hause Ted Turners, daß der vielbeschworene Paradigmenwechsel auch die Etagen der Entscheidungsträger erreicht hat.

Wenn vom Paradigmenwechsel und einem Überdenken historischer Werte die Rede ist, darf nicht unerwähnt bleiben, daß die New-Age-Szene, im Zuge einer Neubesinnung der westlichen Welt, hartnäckig versuchte, sich der indianischen Spiritualität zu bemächtigen. Aus den traditionellen Lagern der Indianerbewegung (und dabei ist nicht AIM gemeint, sondern die von Küste zu Küste reichende Front des kulturellen und politischen Widerstands) kamen daher Kritik und unmißverständliche Zeichen der Abgrenzung gegenüber den spirituellen Ausbeutern und jenen Indianern, die an der Vermarktung gewinnbringend teilnahmen.

Ausnutzung und Mißbrauch durch esoterische Zirkel nehmen sich jedoch harmlos aus gegenüber der immer brutaler um sich greifenden Zerstörung von Land und Menschen zur Aufrechterhaltung eines Way of Life, der inzwischen als Zivilisationsmaßstab für alle Hemisphären gilt. Sofern sie der Ressourcen absorbierenden Gesellschaft nicht willfährig sind, werden die kleinen, staatenlosen Völker zum Hindernis. Nichts unterscheidet die Jahrtausendwende hier von der Pionierzeit.

Das Verlangen nach Holz, Kohle, Öl, Uran, Gold, Wasser... macht die Reservate genauso zu begehrten Regionen von Konzernen und Politikern wie die Suche nach Plätzen, auf denen sich toxischer und radioaktiver Abfall abladen läßt. Da die Arbeitslosenquote in den Reservaten häufig bei 80 Prozent liegt, sind die Vorsitzenden der Stammesregierungen leichte Beute. Über die fatalen Konsequenzen der Müll-Verträge sind sich die hofierten Vertragspartner nicht bewußt. Anfang der neunziger Jahre stellte die Regierung Bush eine Prämie von 100 000 Dollar all jenen Tribal Councils in Aussicht, die sich bereit erklärten, den Gesandten Washingtons zum Gespräch zu empfangen. Im Fall der Bereitschaft, den Giftmüll zu übernehmen, winken Millionen. 1992 hatten bereits elf Reservate in den Handel eingewilligt.

Doch da das High-Tech-Informations- und Kommunikationsnetz, das mittlerweile den Globus umspannt, den Kontrollorganen der Konzerne und Regierungen nicht exklusiv zur Verfügung steht, sondern ebenso von sämtlichen Alternativbewegungen genutzt wird, sind Ausbeutung und Unterdrückung im Verborgenen nahezu unmöglich geworden. Weltweit gibt es Zeugen. Aus diesen Zeugen rekrutieren die Betroffenen ihre Partner, wenn sie in Übersee um finanzielle und moralische Unterstützung nachsuchen.

Die «Big Mountain Aktionsgruppe» in München, mittlerweile ein stabiler Faktor der europäischen Unterstützerszene und Herausgeber der Zeitschrift «Coyote», gründete sich Mitte der achtziger Jahre, um den Men-

schen von Big Mountain in Arizona, in der Überzahl Navajo, Öffentlichkeit und Spenden zu verschaffen.

Big Mountain liegt in der von Hopi und Navajo bislang gemeinsam genutzten «Joint Use Area» auf dem Colorado Plateau. Der Einfluß der Mormonen in Washington ließ ein Gesetz in Kraft treten, das die Zwangsumsiedlung aller Bewohner von Big Mountain bedeutete. Zuvor wurde ein Land- und Ressourcenkonflikt zwischen Hopi und Navajo in den Medien lanciert, dem die traditionellen Fraktionen beider Völker öffentlich widersprachen. Ein harter Kern von Navajo wehrt sich bis heute. Von den Umgesiedelten haben viele Selbstmord begangen. Der Stammesrat der Hopi, von der Mehrheit der Bevölkerung abgelehnt, besteht hauptsächlich aus Mormonen. Unter der Erde von Big Mountain liegen Kohle, Gold und Uran.

In Kanada kämpft die winzige Gruppe der Lubicon Cree im Norden der Provinz Alberta seit 20 Jahren gegen die Übermacht der Ölfirmen und mittlerweile zusätzlich gegen den japanischen Papierkonzern Daishowa, der mit Einwilligung der Provinzregierung darangeht, das verbliebene Jagdland leerzuholzen. Aus den einstigen Jägern, Fischern und Trappern, die bis Ende der siebziger Jahre nahezu autark lebten, ist heute eine von Krankheiten und Apathie zermürbte, suizidale Gemeinschaft geworden. Eine Kommission der Vereinten Nationen bescheinigte Kanada den Bruch der Menschenrechte.

Probleme ethnischer Minderheiten werden gemeinhin militärisch gelöst. Als die Mohawks von Oka sich dagegen wehrten, daß ihr Friedhof einem zu klein gewordenen Golfplatz einverleibt werden sollte, und dabei mit Unterstützung benachbarter Irokesengemeinden den Weg der Blockade wählten, beschritt Quebec den Weg der Belagerung. Die Konfrontation dauerte einschließlich der Gerichtsverhandlungen zwei Jahre.

Kaum eine Region der kanadischen Subarktik, die nicht mit einem Fallbeispiel von Ethnozid und ökologischem Desaster aufzuwarten hätte. In Saskatchewan sehen sich die Cree fünf neuen Uranminen nebst strahlenden Konsequenzen gegenüber, nördlich des Westufers der James Bay wehren sich Cree und Inuit vom Great Whale River gegen die Ausweitung des James-Bay-Projekts. Unterstützt werden sie in ihren Bemühungen von der Tatsache, daß sich in ihren zur Überflutung auserkorenen Jagdgründen die Heimat der einzigen Süßwasserrobbe der westlichen Halbkugel befindet.

Entgegen dem weltweit gebräuchlichen Argument des Energiebedarfs handelt es sich bei dem durch Wasserstoff gewonnenen Strom von der James Bay um einen ausgewiesenen Exportartikel der Provinz Quebec. Mit diesem Strom soll auch Wasserstoff hergestellt und in flüssiger Form über den Atlantik geschifft werden, damit im Europa 2000 wasserstoffbe-

triebene Autos und Flugzeuge zur Verfügung stehen. Die transatlantische Kooperation trägt den Namen «Euro-Quebec-Hydrogen-Project» (EQHP). Auch schadstoffreie Technologien können zerstören.

Seit 1980 fliegt die deutsche Luftwaffe in Labrador, am Ostrand Kanadas, mit Phantom-Jägern, Alpha-Jets und Tornados. Geprobt wird das Unterfliegen des feindlichen Radars – 30 Meter über dem Waldboden. Das Land, das Bonn für seine Manöver für Millionenbeträge gepachtet hat, ist «Ntesinan», das Land der Innu, ein Jägervolk wie die Cree. Die regelmäßigen Beschallungen durch die Jagdbomber haben die Wanderwege der Karibus verändert und die Familien der Jäger so verängstigt, daß sie ihre Dörfer nicht mehr verlassen wollen. Langsam zerbricht die traditionelle soziale und kulturelle Struktur. Die Innu haben ihr Land nie abgetreten; die Bundesregierung macht sich einer Verletzung des Völkerrechts schuldig. Das Verteidigungsministerium rechtfertigt sich mit der Erklärung, es habe «einen Vertrag mit Kanada zu erfüllen». Sprecher der Innu wurden in Bonn nie zu den Verantwortlichen vorgelassen.

Deutschland, die Heimat Winnetous, hat ein gespaltenes Verhältnis zu den Indianern. Im Dezember 1993 hatten die Grünen im Bayrischen Landtag eine Delegation der Shoshone aus Nevada zu sich geladen, um mit ihnen einen «Partnerschaftsvertrag» zu unterzeichnen. Der Zeitpunkt war gut gewählt: Wenige Tage später sollte den Geschwistern Mary und Carrie Dann für ihren unermüdlichen Kampf um Landrechte der Alternative Nobelpreis überreicht werden.

Innenminister Manfred Kanther (CDU) untersagte jedoch die Einreise. Chief Raymond Yowell, seine Frau Lena und der Generalsekretär der Shoshone-Nation, Ian Zabarte, reisten mit den Pässen der Shoshone-Nation. Das Innenministerium verweigerte sowohl Ausnahmevisa als auch Paßersatz. Bei Anerkennung der indianischen Ausweise fürchtet Bonn, in Washington in Ungnade zu fallen.

Das Jahr 1994 begann mit einem Aufstand der Indianer im Süden Mexikos. Nachfahren der Mayas ließen die Welt wissen, daß eine Handvoll Großgrundbesitzer ihr Land in der Provinz Chiapas in Händen hält. Ein halbes Jahr zuvor hatte Mexiko Besuch vom Papst. Johannes Paul II. versäumte nicht, das Wort auch an die Ureinwohner zu richten. Zitat: «Bedauerlicherweise muß festgestellt werden, daß der Reichtum eurer Kulturen nicht angemessen gewürdigt wurde und eure Rechte nicht respektiert worden sind.»

Was die Firma des katholischen Kirchenoberhaupts vom Reichtum indianischer Kulturen hält, demonstriert sie seit Ende der achtziger Jahre im US-Staat Arizona: Auf dem Mount Graham baut der Vatikan in Zusammenarbeit mit dem deutschen Max-Planck-Institut das bisher modernste Teleskop der Welt. Mount Graham ist ein heiliger Berg der San-Carlos-Apachen.

Die Revolte von Mexiko enthält eine klare Botschaft für das Jahrzehnt der Ureinwohner. Die Stammesvölker dieser Erde sind die Hüter der Ressourcen, die die Industrienationen zur Fortsetzung ihres Lebenskonzepts fordern. Doch die indigenen Nationen werden nicht schweigen und auch nicht tatenlos zusehen.

Im Herbst 1983 besuchte eine indianische Delegation aus den USA die Bundesrepublik. Es war der Herbst, in dem Washington seine Raketen auf deutschem Boden stationierte. Die Besucher sprachen von der Verantwortung gegenüber den Ungeborenen und vom Frieden mit der Natur, ohne den politischer Friede nicht machbar ist. «Der Erde eine Stimme geben» lautete die Botschaft der 20tägigen Friedensreise, auf der jene Bürgermeister, die ihre Stadt, ihr Dorf zur atomwaffenfreien Zone erklärt hatten, mit einer Zeremonie geehrt wurden. Sie bekamen ein Dokument ausgehändigt, das ein Bündnis neuer Art besiegelte: «The Consensus of Peace and Friendship».

The Consensus of Peace and Friendship

Wir, die Gesandten der indigenen Nationen der Schildkröteninsel – Anishinabe, Haudenosaunee, Lakota, Menominee – sind in dieses Land gekommen, um die diplomatischen, kulturellen und zwischenmenschlichen Bindungen mit den Menschen von Deutschland zu erneuern. Unsere Friedensreise ist der siebten Generation nach uns gewidmet. Wir, die Menschen der Erde, sind verantwortlich für das Überleben der Erde. Die Erde ist unsere Mutter, und wir sollten Sorge tragen, daß unsere Mutter frei von nuklearen Technologien und frei von Zivilisationsabfall ist. Wir müssen gegen die Zerstörung Widerstand leisten. Diese Pflicht wurde uns vom Schöpfer gegeben, und kein von Menschen geschaffenes Gesetz kann dies ändern. Die Erde folgt den Naturgesetzen, und wir sind Teil der Erde. Möge diese «Übereinkunft des Friedens und der Freundschaft» unsere Gedanken zusammenbringen, auf daß wir alle Geschöpfe als Verwandte betrachten. Ehret die Erde – und Frieden bis es ihn gibt!

Seit 1982 gibt es innerhalb der UN-Menschenrechtskommission die «Working Group for Indigenous Populations» (Arbeitsgruppe für eingeborene Bevölkerungen). Der Titel wurde trotz Protest aller beteiligten indigenen Organisationen beibehalten; sie hatten «peoples» (Völker) gefordert. Ziel der Arbeitsgruppe war es, eine «UN-Deklaration für eingeborene Völker» zu erarbeiten; 1993 wurde eine Endfassung verabschiedet und auf ihren Weg zur Vollversammlung geschickt. Ein Datum für das Inkrafttreten der Deklaration stand bei Druck dieses Buches noch nicht fest.

Die neue Terminologie, die mit den Stammesmenschen in das Palais des Nations in Genf einzog, war für die internationalen Bürokraten nur schwer einzuordnen. Der indianische Anwalt Leroi Little Bear, Angehöriger der Blackfoot-Nation aus der kanadischen Provinz Alberta, unternahm einmal den Versuch, die Philosophie seines Volkes im Kontext weißer Geschichtsauffassung zu erklären. Dies ist die Rede, die Leroi Little Bear im August 1984 hielt.

Leroi Little Bear: Kein Sonnentanz auf dem Mond

Eingeborene Völker stoßen bei den Weißen auf Unverständnis, sobald sie von ihrem Verhältnis zur Erde und ihrem Verhältnis zum Land sprechen. Europäisch-westliches Denken ist linear und direkt und auf einen Punkt orientiert; mein Volk hingegen hat eine holistische und zyklische Denkweise.

Das europäisch-westliche Zeitkonzept offenbart diesen Unterschied: Westliche Zeit funktioniert linear, von A nach B, von B nach C, weiter nach D. Ein Zeit-Punkt löst den anderen ab, die Zeit wird eingeteilt in Abschnitte: Montag, Dienstag, Mittwoch... Januar, Februar, März...

Für uns gibt es kein Fort-Bewegen in der Zeit, nur ein Wiederkehren. Unsere Zeit spielt sich in Kreisläufen ab. Ihr sprecht von einem neuen Tag, einem neuen Jahr. Wir sprechen von der Sonne, die wiederkommt, dem Sommer, der wiederkommt, von Jahreszeiten, die gehen und kommen. Der Tag hinter uns, der Tag, in dem wir uns gerade befinden, der Tag vor uns, sie alle gehören zusammen. Unser Zeitbegriff ist fließend und hat doch gleichzeitig ein statisches Element. Ich will diesen Unterschied zwischen weißer und indianischer Bedeutung von Zeit an einem Beispiel illustrieren:

Nehmen wir einen Angehörigen einer christlichen Kirche. Sobald der christliche Kalender den 25. Dezember anzeigt, wird dieser Christ Weihnachten feiern, egal wo er sich gerade befindet, sei es in Südafrika, am Nordpol oder auf dem Mond. Solange er durch seinen Kalender die Gewißheit hat, daß jener Tag der 25. Dezember ist, wird er an diesem Tag Weihnachten feiern. Der Ort spielt für Christen keine Rolle. Das zeigt uns

Stammesmenschen, welch wesentliche Rolle der Kalender für euch westlich-europäische Menschen spielt.

Für mein Volk, die Blackfoot-Nation, spielt Zeit nicht diese Rolle. Nehmen wir den Sonnentanz, die heiligste Zeremonie unseres Volkes: Der Sonnentanz findet einmal im Jahr statt, im Sommer. Einen bestimmten Tag gibt es nicht. Es kann im Frühsommer sein oder im Spätsommer: Der Sonnentanz wird dann abgehalten, wenn der richtige Zeitpunkt für die Menschen gekommen ist, wenn alle im Stamm ihre Vorbereitungen getroffen haben, nicht eher. Der wesentlichste Faktor aber ist der Ort: Unser Sonnentanz, der Sonnentanz der Blackfoot-Nation, wird am Belly Butte abgehalten. Das ist der heilige Ort unseres Stammes. Ich kann nicht in die Schweiz kommen und in Genf einen Sonnentanz tanzen, auch auf dem Mond geht das nicht. Für uns ist der Sonnentanz, unser Welterneuerungsfest, an einen konkreten Ort gebunden. Belly Butte ist für uns heilig. Belly Butte ist unser Land, und dieses Land gehört zu uns und wir zu ihm. Wir identifizieren uns mit dem Land.

Unsere Sprache und eure Sprache zeigen die unterschiedlichen Auffassungen ebenfalls: Die Blackfoot nennen sich in ihrer Sprache «das Volk». Wird ein Indianer gefragt: Wer bist du?, dann wird er sagen: Ich bin ein Blackfoot. Ich bin ein Cree. Ich bin ein Anishinabe. Ich bin ein Lakota. Ein Weißer wird sagen: Ich bin ein Rechtsanwalt. Ich bin ein Ingenieur. Ich bin ein Lehrer. Wir Stammesmenschen betrachten uns in erster Linie als Mitglieder einer Gruppe, und diese Gruppe kann nicht existieren ohne ihr Land. Der Beruf spielt bei dieser Betrachtung eine untergeordnete Rolle.

Ich will noch einmal über die Erde reden. Wir Blackfoot, und ebenso alle anderen Völker Amerikas und alle Stammesvölker dieser Welt, wir betrachten die Erde als Mutter, die uns nährt. Sie kann ohne uns leben, aber wir nicht ohne sie. Die Erde ist ein lebender Körper, und wir achten sie, wie jeder von uns seine Mutter achtet. Ihr Europäer, so scheint es mir, betrachtet sie als toten Körper, mit dem man machen kann, was man will. Ihr glaubt, ihr könnt sie besitzen und verändern und mißhandeln.

Wir sehen das anders: Die Erde gehört allen, kein einzelner kann ein Stück von ihr besitzen.

Eine Mutter gehört all ihren Kindern. Das Verhältnis der Erde zu den Menschen ist für uns wie das Verhältnis einer Mutter zu ihren Kindern. Daher sprechen wir von Mutter Erde. Und hier entlarvt sich der Besitzbegriff von euch Weißen: Ihr nehmt ein Stück der Erde in Besitz, wie ein Kind, das seine Mutter allein für sich beansprucht und seine Schwestern und Brüder davon ausschließt. Das ist dumm und egoistisch. Das westliche Lineardenken ist dumm und egoistisch. Und die Folgen sind gefährlich für uns alle. Ihr Weißen denkt nicht an die, die nach uns kommen. Wir sind die Vorfahren der Ungeborenen!

Sprache zeigt, wie Menschen denken. Unsere Sprache beschreibt Aktion. Unsere Sprache trägt allen Veränderungen um uns herum Rechnung. Eure Sprache definiert die Dinge und ignoriert die Veränderungen. Eure Sprache ist linear und starr wie euer Denken. Euer Denken polarisiert sich «entweder - oder»: schwarz oder weiß, Sünder oder Heiliger. Ein Dazwischen gibt es für euch nicht. Bei uns kann auch ein heiliger Mann zuweilen unheilig sein. Bei uns gibt es kein «entweder - oder». In unserer Religion haben wir gute Geister und schlechte Geister. Wenn ich Religion sage, dann meine ich Kultur. Unsere Religion ist nicht trennbar von unserer Lebensweise. Die Achtung vor dem Land gehört zu unserer Religion. Darauf baut sich unsere Kultur auf. Und Geister, gute wie schlechte, bevölkern die unsichtbare Welt um uns. Und wir sprechen zu den guten Geistern wie zu den bösen Geistern. Beide Kräfte gehören zur Realität. Ihr Christen betet nur zu Gott. Den Teufel kehrt ihr unter den Tisch. Aber er ist weiterhin da!

Die spirituelle Ausbeutung im Namen eines neuen Denkens führte in der indianischen Welt zu heftiger Ablehnung der New-Age-Szene. Hierzu Reaktionen von Phillip Deere, Andy Smith und dem «Elder's Circle».

Der «Elder's Circle» ist eine Vereinigung von traditionellen Stammesältesten, die sich jährlich treffen und - wenn nötig - ein Kommuniqué verfassen. Auf dem 6. Treffen vom 9. bis zum 14. August 1981 auf dem Land der Onondaga-Nation südlich von Syracuse, New York wurde folgende Resolution verabschiedet:

Kommuniqué Nr. 3 des Traditionellen Ältestenrats, 9. bis 14. August 1981

Seit dem Erscheinen von Kommuniqué Nr. 1, das sich auf indianische Medizinmänner und deren Aktivitäten im In- und Ausland bezog, haben wir Beschwerden über Mißbrauch durch einzelne Personen und Organisationen erhalten wie:

a) Medizinbeutel werden an Nichtindianer und Indianer verkauft.
b) Schwitzhütten werden von Indianern für Nichtindianer abgehalten (speziell, aber nicht ausschließlich in Europa).
c) Dafür werden extrem hohe Preise - bis zu 250 US-Dollar pro Person und Zeremonie - berechnet.
d) Anweisungen für den Gebrauch der heiligen Pfeife werden an Nichtindianer gegen Bezahlung weitergegeben.
e) Sonnentänze werden in der Bundesrepublik Deutschland von einem Lakota geleitet.
f) Seminare über indianische Medizin werden von Indianern und Nichtindianern gegen Bezahlung geleitet.

g) Ausbeutung und Mißbrauch von heiliger Medizin mit großer Macht – mit dem Ergebnis, daß die Teilnehmer geistigen und körperlichen Schaden davontragen.
h) Kommerzialisierung indianischer Zeremonien durch Bücher, Filme, Seminare, Anweisungen und den Verkauf heiliger Symbole.
i) Ausbeutung von Indianern und Nichtindianern, die durch indianische Zeremonien spirituelle Klarheit suchen.
j) Nichtindianer geben durch Kleidung und Gebaren vor, Indianer zu sein.
k) Im Namen der traditionellen Ältesten und von Stämmen werden Stiftungen gegründet, ohne daß darüber Rechenschaft gegenüber den Ältesten abgelegt wird.
l) Die heilige Trommel wird von Gesangsgruppen mißbraucht, die Alkohol und Drogen zu sich nehmen, während sie die Trommel verwenden.

Außerdem gibt es Mißbrauch durch das Singen heiliger Lieder in der Öffentlichkeit und das Verwenden von Liedern verschiedener Nationen mit der falschen Trommel sowie durch das Auftreten gegen hohe Bezahlung in der Öffentlichkeit. Die Trommel ist heilig und muß mit Respekt behandelt werden.

Diese Liste über Mißbrauch und Ausbeutung der heiligen Zeremonien, Symbole der Ureinwohner dieser Schildkröteninsel, ist belegt, und weitere Überprüfungen sind im Gang, um diese Anschuldigungen unter Beweis zu stellen.

Der Ältestenrat ist tief besorgt, da das Allgemeinwohl der Menschen und ihre Zukunft durch diese Aktivitäten, die dem persönlichen Vorteil dienen, bedroht wird.

Wir bitten alle, die glauben, daß sie solchen Praktiken zum Opfer gefallen sind, uns darüber zu berichten.

Die Macht der Medizin der Ureinwohner kommt durch die spirituelle Reinheit der Zeremonie zur Wirkung, die von einem Ureinwohner geleitet wird, der von der Medizin auserwählt wurde, das zu tun.

Man kann das nicht – zu keinem Preis – kaufen, und jeder, der solches, vor allem Nichtindianern, gegen Bezahlung anbietet, betrügt nicht nur das Opfer, sondern auch sich selbst.

Die davon Betroffenen werden kontaktiert und die Ergebnisse bekannt gemacht werden.

Daw Nay Toh,
Der Traditionelle Ältestenrat, Onondaga-Nation

Phillip Deere aus Oklahoma gehört wohl zu den bekanntesten Persönlichkeiten des indianischen Widerstands. Als Medizinmann der Muskogee hatte er seit dem «Marsch der gebrochenen Verträge» die Rolle des spirituellen Ratgebers innerhalb des American Indian Movement inne. Er gehörte zu den Gründern des «Elder's Circle», einem bürokratisch losen, aber spirituell festen Zusammenschluß von Stammesältesten aus Kanada und den USA. Phillip lebte in einfachsten Verhältnissen mit seiner Familie auf seinem Grund nahe der Ölboomstadt Okemah. Ende der siebziger Jahre begann er zu reisen und wurde bald zu einem Botschafter des indianischen Amerika. Bei UN-Konferenzen in Genf wie auch beim 4. Russell-Tribunal in Rotterdam lieferte er zahlreiche Beweise seiner Redekunst und politischen Weitsicht. Er starb im August 1985, kaum sechzig Jahre alt, an einem Tumor.

Seine «Warnung» stammt aus einer Rede, die er 1983 in einem Sommer-Camp bei Königsdorf in Bayern vor weißen Zuhörern hielt.

Phillip Deere: Warnung vor falschen Medizinmännern

Der Elder's Circle macht sich Sorgen. Wir hören von spirituellen Lehrern, die an verschiedenen Plätzen in Europa auftauchen und Zeremonien gegen Geld abhalten. Wir hören von Medizinmännern, die wir kaum kennen, die aber bei euch in Europa hohes Ansehen genießen. Wir hören vom Verkauf heiliger Pfeifen, wir hören von Schwitzhütten mit hohem Eintritt, wir hören von Visionssuchen, bei denen die Teilnehmer ganz schön zur Kasse gebeten werden. Wir haben den Eindruck, als seien unsere Zeremonien zu einem Verkaufsschlager geworden. Irgendwas muß mit den Leuten, von denen ihr abhängig zu sein scheint und die ihr Medizinmänner nennt, nicht in Ordnung sein. Ihr behandelt sie mit so viel Respekt, aber warum genießen sie diesen Respekt nicht zu Hause?

Es geht hier nicht um einen Machtkampf, sondern um den Mißbrauch von heiligen Dingen. Der Elder's Circle will euch daher eine Warnung zukommen lassen. Warnungen sollen zur Vorsicht mahnen. Wenn ihr auf einer Straße ein Schild seht, das euch vor einer gefährlichen Kurve warnt, dann nehmt ihr dieses Schild ernst. Ihr achtet auf die Warnungen im Verkehr, denn sie dienen eurer Sicherheit. Ihr achtet die Warnschilder an den Kurven und stürzt euch nicht in die Tiefe.

Wer heilige Gegenstände aus Unwissenheit zweckentfremdet oder aus Profitgier mißbraucht, der läßt sich auf ein gefährliches Spiel ein. Die spirituellen Kräfte, die diesen Gegenständen innewohnen, können ihm Schaden zufügen. Zeremonien, die gegen Geld abgehalten oder fehlerhaft durchgeführt werden, können lebensgefährliche negative Energien freisetzen. Die Teilnehmer einer solchen falschen Zeremonie sind psychisch wie physisch gefährdet. Vor derartigen Gefahren wollen wir vom Elder's Circle euch warnen.

Jedes Volk hat seine eigenen Traditionen und seine eigenen Zeremonien und Rituale. Die wenigsten unserer Zeremonien können wir mit euch zusammen abhalten. Zu der Reinigungszeremonie in der Schwitzhütte zum Beispiel können wir euch einladen, die meisten Zeremonien aber sind auf der Schöpfungsgeschichte und der Kultur eines Volkes aufgebaut – sie bedürfen des speziellen kulturellen Hintergrunds, und sie erfordern die alte Sprache des Stammes. Viele unserer Zeremonien sind ohne unsere eigene Sprache nicht durchzuführen. Sie lassen sich auch nicht verändern. Wir brauchen dazu die Sprache, die uns vom Schöpfer gegeben wurde. Schaut euch die Vögel an: Sie haben ihre eigenen Lieder, und ich kann diese nicht verändern. Ich kann eine Krähe nicht zwingen, sich wie ein Huhn zu verhalten, und ich kann einen Falken nicht wie einen Kanarienvogel singen lassen.

Versucht nicht, uns zu imitieren, sondern sucht nach euren eigenen Wurzeln. Versucht nicht, euch eine fremde Haut überzustülpen. Ihr könnt euch nicht in Indianer verwandeln. Was würdet ihr sagen, wenn ich versuchen würde, ein Afrikaner zu sein?

Bekennt euch zu dem, was ihr seid. Es kommt nicht darauf an, ob man Deutscher, Chinese oder Indianer ist, es kommt darauf an, ob man wie ein menschliches Wesen lebt und handelt. Dabei ergeben sich viele Gemeinsamkeiten, bei denen wir uns gegenseitig helfen können.

Ihr seid eine hungrige Generation, hungrig nach spirituellen Erfahrungen, doch laßt euch nicht verführen! Seid nicht wie hungrige Hunde, die fressen, was man ihnen hinwirft. Laßt euch nicht von Scharlatanen verführen, die ihren Nutzen aus euren Bedürfnissen ziehen.

Einmal sah ich in Paris die Ankündigung eines Medizinmannes, der sich als Cherokee aus Texas ausgab, aufgewachsen auf einem Cherokee-Reservat in Texas. In diesem Staat gibt es aber keine Indianerreservate. Warum stand da ein solcher Unsinn? Achtet auf solche Kleinigkeiten! Folgt nicht blind Leuten, die euch gegen Geld eine Vision versprechen. Hütet euch vor Instant-Medizinmännern.

Der Weg zum Medizinmann ist lang. Würdet ihr mein bisheriges Leben genauer kennen, so würdet ihr verstehen, daß es für mich sehr schwer ist, jemanden anzuerkennen, der sozusagen über Nacht plötzlich zum Medizinmann geworden ist. Medizinfrauen und Medizinmänner müssen für ihre Rolle bestimmt sein. Sie gehen dafür in keine Schule und erhalten auch kein Diplom.

Wir müssen jedoch unterscheiden zwischen einem Medizinmann und einem Kräuterdoktor. Die Kenntnis der Kräuter hier in der Gegend macht euch noch lange nicht zum Medizinmann. Ich habe euch in die Schwitzhütte eingeladen, ich habe euch den Gebrauch der Kräuter erklärt, ihr könnt durchaus jetzt eine solche Reinigungszeremonie bei euch zu Hause durchführen, aber behauptet dann bloß nicht, ihr seid jetzt eine Medizinfrau oder ein Medizinmann. So einfach ist der Weg nicht. Vieles läßt sich durch Beobachtung lernen, aber nicht der spirituelle Weg der indianischen Medizin.

Bei den Stämmen der Prärie geht man zum Beispiel auf Visionssuche. Und wenn jemand in seiner Vision die Botschaft erhält, er solle dem Medizinweg folgen, so wird er sein Leben danach ausrichten. Doch nicht jede Vision enthält eine solche Botschaft. Sich auf Visionssuche begeben, bedeutet nicht, daß man zu einem zweiten Crazy Horse oder Sitting Bull wird. Keine Vision gleicht der anderen. Selbst wenn ihr mit dem Wunsch auf Visionssuche geht, eine Medizinfrau oder ein Medizinmann zu werden, kann es durchaus sein, daß eure Vision nicht eure Hoffnungen erfüllt. Wunsch und Wille allein genügen nicht.

Die Visionssucher der Prärievölker folgen ihrer Vision, auch wenn sie unbedeutend erscheint. Eine Vision macht einen nicht automatisch zu einem Hüter der heiligen Pfeife. Ihr könnt die Berufung zum Medizinmann nicht beeinflussen. Bei meinem Volk, den Muskogee, gibt es gar keine Visionssuche. Wir kennen Visionen, aber in der Tradition der Muskogee ist es nicht üblich, sie durch geistige und körperliche Entbehrungen zu suchen. Ich kann auch nicht die Traditionen und Zeremonien meines Volkes plötzlich verändern. Aber derartiges geschieht bei euch. Fremde Zeremonien kommen zu euch, und ihr bezahlt einen hohen Preis dafür. Der Elder's Circle macht sich Sorgen um jene unter euch, die nach Spiritualität suchen und dabei schamlos ausgenützt werden.

Ich will nicht ausschließen, daß unter den Medizinmännern auf Europareise auch solche sind, die Gutes tun und Kranke heilen, aber wir Indianer in Amerika wären froh, wenn sie auch bei uns so wirksam auftreten würden.

Die Botschaft des Elder's Circle soll euch klarmachen, daß der Umgang mit den spirituellen Dingen Respekt, Verantwortung und Wissen erfordert.

In Kanada traf ich einmal einen spirituellen Führer, er war sehr jung; ich wunderte mich über sein Alter, aber er war ein spiritueller Führer der dortigen Bewegung der Ureinwohner. Dieser junge Mann lud mich zu einer Schwitzzeremonie ein, die er leitete. In der Schwitzhütte sprach er vom Sterben während einer Zeremonie, und er sagte, daß ihm das auch einmal widerfahren würde. Für mich als Muskogee klang das alles sehr fremd, aber er kam aus einer anderen Kultur, und so schwieg ich. Einige Jahre später traf ich ihn wieder, 1977 bei der großen UN-Konferenz in Genf, er war auf dem Weg nach Israel. Doch kurze Zeit danach erfuhr ich, daß er gestorben war. Und später fand ich dann heraus, daß der Tod ihn in der Schwitzhütte ereilt hatte. Ich denke auch heute noch oft über diesen jungen Mann nach. Warum muß ein Mensch, der ein spirituelles Leben führt, in der Schwitzhütte sterben? Es muß für die anderen in der Schwitzhütte ein fürchterlicher Schock gewesen sein. Man trifft sich, um zu beten und sich zu reinigen, und plötzlich ist einer tot. Ich war nicht dabei, trotzdem geht dieses Bild nicht mehr aus meinem Kopf heraus.

Ich will noch von einem anderen Fall sprechen. Ein bekannter Medizinmann der Lakota, der in Kalifornien lebt, lehrte Leuten, die zu ihm kamen, die Visionssuche. Und dieser Medizinmann wurde des Mordes angeklagt, weil ein Junge während seiner Visionssuche gestorben war. Schuld an seinem Tod war jedoch nicht die Vision, sondern eine Nachlässigkeit: Der Junge war Diabetiker und hätte regelmäßig seine Medikamente gebraucht. Für einen Zuckerkranken ist es gefährlich, vier Tage zu fasten, wie es die Tradition der Lakota vorschreibt. Alle dachten an die Visionen, keiner dachte an die Arznei dieses Jungen. Immer wenn ich Leute meines Volkes in spirituellen Dingen unterrichte, weise ich sie darauf hin, daß die menschlichen Grundbedürfnisse über die Spiritualität nicht zu kurz kommen dürfen. Wer ißt, muß auch zur Toilette. Da führt kein Weg vorbei.

Der Medizinmann war zwar für den Jungen verantwortlich, aber es war kein Mord. Doch die Gerichte unseres Landes machen da keinen Unterschied, sie verstehen nicht die Bedeutung unserer Zeremonien. Viele Menschen aus allen Teilen des Landes schrieben an den Richter, ich selbst schrieb auch einen Brief und machte klar, daß der Medizinmann zwar verantwortlich für das Leben des Jungen war, daß er die Krankheit des Jungen nicht ernst genug genommen hatte, daß er das Richtige lehrte, aber in der Spiritualität gewisse Bedürfnisse des Körpers übersah. Es war eine schlimme Geschichte. Der Medizinmann ist jetzt wieder auf freiem Fuß.

Ihr werdet verstehen, warum sich der Elder's Circle Gedanken über die Vorgänge in Europa macht. Gleichzeitig will ich betonen, daß wir euch nicht bevormunden wollen. Unsere Warnung soll auch keine Heiler vom Heilen abhalten. Ich spreche ausschließlich vom leichtfertigen Umgang und Mißbrauch unserer Medizin und unserer Zeremonien. Bei euch gibt es seit Jahrtausenden Heiler, doch diese Heiler folgten immer ihrem eigenen Weg. Jedes Volk der Erde hat seine Heiler. Diese Menschen wissen, was sie tun, aber sie imitieren keine Indianer.

Es erscheint mir wichtig, noch einmal über das Leben eines Medizinmanns zu reden, denn darüber gehen die Auffassungen offenbar auseinander. Ein solches Leben ist nicht einfach. Ich weiß, wovon ich spreche, denn ich lebe ein solches Leben.

Wer den Medizinweg geht, darf keine Mitmenschen kontrollieren. Als Medizinmann hat man keine Macht über andere, man arbeitet dafür mit den Mächten der Natur. Ein Medizinmann soll ein bescheidenes Leben führen, bescheidener als das seiner Mitmenschen. Seine Hilfsbereitschaft muß andauernd sein. Einem neugeborenen Kind wird er mit dem gleichen Respekt begegnen wie den Ältesten seines Stammes. Er darf niemanden zurückweisen, der seine Hilfe suchte. Wenn dein größter Feind morgens um drei an deine Tür klopft, dann wirst du ihm öffnen. Ein solches Leben ist nicht gerade das bequemste. Du mußt auf vieles verzichten, was dir angenehm wäre. Manchmal mußt du sogar deine Familie vernachlässigen, um ein Diener deines Volkes zu sein. Du bist ein Diener und nicht der Boß! Manchmal bist du auch nicht der, dem besondere Verehrung entgegengebracht wird. Bei einigen Stämmen werden die Medizinleute als heilig bezeichnet. Nicht aber bei den Muskogee, da sind sie allen anderen gleich. Den Medizinmann unterscheidet lediglich seine Kräfte und die Fähigkeit, anderen zu helfen.

Ich sehe meine Besuche in Europa auch als Teil meiner Berufung. Ich komme zu den Europäern als bescheidener Mensch einer anderen Kultur auf der Suche nach Verbündeten für die Rettung unserer Zukunft. Ich komme nicht, um Befehle zu erteilen oder Anordnungen zu geben, ich will niemandem vorschreiben, was er oder sie zu tun hat, ich will auch nicht meine Macht demonstrieren oder eine Ein-Mann-Show veranstalten.

Ich komme hier herüber als armer Mann. Als Medizinmann hast du nie genügend Geld, für einen einträglichen, regelmäßigen Job bleibt keine Zeit, und die Arbeit für dein Volk wird nicht bezahlt. Du bleibst arm und oft auch einsam und hungrig. Du betrachtest deine Kinder, siehst, was ihnen fehlt, hast aber nicht die Möglichkeit, ihnen Schuhe zu kaufen oder den Mantel für den Winter. Medizinleute aber sprechen nicht über Geld, sie betteln auch nicht. Sie stellen niemals eine Rechnung. Ihre Zeremonien kosten nie Geld. Sie sammeln höchstens für andere, nie für sich. Wenn bei einer großen Zeremonie mit einigen hundert Leuten kein Cent übrigbleibt, so wird kein Wort darüber verloren. Es ist nicht immer leicht, ein Medizinmann zu sein.

Manchmal schaue ich auf mein bisheriges Leben zurück, und dann wünsche ich mir, ich könnte als einfacher Mann meines Stammes meinen Ältesten zuhören und wäre von der Last der Verantwortung befreit. Aber mein Lebensweg war mir bereits als heranwachsender Junge vorbestimmt. Ich konnte mich nicht frei entscheiden und nicht tun, was alle anderen taten.

Andy Smith, eine Cherokee-Autorin, ist Mitbegründerin der Organisation «Women of All Red Nations» (WARN), die ihren Sitz in Chicago, Illinois hat. Ihr Kommentar erschien 1991 in der November/Dezember-Ausgabe der feministischen Monatszeitschrift MS.

Andy Smith: An alle, die vor ihrer Wiedergeburt Indianer waren

Oberflächlich betrachtet mag diese neue Modewelle tatsächlich auf Respekt für indianische Spiritualität beruhen. In Wahrheit aber setzt die heutige New-Age-Bewegung nur eine lange und alte Geschichte von Rassismus und Kulturraub der Weißen an den indianischen Völkern fort. Die «Indianischen Wege», die von diesen New-Age-«Feministinnen» beschritten werden, haben wenig mit der Wirklichkeit gemein. Wirkliche spirituelle Führer machen mit ihren Lehren keine Geschäfte, weder durch den Verkauf von Büchern noch den Handel mit Workshops, Schwitzhütten oder anderen Dingen. Sie unterweisen bestimmte Menschen in dem, was sie wissen, weil sie dazu verpflichtet sind, der Jugend weiterzugeben, was sie selbst von ihren Ältesten gelernt haben. Sie erheben für das, was sie tun, keine Gebühren.

Ohnehin hat die Vorstellung davon, daß eine indianische Medizinfrau eine weiße Frau lehrt, wie sie den «richtigen Weg» beten kann, mehr mit evangelikalem Christentum zu tun als mit indianischer Spiritualität. Denn indianische Religionen haben ihr Fundament in der jeweiligen indianischen Gemeinschaft, sie sind nicht missionarisch. «Die» indianische Religion gibt es nicht, auch wenn viele New Ager das gern glauben machen.

Indianische Spiritualität spiegelt immer die Bedürfnisse einer ganz bestimmten Gemeinschaft wider. Indianer glauben grundsätzlich nicht, daß «ihr» jeweiliger Weg der einzig mögliche ist und sehen daher keinerlei Notwendigkeit, Außenstehende zu unterweisen. Angesichts der vielen Indianer, die inzwischen selbst das Wissen um ihre Traditionen verloren haben, würde eine indianische Medizinfrau sich höchstwahrscheinlich ohnehin eher den Frauen ihres eigenen Volkes zuwenden.

Merkwürdigerweise scheinen viele weiße Frauen wild entschlossen, keinesfalls in ihrer eigenen Kultur nach Quellen der Kraft zu suchen. Dabei enthalten die vorchristlichen europäischen Kulturen vieles von dem, was angeblich nur in der indianischen zu finden ist. Dieses Phänomen nährt meinen Verdacht, daß dahinter eine gewisse Berechnung steht. Denn wenn sie erkennen, daß die Völker der Weißen in der Geschichte andere Völker unterdrückt haben und jetzt kurz davor sind, die Erde zu zerstören, wollen diese Heilssucherinnen häufig ihre Zugehörigkeit zu diesen Weißen abstreifen. Also werden sie Indianerinnen. So können sie ihrer Mitverantwortung für die Auswirkungen ihrer eigenen Kultur entfliehen.

Selbstverständlich wollen sie nur in ausgewählten Bereichen Indianerinnen sein. Unseren Kampf ums Überleben, gegen physische und kulturelle Vernichtung, um die Vertragsrechte oder gegen den Mißbrauch, der mit ungewollter Sterilisation betrieben wird, teilen sie nicht mit uns. Sie wollen mit Dingen, die ihr romantisierendes Bild des Indianer-Seins beschädigen könnten, nichts zu tun haben.

Sie wollen Indianerinnen sein, indianischen Gemeinschaften gegenüber verantworten wollen sie sich nicht. Dann nämlich müßten sie auf jene Indianer hören, die ihnen sagen, daß sie aufhören sollen, heilige Pfeifen herumzutragen, eigene Schwitzhüttenzeremonien abzuhalten, sich unsere spirituellen Handlungsweisen anzueignen. Statt dessen betrachten diese New Ager die Indianer als romantisierte Gurus, deren alleiniger Sinn und Zweck der ist, ihren Konsumbedürfnissen zu entsprechen. Folgerichtig haben sie kein Verständnis für unseren Überlebenskampf und können gerade deswegen niemals ein wirkliches Verständnis für indianische Spiritualität entwickeln. Während sie also glauben, dem Rassismus der Weißen entkommen zu können, indem sie «Indianer werden», verhalten sie sich in Wirklichkeit ebenso wie ihre Vorfahren. Wir Indianer haben die vergangenen 500 Jahre des Kolonialismus nur überlebt, weil die Spiritualität uns zusammengehalten hat. Als die Kolonisten erkannten, wie groß die Kraft unserer Spiritualität tatsächlich war, versuchten sie, die indianischen Religionen zu zerstören. Kinder wurden in die Missionsschulen gezwungen; wenn sie dort ihre Sprachen benutzten, wurden sie schwer bestraft. Der Sonnentanz wurde verboten. Und der indianischen Geistertanz-Bewegung folgte das Massaker von Wounded Knee. Bis heute gibt es für Indianer keine Religionsfreiheit. Erst kürzlich hat der Oberste Gerichtshof der USA entschieden, daß in unserem verfassungsmäßig verbrieften Recht auf Religionsfreiheit der Gebrauch von Peyote in heiligen Zeremonien nicht inbegriffen ist.[1]

Viele weiße New Ager tragen zur Zerstörung der indianischen Spiritualität bei, weil sie das Privileg und die Macht haben, sich auf unsere Kosten Gehör zu verschaffen. Sie trivialisieren unsere religiösen Handlungen und nehmen ihnen damit ihre spirituelle Kraft. Wir aber werden zum Schweigen gebracht; die indianische Jugend, die ihren Weg zurück zu den alten Wegen zu finden versucht, ist in diesem Morast der kommerziellen Spiritualität hoffnungslos verloren.

---

1 Das Verbot von Peyote betrifft dabei «nur» einen Teilbereich indianischer Spiritualität, in dem diese Pflanze verwendet wird (Native American Church); weiterreichende Konsequenzen kann ein anderes Urteil des Obersten Gerichtshofes der USA haben, mit dem 1988 der Schutz heiliger indianischer Stätten dem öffentlichen Interesse der USA untergeordnet wurde. Für Regionen wie zum Beispiel die Black Hills bedeutet dies, daß Wegebau, Tourismus und so weiter nicht mehr mit Verweis auf die religiöse Bedeutung seines Gebietes abgewehrt werden können.

Das Verhalten dieser Leute zielt auf die Unterordnung indianischer Frauen gegenüber den europäischen Amerikanerinnen. Sie sagen uns, wir wären geizig, weil wir unsere Spiritualität nicht teilen wollen. Zur Zeit sind wir stärker damit beschäftigt, die Bedürfnisse der weißen Frauen zu befriedigen, als damit, uns selbst innerhalb unserer Gemeinschaften zu organisieren. Ihr Bedürfnis nach einem anheimelnden und nebulösen Mystizismus gewinnt die Oberhand über unser Bedürfnis, zu überleben. Die New-Age-Bewegung trivialisiert auch die Unterdrückung, mit der wir als indianische Frauen konfrontiert sind. Auf einmal sind wir nicht länger die Frauen, die zwangssterilisiert werden, die Versuchskaninchen sind für so gefährliche Medikamente wie Depo Provera (ein Verhütungsmittel, das wegen seiner schädlichen Nebenwirkungen in der sogenannten «Ersten Welt» verboten ist, an Frauen aus der Dritten Welt aber, zu der hier offensichtlich auch die indianische zählt, nach wie vor getestet wird; Red.); wir sind nicht länger die Frauen, die in aller Regel unterhalb der Armutsgrenze leben und zu durchschnittlich 75 Prozent arbeitslos sind. Nein, wir sind unnahbar und spirituell.

Diese Trivialisierung wird in gewisser Weise dadurch vervollkommnet, daß es heutzutage jedem und jeder möglich ist, Indianer zu werden. Man braucht dazu nur in einem früheren Leben bereits Indianer gewesen zu sein, an einer Schwitzhütte teilgenommen zu haben, von einer «Medizinfrau» betreut werden oder eines der zahlreichen Ratgeberbücher zu lesen. Indianer sind also nicht länger nur die, die 500 Jahre der Kolonisation überlebt haben. Und das bringt die weißen Herrschaften ihrem Ziel wieder ein Stückchen näher, uns auch noch das Wenige zu nehmen, das uns geblieben ist.

Viele dieser Varianten eines neuen Rassismus werden unter dem Etikett des Feminismus verkauft. Manchmal habe ich das Gefühl, als könnte ich keine feministische Zeitschrift mehr aufschlagen, ohne in den Anzeigen, die für «feministische» Unternehmungen werben, kleine Zeichnungen von Medizinrädern zu entdecken. Und es scheint unmöglich zu sein, eine Feministinnen-Konferenz zu erleben, bei der nicht die einzige anwesende Indianerin die Versammlung mit einer Zeremonie eröffnet. Die Teilnehmerinnen fühlen sich danach dermaßen «spirituell», daß ihnen die Abwesenheit indianischer Frauen während der restlichen Veranstaltung gar nicht auffällt, geschweige denn die Tatsache, daß die Probleme, die heute die indianischen Gemeinschaften bedrücken, nicht zur Debatte stehen.

Wenn europäisch-stämmige Amerikanerinnen ernsthafte Solidarität mit ihren indianischen Schwestern empfinden, dann müssen sie gegen den Mißbrauch indianischer Spiritualität zu Felde ziehen. Feministische Buch- und Schallplattenläden sollten für solche Mogelpackungen keine Werbung mehr machen.

Viele haben schon behauptet, Indianer würden die Redefreiheit nicht respektieren, weil sie fordern, daß Weiße aufhören sollen, indianische Spiritualität auszubeuten. Aber die Werbung für derartige Produkte zerstört unsere, die indianische Redefreiheit, weil sie dazu führt, daß uns selbst niemand mehr zuhört. Es geht also hier nicht um Zensur, sondern um spirituelle Ausbeutung. Die Feministinnen werden sich entscheiden müssen, ob sie die politische und spirituelle Autonomie der indianischen Nationen respektieren oder ob sie unter dem Deckmantel der «Redefreiheit» Materialien bekannt machen wollen, die uns unseres geistigen Eigentums berauben.

Die Integrität der indianischen Bevölkerung zu respektieren, muß nicht gleichbedeutend sein mit ewigem Verzicht auf Kulturaustausch. Der aber müßte in einer Weise geschehen, die uns respektiert. Für die nicht-indianische Bevölkerung bedeutet das, sich an unserem politischen Kampf zu beteiligen und eine dauerhafte Beziehung zu den indianischen Gemeinschaften aufzubauen, die auf Vertrauen und gegenseitigem Respekt beruht. Dann kann es durchaus passieren, daß Indianer einen Nicht-Indianer einladen, an einer Zeremonie teilzuhaben - aber nach den indianischen Regeln.

Auch dies sage ich mit einem gewissen Zögern, denn viele Weiße beteiligen sich nur deshalb an unserem Kampf, weil sie glauben, dann auch automatisch zu Zeremonien eingeladen zu werden. Geschieht dies nicht, empfinden sie es als unfaires Verhalten der Indianer, die ihnen ihr spirituelles Wissen vorenthalten. Man erwartet von uns, daß wir mit spiritueller Ausbeutung dafür bezahlen, daß wir neue Verbündete für unseren politischen Kampf gewinnen. Wir sind aber nicht verpflichtet, irgend jemanden in unser Wissen einzuweihen. Die Entscheidung liegt einzig und allein bei uns. Wichtig für Nicht-Indianer ist es, eine Beziehung zu einer indianischen Gemeinschaft aufzubauen, nicht nur zu einer bestimmten Person.

Viele Nicht-Indianer äußern immer wieder ihre Verwirrung, nicht unterscheiden zu können, wer ein «echter» und wer ein «falscher» spiritueller Lehrer ist. Die einzige Möglichkeit, darauf eine Antwort zu bekommen, besteht darin, eine indianische Gemeinschaft zu kennen, die den betreffenden Lehrer als ihren spirituellen Führer respektiert. Um dies zu erfahren, braucht man viel Zeit. Unglücklicherweise sind viele nicht bereit, bei ihrer Suche nach einer «Instant-Spiritualität» dieses Maß an Geduld aufzubringen. Aber: Unsere Spiritualität ist keine Handelsware!

Häufig wird sie die Großmutter des indianischen Widerstands genannt: Janet McCloud (Yet Si Blu) gehört mütterlicherseits zur großen Familie von Chief Seattle, Häuptling der Duwamish und Suquamish. Sie wuchs während des Zweiten Weltkriegs auf und schämt sich ihres deutschen

Großvaters: «Ich habe mich gehaßt. Es hat lange gedauert, bis ich mir meine Abstammung eingestand.»

Als Ende der sechziger Jahre an der Pazifikküste der Widerstand der indianischen Lachsfischer gegen die Fischereiindustrie und gegen die rassistische Gesetzgebung aufflammte, waren Janet und ihr Mann Don McCloud unter den Kämpfern der ersten Tage. Ihr Zuhause, wo sie mit Don (er starb 1985) sechs Töchter und zwei Söhne und einige Kinder aus der Verwandtschaft aufzog, ist Yelm im Staat Washington, südlich der Stadt Seattle. Yelm, ein Wort aus dem Salish-Dialekt der Misquali, bedeutet: Wo die Geister tanzen.

Janet McCloud ist eine streitbare, couragierte Menschenrechtlerin, die unbeirrt ihren Weg des Widerstands gegangen ist und weiter geht. Sie gehört dem «Elder's Circle» an und ist Gründerin des «North West Indian Women Circle». Ihre Abrechnung mit den falschen Führern entstammt einer Broschüre mit dem Titel «Eine warnende Botschaft», herausgegeben 1985 von Incomindios Schweiz.

Janet McCloud: Eine warnende Botschaft

Traditionell sind indianische Führer die Diener ihres Volkes. Im Rahmen des täglichen sozialen Lebens sind diese äußerlich nicht vom übrigen Volk zu unterscheiden. Zeremoniell ragen sie hervor, bekleidet mit den schönen Geschenken, die das Volk zum Dank für sie gemacht hat. Das Verhalten der indianischen Führer muß einwandfrei sein, denn sie wurden aufgrund ihrer Tugend, nicht aufgrund ihrer Schwäche ausgewählt. Sie müssen tapfer, aufmerkam und intelligent sein, freundlich und hilfsbereit zu allen, besonders Kindern und Alten, fleißig und freigiebig. Sie müssen Integrität und Verantwortungsbewußtsein besitzen, Frieden stiften und ihr Volk versorgen und schützen können. Indianische Führer gehen ihrem Volk voran, um als erste mit den Gefahren konfrontiert zu werden, die unsichtbar auf dem Weg des Lebens lauern können. Sie müssen stets das Volk durch das Beispiel ihres eigenen Lebens leiten! Sie müssen stets bereit sein, auf die Stimme ihres Volkes zu hören, denn alle Entscheidungen müssen vom Volk ausgehen! Die indianischen Völker lieben und achten diese Art Führer, der gelegentlich zur Legende wird, ewig unsterblich im Herzen und Gedächtnis des Volkes, dem er gedient hat. Dies sind Vorbilder für unsere Jugend – aufopferungsvolle Führer, die selbstlos ihr eigenes persönliches Wohlergehen zum Wohl ihres Volkes einsetzen, einige auf Kosten ihres eigenen Lebens.

Einige indianische Führer, die nach Washington, D.C. geschickt worden waren, um Wirtschaftshilfe zu beantragen, kamen durch die goldenen Möglichkeiten in Versuchung, die unsere Feinde ihnen lockend vorgaukelten. Anstelle von Hilfe bringen diese Verführten die giftigen Dämpfe ihres Betrugs und ihrer Korruption mit nach Hause. Sie werden Marionetten unserer Feinde, noch effektivere Waffen gegen unser Volk als Atombomben.

Die meisten indianischen Führer, die der Versuchung widerstehen, werden ignoriert. Alle Türen sind ihnen verschlossen! Sogar die Nachrichtenmedien, die im Dienste des Feindes stehen, ignorieren sie, bis sie mit einem Stein ein Fenster einschlagen, und dann werden sie verdammt und angeprangert. Aber wenige wirkliche Führer sind freiwillig rücksichtslos oder destruktiv, und unsere echten indianischen Führer werden oft verfolgt, verleumdet, eingeschränkt, verhaftet oder sogar von unseren ausbeuterischen Feinden ermordet.

Die Nachrichtenmedien bauschen den gewalttätigsten Indianertypen auf, der schließlich die indianische Sache verrät, narzistische Typen, die das Rampenlicht brauchen, oder Machthungrige, die an der «Gier»-Krankheit leiden. Die Medien treiben effektive Gehirnwäsche an verzweifelten Indianern, bis diese glauben, daß solche Schwindler die wirklichen Champions und Kämpfer für ihre Sache sind. Aber wenn diese korrupten Führer ihre Machtpositionen innerhalb ihrer Nation erkriechen, zeigen sie bald ihre wahre Absicht, die bestimmt nicht Dienst an ihrem Volk ist!

Wirtschaftshilfe und Gelder für technische Hilfe für indianische Nationen sind direkt mit unseren ausbeuterischen Feinden verbunden, die sie steuern. Wenn diese betrügerischen Hilfsprogramme die Indianer nicht effektiv an die verunreinigte allgemeine Linie assimilieren, wird die Hilfe gesperrt.

Die Fäden sind auch mit den Marionetten der käuflichen indianischen Führer verknüpft. Indianische Bürokratie-Diktatoren treffen sich hinter verschlossenen Türen und machen geheime Entscheidungen, die solche Indianer beeinflussen, die keine Stimme für Entscheidungen haben, denen Teilnahme auf gleicher Basis verweigert ist und die Befehle in Form von Verwaltungsbekanntmachungen erhalten. Die Indianer sind nicht über diese möglichen Gefahren informiert, die mit Hilfsmaßnahmen und technischen Hilfsprogrammen verbunden sind. Sie werden als Statistikmaterial für neue Programme benutzt und nur zur Scheinbestätigung der einstigen Aktionen der Bürokraten konsultiert, die sich weigern, dem Volk über Ausgaben und Gebrauch von Stammesgeldern, Geschenk- und Programmbudgets Rechenschaft abzulegen. Die neuen Bürokraten sind nur dem Feind Rechenschaft schuldig, nicht unseren Freunden oder dem Volk.

Indianer, welche die Führerschaft usurpieren, zeigen sich nach außen hin als Indianer. Sie kleiden sich in Hirschleder und behängen sich mit Glasperlen, stolzieren herum wie die Pfauen und nehmen monatlich an

Pow-wows und jährlichen Zeremonien teil, sprechen wie Experten über indianische Sitten und geben lautstark mit ihren angeblichen Tugenden und Heldentaten an. Sie behaupten, indianische Rechte zu verteidigen, aber wenn Gefahren drohen, verkriechen sie sich im sicheren Hintergrund. Diese Schwindelkünstler schimpfen und protestieren oder veranstalten theatralische Demonstrationen, wo sie lauthals über unsere Unterdrückung schreien. Sie bitten um Geld und Hilfsmittel, um ihr Volk zu unterstützen, aber füllen nur ihre eigenen Taschen und betten sich auf Federn. Wie alle Demagogen brüllen und fluchen sie, bedrohen und hassen alle und jeden, besonders ihr eigenes Volk, das sie vorgaben zu vertreten. Gelegentlich wenden sich sogar die stärksten Unterstützer der indianischen Sache ab und züchten Uneinigkeit und Demoralisierung ihres eigenen Volkes. Die Polizei reagiert natürlich auf terroristische Aktionen dieser falschen indianischen Führer und Bedroher ihres eigenen Volkes.

Einige opportunistische indianische Führer haben mit ihren eigenen Rechten Profit gemacht und auf für Indianer reservierten Landgebieten kapitalistische Unternehmen eingerichtet – ein Betrug an unserem steuerfreien, vertraglich geschützten Status. Sie verkaufen lebenszerstörende Produkte, Zigaretten, alkoholische Getränke, Glücksspiele; einige verschieben insgeheim harte Drogen und geisteszerstörende Halluzinogene. Alle diese Plünderungen sind vertraglich verboten, und doch wenden FBI und Polizei sich ab und ignorieren die Proteste der darüber empörten Indianer.

Diese Neureichen waren noch vor ein paar Jahren arm. Sie lebten in Verschlägen ohne fließendes Wasser, fuhren Gebrauchtwagen, kauften im Diskontmarkt ein,. aßen Wohlfahrtsrationen, trugen handgemachten Indianerschmuck und arbeiteten als Hilfsarbeiter wie die übrigen Indianer. Jetzt leben sie in teuer eingerichteten Villen, fahren Statussymbolwagen, kaufen in den teuersten Geschäften ein, tragen Gold und Diamanten und haben zahlreiche Mitläufer, die in ihren Mini-Imperien die Arbeit leisten. Sie stellen offen ihren neuerworbenen Reichtum inmitten der Armut ihres Volkes zur Schau, wobei sie prahlen: «Wir haben es geschafft, und das könnt ihr auch!» Was sie ihrem Volk nicht sagen, ist, daß «es» vom Betrug kam. Ihr schlechtes Beispiel steckt die Indianer wie eine Krankheit an, andere laufen los und packen, was sie können, und sagen: «Wenn alle anderen das tun, warum nicht ich?»

Falsche Führer betrügen nicht nur die indianischen Nationen, sondern auch unsere Freunde und Unterstützer – die sympathischen alternativen, politischen und religiösen Bewegungen, die gegen den gleichen Unterdrücker kämpfen. Die meisten Angehörigen der Arbeiterklasse, die hart arbeiten, um Gelder für ihre eigenen Bewegungen zu sammeln, haben großzügig Zeit, Energie und finanzielle Mittel zur Unterstützung der

Indianer geteilt - nicht, weil sie müssen, aus schlechtem Gewissen, sondern weil sie an unsere gerechte Sache glauben. Sie sind nicht blind oder dumm, sie sehen, was passiert, und haben nicht vor, sich stillschweigend ausbeuten zu lassen. Sie unterstützen gern die indianische Sache, werden aber nicht die extravaganten Lebensführer und Geschmacksrichtungen und die Zweigesichtigkeit unterstützen, an die Schwindel-Führer gewöhnt sind. Aber ohne Hilfe und Unterstützung von Freunden stehen die Indianer allein da!

Führer, die ihr Volk betrügen, sind nichts Neues, es kommt immer wieder vor. Als sich das terroristische Römische Reich in europäische Stammesgebiete hinein ausdehnte, töteten sie als erstes die wahren Stammesführer und stellten Marionetten auf, dic bereit waren, ihr Volk für eigene Vorteile zu verkaufen. Die einst freien europäischen Stämme wurden zu Lakaien degradiert. Als Roms Zeitalter schließlich zu Ende ging, erlagen die Römer ihrer eigenen Korruption und Degeneration. Aber die Marionettenführerschaft war jetzt fest etabliert und trat in die Fußstapfen der Römer. Sie wurden Könige, Zaren, Kaiser, und die Völker wurden ihre Diener und Sklaven. Sobald die Regierenden keine Diener und Arbeitslosen mehr brauchen konnten, schickten sie diese nach Amerika als leibeigene Diener und Gefolgsleute der Kaufleute und Landbesitzer, welche die herrschende Schicht in Amerika bilden. Diese Unterdrücker lernten von den Indianern Demokratie und Gleichheit und rebellierten bei erster Gelegenheit gegen die europäischen Tyrannen und schlugen die Schlacht für die Unabhängigkeit.

Aber die ausbeuterische Oberschicht benutzte ihre finanzielle Macht, um die neugewählten Verantwortlichen zu verführen und zu korrumpieren. Begriffe mögen sich verändern, aber Lebenssituationen bleiben die gleichen; die Sklaven Roms und die Leibeigenen Europas sind heute die Arbeiter, und die ausbeuterische Oberklasse saugt ihren Reichtum aus ihrer Arbeit. Aber die Arbeiterführer wurden gekauft. Und als die Bewegung der Schwarzen eine vereinte und bedrohliche Position erreichte, warf die weiße Herrscherklasse Millionen von Dollar in Form von Armenhilfsprogrammen in die schwarzen Gemeinschaften. Mit goldenen Mähren wurden schwarze Führer verführt; wer Widerstand leistete, wurde verleumdet oder verhaftet oder kaltblütig ermordet. Die Programme wurden absichtlich aufgestellt, um die Bestechlichkeit zu fördern. Dann ließen die hinterhältigen Rassisten die Falle zuschnappen, stellten die bestechlichen Führer bloß und schrien selbstgerecht über Korruption in den schwarzen Gemeinschaften. Prompt drehten sie den Hahn zu: keine weiteren Gelder.

Heute ist die einst mächtige schwarze Befreiungsbewegung inaktiv, es gibt nur wenige effektive schwarze Führer. Weiße rassistische Politiker verachten sie, und die Lage der Schwarzen ist schlimmer denn je. Die gekauften Führer kommen immer noch gut voran mit der Sicherheit ihres räuberischen Systems.

«Gleich und gleich gesellt sich gern.» Sieh die korrupten vietnamesischen Führer an; wo sind sie heute? Sicher in Amerika und singen traurige Lieder und machen Karriere, während die betrogenen amerikanischen GIs, welche für die herrschende Klasse die Schmutzarbeit leisteten, körperliche und seelische Wracks sind und nicht einmal Arbeit finden können. Amerika hat Glauben und Hoffnung der unterdrückten Völker der Welt betrogen. Der sogenannte amerikanische Traum ist heute ein lebender Alptraum für Millionen Ausgebeutete hier und im Ausland.

Diktatorische indianische Bürokraten, die längst nicht mehr in unserem Interesse arbeiten, längst nicht mehr ihrem eigenen Volk verantwortlich sind und aus ihrem eigenen Volk Profit schlagen, haben die indianische Lebensweise verraten und die Lebensweise unserer Feinde angenommen. Sie haben offenbar Treue und Glauben an unserer Sache verloren; sie schwimmen mit dem amerikanischen Strom und führen andere indianische Nationen in verschmutztes, stinkendes Wasser, indem sie unsere entscheidungsfähigen Kräfte kontrollieren und durch ihr eigenes tägliches Leben ein furchtbares Beispiel setzen.

Aber die indianischen Völker brauchen sich nicht weniger für den Opportunismus zu entschuldigen oder daran zu verzweifeln. Alle Führer sind ständig Streß und Versuchungen ausgesetzt! Es ist ein Wunder, daß nicht mehr von unseren Führern gekauft sind. Wir haben Glück, denn wir haben immer noch indianische Führer mit Integrität und Einsicht, die sich unserer Sache verschrieben haben. Laßt uns sie auswählen!

Wir müssen unsere Führerschaftsprobleme ans Tageslicht bringen. Sie sind sowieso öffentlich bekannt. Wenn wir dies nicht tun, werden unsere Freunde denken, alle Indianer befürworten die niederträchtigen Aktionen der wenigen, alle Indianer wären jetzt korrupt. Wir müssen diese korrupten Führer jetzt öffentlich bloßstellen, anklagen und zurückweisen, bevor es zu spät ist! Sie sind die Marionetten, Nachahmer und die geheimen Waffen unserer Feinde, die sie ohnehin bloßstellen wollen, um ihre Korruption gegen uns zu verwenden. Wir müssen unsere Feinde wissen lassen, daß wir ihre Trickkiste durchschauen, und dies wird ihnen einen Teil des Windes aus den Segeln nehmen.

Bringt die Wahrheit ans Licht, unsere stärkste Verteidigungs- und Überlebenswaffe!

John Mohawk Sotsisowah ist – entgegen seinem Namen – ein Seneca. 1945 geboren, durchlief er «das weiße Schulsystem ohne Schaden». Er studierte in Buffalo, New York, Philosophie, blieb aber gleichzeitig dem zeremoniel-

len Leben der Langhaus-Kultur seines Volkes treu. Von 1977 bis 1982 war er Chefredakteur der größten panindianischen Zeitung «Akwesasne Notes». Heute ist er Dozent für das «Native American Studies»-Programm der State University of New York in Buffalo. Daneben schreibt er Essays und Artikel, vor allem für die Zeitung «Daybreak».

In seinen Gastvorlesungen und Veröffentlichungen beruft er sich stets auf die 400 Jahre alte Verfassung der sechs Nationen der Irokesen – Mohawk, Oneida, Cayuga, Onondaga, Seneca und Tuscarora –, die sowohl Benjamin Franklin wie auch Friedrich Engels geistige Impulse lieferten. Gemeinsam nennen sich die sechs Nationen Haudenosaunee: Menschen des Langhauses. Die Haudenosaunee betrachten sich nicht als Bürger der USA und reisen ausschließlich mit eigenen Pässen.

Seine «Botschaft an die Europäer» ist die Essenz zahlreicher Tonbandaufzeichnungen von Gesprächen mit Claus Biegert zwischen 1973 und 1984; sie erschien – in gekürzter Form – erstmals im August 1985 in der in München erscheinenden Monatszeitschrift «natur».

John Mohawk Sotsisowah: Die Technik wird euch nicht retten

Ihr habt euch von der Erde entfernt. Ich spreche nicht von eurer Fähigkeit, zu anderen Planeten zu fliegen. Ich spreche von eurem Verhältnis zur Erde und eurem Umgang mit der Erde. Ihr habt euch sehr weit entfernt; von einem indianischen Standpunkt sehr, sehr weit. Wahrscheinlich würdet ihr erschrecken, wenn ihr wüßtet, wie weit der Weg zurück ist.

Die Erde hat sich in unwahrscheinlich kurzer Zeit verändert. Natürlich hat sie sich nicht selbst verändert – ihr habt sie verändert! Ihr, die ihr euch als moderne Menschen betrachtet und euer Wissen über das Universum aus den Naturwissenschaften bezieht.

Für mich begann die gegenwärtige Krise im 16. Jahrhundert. Damals fing der «moderne Mensch» an, sich zu entwickeln. Entscheidend für die Krise war die europäische Entdeckung Amerikas. Plötzlich wurde das Weltbild der Alten Welt durch eine Neue Welt erschüttert. Bis zu diesem Zeitpunkt hatten die Bibel und die Schriften des Aristoteles euer Wissen bestimmt. Jetzt wurden die Erkenntnisse der bisherigen Jahrhunderte erschüttert, und auf dem Boden der Unsicherheit entwickelte sich das Zeitalter der Skepsis. Und mit ihm entstand ein neuer Glauben. Die Möglichkeit, die Umwelt mit Zahlen zu erfassen, ließ eine neue Religion entstehen. Ihr geht nicht länger zu Priestern, um etwas über die Zukunft zu erfahren, ihr sucht Naturwissenschaftler auf. Die Visionäre unserer modernen Welt sind die Experten der Raumfahrt, die im Weltraum nach neuen Grenzen suchen, nachdem auf der Erde die letzten Grenzen verschwunden sind.

Hätte man vor 200 Jahren vom Verkehr im Weltraum gesprochen, wäre dies blanke Häresie gewesen. Heute brauchen wir dazu nicht einmal mehr Phantasie, Raumfahrt gehört zu unserer Vorstellungswelt. Vielleicht wird es der Menschheit einmal möglich sein, schneller als das Licht zu reisen und Verbindung mit anderen Galaxien aufzunehmen. Wir wissen es nicht, doch die meisten glauben daran. Hinter dem Glauben an die Eroberung des Weltraums steht kein Wissen. Der Glaube an das technisch Mögliche ist die Religion des modernen Menschen geworden.

Bis Kolumbus Land am westlichen Horizont sah, bildeten die Bibel und die Schriften der alten Griechen einen Rahmen der Sicherheit für die Alte Welt. Jetzt stellte sich heraus, daß das Buch der Bücher ganze Kontinente vergessen hatte. Plötzlich mußtet ihr Amerika in euer Weltbild mitaufnehmen. Die Landung der Europäer an den Küsten unseres Landes bedeutete nicht nur eine geographische Konfrontation, sondern auch eine philosophische: Amerika ist die Wiege jahrtausendealter Konzepte über das Zusammenleben von Menschen und das Verhältnis der Menschen zu Tieren und Pflanzen, zu Bergen und Flüssen. Und all das, ihr könntet es eine indianische Ideologie nennen, entstand nicht über Nacht – diese Ideologie kann sich auf eine lange Geschichte der Bewährung berufen.

Der Gedanke einer egalitären Gesellschaft ist ein indianischer Gedanke. Unsere egalitären Stammesgesellschaften, insbesondere der Völkerbund der Haudenosaunee, der sechs Nationen der Irokesen, beeinflußte europäisches Denken. Nicht-hierarchische Gesellschaften existieren auf diesem Kontinent seit ungezählten Generationen.

Das moderne Europa entwickelte sich unter dem Einfluß unserer Ideen. Impulse aus dem indianischen Amerika halfen mit, das göttliche Recht der Könige und des Adels in Frage zu stellen. Die Aufzeichnungen der Jesuiten gaben der Intelligenzia in Frankreich neue Nahrung, und unser Demokratiebegriff beeinflußte die Französische Revolution. Ob Jean-Jacques Rousseau oder ein Jahrhundert später Friedrich Engels, sie erhielten geistige Anstöße von uns. Im Großen Gesetz des Friedens, der Verfassung der Haudenosaunee, ist die Freiheit der individuellen Meinungsäußerung eine der tragenden Prinzipien. Die heutige Pressefreiheit in Nordamerika und Europa ist eine Fortsetzung der Redefreiheit, die es vor eurer Entdeckung Amerikas nicht gab. Ebensowenig gab es bei euch Religionsfreiheit. Diese Gedanken der Freiheit kommen nicht nur aus dem Langhaus der Haudenosaunee, sie waren Bestandteil aller indianischen Stammesgesellschaften, sie waren an vielen Plätzen der Welt zu finden, nur nicht im Europa des 15. und 16. Jahrhunderts. Es war der europäisch-indianische Kontakt, der eure Gesellschaften unterwanderte.

Wenn indianisches Gedankengut Europa beeinflußte, warum geht dann so viel Zerstörung vom modernen Europa aus? Mit Recht kann man sich diese Frage stellen. Ich behaupte, daß unsere Ideen nicht vollständig verarbeitet sind. Die moderne westliche Welt ist noch nicht erwachsen; sie hat sich schon früh verirrt und die Übersicht verloren. Vielleicht fehlt euch auch die Fähigkeit, die Ganzheit unserer Ideen zu begreifen. Doch mir geht es hier weniger um unsere Einflüsse auf eure Zivilisation, sondern mehr darum, was ihr übersehen habt, was ihr nicht erkannt habt, was ihr verloren habt.

Euch fehlt ein Verhältnis zur natürlichen Welt, die ihr Umwelt nennt. Bei euch signalisiert der Begriff «Natur» eine Ideologie. Kaum fällt unter Weißen das Wort «Natur», schon kommt der Vorwurf des Idealismus, der Romantik. Natur wird nicht als Bestandteil der realen Welt gesehen. Als Realität versteht man im Westen die Geschäftswelt, in der man sich behaupten muß. Natur gehört nicht zur Realität des modernen Menschen. Wer sich mit der Natur identifiziert, wird im Westen als unrealistisch betrachtet. Ihr vergeßt, daß auch ihr Natur seid!

Die Fortsetzung der nuklearen Aufrüstung in Ost und West kann, falls der sogenannte gesunde Menschenverstand nicht überraschend zu den Herrschenden zurückkehrt, zu einem nuklearen Winter führen. Staub wird dann die Erde verdunkeln und abkühlen. Dieser, von Menschenhand geschaffene Winter ohne Sonne könnte die Spezies Mensch unter Umständen für immer vernichten.

Doch auch ohne nuklearen Winter wurden bereits zahlreiche Tiere und Pflanzen ausgerottet. Eure Zivilisation zerstört das Netzwerk des Erdenlebens, und ihr spürt nicht einmal mehr den Schmerz. Der Schmerz als Warnsignal ist euch abhanden gekommen. Der Mensch des 20. Jahrhunderts hat keine Gefühlsbindung zur Erde. Mir scheint, er hält am 17. Jahrhundert fest und vertraut auf die Unerschöpflichkeit der natürlichen Reichtümer. Euer Benehmen entspricht nicht dem Wissen des 20. Jahrhunderts. Dieses Benehmen führt zum Tod der Erde, obwohl die Erkenntnis des 20. Jahrhunderts den tödlichen Weg bereits erkannt und verurteilt hat. Der moderne Mensch handelt also gegen sein Wissen.

Für uns ist Natur Realität, und unsere von euch so belächelte Naturverbundenheit ist in unseren Augen eine realistische Weltanschauung. Wir trennen uns nicht von der Natur und sehen daher im Gebrauch dieses Wortes auch keine Romantik. Eigentlich sollte es der Dümmste kapieren, daß sauberes Wasser nichts mit Romantik zu tun hat. Die Realität aber zeigt, daß ich mich da irre.

Die wissenschaftliche Erkenntnis über die Biologie der Erde hat es nicht einmal auf intellektueller Ebene geschafft, eure geistige Haltung zu beeinflussen. Man sollte annehmen, daß das Raumzeitalter für die Gattung Mensch Sicherheit gewährleistet – aber die moderne Welt ist noch nicht zu dem geworden, was sie vorgibt zu sein. Sicher: Ein paar von euch haben eine Beziehung zu Bäumen und Bergen, eine Bindung, die nicht über den Intellekt läuft. Eure Gefühlsbindung zu Tieren reduziert sich aber bereits wieder auf Haus- und Lieblingstiere. Ihr habt entweder eine übertriebene Bindung oder gar keine. Was euch fehlt, eurer Kultur, eurer Zivilisation, das ist eine natürliche Bindung zu allem nicht-menschlichen Leben. Euch fehlt, was wir unter Spiritualität verstehen.

Ihr seid durchaus zu nicht-menschlichen Bindungen fähig – nur zu den falschen Dingen: Viele von euch haben ein enges, durchaus nicht intellektuelles Verhältnis zum Besitz oder zum Staat. Sie gehen für den Staat auf die Straße, sie lassen ihre Kinder für den Staat in Uniformen stecken, sie ziehen für den Staat in den Krieg, sie sind sogar bereit, für den Staat zu sterben. Doch wo ist dieses Engagement, wenn es um das Leben geht? Um die schlichte Qualität des Lebens: um reines Wasser, saubere Luft, gesunde Wälder – um die Natur. Und diese Natur ist weder erfunden, fremd, abstrakt noch romantisch oder anachronistisch. Wenn es um die Erde als Basis allen Lebens geht, dann ist die Bindung verschwunden, die ihr zeigt, wenn es um Besitz und Staat geht. Das Vaterland ist euch wichtiger als die Erde.

Dabei ist eure Demokratie in unseren Augen gar keine. Auf was stützt sie sich? Die indianische Demokratie beruht auf Einstimmigkeit. Erst wenn in der Ratsversammlung der Haudenosaunee Konsens herrscht, werden Beschlüsse verabschiedet. Bei eurer Demokratie bleibt immer eine Minderheit übrig, auf deren Kosten eine Mehrheit ihre Politik macht. Es war ein Merkmal unserer Stammesgesellschaften, sich zu teilen, wenn keine Einstimmigkeit erreicht werden konnte. Die anders denkende Gruppe suchte sich dann mit ihren Anhängern neuen Lebensraum. Nie aber wurde einer kleinen Gruppe die Ideologie einer großen Gruppe aufgezwungen. Obwohl bei uns jeder einzelne seine Fähigkeiten in den Dienst des ganzen Stammes stellte, war die Freiheit des Individuums dennoch oberstes Gebot. Kein Häuptling konnte einen Krieger zwingen, mit ihm in den Krieg zu ziehen. Euer Demokratiebegriff wurde uns aufgezwungen; seitdem sind die indianischen Nationen gespalten. Das Langhaus der Haudenosaunee und den großen Rat der sechs Nationen konntet ihr jedoch nicht zerstören. Unsere Demokratie ist älter als alle westlichen sogenannten Demokratien.

Eure Politik ignoriert die Erde. Ihr vergeßt die Generationen, die nach euch kommen, und schafft euch eine Umwelt, die eurer Raumfahrtphantasie entspricht. Der moderne Mensch ist das Produkt der Umwelt, die er sich geschaffen hat.

Der Begriff des Überlebens hat in eurer Welt nichts zu tun mit Natur, er hat nichts mehr zu tun mit den biologischen und physikalischen Abläufen des Planeten Erde. Ein Aborigine in Australien muß, wenn er in das

Erwachsenenalter tritt, beweisen, daß er überleben kann. Ebenso muß es ein Zulu tun. Jedes «primitive» Volk verlangt von seinen Menschen, daß sie in ihrer jeweiligen Umwelt zu überleben wissen. In der Industriegesellschaft des Westens müssen wir unsere Fähigkeiten nur auf einem ganz schmalen Gebiet unter Beweis stellen. Menschen des Westens müssen keine Überlebensproben ablegen; sie müssen nur wissen, wie man sich arrangiert, wie man andere kopiert, wie man sich trotz Konkurrenz durchschlägt. Das sagt natürlich einiges über die Umwelt aus – und über unser Erwachsensein. Im Westen werden die Menschen kaum erwachsen im Sinne des Wissens über das Überleben und über die Zyklen der Erde. Sicher, ihr habt Schulen, deren Besuch mit einer «Reifeprüfung» endet, aber diese Reife hat nichts mit Erwachsensein, Weisheit und Menschlichkeit zu tun.

Der Westen kann natürlich nur so lange an seinem System festhalten, solange er Rohstoffe aus der Dritten Welt holen kann, solange er Menschen aus diesen Regionen ausbeuten kann und solange ein Markt für seine Produkte da ist. Für das System des Westens ist es «überlebens»-notwendig, die sogenannten wilden Stämme zu zivilisieren, sie zu zwingen, ihre Verhaltensmuster zu ändern, damit er sich schadlos der fremden Rohstoffe bedienen kann – mit Hilfe der zu Arbeitskräften gemachten Eingeborenen.

So gesehen ist die Kultur des Westens die absolute Zerstörung jeder anderen Kultur. Denn der moderne Mensch verändert seine Umwelt so, daß er in ihr ohne die Überlebenskenntnisse der letzten Jahrtausende überleben kann. Und das läßt sich natürlich nicht auf die Dauer fortsetzen. Wir müssen bei der Betrachtung einer Kultur berücksichtigen, welche Formen menschlichen Verhaltens noch als menschlich zu bezeichnen sind. Wenn die Ausbreitung einer Kultur zur Zerstörung anderer Kulturen führt, dann führt sie letztlich selbst in den Tod.

Wir müssen das Überleben der Ungeborenen in unsere Überlegungen miteinbeziehen. Die Verantwortung ist bei uns, wir dürfen uns nicht auf die Regierungen verlassen. Selbstbestimmung ist die einzige Lösung. Menschen müssen sich in ihren Regionen auf eine nicht-ausbeuterische Weise reorganisieren. Selbstbestimmung ist keine Illusion. Für das Zusammenleben der Menschen sind Richtlinien nötig, die im Bewußtsein der Europäer seit langem nicht mehr existieren. Wir, die Ureinwohner Amerikas, könnten euch dabei helfen. Wir haben noch dieses Wissen; es ist den Weißen nicht gelungen, es vollends zu zerstören.

Euer System steckt in einer Krise. In dieser Krise steckt aber auch Hoffnung, denn schlimmer kann es kaum noch werden: Die extreme Spezialisierung in allen Lebensbereichen und die Unmündigkeit der Bürger, ihre Unfähigkeit, ihr Leben selbst zu bestimmen, haben bereits dazu geführt, daß die Mitglieder der Industriegesellschaft die Erziehung ihrer Kinder nicht mehr kontrollieren können, ebensowenig das Angebot der Nahrungsmittel und die politischen Entscheidungen in ihren Gemeinden. Das weiße Erziehungssystem hat einen Menschen geschaffen, der eines der Hauptverbrechen der Industriegesellschaft einfach hinnimmt: nämlich Vergiftung und Zerstörung der menschlichen Nahrung.

Ich würde sagen, ihr befindet euch in einer schweren psychologischen Krise. Bewußtseinsspaltung ist wahrscheinlich die korrekte Bezeichnung. Ich werde darauf zurückkommen.

Die westliche Gesellschaft ist blind für die Realität. Wir werden von Wahnsinnigen regiert, die nicht sehen, auf welchem Weg sie sich befinden.

Ein Staat, der seine Prioritäten im Militärbereich setzt, ist unmenschlich. Ein Staat, der gegen die Interessen der Erde plant, ist unverantwortlich. Die Regierenden der Industrienationen kümmern sich zuerst um die Stabilisierung ihrer Macht, danach um die Lebensqualität ihrer Bürger.

Die moderne Welt funktioniert durch eine Summe hochentwickelter, raffinierter Technik; dabei bleiben jedoch fundamentale Erkenntnisse auf der Strecke. Komplexe Biosysteme sind nicht in Dollar aufsplitterbar. Diesen simplen Satz könnte ich mir sparen, wenn nicht eine beängstigend große Zahl der Erdbewohner in einer Vorstellung leben würde, nach der schmutzige Flüsse mit Dollar kuriert werden können. Der modernen Welt fehlt eine holistische Weltsicht.

Ein Kind, das heute zur Welt kommt, wird wahrscheinlich das Jahr 2050 erleben und, sofern die Welt bis dahin einem nuklearen Holocaust entkommen konnte, damit eine Energieversorgung, die uns noch nicht bekannt ist. Unsere Systeme der Fortbewegung werden auf völlig neuen Grundlagen aufbauen müssen. Unsere Industrie wird zum Umdenken gezwungen sein. Sonne und Wind, Bestandteile der ignorierten Realität, werden in Zukunft die Lebensqualität auf eine neue Art mitbestimmen. Vielleicht muß unsere gegenwärtige Zivilisation, die sich auf das Verbrennen fossiler Brennstoffe stützt, erst zusammenbrechen, bevor der moderne Mensch erwachsen wird.

Die Rohstoffe, denen wir unseren heutigen Lebensstandard verdanken – Kohle, Erdöl, Erdgas –, stammen aus einer Zeit, die sich jenseits unseres Vorstellungsvermögens befindet. Dies erleichtert die gedankenlose Nutzung. Wir leben sozusagen mit geborgter Zeit: Die Maschinen unserer Kultur laufen nur, weil vor 350 000 Jahren ein biologischer Prozeß in Gang gesetzt wurde, der uns heute fossile Brennstoffe liefert. Vielleicht führt uns diese Ära in eine neue, ohne daß es zur Katastrophe kommt. Doch dazu ist eine Erkenntnis Voraussetzung: die Erkenntnis, daß die Reichtümer dieses Planeten nicht unendlich sind.

Die Erde will uns warnen: Wetteränderungen, Erdbeben, Baumsterben – die Krankheitssymptome dieses lebenden Körpers namens Erde sind eigentlich für jeden sichtbar. Doch ihr wendet euch ab, ohne zu begreifen, daß ihr zu dem kranken Körper gehört. Ihr seht und hört nicht die Botschaften der Erde, aber ihr folgt den Botschaften des Fernsehens. TV ist ein Bestandteil eurer Realität geworden.

Die Haudenosaunee haben Prophezeiungen, und in diesen Vorhersagen ist von einer Zeit die Rede, in der weltweit die Bäume sterben: Ich triumphiere nicht, daß sich die Prophezeiungen meines Volkes erfüllen – aber sie haben sich nun mal erfüllt, und wir müssen handeln. Der Tod der Wälder und das Verkümmern des Bodens sind weder höhere Gewalt noch ein Virus aus Übersee – ihr seid die Ursache! Der Zustand ist von Menschenhand gemacht. Die Krankheit konnte sich ausbreiten, da ihr die natürliche Bindung zu jenem Körper Erde verloren habt. Die Ureinwohner der westlichen Hemisphäre haben diese Bindung nie verloren. Sie betrachteten das Land immer als Mutter; damit war ihre Bindung die eines Kindes zu seiner Mutter. Es war eine natürliche, selbstverständliche Bindung, voll Liebe und Respekt.

Die Erde wurde von euch infiziert, und jetzt drückt ihr euch vor der Konsequenz. Euer Verhalten könnt ihr nur korrigieren, wenn ihr euer Bewußtsein ändert. Nur ein spiritueller Umgang mit der Umwelt kann die Erde und uns noch retten.

Für Nicht-Indianer nur schwer zu begreifen ist die Tatsache, daß die Lösung der Probleme nichts mit Wissenschaft zu tun hat. Die Rückkehr zu einem spirituellen Verhältnis zur Erde läßt sich weder mit Computern noch im Labor herstellen. Seit Jahren bemühen sich die Ureinwohner der Schildkröteninsel, Europäern und den Nachkommen der europäischen Emigranten klarzumachen, daß dieses spirituelle Verhältnis zur Erde keine indianische Besonderheit ist, auch keine rätselhafte Mystik, sondern schlicht die Behandlung, nach der die Erde verlangt. Bis jetzt waren wir ziemlich erfolglos in unseren Bemühungen, denn wir wurden nicht verstanden. Ihr wißt nicht, was ein «spirituelles Verhältnis zur Erde» bedeutet. Ich weiß: Einige von euch wissen es, aber eure Gesellschaft weiß es nicht. Eure Gesellschaft ist krank; ihr fehlen menschliche Eigenschaften.

Eine Gesellschaft, die die Erde vergessen hat, weil ihr Realitätsbegriff die Natur ausklammert, ist ein schwerer Fall von Schizophrenie. Ich könnte mir kaum etwas Verrückteres ausdenken. Ihr nennt euch realistisch und scheitert bei der Einschätzung von Realität.

Wie wird es weitergehen? Ich fürchte, daß ihr so spät aufwacht, daß ihr durch das Erkennen der Realität in Panik geratet. Und wer in Panik handelt, kann nicht vernünftig handeln. Wer in Angst lebt, kann nicht mehr klar denken. Menschen, die Angst vor der «unbekannten» Natur haben, also Angst vor der Realität, können keine verantwortungsvollen Entscheidungen treffen. In ihrer Angst flüchten sie sich in den Trost der Technik und lassen sich von den Täuschungsmanövern ihrer Regierungen blenden, die vorgeben, die Realität im Griff zu haben, und dabei die Rolle der Natur übersehen.

Eure Regierungen haben euch so manipuliert, daß ihr auch schwarz für weiß akzeptiert. Ihr akzeptiert, daß man, um der Bombe zu entgehen, mehr Bomben bauen muß. Wie gesagt, wenn es nicht so wäre, ich könnte es mir nicht ausdenken.

Staat gegen Natur: In Nordamerika finden wir das Phänomen des «Nationalen Opfergebiets». Natur wird für den Staat geopfert. Was für eine Gesellschaft ist das, die für sich Opfer bringt? Wir Indianer opfern für die Schöpfung. Die Ureinwohner dieses Landes haben in ihrem spirituellen Verhältnis zur Erde zahlreiche Zeremonien entwickelt, die der Erhaltung der Schöpfung dienen. Der Sonnentanz der Sioux ist eine solche Zeremonie: Männer erleiden Schmerz, um sich der Abhängigkeit von der Schöpfung bewußt zu sein und um ein sicht- und spürbares Opfer zu bringen. Die Hopi haben strenge Rituale, um das geistige Gleichgewicht der Schöpfung zu erhalten.

Ganz abgesehen von der Kluft, die zwischen unseren Weltanschauungen klafft, hat sich bei euch eine Unvernunft eingenistet, die ich nicht erfinden könnte, gäbe es sie nicht schon. Die Quelle aller wirtschaftlichen Entwicklung ist die Natur: Was immer Menschenhände geschaffen haben, und wenn es ein Geldstück ist, es kommt aus der Natur. Das Geld ist für euch Realität, nicht aber jene Vorstufe, die es euch ermöglicht, Geld herzustellen. Nichts auf dieser Welt kommt von außerhalb. Und trotzdem benehmt ihr euch, als seien alle Rohmaterialien Geschenke unbekannter Herkunft.

Ihr sitzt im Gefängnis und glaubt, die Technologie des Raumzeitalters könne euch da wieder rausholen. Dabei ist nur ein Dreh in eurem Gehirn nötig. Solange ihr jener Gehirnwäsche aufsitzt, daß die moderne Welt der natürlichen Welt nicht mehr bedarf, solange werdet ihr in eurem Gefängnis der irrationalen Weltauffassung bleiben. Der Westen ist irrational. Er folgt einer lebensfeindlichen und irrationalen Ideologie. Innerhalb dieser Ideologie finden sich keine Lösungen.

Ihr meßt die nicht-westliche Welt am europäischen Maß: Völkerkundler mit europäischer Bildung stufen uns mehr oder minder primitiv ein; eure Philosophien sind europäische Philosophien, ihr nennt sie einfach Philosophie, so als ob es außerhalb Europas keine Philosophie gäbe. Dabei haben eure europäischen Philosophen ihre Impulse von nicht-westlichen Denkern erhalten.

Unser Problem bleibt die Verständigung mit euch: Klingen wir zu spirituell, nehmt ihr uns nicht ernst. Klingen wir zu rational, dann glaubt ihr nicht, daß es von uns kommt. Es ist schwer, mit euch zu sprechen. Eine

Kultur ohne Bindung zur Erde ist das Verrückteste, das ich mir vorstellen kann.

Ich habe euer Verhalten schizophren genannt, und ich meine es auch so. Besuchen wir eine Nervenheilanstalt, gehen wir in die Abteilung mit den Schizophrenen: Sobald sich den Patienten ein Problem in der Realität stellt, sobald sie sich in einer Streßsituation befinden, weichen sie aus in eine Wunschwirklichkeit, in der sie sich in Sicherheit glauben; dort bleiben sie und kümmern sich nicht mehr um das Hier und Jetzt, sie verstekken sich in einer Welt, die ihnen in ihren Ängsten Zuflucht bietet. Ihr im Westen flieht in die Welt der Science-fiction, in ein imaginäres Environment des immerwährenden Heils.

Ich weiß nicht, ob euch das erreicht, was ich sage. Schon viele meiner Vorfahren haben zu euch gesprochen und wurden nicht verstanden. Ihr müßt endlich Klarheit in euer Gefühlsleben bringen. Ich weiß, von was ich spreche, denn die indianischen Völker haben über die Jahrtausende eine sehr genau definierte Haltung gegenüber allem nicht-menschlichen Leben entwickelt. Wir nennen diese Haltung Spiritualität. Eine Kultur, die eine solche Spiritualität ihr eigen nennt, wird nie in der Lage sein, ein Arsenal von Zerstörungswaffen zu schaffen, das über das Vermögen menschlicher Vorstellungskraft geht. Wir erhalten unsere Identität von dem Land, auf dem wir leben. Die eingeborenen Völker dieses Kontinents haben keine Identitätsprobleme. Aber ihr habt sie!

Politische und wirtschaftliche Entscheidungen geschehen in einem Umfeld der Angst. Über Fernsehen werden die Wähler von den Kandidaten gewarnt: Wenn ihr mich nicht wählt, wird es mit der Wirtschaft bergab gehen; wenn ihr die anderen wählt, werden wir einen Atomkrieg erleben. Angst verhindert klare Entscheidungen. Eure Angst verhilft jenen Politikern an die Macht, die wiederum Angst erzeugen und zu deren Politik das Geschäft mit der Einschüchterung gehört.

Die weiße Welt steht auf dem Kopf. Eure Kultur ist gefährlich. Ihr seid unfähig, klar zu denken, ihr habt euer Verhältnis zur Erde verloren, und ihr lauft trotzdem frei rum und besitzt Positionen der Macht – ein erschrekkender Gedanke. Ich könnte es mir nicht ausdenken, wenn es nicht so wäre.

Ihr seht es als einen Fortschritt an, daß ihr euch dem Kontakt zur Erde entzogen habt. Kann man sich etwas Verrückteres ausdenken?

Ihr sucht nach Wissenschaftlern, die euch helfen. Eure Wissenschaftler werden euch nicht helfen können. Die Antworten auf eure Probleme befinden sich in den Händen der letzten Stammesvölker der Erde.

Wir haben die Wissenschaftler, die der Erde helfen können: Es sind unsere Schamanen, unsere Medizinfrauen, unsere spirituellen Ältesten. Aber werdet ihr auf sie hören? Werdet ihr überhaupt begreifen, von was wir sprechen?

Vom 13. bis zum 19. September 1992 kamen Betroffene des Atomzeitalters aus allen Erdteilen nach Österreich, um auf dem «World Uranium Hearing» in Salzburg Zeugnis abzugeben über die tödlichen Folgen von Uranabbau, Atomwaffentests und der Lagerung von Atommüll. Die Mehrzahl der Sprecher waren Angehörige kleiner Völker; angeführt wurden die Ankläger von indianischen Aktivisten, die bereits Mitte der achtziger Jahre mit Gründung eines «Indigenous Uranium Forum» begonnen hatten, die Überschneidungen von Nuklearpolitik und dem Überlebenskampf der Ureinwohner aufzuzeigen. In dieser Woche wurde deutlich, daß das Energie- und Verteidigungskonzept der Industriegesellschaft beider Hemisphären das Sterben indigener Gruppen in Kauf nimmt. Im folgenden die Aussagen aus Kanada und den USA sowie die abschließende «Deklaration von Salzburg», die mit der Forderung endet: «Uran und alle radioaktiven Mineralien müssen in ihrer natürlichen Umgebung bleiben!»

George Blondin (Dene-Nation; Jäger und Trapper aus den Nordwestterritorien Kanadas)

Ich bin 70 Jahre alt, und ich spreche hier als einer der Dene-Ältesten unserer Gegend. Ich komme aus einer sehr abgelegenen Region. Wir kriegen erst jetzt langsam mit, was in anderen Ländern passiert. Ich werde von der Legende erzählen, die mit einem Uranbergwerk in dieser Gegend zusammenhängt:

Seit es Menschen im Norden gibt, vielleicht seit 30 000 Jahren oder mehr, wurden sie mit einer Gabe des Schöpfers geboren, die schwer zu erklären ist. Manche unserer Medizinleute wurden sehr stark und hatten übernatürliche Kräfte – ich nenne es «medicine power». Manche konnten weit in die Zukunft sehen.

Ein Mann in der Gegend um den Great Bear Lake hat vorausgesehen, wie sie die Atombombe machten, die sie dann auf Japan abgeworfen haben. Damals waren die Leute immer unterwegs; sie mußten in eine andere Gegend ziehen, um ein Karibu zu bekommen, das sie für Kleidung und Fleisch und solche Dinge brauchten. Der Great Bear Lake ist einer der größten Seen in Kanada, und er ist stürmisch. Es ist schwer, dort mit einem Rindenboot zu paddeln. Sie müssen in Ufernähe bleiben, und manchmal müssen sie das Kajak über eine Landzunge tragen. Auf dem Rückweg von einer dieser Fahrten hatten sie ihr Lager an einem großen Felsen aufgeschlagen. Als sie da ausruhten, wurden sie von einem Medizinmann gestört, der die ganze Nacht in hohen Tönen klagte. Unsere Menschen haben großen Respekt vor diesen Medizinleuten, und wenn die so etwas tun, mischen sie sich nicht ein. Sie blieben also einfach bis zum Morgen sitzen, und als er sich beruhigt hatte, gingen die Ältesten zu ihm und fragten: «Was ist los? Du hast alle wachgehalten.» Also hat es der Medizinmann erklärt: «An dieser Stelle, direkt hier am See, habe ich etwas gesehen, was in der Zukunft passieren wird. Ich weiß nicht, wann es passieren wird, aber irgendwann wird es passieren.» Er sah eine Menge weißer Leute, und zu dieser Zeit – das war lange, bevor die Europäer nach Nordamerika kamen, vielleicht 200 oder 300 Jahre vorher –, da hatten die Indianer noch nie weiße Leute gesehen. Er sagte: «Diese Menschen hatten eine weiße Haut. Sie kamen her und gruben ein großes Loch in den Boden. Sie gruben immer weiter, mit etwas, das sehr viel Lärm machte. Ich folgte ihnen mit meinem Geist unter die Erde. Ich wollte wissen, was sie machen. Sie holten Felsstücke aus der Erde und luden sie auf fliegende Boote. Sie flogen weg und kamen wieder, es ging hin und her. Und ich wollte noch mehr wissen; ich wollte wissen, wo sie diese Felsstücke hinbrachten. Deshalb ging ich mit ihnen. Mit meinem Geist reiste ich mit. Schließlich kam ich zu einem Ort, wo sie einen sehr langen Gegenstand herstellten. Sie legten ihn in das fliegende Boot, und ich folgte ihnen. Ich flog über den Ozean, und ich sah, wie sie diesen Gegenstand auf Leute mit dunkler Haut fallen ließen, die aussahen wie Indianer. Viele Menschen wurden verbrannt. Dann kam ich wieder zurück, um nach meinen Leuten zu sehen. Ich dachte, sie seien vielleicht verletzt worden. Aber ihnen fehlte nichts. Die weißen Menschen hatten den Gegenstand an einen anderen Ort der Welt gebracht und auf die Leute dort geworfen.»

Dieser Medizinmann stellte dann für die Indianer dort ein Gesetz auf. Er sagte: «Von heute an verbiete ich euch, an diesen Ort zu gehen, an den Ort direkt vor diesem hohen Felsen. Trinkt nicht das Wasser von hier, legt kein Fischnetz aus, haltet euch fern. Wenn ihr zufällig auf euren Fahrten im Winter hier vorbeikommt, hinterlaßt eine Gabe, ein Stück Fett oder getrocknetes Fleisch und sprecht zu diesem großen Felsen. Bittet ihn um Glück und Gesundheit für eure Familie. Denn da ist etwas an diesem Ort, das schlecht für den Körper ist.» Das war seine Erklärung.

Tatsächlich hatte dieser Mann über das Uran gesprochen. Er war der erste, der darüber gesprochen hat. Die Indianer erinnern sich immer noch an das Gesetz, das er aufgestellt hat. Als ich sehr klein war, sagte mein Vater zu mir, wir dürften nicht in der Nähe dieses Hügels lagern. Wenn wir mit den Hunden in dieser Gegend unterwegs waren, legte mein Vater Fett, getrocknetes Fleisch und Tabak vor diesen großen Felsen und sprach mit ihm. Ich habe das mit eigenen Augen gesehen.

1938 sind die ersten Prospektoren nach Kanada gekommen, und sie haben das Uranerz am Great Bear Lake entdeckt. Ungefähr zehn Jahre lang hat ein Privatkonzern dort Uran abgebaut. Für die Indianer um den Great Bear Lake waren diese «Echo Bay Uranium Mines» ein Anziehungspunkt. Viele der Ältesten sagten: «Bleibt weg, ihr dürft dort nicht hingehen!» Doch die weißen Leute dort hatten viele Dinge, die die Indianer wollten. Sie hatten auch einen Arzt; damals gab es keinen Arzt in dieser Gegend und auch keine Schule. Die Indianer, sie hatten noch nie einen Dollar-Schein gesehen. Die Leute vom Bergwerk wollten Fleisch von den Indianern kaufen. Das gefiel ihnen, also töteten sie Elche und Karibus und verkauften Fische, um ein paar Dollar zu bekommen. Die Kranken gingen zu dem Arzt dort, alle Leute gingen irgendwann zum Bergwerk.

Später kam die Bundesregierung mit 400 oder 500 Männern - ich weiß nicht genau, mit wie vielen. Sie hatten mehrere große Flugzeuge, und die flogen Tag und Nacht. Sie transportierten das Erz nach Toronto und dann in die USA. Das war mitten im Krieg, ungefähr 1942. 1944 erfanden die USA die erste Atombombe. Sie warfen sie auf Japan ab, dann auch noch eine zweite. Und das Uran für diese Bomben kam direkt aus den «Echo Bay Uranium Mines», die der Medizinmann in seiner Vision gesehen hatte.

Ich habe 15 Jahre in der Nähe von diesem Uranbergwerk gelebt. Meine Frau und eine meiner Töchter sind an Krebs gestorben. Alle Leute in der Umgebung des Bergwerks sind nicht sehr alt geworden - 40, höchstens 50 Jahre alt -, weil sie das Wasser dort getrunken haben, das wir eigentlich nicht hätten trinken dürfen. Unser indianisches Gesetz verbietet, dieses Wasser zu trinken, doch wir hören nicht darauf. Wir essen Fische, die wir dort fangen, und die Tatsache, daß die Leute nicht alt wurden, hat vielleicht damit zu tun. Wir haben die Erfahrung gemacht, daß das wirklich ein schlechter Ort für uns ist.

Als die Bombe fertig war, hat die Bundesregierung das Bergwerk geschlossen. Später dann - 1960 oder 1970 - haben alle angefangen, über Umweltverschmutzung zu reden. Die Regierung kam zurück und versuchte, das Bergwerk zu säubern. Sie schütteten das ganze Bergwerk mit Sand und ähnlichem zu. Aber vorher hatte es keine Gesetze dafür gegeben. Niemand hat über die Reinhaltung der Umwelt geredet, sie kippten alle ihre Abfälle, einfach alles, direkt in den See. Und der Abfall ist noch da, der Auswirkungen auf die Fische und auf alles im Great Bear Lake gehabt hat.

Es ist jetzt schon sehr lange her, daß sie das Bergwerk zugemacht haben, aber die Abfälle sind immer noch da. Man hat uns gesagt, daß das Uranerz Strahlen abschießt, wenn es aus der Erde genommen wird, Strahlung, die schlecht für die Gesundheit ist. So hat man uns das erklärt.

Vor kurzem kümmerte ich mich um einen alten Mann, der im Sterben lag. Seine letzten Worte waren: «Meine Leute, macht die Zeltklappe auf, ich will mein Land zum letzten Mal sehen.» So sehr lieben die Indianer ihr Land, und sie machen sich große Sorgen um dieses Land. Es macht sie sehr traurig, wenn ihre Erde kaputt ist.

Lorraine Rekmans (Anishinabe-[Ojibway-]Nation; Journalistin aus Elliot Lake, Ontario/Kanada)

Ich habe zwei kleine Söhne: Joshua ist sechs, Christopher acht. In Joshuas Schule ließ man einmal die Kinder Gras in kleinen Töpfen anpflanzen. Er kam ganz begeistert nach Hause, als die ersten Halme in seinem Topf zu sprießen begannen. Am nächsten Tag sah er beim Frühstück plötzlich sehr besorgt drein, und er sagte: «O je, Mama, ich muß los und mein Gras gießen, ich höre es schreien.» Es ist nicht an mir, zu entscheiden, ob er wirklich das Gras schreien gehört hat. Doch als Ureinwohnerin bin ich der festen Überzeugung, daß wir als Eltern und als Gesellschaft viel von unseren Kindern lernen können. Ein sechsjähriges Kind, das sich für ein paar Grashalme verantwortlich fühlt, kann uns eine Menge über Sorge, Liebe und Verantwortung für die Erde beibringen.

Ich bin eine Ojibway, geboren und aufgewachsen in Elliot Lake. Das ist meine Heimat. Unglücklicherweise ist es auch die Heimat eines Großteils der Uranabraumhalden Kanadas. Elliot Lake beherbergt über 100 Millionen Tonnen von niedrigstrahlendem Atommüll und etwa 12 000 Einwohner, von denen 85 Prozent arbeitslos sind.

Mein Ojibway-Name ist Peh-sheh, Rotkehlchen. Ich bin, was das Rotkehlchen ist. Für uns haben alle Tiere bestimmte Eigenschaften, und durch die Identifikation mit einem anderen Lebewesen finden wir unseren Platz im Universum. So vergessen wir nie, daß wir nicht höher stehen als jedes andere Lebewesen auf diesem Planeten. Rotkehlchen sind stille Vögel, die sich nach dem Regen sehen lassen – und ich denke, es hat jetzt genug geregnet. Rotkehlchen sind friedlich, doch sie werden böse, wenn jemand die bedroht, die sie lieben.

Dieses Wissen ist Jahrtausende alt, auch wenn die Gesellschaft jetzt so tut, als wäre es eine völlig neue Offenbarung. Es steht nicht in Büchern, sondern wurde mündlich von den Alten an die Jungen weitergegeben. Seit jeher haben die Ureinwohner sich nicht als Herrscher über die Tiere gesehen, sondern als bloßen Teil des Kreises allen Lebens. Vielen meiner Vorfahren hat man diesen Glauben weggenommen und ihn durch andere Ideologien ersetzt – wie zum Beispiel das Christentum, das die Leute glauben macht, sie wären Gott näher als die Tiere oder bedeutender als Bäume und Wasser.

Meine Mutter ist Ojibway und mein Vater ein französischer Katholik. Ich habe also zwei Kulturen mitbekommen, und ich kann das Beste an beiden respektieren. Respekt ist der Schlüssel zu allem.

Ich habe als Journalistin für die Zeitung von Elliot Lake gearbeitet, das sich einst die Uranhauptstadt der Welt nannte. «Port Hope» hielt damals nach einem Platz für radioaktive Abfälle Ausschau. Die Uranminen von Elliot Lake standen vor der Schließung, und die Bewohner machten sich

Sorgen um Arbeitsplätze. Man verspricht sich also von der Atommülllagerung einen neuen finanziellen Aufschwung für die Gemeinde.

Während dieser Zeit stieß ich zufällig auf ein paar Untersuchungen über die Auswirkungen von radioaktiver Niedrigstrahlung auf die Gesundheit der Bewohner von Elliot Lake. Dort hieß es, daß bei Frauen die Häufigkeit von Unterleibskrebs, von Erkrankungen der Herzkranzgefäße und chronischen Lungenkrankheiten zunahm. Das «Atomic Energy Control Board» versicherte mir, daß der Staub der Abraumhalden nicht für die hohe Zahl von Unterleibskrebs verantwortlich sei. Doch zur gleichen Zeit erfuhr ich, daß ein Biologe Tiere und Pflanzen in der Nähe von Abraumhalden untersucht und festgestellt hatte, daß sich das Radium bei schwangeren Bibern in den Fortpflanzungsorganen und im Fötus konzentriert. Dieser Biologe wollte dann die Plazenta von schwangeren Frauen in Elliot Lake untersuchen, aber das «Atomic Energy Control Board» war dagegen. Das wäre Panikmache, meinten sie.

1989 wurde in einer vom «National Research Council of Canada» in Auftrag gegebenen Studie festgestellt, daß das Krebsrisiko infolge von ionisierender Niedrigstrahlung drei- bis fünfmal so hoch ist als bislang angenommen. Als diese Informationen in unserer Zeitung veröffentlicht wurden, zitierte mich der Bürgermeister zu sich und forderte mich auf, nichts mehr über Gesundheitsrisiken zu drucken, weil das dem Image von Elliot Lake schade. Damals wollte die Stadt nämlich neue Bewohner anlocken. Für den Bürgermeister standen die wirtschaftlichen Probleme an erster Stelle. Doch mich als Frau und Mutter von Kindern, die in Elliot Lake leben, beunruhigen eher die Gefahren, die mit dem Leben neben einer Atommülldeponie offensichtlich verbunden sind. Immerhin bin ich jetzt fast 30 Jahre lang radioaktiver Niedrigstrahlung ausgesetzt gewesen. Ich mache mir Sorgen um meine Familie, um alle Mütter und Kinder. Es beunruhigt mich, daß es so viele Fehlgeburten gibt. Mein Vater hat fast 30 Jahre im Uranbergbau gearbeitet, und ich weiß, daß er wahrscheinlich an Lungenkrebs sterben wird. Wissenschaftler sagen zwar immer wieder, die Ergebnisse der Untersuchungen hier hätten keine Aussagekraft, weil das Untersuchungsgebiet zu klein sei; wir hätten eben keine Ahnung von Statistik. Doch ich weiß, daß viele junge Leute hier radioaktiver Niedrigstrahlung ausgesetzt waren, und sie sterben sehr jung. Mehr als zehn Seen hier sind tot, und mit ihnen starben Fische und Pflanzen in ihrer Umgebung. Wenn wir das Gras schreien hören könnten, wäre uns vermutlich allen längst das Trommelfell geplatzt.

Es war wirklich ein Witz, daß sich verschiedene Gemeinden darüber einen Konkurrenzkampf lieferten, wer den Zuschlag für die Atommüllager bekommt, und daß die führenden Politiker der Gemeinden offenbar das Kippen von Uranabraum in natürliche Wasservorkommen als angemessenen Preis für Industrieansiedlungen betrachten. Ich glaube nicht, daß meine Kinder oder Ihre Kinder dem zustimmen würden.

Vor 30 Jahren dachte die Gesellschaft, daß kein Preis zu hoch sei für industrielle Entwicklung, doch jetzt wissen wir, daß wir uns diesen Preis nicht mehr leisten können. Jetzt warnen uns Wissenschaftler vor globaler Zerstörung. Vor 30 Jahren haben die Urankonzerne den Abfall einfach in die Seen gekippt, und sie hielten es für akzeptabel, Abraum als Fundament für Neubauten in Elliot Lake zu benutzen. Und das «Atomic Energy Control Board» erzählt uns noch heute, es sei sicher, neben Abraumhalden zu leben. Die Bergbaukonzerne von Elliot Lake haben mittlerweile ihre Unternehmen geschlossen und sind in eine andere Provinz umgezogen. Zurückgelassen haben sie ein Erbe von radioaktivem Abfall für meine Kinder und mich und für unsere Nachbarn am Nordufer, einschließlich der «Serpent River First Nation». Nachdem sie Milliarden von Dollar verdient haben, schlagen sie jetzt vor, die Abraumhalden einfach zu überfluten, und ziehen weiter, um zehn oder mehr andere Seen in einer anderen Provinz zu zerstören. Uranstaub weht über meine Gemeinde und sickert ins Wasser. Was passiert dann mit dem Grundwasser? Gibt es irgendeine Garantie dafür, daß der Atommüll keine Auswirkung auf das Grundwasser hat? Sind die Radon-Ventilatoren in unseren Häusern ein wirksamer Schutz? Warum ist das «Atomic Energy Control Board» mehr an Untersuchungen über Tiere und Vegetation interessiert, wo doch die Krebsstatistik von Elliot Lake Grund genug wäre für eine weiterführende Gesundheitsuntersuchung? Ich habe mitbekommen, wie nach Unfällen im Uranbergwerk von Elliot Lake die Fische im Quirke Lake und im Serpent River starben. Ich habe viele Seen und natürliche Lebensräume in meiner Umgebung gesehen, die vergiftet wurden und sich nie mehr erholen.

Ich denke mit Schrecken an den Tag, an dem meine Kinder mich nach dem «Warum» fragen werden, an dem ich ihnen erklären muß, daß Menschen es für akzeptabel hielten, um der Arbeitsplätze willen die Umwelt zu zerstören. Ich fürchte mich vor dem Tag, an dem ich meinem kleinen Joshua, der mit Hunden redet und auf das Gras hört, wenn es schreit, erklären muß, daß wir alle zu beschäftigt waren – damit, schnelle Autos zu fahren, unsere Kinder rasch zur Tagesstätte zu bringen, Altersheime für unsere Großeltern zu finden und zuzuhören, wie das Geld die Kasse klingeln läßt. Wir waren alle zu beschäftigt, um das Gras schreien zu hören.

James Garrett (Lakota, aus der Cheyenne River Reservation, South Dakota; Rechtsanwalt für Umweltfragen, Gründer des «Upper Missouri River Basin Environmental Research Center» und Direktor für Umweltangelegenheiten der Cheyenne River Reservation)

Ich bin seit 20 Jahren am Kampf für die Rückgabe der Black Hills beteiligt, einem Kampf, der schon seit 113 Jahren geführt wird. In den siebziger Jahren arbeitete ich in der «Black Hills Alliance». Wir begannen damals, all die Greueltaten zu untersuchen, die in unseren heiligen Bergen vor sich gingen.

Im südlichen Teil der Black Hills, in der kleinen Stadt Edgemont, wurde seit Ende der vierziger Jahre bis in die sechziger Jahre Uran abgebaut. 1962 traten bei einem Unfall giftige Stoffe aus. Sie verseuchten den Cheyenne River, der dort entspringt. Meine ganze Reservation muß ihr Trinkwasser aus diesem Fluß nehmen, denn unser Grundwasser ist nicht zum Trinken geeignet. Außerdem lagern jetzt viele Tonnen Abraumhalden in diesem Gebiet.

Während der sogenannten Energiekrise in den siebziger Jahren kamen riesige multinationale Konzerne in die südlichen Black Hills und begannen nach Uran zu suchen. Wo immer es ihnen gefiel, bohrten sie Löcher, und da es ihnen zu teuer war, diese Löcher wieder richtig zu verschließen, gelangte Uran ins Grundwasser, bis zu den Brunnen auf der Pine Ridge Reservation.

Ein Mitglied unserer Organisation arbeitete 1979 als Krankenschwester am Krankenhaus von Pine Ridge, und ihr fiel auf, daß die Anzahl der Fehlgeburten dramatisch zunahm – was ihr dann auch die ortsansässigen Ärzte bestätigten. Sie ging daraufhin zum Klinikdirektor, und der versprach, er würde sich um die Angelegenheit kümmern. In der folgenden Nacht wurden alle Ärzte des Krankenhauses versetzt – wohin, konnten wir nie in Erfahrung bringen.

Wir begannen also mit eigenen Untersuchungen. Ein Biochemiker von der «South Dakota School of Mines» führte für uns eine kurze Studie durch. Er stellte fest, daß innerhalb eines einzigen Monats 38 Prozent der Frauen von Pine Ridge eine Fehlgeburt hatten und bei den Lebendgeburten 50 bis 60 Prozent der Kinder mit Geburtsfehlern zur Welt kamen, die meisten mit Erkrankungen der Atemwege und einige mit Leber- oder Nierenerkrankungen. Als der «Indianische Gesundheitsdienst» merkte, daß wir da einer Sache auf der Spur waren, stellte er eine Menge technischer und finanzieller Mittel zur Verfügung – nicht uns, sondern dem Klinikdirektor. Bis heute heißt es beim Indianischen Gesundheitsdienst, es gäbe keine Probleme, es gäbe keinen Zusammenhang zwischen den Fehlgeburten und den verseuchten Wasservorräten.

Nun, wir sind Ureinwohner, und unser Ausbildungsniveau liegt unter dem der nicht-indianischen Bevölkerung, doch das heißt nicht, daß wir blöd sind. Wir wissen, daß es eine Verbindung gibt, auch wenn wir der Wissenschaft nicht tausend perfekt aufbereitete Daten liefern können. Wir wollen ja auch keine Bücher schreiben. Wir wollen gesunde Familien und gesundes Wasser, und wir wollen nicht Angst haben müssen, daß unsere Kinder in 40 Jahren an Krebs sterben.

Der nukleare Brennstoffkreislauf in den USA beginnt und endet in der Heimat der Indianer. Sie kommen, graben das Uran aus und machen damit, was sie wollen. Den Leuten in Europa erzählen sie, das wäre eine tolle, saubere Industrie, und damit ließe sich die Welt retten. Doch währenddessen klopfen sie wieder bei uns an, weil sie nicht wissen, wo sie das verdammte Zeug sonst für ewige Zeiten lagern können. Sie wollen also von uns etwas Land pachten, 10 000 Jahre lang. 10 000 Jahre – mein Gott! Sie sind erst vor 500 Jahren hierhergekommen. Woher wollen sie wissen, daß sie in 10 000 Jahren noch hier sind? Die Welt ist heute zu sieben Achteln zerstört, wegen dieser 500 Jahre. Woher nehmen sie den Glauben, daß wir auch nur noch 100 Jahre hier sein werden – bei dem Tempo, das sie vorlegen?

Sie machen sich unsere Armut zunutze. Wir haben eine Arbeitslosenquote von 80 Prozent. Also fuchteln sie mit Millionen von Dollar vor unserer Nase herum und sagen: «Wir bauen euch neue Krankenhäuser, wir bauen euch neue Straßen, wir schaffen Arbeitsplätze für jeden von euch – ihr braucht uns nur einen Pachtvertrag für dieses Stück Land geben, für 100 000 Jahre oder 10 000 Jahre.»

Wir sind nicht blöd. Wir wissen, wenn wir das auf unser Land holen, haben wir vielleicht die besten Krankenhäuser der Welt, doch diese Krankenhäuser werden nicht verhindern können, daß unsere Kinder ohne Beine geboren werden oder leuchten in tiefster Dunkelheit. Sie verstehen?

Esther Yazzie (Gerichtsdolmetscherin der Diné-Nation, Arizona)

Ich bin vom Volk der Diné, die ihr Navajo nennt. Mein Clan ist der Wasserclan, und väterlicherseits bin ich mit einem Pflanzenclan verbunden. Meine beiden Großväter waren Medizinmänner, und ich lebe nach ihren Überzeugungen und Prinzipien. Mein Mann ist der oberste Richter der Navajo-Nation. Mit mir sind andere Delegierte gekommen, die über unsere Erfahrungen mit dem Uranabbau auf Navajo- und Pueblo-Land berichten werden. Dieses Land ist auf dem Colorado Plateau – man nennt es auch Four-Corners-Gebiet, weil hier die vier Staaten Colorado, New Mexico, Arizona und Utah zusammentreffen. Für die USA ist es «national sacrifice area» (nationales Opfergebiet, d. Ü.).

Heute ist der Tag der Berge, und ich werde erzählen, was die Berge für die Navajo bedeuten. Ich habe mir überlegt, wie ich zu Ihnen sprechen soll, hier in Österreich, zu Leuten aus aller Welt – ich, eine Navajo-Frau, in der traditionellen Kleidung der Navajo.

Ich muß Ihnen sagen, daß ich mich als sehr traditionellen Menschen sehe. Meine erste Sprache war Navajo, meine zweite Englisch. Ich habe nur Navajo gesprochen, damals am 11. September vor fünfzig Jahren, als sie das erste Uran auf der Navajo-Reservation ausgegraben und nach Los Alamos gebracht haben. Und jetzt sitze ich hier und spreche vor Ihnen. So verbindet sich diese Vergangenheit mit dem, was heute die Umwelt zerstört.

Die Navajo haben vier heilige Berge. Diese Berge repräsentieren die vier Himmelsrichtungen, und sie geben uns unsere Farben: Weiß nach Osten, Türkis nach Süden, Gelb nach Westen, Schwarz nach Norden. Sie repräsentieren männliches und weibliches Sein, männliche und weibliche Ausrichtung: Osten und Westen als männlicher Schwerpunkt, Norden und Süden als weiblicher Schwerpunkt. Unsere Flüsse fließen in diese Richtungen und geben uns so die Symbole von männlichem und weiblichem Wasser und Regen. Diese Symbole binden uns Menschen an das Universum. Wir sind die Erde. Wir sind der Himmel. Erde und Himmel sind eins, treffen sich – und wir sind zwischen ihnen. Wir sind das Wasser, wir sind das Feuer, und wir sind die Luft. Die Navajo verdanken die Fortdauer ihrer Existenz diesen Bergen. Sie legen Gaben auf den Gipfeln dieser Berge nieder.

Diese Gebete, Lieder und Zeremonien haben uns wieder zurückgebracht, obwohl die Navajo-Führer 1868 einen Vertrag mit den USA unterzeichnet und beschlossen hatten, die Navajo-Kinder in der weißen Kultur zu erziehen. Nachdem wir umgesiedelt worden waren, haben uns diese Zeremonien zurückgebracht in den Kreis unserer vier heiligen Berge. Mit unseren Gaben bitten wir um körperliche Gesundheit, seelische Erfüllung und geistiges Wachstum; alle wichtigen menschlichen Bedürfnisse bringen wir zu diesen Berggipfeln. Die Berge haben die Medizin, die für menschliches Wachstum nötig ist: die Kräuter, die das Leben bewahren helfen, den Tabak für Gebet und Kommunikation mit dem Schöpfer und untereinander. Tabak klärt auch den Geist und hilft ihm, zu wachsen, frei zu werden und dann zu empfangen. Salbei dient dazu, Krankheiten aller Art abzuwehren, ebenso fremde Kräfte, die Selbstzerstörung und soziale Unordnung verursachen. Die Berge haben alle Kräuter, die heilen und Leben wiederherstellen. Die Berge repräsentieren die Gewitterwolken, die Donnerwesen, die Wasser in vielfältigen Formen bringen, männliches und weibliches Wasser und Regen. Wasser bringt positive Energie, und selbst die Menschen bestehen zu drei Vierteln aus Wasser, genauso wie die Erde. Wir sind die Wälder, der Baum des Lebens, die Pflanzen und die Tiere, die auf den Bergen leben, von den kleinsten bis zu den größten.

Diese Pflanzen und Tiere sagen uns, was geschieht. Sie sagen uns, daß sich etwas verändert hat, daß die Umwelt jetzt nicht mehr so ist wie vorher. Erde und Himmel sind miteinander verbunden und arbeiten zusammen: der Himmel, unser Vater; die Erde, unsere Mutter. Die Sonne, unser Vater; der Mond, unsere Mutter. Du bist der Stern und hast die Aufgabe, dich um Berge, Erde, Himmel, Wasser und Feuer zu kümmern. Berge haben Macht und Stärke. Es ist nicht einfach, sie zu besteigen, und du kannst dich dabei verletzen. Du kannst dich verirren in den Bergen, doch sie können dir auch helfen zu wachsen.

World Uranium Hearing: Die Deklaration von Salzburg

Das World Uranium Hearing hat vom 13. bis 18. September 1992 in Salzburg, Österreich, getagt;

- hat aus allen Regionen der Welt Aussagen über die ökologischen, kulturellen, spirituellen, gesundheitlichen und ökonomischen Auswirkungen der Nutzung radioaktiver Substanzen gehört;
- ist von dem destruktiven Charakter aller Glieder der nuklearen Kette überzeugt und sieht die radioaktive Verseuchung als Bedrohung für alle Völker und Länder unabhängig von politischen Grenzen;
- ist sich dessen bewußt, daß eingeborene Völker durch den Abbau und die Verwendung radioaktiver Substanzen besonders vernichtende Konsequenzen zu tragen haben;
- bekräftigt, daß das Überleben der eingeborenen Völker Respekt vor deren Rechte auf Selbstbestimmung und Unverletzbarkeit ihrer Umwelt erfordert;
- erkennt, daß die spirituellen Werte der indigenen Völker in ihrer Beziehung zur natürlichen Umwelt eine Perspektive bieten, die vorherrschenden zerstörerischen, materialistischen Eigenschaften und Praktiken zu verändern;
- erinnert an die verheerenden Auswirkungen von Atomwaffenversuchen auf eingeborene Völker und andere vom Land lebende Völker an Orten wie Nevada, Bikini und Eniwetok, Tahiti, Maralinga und Zentralasien;
- ist erschüttert von dem Grauen von Hiroshima/Nagasaki, das am Beginn des nuklearen Zeitalters stand;
- ist alarmiert durch die Erfahrung von Tschernobyl und Three Mile Island;
- ist davon überzeugt, daß es keine sichere Technologie für die Aufbewahrung radioaktiv strahlender Substanzen gibt;
- beklagt die verzerrten ökonomischen Werte und Prioritäten, insbesondere unangemessenes Konsumverhalten, wodurch eine dauerhafte Zukunft gefährdet wird;

● sorgt sich um das Schicksal künftiger Generationen, die mit den schwer zu handhabenden Folgen der radioaktiven Hinterlassenschaft konfrontiert sein werden;
● ist entschlossen, jener Gefahr ein Ende zu machen, wie sie die gesamte nukleare Kette bildet, und eine anhaltend harmonische Beziehung der Menschen zur Natur zu sichern;
● und erklärt daher feierlich:

I. Allgemeine Grundsätze

1. Die Natur mit ihrer ganzen Vielfalt und Komplexität ist die Grundlage allen Lebens.
2. Alle Völker und Individuen haben das Grundrecht auf eine sichere und gesunde Umwelt, ebenso die damit verbundene Pflicht, die Unversehrtheit der Natur aufrechtzuerhalten.
3. Jede Generation ist verpflichtet, sorgsam und zum Nutzen zukünftiger Generationen und aller Lebewesen zu walten.

II. Der Prozeß der nuklearen Entwicklung

Exploration, Abbau und Verarbeitung

4. Der Abbau und die Verarbeitung radioaktiver Mineralien führen zu einer schwerwiegenden Veränderung großer Ökosysteme.
5. Die radioaktiven und chemischen Abfallstoffe werden durch Grundwasser, oberirdische Wasserläufe und Windströmungen weiterverbreitet.
6. Die Bewohner von betroffenen Gebieten sind radioaktiven Substanzen ausgesetzt, die sie mit kurz- oder langfristigen Gesundheitsrisiken und genschädigenden Konsequenzen bedrohen. Minenarbeiter sind aufgrund ihrer Tätigkeit durch radioaktive Substanzen besonders belastet.

Militärische Anwendung

7. Die Atomwaffenversuche haben über die Jahre zur radioaktiven Verseuchung von Land- und Meeresteilen und damit zu einer breiten Palette von Gesundheitsschädigungen geführt, besonders zu Krebs und drohenden Genschäden. Miteinher gehen die zwangsweise Umsiedlung von Menschen und deren kulturelle Entwurzelung.
8. Die Entwicklung von thermonuklearen Waffen ist begleitet von der Produktion großer Mengen von Spaltstoffen, insbesondere von Plutonium, der giftigsten bekannten Substanz. Plutonium bleibt mehrere hunderttausend Jahre in der Umwelt aktiv und gefährlich.

Die Erzeugung der Atomkraft

9. Zivile wie militärische Atomkraftwerke produzieren Strahlungsemissionen und bringen unweigerlich ernste und unangenehme Risikofak-

toren mit sich. Dazu gehören Transportrisiken, Diebstahl von radioaktivem Material, Unfälle, die die Verseuchung über riesige Regionen verbreiten, und die katastrophalen Auswirkungen einer möglichen Kernschmelze.

10. Noch nie wurde ein Atomkraftwerk sicher und vollständig abgetragen. Die letztendlichen ökonomischen und ökologischen Kosten einer solchen Demontage bleiben unberechenbar.

Nuklearer Abfall

11. Es ist noch keine sichere Methode für die Endlagerung nuklearen Abfalls entwickelt worden. Die bisherigen Formen der End- oder Zwischenlagerung zeichnen sich durch das beständige Risiko der Emission radioaktiver Substanzen aus. Das Problem wird verantwortungslos den kommenden Generationen überlassen.
12. Zum End- oder Zwischenlagern von Abfall werden die Territorien von eingeborenen Völkern und verarmte Entwicklungsländer benutzt, was die bestehenden internationalen Ungerechtigkeiten weiter verschärft.

III. Indigene Völker

13. Große Teile der Welt-Uranvorräte werden auf den Territorien von eingeborenen Völkern gefunden und abgebaut; diese Gebiete werden zudem oft für Waffenversuche sowie die End- oder Zwischenlagerung von nuklearen Substanzen verwendet. Die eingeborenen Völker werden durch Enteignung und erzwungene Umsiedlung, direkte Verseuchung und die Entweihung heiliger Stätten ihres Rechts auf Selbstbestimmung beraubt.
14. Die Enteignung von eingeborenen Völkern und die aus der nuklearen Kette entstehende Zerstörung der natürlichen Ökologie gefährden den sozialen Zusammenhalt und die lebenswichtige kulturelle, materielle und geistige Beziehung zu der natürlichen Umwelt.
15. Um sich gegen den physischen und kulturellen Völkermord zu schützen, müssen die eingeborenen Völker in der Lage sein, in allen mit ihren Gesellschaften und Territorien zusammenhängenden Angelegenheiten ihr Recht auf Selbstbestimmung und Kontrolle ohne Einmischung von außen auszuüben.

Erklärung der indigenen Zeugen auf dem World Uranium Hearing September 1992

Wir hören nicht auf, unsere Rechte als Völker zu behalten, trotz der Jahrhunderte der Enteignung, der Anpassung und des Völkermords. Wir haben weiterhin das Recht, unsere eigenen Regierungsformen zu wählen, nach unseren eigenen Gesetzen zu leben, unsere Kinder selbst zu erziehen und ihnen die Werte unserer Kulturen zu vermitteln – ohne Einmischung von außen. Wir haben auch weiterhin das unveräußerliche Recht auf unser Heimatland, auf alle Schätze über und unter der Erde und auf unsere Flüsse und Seen.

Wir machen unsere Verantwortung geltend, diese Rechte an die kommenden Generationen weiterzugeben. Unser Land und wir sind untrennbar. Wir, die eingeborenen Völker, sind durch den Kreislauf des Lebens mit der Erde verbunden. Wir, die eingeborenen Völker, schreiten in den Fußstapfen unserer Vorfahren in die Zukunft. Als indigene Völker erklären wir:

Wir, die eingeborenen Völker von verschiedenen Gemeinden dieser Erde, unserer Mutter,

wir, die wir alle von der nuklearen Brennstoffkette betroffen sind,

wir, die wir uns bewußt sind unseres unbestrittenen Rechts auf Selbstbestimmung und auf eine unversehrte Umwelt,

wir, die wir in Sorge sind um unsere Gesundheit und das Wohlergehen der künftigen Generationen,

kommen zu dem Schluß:

- aufgrund der Zeugenaussagen und Erfahrungen von indigenen Völkern weltweit,
- aufgrund der Beweise von Zerstörung unserer Menschen, unserer Kulturen, unserer Wirtschaft, unseres Landes, des Wassers und der Luft,
- aufgrund unserer Achtung für die spirituellen Werte, Ansichten und Praktiken

können wir die Zerstörung unserer Existenz nicht weiter hinnehmen.

Wir fordern daher:

- Keine weitere Zerstörung unseres Landes und unserer Menschen durch den Abbau von Uran, die Lagerung von Atommüll und den Test von Atomwaffen!
- Entkontaminiert unsere Territorien und stellt ihre natürliche Form wieder her!

- Macht alle Informationen über die Nuklearindustrie und die Gefahren der Nukleartechnologie zugänglich.
- Gewährt Wiedergutmachung in vollem Umfang für die Schäden, die unseren Völkern, unseren Familien und Gemeinden, unserer Kultur und Wirtschaft, unserer Heimat, unserem Wasser, der Luft und allen Lebewesen zugefügt wurden.
- Sorgt für unabhängige und professionelle Gesundheitsüberwachung auf unserem Land.

Abschließend sagen wir: Angesichts der Einheit der Menschheit und der Welt fordern wir im Namen unserer künftigen Generationen, endlich nachhaltige, erneuerbare und umweltverträgliche Energiealternativen zu benützen! Wir bitten die ganze Welt, einschließlich ihrer Führer und Wissenschaftler, an unserer Vision des Friedens, der Harmonie und der Achtung für das Leben teilzuhaben.

Schließt euch uns an!

IV. Wirtschaftspolitik

16. Der Verkaufspreis von Atomenergie beinhaltet nicht die Kosten der Schäden an der Biosphäre und die weitreichenden Risiken für jetzige und zukünftige Generationen.
17. Regierungen, Gemeinschaften, Organisationen und Individuen haben die Pflicht, sicherzustellen, daß Energie auf saubere, sichere und wirkungsvolle Weise produziert und verwendet wird; das globale Ökosystem ist außerstande, überzogenen Energiekonsum zu ertragen.
18. Die Ansicht, auf einem bewohnbaren Planeten könne unbegrenztes ökonomisches Wachstum existieren, ist falsch und stellt eine beachtliche Einschränkung der Lebensmöglichkeiten zukünftiger Generationen dar.
19. Die gegenwärtige internationale Politik hält ökonomische Ungerechtigkeiten aufrecht und veranlaßt dadurch Entwicklungsländer, zerstörerische Umweltpraktiken wie Abbau von Uran, Erzeugung von Atomkraft und Bereitstellung von Lagerstätten für radioaktiven Abfall zu übernehmen. Das Teilen von sicheren und wirkungsvollen Technologien zur Energieerzeugung und -nutzung ist unabdingbar, um in diesen Ländern eine gerechte und ökologisch gesunde Wirtschaft zu schaffen.
20. Das Prinzip der Vorbeugung erfordert, die Sicherheit von potentiell gefährlichen Aktivitäten zu gewährleisten, noch bevor Maßnahmen zur Realisierung dieser Aktivitäten beginnen. Im Fall der nuklearen

9. Kette würde jede sinnvolle Anwendung des Prinzips erfordern, daß Uranium und andere radioaktive Mineralien ungestört in ihren natürlichen Lagerstätten verbleiben.

V. Empfehlungen

Das World Uranium Hearing fordert Regierungen und, im Rahmen ihrer jeweiligen Verantwortungs- und Kompetenzbereiche, nationale und multinationale Konzerne, Organisationen, Gemeinden und Individuen auf, folgende Maßnahmen zu ergreifen:

1. Das angestammte Recht der eingeborenen Völker auf Selbstbestimmung ist anzuerkennen und zu respektieren. Das schließt das Recht ein, ohne Einfluß von außen die Kernkraft-Politik, die ihre Gesellschaften und Territorien betrifft, zu bestimmen und zu kontrollieren.
2. Völkern, Gemeinschaften und Individuen, die durch den Abbau von radioaktiven Mineralien, den Einsatz von Atomwaffen oder die Lagerung von radioaktiven Abfällen betroffen sind, ist eine Wiedergutmachung zu gewährleisten; dies beinhaltet die Milderung der Risiken und Schäden, die durch frühere und derzeitige Verwendung von radioaktivem Material verursacht wurden.
3. Die Haftung für soziale und ökologische Schäden aus der nuklearen Kette ist gemeinsam von denen zu tragen, die all ihre Teile kontrollieren.
4. Die Einheit der natürlichen Welt ist juristisch anzuerkennen; ihre Rechte müssen im Gesetz verankert sein.
5. Atomverseuchte Länder der eingeborenen Völker und anderer, die vom Land leben, sind ohne Verzug zu rekultivieren, und zwar so nah wie möglich dem Status quo ante entsprechend.
6. Die Grundsätze der Wirtschaftspolitik sind dahingehend zu ändern, daß sie die ökologischen Anforderungen berücksichtigen. Künftige Energiepolitik muß sicherbare und erneuerbare Energiequellen fördern und nutzen.
7. Unterstützung ist bereitzustellen, wenn nötig finanzieller Art, für die Entwicklung alternativer Energieprogramme in Ländern, die Atomkraft nutzen.
8. Es ist sicherzustellen, daß jede ökonomische Analyse der Kernenergienutzung alle ökologischen und sozialen Auswirkungen berücksichtigt.
9. Völker, Gemeinschaften und Individuen sind mit vollständigen Informationen über die Gefahren von radioaktiven Substanzen in allen Teilen der nuklearen Kette zu versorgen.
10. Die Trennung von Plutonium aus verbrauchten Brennelementen, einschließlich Umwandlung und Anwendung in Schnellen Brütern, Atomkraftwerken sowie in der Atomwaffenindustrie bedeutet eine

untragbare Bedrohung für die Menschheit und des Planeten und ist daher unter Strafe zu stellen.

11. Aktivitäten, die auf ein Ende der Verwendung von radioaktiven Substanzen zielen, sind zu unterstützen und zu fördern.
12. Es ist für internationale und nationale Standards, Regeln und Verfahren zu sorgen, die sicherstellen, daß
    a) radioaktive Mineralien nicht mehr abgebaut werden und
    b) bestehende radioaktive Produkte jeweils ohne Rücksicht auf die jeweiligen finanziellen Kosten mit der sichersten verfügbaren Technologie behandelt werden.
13. Die Produktion von und die Versuche mit Atomwaffen sind sofort einzustellen, um den Prozeß der globalen nuklearen Abrüstung zu einem erfolgreichen Abschluß zu bringen.

Uran und alle radioaktiven Mineralien müssen in ihrer natürlichen Umgebung bleiben.

Am 26. Juni 1975 kam es auf dem Grundstück der Familie Jumping Bull nahe dem Dorf Oglala im Lakota-Reservat Pine Ridge zu einem Schußwechsel zwischen FBI-Agenten und AIM-Aktivisten. Dabei wurden zwei FBI-Beamte und ein Indianer getötet. Der Tod des Indianers wurde nie untersucht; um einen Erfolg ihrer Untersuchungen verbuchen zu können, stempelte das FBI den Aktivisten Leonard Peltier zum Mörder, obgleich sich dafür keine Beweise liefern ließen. Leonard Peltier wurde zu zweimal lebenslänglich verurteilt. Er zählt heute zu den prominentesten politischen Gefangenen der westlichen Welt. Nachdem er jahrelang erfolglos auf ein Wiederaufnahmeverfahren pochte, willigte er 1993 auf Drängen seiner Anwälte ein, beim Präsidenten der Vereinigten Staaten ein Gnadenersuch einzureichen. Leonard Peltiers Brief aus dem Gefängnis ging als Aufruf an Unterstützergruppen und Prominente in allen Erdteilen. Briefe an den US-Präsidenten sollen möglichst in Kopie auch an die angegebenen Unterstützeradressen geschickt werden.

Pres. Bill Clinton
The White House
1600 Pennsylvania Ave. N.W.
Washington, D.C. 20500
Tel.: (202) 456-1111
Fax: (202) 456-2461

Leonard Peltier
Defense Committee
Crazy Horse Spirit, Inc.
P.O. Box 583
Lawrence, KS 66044
Tel.: (913) 842-5774
Fax: (913) 842-5796

Leonard Peltier (1993)

Ich grüße euch!

Ich möchte euch meinen Dank aussprechen für die Zeit, die ihr euch nehmt, um mehr über meinen Fall zu erfahren und die Umstände dieses verhängnisvollen 26. Juni 1975. Ich möchte euch auch für eventuelle Hilfe danken.

Über 18 Jahre habe ich bereits in Gefangenschaft verbracht für den angeblichen Mord an zwei FBI-Agenten. Die Ankläger haben inzwischen zugegeben, daß sie nicht wissen, wer die Agenten getötet hat. Es gibt keine Beweise für meine Schuld. Das Berufungsgericht hat festgestellt, daß während meines Prozesses der Richter Fehler begangen hat und daß es offenkundig ist, daß Zeugen zur Aussage gezwungen wurden, Beweismaterial gefälscht und entlastendes Beweismaterial zurückgehalten wurde. Dennoch bin ich 1993 noch immer in Haft.

In den letzten beiden Jahren war ich Gegenstand eines Dokumentarfilms, «Incident at Oglala», produziert von Robert Redford, und die Wiederauflage des Buches «In the Spirit of Crazy Horse» von Peter Matthiesen fand weite Verbreitung: zwei Quellen, um sich über meinen Fall zu informieren. Über zwei Millionen Unterschriften wurden gesammelt, um einen neuen fairen Prozeß herbeizuführen.

Zu meinen Unterstützern gehören Desmund Tutu, Nelson Mandela, der Erzbischof von Canterbury, Rigoberta Menchú und zahlreiche Mitglieder des US-Kongresses. Trotz allem haben die richterlichen Ausschüsse keine Untersuchung der Rechtsbrüche in meinem Fall angeordnet; dazu gehört auch die Offenlegung von 11000 Seiten Dokumentation, die das FBI unter Verschluß hält.

Mein Kampf ist ein tatsächlicher, und ich bete für den Tag, an dem ich zu meiner Familie zurückkehren und wieder mit meinen Kindern und Enkeln zusammen sein kann, die ohne mich aufwachsen mußten.

Kürzlich nahm mich meine zehn Jahre alte Enkelin an der Hand und bettelte, ich möge doch mit nach Hause kommen. Wie kann ich ihre Tränen ertragen und wie kann ich sagen, daß ich ihren Wunsch nicht erfüllen kann? Wieviel Schmerz muß meine Familie noch ertragen, bis endlich Gerechtigkeit zu ihrem Recht kommt?

Ich danke euch für eure Zeit und hoffe, daß wir uns in Zukunft treffen werden, um gemeinsam für eine hellere Zukunft für alle Menschen und Kulturen zu sorgen.

Im Geiste von Crazy Horse
Leonard Peltier

1992 nahm in New York City das «International Action Center» seine Arbeit auf. Das von Ex-Justizminister Ramsey Clark gegründete Zentrum beherbergt Organisationen, die auf Rechtsverletzungen der USA – wie Interventionen in innerstaatlichen Angelegenheiten fremder Nationen – reagieren, Auswüchse globaler Wirtschaftsdiktatur aufzeigen und Umwelt- und Nuklearfragen – unter Berücksichtigung indigener Nationen – wahrnehmen. 1993 reiste eine Delegation des International Action Center nach Kuba; mit dabei war Dennis Banks, Mitbegründer des American Indian Movement.

Verlautbarung von Dennis Banks
betreffend die Blockade Kubas durch die USA vom 25. Mai 1993

Vom 4. bis 12. Mai besuchte ich Kuba zusammen mit Alice Walker, Ramsey Clark und einem Ärzteteam aus den USA, um der kubanischen Sektion des Roten Kreuzes eine Ladung Medikamente und Verbandsmaterial für die dortigen Krankenhäuser zu übergeben. Diese Spenden stammten von der Organisation «International Peace for Cuba Appeal». Die Regierungsbestimmungen für Reisen nach Kuba sowie das US-Embargo gegen Kuba machten es notwendig, eine Reiseerlaubnis vom US Department of Treasury zu beantragen. Am 3. Mai 1993 wurde uns die Reisegenehmigung Nr. C-14863 ausgestellt.

Während unseres einwöchigen Aufenthalts besuchten wir verschiedene Pflegeheime, Krankenhäuser, ein Sanatorium für HIV-Patienten, eine psychiatrische Anstalt und die kubanische Sektion des Roten Kreuzes. Ich sprach mit zahlreichen Ärzten, Krankenschwestern und Patienten über die Gesundheitsfürsorge in Kuba. Eine Frage im besonderen provozierte einige besorgniserregende Antworten; die Frage war: Wie hat sich das US-Embargo gegen Kuba auf die Gesundheit und die Gesundheitsfürsorge der kubanischen Bevölkerung ausgewirkt?

Die Antwort erinnerte mich an eine ähnliche Politik, die gegen die Stammesvölker Nordamerikas im letzten Jahrhundert angewendet wurde. Ich spreche von der infamen «Iß oder verhungere»-Kampagne des US-Militärs zwischen 1851 und 1891. Diese Kampagne hatte zum Ziel, die Ureinwohner an den Verhandlungstisch zu zwingen, wo sie große Teile ihres Landes aufgeben sollten. Im Falle einer Weigerung wurden die versprochenen Lebensmittelrationen von den militärischen Außenposten zurückgehalten. Diese Politik war damals grausam und beschämend, und sie ist es heute.

Es ist zusätzlich schockierend, zu erfahren, daß im Zuge des Embargos andere Staaten aufgefordert wurden, es den USA gleichzutun, andernfalls würde das Torricelli-Gesetz zur Anwendung kommen. Dieses Gesetz geht in seiner Reichweite weit über das Ziel hinaus, nämlich die Kubaner zu zwingen, sich vor der amerikanischen Politik zu beugen. Das Torricelli-Gesetz schmeckt mehr nach «Drittem Reich» denn nach Demokratie. Es mag noch angehen, wenn ein Aktionsplan vorsieht, einer industrialisierten Gesellschaft Maschinen und Treibstoff zu verweigern. Wenn ein Embargo jedoch vorsieht, Arznei- und Lebensmittel zu verweigern, dann müssen wir das als unmenschlich anprangern. Sogar Charles Manson, der verurteilte Massenmörder, hat ein Anrecht auf Medizin und Mahlzeiten und erhält sie auch.

Nach 34 Jahren der US-Blockade gegen Kuba ist es an der Zeit, eine Politik zu beenden, die nur Beschämung für das amerikanische Volk bedeutet. Das Ende dieser Politik könnte eine Ära des gegenseitigen Verstehens einleiten.

Wenn unsere Regierung in Washington wirklich der Ansicht ist, daß elf Millionen Bürger eine Bedrohung für 260 Millionen Bürger darstellen, und wenn der US-Kongreß wirklich glaubt, daß ein sozialistisches Kuba eine Bedrohung für die Sicherheit der Vereinigten Staaten darstellt, dann sind wir als Volk den falschen Weg zu lange gegangen.

Beendet die Blockade jetzt!

Jeder Auftritt der Haudenosaunee-Delegation von der UN-Arbeitsgruppe für Ureinwohner ist eine Demonstration der Souveränität: Immerhin reisen die Angehörigen der Irokesen-Föderation (Mohawk, Cayuga, Oneida, Onondaga, Seneca, Tuscarora) mit Pässen ihres Völkerbundes. In seiner Stellungnahme zu der Entwicklung der «Deklaration eingeborener Völker» am 29. Juli 1993 gab Chief Oren Lyons auch einen Überblick über jene Probleme, die sich aus der Verletzung der Souveränität indianischer Nationen durch die USA ergeben.

Rede von Chief Oren Lyons vor der «UN Working Group of Indigenous Populations», 29. Juli 1993.

In Tokio erklärte die Konferenz der sieben großen Industrienationen, an der auch die USA teilnahmen, am 8. Juli 1993: «Wir, die Führer der sieben Staaten und die Vertreter der Europäischen Gemeinschaft, versichern erneut unsere Verpflichtung gegenüber den weltweiten Prinzipien der Freiheit, der Demokratie, der Menschenrechte und der Rechtsstaatlichkeit.» Und weiter: «... insbesondere (verpflichten wir uns), effektivere Institutionen für eine Präventiv-Diplomatie sowie für Friedensschaffung, Friedenssicherung und die Wiederherstellung des Friedens nach Beendigung eines Konflikts, im Rahmen des Friedensplanes des Generalsekretärs zu schaffen... Der Schutz der Menschenrechte ist die Pflicht aller Nationen, wie bei der Weltkonferenz der Menschenrechte in Wien versichert wurde.»

Diese Worte entsprechen den Prinzipien, dem Auftrag und den Instruktionen, die den Haudenosaunee in Nordamerika vor über 1000 Jahren vom Großen Friedensstifter gegeben wurden. Zu jener Zeit waren die indigenen Nationen in ganz Amerika frei und verfügten selbst über ihre Kultur, Territorien, Ländereien, Gewässer und die Zukunft ihrer Völker.

Seit Kolumbus an unseren Küsten landete, brach über uns die Katastrophe von Tod und Zerstörung herein; auch heute leben wir in ständiger Gefahr und Bedrohung und halten dennoch das Licht und den Geist unserer Völker und Vorfahren lebendig. Wir sind hocherfreut, daß sich Mitgliedsstaaten der Vereinten Nationen zugunsten der Menschenrechte ausgesprochen haben, aber den Worten müssen nun positive Maßnahmen folgen.

Einige Beispiele dafür, wo Handlungsbedarf besteht:

1. In den USA wird Leonard Peltier noch immer ein ordentliches Gerichtsverfahren vorenthalten, obwohl die Beweislast, daß seine Verurteilung unrechtmäßig war, erdrückend ist. Er bleibt weiter als – von amnesty international anerkannter – politischer Gefangener in Haft. Die Rechtsstaatlichkeit, der sich auch die USA verpflichtet haben, muß mit einer entsprechenden Gerichtsbarkeit umgesetzt werden.

2. Der Vertrag von Ruby Valley (1863) zwischen der Western-Shoshone-Nation und den Vereinigten Staaten wird durch die Maßnahmen des US Bureau of Land Management (Behörde zur Verwaltung von Staatsland; Red.) fortwährend außer Kraft gesetzt. Immer wieder kommt es zu Übergriffen gegen die Schwestern Mary und Carrie Dann, die gemäß dem Landtitel der Western-Shoshone-Nation gemeinsam Land besitzen.

3. Der Vertrag von Fort Laramie (1868) zwischen der Lakota-Nation (Hunkpapa, Oglala, Sans Arc, Two Kettle, Blackfeet, Minneconjou und Lower Brule), den Northern Cheyenne, der Arapaho-Nation und den USA ist weiter in der Schwebe, weil die Frage der Handhabung ausgedehnter Teile des Lakota-Territoriums einschließlich der heiligen Black Hills nicht geklärt ist.

4. Die Verträge der Haudenosaunee, der Guswenta (Two Row Wampum über ewigen Frieden und Freundschaft, 1613), die Verträge von Fort Albany (1764), Fort Stanwix (1784) oder Ghent (1815) sind wie viele weitere durch die Maßnahmen Kanadas in Kanasatake (Oka) und Kanawake bedroht, da die Auseinandersetzung um die Landrechte und die Rechtshoheit der Mohawk noch immer nicht beigelegt ist.

Das Verhältnis zwischen den Haudenosaunee und den USA ist in der Gründungsphase der USA als unabhängiger Staat in mehreren Verträgen

(Fort Stanwix 1784, Fort Harmer 1789, im George-Washington-Vertrag in Canandaigua 1794[1]) festgelegt worden. In diesen Verträgen wurden territoriale Grenzen definiert und Beziehungen gegenseitigen Respekts und der Nicht-Einmischung formuliert. Der Vertrag von Canandaigua regelte ein Verfahren zur Konfliktschlichtung, damit sichergestellt sei, daß Friede und Freundschaft unter unseren Völkern nicht gestört würden.

In späterer Zeit aber haben die USA wiederholt ihre im Rahmen der Verträge übernommenen Verpflichtungen mißachtet. Gegenwärtig sind wir erneut in einer solchen Situation. Aufgrund der Gesetzgebung des Kongresses aus den fünfziger Jahren greifen die USA und ihre politischen Abteilungen in die Regierungsgeschäfte unserer Nationen ein. Entscheidungen des Rates der Häuptlinge der Onondaga-Nation, die das Wirtschaftsleben innerhalb unseres Territoriums betreffen, werden von US-Gerichten in Frage gestellt. Die gemäß der Gesetze der Haudenosaunee anerkannten Führer der Oneida-Nation wurden vom Staat New York umgangen, als dieser mit einer unbefugten Person Vereinbarungen schloß, ohne Zustimmung der Oneida oder ihres Rates Glücksspiel auf Oneida-Land zu ermöglichen.[2]

Wir werden auch heute, wie in der Vergangenheit, um unsere Souveränität kämpfen. Wir fordern die USA auf, über abweichende Vorstellungen mit uns zu verhandeln, wie es im Vertrag von Canandaigua (1794) festgelegt worden ist.

Die Haudenosaunee-Delegation zweifelt ausdrücklich die These an, daß Atommüll-Deponien als produktive Wirtschaftsentwicklung indigener Ländereien und Territorien anzusehen sind. Wir meinen damit insbesondere die Einrichtung des Amtes eines Unterhändlers für Atommüll im Jahre 1987 durch Ergänzung des Gesetzes zur Handhabung nuklearen Abraums von 1982. Dieses Amt wurde durch Ausführungsanordnung (Executive Order) des Präsidenten der USA geschaffen und begann im Mai/Juni 1991 mit der Arbeit. Es hat zur Aufgabe, geeignetes Gelände für Atommüll-Deponien auf «Staats- oder indianischem Stammesland» zu suchen, und nimmt diese Funktion bis heute wahr. Darüber hinaus müssen wir der Verseuchung unseres Landes in Tuscarora, Onondaga und Akwesasne wachsende Aufmerksamkeit widmen.

---

1 In den Verträgen von Fort Stanwix und Canandaigua erkannten die USA die Souveränität der Haudenosaunee ausdrücklich an; beide Verträge sind heute noch in Kraft und gelten auch dem Recht nach als Vereinbarungen zwischen Nationen; nach: Rethinking Indian Law, National Lawyers Guild, Committee on Native American Struggles, New York 1982; S. 148.

2 Mit Ausnahme von Nevada ist Glücksspiel in den USA verboten; in den Reservaten gilt dieses Verbot nicht, ebenso wie auch andere Gesetze über Steuererhebung oder Umweltschutz; daher sprießen dort in letzter Zeit zum Beispiel Bingo-Hallen wie Pilze aus dem Boden.

Ich möchte abschließend betonen, daß die Haudenosaunee Ihre Untersuchung über das geistige Eigentum indigener Völker ausdrücklich unterstützen. Die Frage des Beitrags indigener Nationen und Völker zu ihrem nationalen kulturellen Erbe ist von großer Bedeutung. Das Recht auf Rückerhalt und Rückführung von Grabschätzen (funerary objects), sterblichen Überresten und heiligen Gegenständen ist von entscheidender Bedeutung für unser Wohlergehen und unsere Religionsfreiheit.

Das Recht auf den Besitz unseres geistigen Eigentums, ja selbst unsere Existenz im eigentlichen Sinn, werden jedoch durch das «Human Genome Diversity Project» (Datenbank menschlicher Gene, besser bekannt unter dem Namen «Campire Project») in Frage gestellt. Mehr als 700 indigene Gemeinschaften in aller Welt, darunter auch die Onondaga-Nation, deren Angehöriger ich bin, und die Cayuga-Nation, die beide ihrerseits Teil der Haudenosaunee sind, wurden im Rahmen dieses Projekts für die Entnahme von Haar-, Haut- und Blutproben ausgewählt. Diese Eingrenzung ethnischer Vielfalt könnte zu einer neuen Rechtfertigung rassistischen Verhaltens führen. Deshalb fordern wir die Vereinten Nationen sowie alle Nationen und Völker weltweit auf, einzugreifen, damit die Finanzierung des Projekts gestoppt und das Projekt selbst eingestellt wird.

Das Jubiläumsprogramm der 500-Jahr-Feier in den USA ließ viele indianische Autoren zur Feder greifen. Vine Deloria Jr., seit «Custer Died for Your Sins» Gallionsfigur der indianischen Intellektuellen, schrieb den folgenden Text als Nachwort zu dem von Alvin M. Josephy herausgegebenen Band «Amerika in 1492» (deutsch: Amerika 1492, S. Fischer Verlag, Frankfurt 1992).

Vine Deloria Jr.

Wir alle würden gern glauben, daß die Geschichte der westlichen Hemisphäre seit der Entdeckung der Neuen Welt durch die Europäer eine geradlinige Chronologie von Ereignissen ist, die uns bis in die Gegenwart führen, und tatsächlich schreiben wir Geschichte mit eben diesem Ziel im Auge. Geschichte, so sagen die Weisen, wird von den Siegern geschrieben, und wenn sie damit fertig sind, die Geschehnisse so umzumodeln, daß sie selbst in einem günstigen Licht dastehen, bleibt kaum mehr übrig als eine Entschuldigung für ihre Unzulänglichkeiten. Es ist nicht schwierig, eine Chronologie aufeinanderfolgender Ereignisse zu erstellen und die Invasion und Eroberung dieses Teils des Planeten durch Menschen europäischer Herkunft zu beschreiben. Aber im Hinblick auf die Auswahl der

Themen, durch die wir versuchen, diese einzigartige Wanderung von Völkern und die sozialen, politischen und wirtschaftlichen Experimente zu verstehen, die ihre Zeit auf den beiden amerikanischen Kontinenten charakterisierten, gibt es große Differenzen.

Die amerikanischen Indianer betrachten die Invasion der Europäer zunehmend als Fehlschlag. Das heißt, daß die Indianer ungeachtet der Unterdrückung, der fast völligen Entwurzelung und der beträchtlichen Verluste in den Bereichen Religion und Kultur nicht vollständig besiegt wurden. Ein Merkmal der Psyche der Indianer von heute ist die Erkenntnis, daß das Schlimmste vorbei ist und daß heute der weiße Mann mit seiner achtlosen Behandlung von Leben und Umwelt vom Aussterben bedroht ist. Die alten indianischen Prophezeiungen sagen, daß der Aufenthalt des weißen Mannes auf den beiden westlichen Kontinenten der kürzeste von allen sein wird, die hierher kamen. Aus indianischer Sicht müßte man die Geschichte der Hemisphäre daran messen, wie weit die Weißen sich an die Rhythmen des Landes angepaßt haben – wie weit sie zu Einheimischen geworden sind. Und aus dieser Sicht gesehen, fällt das Urteil über die Europäer streng aus.

Die amerikanische Geschichte wird für gewöhnlich im Licht des Fortschritts dargestellt – es wird beschrieben, wie ein zähes Volk, das eine Gesellschaft schuf, in der die Segnungen der Erde dem größtmöglichen Prozentsatz von Menschen zugänglich gemacht wurden, eine Wildnis zähmte und urbar machte. Kurzfristig gesehen, gibt es vieles, was für diese Interpretation spricht. Die Vereinigten Staaten schwimmen im wahrsten Sinne des Wortes im Luxus, und selbst die ärmsten Mitglieder dieser Gesellschaft sind bedeutend besser gestellt als die Mehrheit der Menschen in den meisten anderen menschlichen Gesellschaften. Dies gilt natürlich nicht für alle amerikanischen Nationen, aber für die englischstämmigen Völker ist es eine unbestrittene Tatsache. Die Bewohner der Vereinigten Staaten führen ihre Erfolge gern darauf zurück, daß sie sich dem Fortschritt verschrieben haben, obwohl auch die Gottheit hin und wieder einmal ein Kompliment einheimsen darf, und Fortschritt wird fast immer als Zuwachs an materiellem Wohlstand definiert. Aber in den letzten Jahren, in denen die Vereinigten Staaten immer mehr einem von unüberwindlichen Schulden niedergedrückten Dritte-Welt-Land ähneln, klingt der Spruch von der Überlegenheit der Vereinigten Staaten zunehmend dürftiger. (...)

Es ist höchste Zeit, daß wir versuchen, die Bedingungen zu verstehen, die einst auf dieser Hemisphäre herrschten, da die derzeitige Generation es ganz besonders schwer hat, die Bedeutung der amerikanischen Erfahrung zu erkennen. Manche Leute meinen, daß die Geschichte sich ihrem Ende nähert – oder zumindest die Vorstellung von Geschichte, die uns den größten Teil unseres Lebens genährt, inspiriert und geleitet hat. Der Kampf der Titanen, der auch als Kalter Krieger bekannt ist, scheint vorüber zu sein, und niemand weiß, in welche Richtung die Weltgeschichte sich bewegen wird, falls es überhaupt noch eine Bewegung geben sollte.

In einer seltenen und fast unheimlichen prophetischen Analyse des Potentials der Weltsituation von 1830 schrieb Alexis de Tocqueville: «Der Amerikaner kämpft gegen natürliche Hindernisse; der Russe liegt mit den Menschen im Streit. Ersterer bekämpft die Wildnis und die Barbarei; letzterer die Zivilisation mit allen Waffen. Amerikas Eroberungen werden mit der Pflugschar gemacht, Rußlands mit dem Schwert.

Um an Waffen zu gelangen, baut der erstere auf persönliche Interessen und läßt der ungelenkten Kraft und dem gesunden Menschenverstand des einzelnen freie Hand. Der letztere konzentriert in einem gewisse Sinne die ganze Macht der Gesellschaft in einem einzigen Mann. Der eine hat die Freiheit als grundlegendes Handlungsprinzip; der andere Unterwürfigkeit. Ihr Ausgangspunkt ist unterschiedlich, und ihre Pfade weichen voneinander ab; nichtsdestoweniger scheinen beide durch einen geheimen Pfad der Vorsehung dazu bestimmt, eines Tages das Schicksal der halben Welt in ihren Händen zu halten.»

Wieweit hat diese Vorhersage sich erfüllt? Rußland kämpft nicht länger gegen Menschen und hat allem Anschein nach das Prinzip der Alleinherrschaft eines einzigen Mannes aufgegeben, aber die Vereinigten Staaten sind über ihren Kampf mit der Natur hinausgewachsen, so daß sie sozusagen die Initiatoren einer neuen globalen Geschichte sind, die von allen geteilt wird!

Wenn wir den Schrei nach Demokratie wirklich verstanden haben, der kürzlich über die Erde fegte, fest etablierte Diktaturen stürzte und sogar an den Grundfesten des monolithischen chinesischen Kommunismus rüttelte, müssen wir einsehen, daß selbst die amerikanische Demokratie, die älteste und wohlhabendste der Erde, vor der gigantischen Aufgabe einer Neudefinierung steht. Es könnte sehr gut sein, daß die Vereinigten Staaten aus den demokratischen Formen, die einst so bequem und tröstlich schienen, herausgewachsen sind. Sie müssen entweder einen gewaltigen Sprung nach vorn machen, hin zu einer neuen, globalen Gesellschaft des Friedens und der Gerechtigkeit, oder zu einem Relikt althergebrachter Privilegien werden, das zusammen mit den alten politischen Strukturen der Alten Welt einfach beiseite gefegt werden wird.

Der russische Kommunismus und das amerikanische Experiment der Demokratie verkörperten die beiden Wege, welche die europäische Überwindung des Feudalismus hätte einschlagen können. Daß diese beiden Möglichkeiten in Gebieten außerhalb Europas verwirklicht wurden, ist insofern bezeichnend, als die Alte Welt die Belastungen, welche die

Flucht aus dem Feudalismus mit sich brachte, nicht hätte überleben können. Der Nationalsozialismus kann als die wirkliche Antwort Europas auf seine schwindende Rolle in der Welt betrachtet werden: Der Lebensraum der Nationalsozialisten war nichts weiter als ein im engen Raum Mitteleuropas geschriebener russischer und amerikanischer Imperialismus. Wenn der Kampf um Lebensraum vorbei ist – und er war immer eine Suche nach einer gesicherten nationalen Identität –, dann haben wir die gegenwärtige und zukünftige Aufgabe, ein für allemal eine adäquate Geschichte der menschlichen Rasse zu schaffen, eine Geschichte, in der selbst das kleinste und unbedeutendste Volk im Licht seiner eigenen Erfahrungen gesehen wird. Für die Amerikaner bedeutet das eine Auseinandersetzung mit der wirklichen Bedeutung der letzten fünf Jahrhunderte und den Versuch, zu verstehen, was sich in Wahrheit zwischen den ursprünglichen Bewohnern dieser Hemisphäre und den Menschen abspielte, die versuchten, sie auszulöschen und ihren Platz einzunehmen.

Ein guter Einstieg in die Evaluierung der amerikanischen Erfahrung wäre der, die Erfahrungen der Amerikaner, ob rot oder weiß, wirklich ehrlich zu betrachten und aus ihren kollektiven und gemeinsamen Erfahrungen einige Themen und Einstellungen auszuwählen, die in diesen fünf Jahrhunderten des Kontakts einigermaßen konstant geblieben sind. Die Entdeckung, ob sie nun am 12. Oktober 1492 auf einer abgelegenen karibischen Insel stattfand oder im Jahre 1911 in der Wildnis Kaliforniens, als die Ishi sich der Zivilisation unterwarfen, war ein gewaltiger kultureller und historischer Schock. Dieses Trauma ist immer noch ein gewichtiger Faktor für das Verständnis der Beziehungen zwischen Indianern und Weißen, und in dem Maße, in dem die Fremdheit des jeweils anderen nicht überwunden oder assimiliert wurde, bleibt es ein Filter für alle anderen Beziehungen.

Zur Zeit der Entdeckung konnten die Indianer das Ausmaß der Gefahr, die dieses neue Volk verkörperte, nicht abschätzen. In Anbetracht der Tatsache, daß die Europäer einzeln oder in kleinen Gruppen auftraten, die kaum größer waren als das durchschnittlich einheimische Dorf, war es für die Indianer unmöglich, hinter diesen wenigen Fremden die gewaltigen Bevölkerungen zu erkennen, die sie repräsentierten. Riesige Bevölkerungen und große Siedlungen waren für die meisten Indianer einfach unvorstellbar. Selbst in den letzten Jahrzehnten der Indianerkriege des amerikanischen Westens, in den 1870er und 1880er Jahren, mußten die indianischen Häuptlinge auf einer großen Rundreise durch die Städte des Ostens geführt werden, bevor sie verstehen konnten, wie groß die Kräfte waren, mit denen sie es zu tun hatten. Selbst heute kann man den meisten Indianern kaum verständlich machen, daß ihre Probleme und deren Lösung keine lokale Angelegenheit sind, sondern daß sie in einer unglaublich großen und komplexen Gesellschaft leben.

Nach der Entdeckung mühten die Europäer sich verzweifelt, den Sinn der Neuen Welt zu verstehen. Ihre Kenntnis der Welt leitete sich in erster Linie von ihrer theologischen Sicht ab, welche die sprichwörtliche Erschaffung der menschlichen Spezies in einem fernen Garten irgendwo im Mittleren Osten vertrat und für welche die Möglichkeit, daß es auch außerhalb des historischen Rahmens der Bibel menschliche Gesellschaften geben konnte, einfach nicht existierte. Es war nicht weiter schwer, die Existenz zweier riesiger Kontinente zu akzeptieren, die den Europäern bislang unbekannt gewesen waren. Alte Karten und Legenden hatten schon immer von der Existenz solcher phantastischer Länder gesprochen, und die Entdeckung der westlichen Hemisphäre sorgte einfach nur dafür, daß einige Aspekte der alten Mythologien glaubwürdiger schienen, und führte, als die Forscher an Land gingen, zu Expeditionen auf der Suche nach der Nordwestpassage und dem Jungbrunnen. Dagegen war es unglaublich schwer zu verstehen, wer die Menschen waren, die diese Kontinente bewohnten.

Der Versuch, die Völker der Neuen Welt zu identifizieren, konzentrierte sich im Prinzip auf zwei Gedankenstränge, die beide extrem nachteilig für die spätere Behandlung der Einheimischen waren. Der eine Strang versuchte, in den Indianern die verlorengegangenen Völker des Alten Testaments zu sehen, und so wurden sie einmal als die Nachfahren der Überlebenden der Sintflut bezeichnet, einmal als die «Zehn Verlorenen Stämme» Israels, die während der babylonischen Gefangenschaft verschwunden waren, und einmal als Flüchtlinge vor einer der periodischen Ketzerverfolgungen, die in den Jahrhunderten, nachdem das Christentum zur vorherrschenden Religion Europas geworden war, über die Christenheit hinwegfegten. Das Buch Mormon ist einer dieser traditionellen Versuche, die Herkunft der Indianer zu verstehen. Aber die Toleranz der Mormonen für die Indianer war nicht größer als die der eifernden spanischen Missionare zu Beginn der Eroberung, und ihre Doktrin, die dunkle Haut der Indianer und später auch der afrikanischen Schwarzen sei ein Zeichen göttlichen Mißfallens, verhinderte in den Jahrzehnten seit ihrem Aufkommen jede Harmonie und Zusammenarbeit zwischen den Rassen. Es gab keine Möglichkeit, die Indianer so mit den Völkern des Alten Testaments zu identifizieren, daß sie daraus Respekt oder Status gewonnen hätten.

Der technologische Stand der Indianer, denen die ersten Europäer begegneten, ließ nicht vermuten, daß diese Menschen dazu in der Lage gewesen wären, die riesigen Ozeane zu überqueren, welche die beiden Welten voneinander trennten. Folglich kam man auf die Idee, die Kontinente des Planeten seien irgendwann durch Landbrücken miteinander verbunden und der Boden der Beringstraße zeitweise nicht von Wasser bedeckt gewesen. Statt dessen hätte sich eine weite Ebene gebildet, über welche die alten Indianer in die Neue Welt einwanderten. Die Beweise für eine solche Landbrücke sind jedoch extrem dünn gesät und beruhen mehr auf der jeweiligen Schule, welche die Wissenschaftler durchlaufen haben, als auf tatsächlichen Beweisen. Die Anthropologen sind sich nicht darüber einig, wann diese Landbrücke existiert haben soll, und um eine solche Landbrücke überhaupt haben zu können, müssen sie eine Eiszeit heraufbeschwören, die soviel Wasser der Ozeane der Welt band, daß das Land unter der Beringstraße trockenlief. Dann müssen sie einen mythischen Korridor zwischen massiven Eisschichten entstehen lassen, um die Indianer nach Nordamerika, durch das Eis, ins Landesinnere und vor allem in die südlichen Regionen zu schaffen, in denen sie überleben konnten.

Die Beringstraßen-Theorie wird von weißen Wissenschaftlern hartnäkkig gegen die unterschiedlichen Migrationstraditionen der einheimischen Amerikaner verteidigt und ist ein Beispiel für den Triumph von Doktrin über Faktum. Das Ausgraben alter Feuerstellen und Lagerplätze mag ja aufregend sein, aber es gibt nun einmal keine ausgetretenen Pfade, welche die Migrationen von Asien nach Nordamerika aufzeigen, und selbst wenn es sie gäbe, könnte man ihnen nicht entnehmen, in welcher Richtung sie benutzt wurden. Wir wissen nur eines mit Sicherheit: Die Beringstraßen-Theorie wird von den Weißen *bevorzugt* und folglich als wissenschaftliche Tatsache akzeptiert. Wenn die Indianer an den Universitäten das Sagen hätten, hätten wir eine völlig andere Erklärung für die Besiedlung der Neuen Welt, und das wissenschaftliche Establishment würde sie ganz genauso unterstützen. Die Beringstaßen-Theorie wirft jedoch Licht auf ein konstantes Thema, auf das wir später noch einmal zurückkommen werden: Eine Menge wissenschaftlicher und/oder gelehrter Vorstellungen über die Indianer entstanden ursprünglich als religiöse Doktrinen. Als der meinungsbildende Einfluß der Religion immer mehr zurückging, wurde die Idee von weltlichen Gelehrten aufgegriffen, in wissenschaftliche Theorie umgemünzt und als orthodoxe Wissenschaft publik gemacht.

Die von den Wissenschaftlern vertretene Beringstraßen-Fiktion hat eine bizarre Auswirkung, die zu gefährlichen Entwicklungen führte. In Anbetracht des massiven ökologischen Zusammenbruchs im Nordamerika von heute argumentieren konservative Gelehrte, daß unser Planet schließlich schon viele frühere Vergewaltigungen der Umwelt durch den Menschen überstanden habe, wodurch wohl die Auswirkungen unserer eigenen Irrtümer null und nichtig gemacht oder zumindest die moralische Frage nach dem, was die modernen Amerikaner angerichtet haben, auf ein Minimum reduziert werden soll. Der Paläobiologe Paul Martin läßt die alten Indianer nicht nur über die Beringstraße stapfen, sondern auch sofort nach ihrer Ankunft in der Neuen Welt einen Vernichtungsfeldzug beginnen, dem alle Großtiere des Pleistozäns zum Opfer fielen. Natürlich vertreten nicht alle Wissenschaftler diese Idee, zumindest teilweise deshalb, weil sie einfach lächerlich ist, aber in der Öffentlichkeit, und vor allem von begeisterten Jägern, wird diese Theorie in Diskussionen über indianische Fischerei- und Jagdrechte immer wieder als Beweis dafür angeführt, daß die Verantwortung für die schwindenden Wildbestände bei den Indianern und nicht etwa bei ihnen selbst liege.

Wie die Beringstraßen-Theorie kann sich auch die Theorie vom indianischen Overkill zu Zeiten des Pleistozäns kaum auf harte Beweise stützen. Zwar gibt es Fundstätten, aus denen hervorgeht, daß eine Gruppe von Indianern irgendwann einmal eine Büffelherde über eine Klippe hetzte, was schon ein wenig extravagant wirkt. Da wir jedoch nicht wissen, wie viele Gäste an diesem Tag zum Essen geladen waren, ist selbst diese Tatsache kein unbedingter Beweis für Verschwendungssucht. Die Overkill-Theorie krankt ebenso wie die der wandernden Eiskorridore, die sich je nach Bedarf der Gelehrten auf dem nördlichen Teil des Kontinents hin und her verschieben, an ihren eigenen Unzulänglichkeiten, sobald man sie genauer untersucht. Man will uns glauben machen, daß die indianischen Jäger durch riesige Herden von Büffeln, Hirschen, Elchen, Antilopen und anderen schmackhaften Wildtieren wateten, um finstere Wölfe, säbelzähnige Tiger, gigantische Faultiere, riesige Gürteltiere und andere Kreaturen von ähnlicher Größe auszurotten. Wenn dieses Gemetzel der Nahrungsversorgung galt, müssen wir den Indianern das Lob aussprechen, die besten Köche der Welt zu sein, denn anders wäre es ihnen wohl kaum gelungen, diese Kost genießbar zu machen. Wenn sie die Jagd aus Spaß betrieben, dann spielten sie wirklich ein sehr gefährliches Spiel und sollten zumindest für ihren außergewöhnlichen Mut bewundert werden, denn diese Tiere hätten die Jäger mit Leichtigkeit vernichten können.

Der andere europäische Gedankenstrang in Hinblick auf die Identifizierung der Herkunft der einheimischen Bewohner der westlichen Hemisphäre vertrat die Ansicht, daß es sich möglicherweise gar nicht um richtige Menschen handelte. Unmittelbar nach der Meldung von der Entdeckung der Neuen Welt fanden hinter den europäischen Kulissen gewaltige politische Machtkämpfe statt. Das Papsttum, immer bereit, auf die Wünsche des Königs von Spanien und Aragonien einzugehen, ließ es sich gefallen, der spanischen Krone die Länder der Neuen Welt unter der Bedingung zu schenken, daß die Spanier den Eingeborenen den «Wahren Glauben» beibringen würden. Bewaffnet mit einem absolut unzulässigen Rechtstitel, ausgestellt vom Stellvertreter Gottes auf Erden, begannen die Spanier mit der brutalen Unterwerfung Mittel- und Südamerikas, die binnen einer Generation zur völligen Ausrottung der einheimischen Bevölkerungen der Karibik führte. Solche Taten blieben bei der humaner eingestellten spanischen Geistlichkeit nicht unbemerkt, und ihre Reaktionen auf die Grausamkeiten fingen an, den König zu beunruhigen.

Um die Unterwerfung der Einheimischen zu rechtfertigen, ließen die Conquistadores sich einen theologischen Dreh einfallen. Wenn sie sich einem indianischen Dorf näherten, verlasen sie ein als die «Erfordernis» bezeichnetes Dokument, das die Geschichte der Welt zum Inhalt hatte, so wie sie sie sahen, vom Garten Eden bis hin zur jüngsten Entdeckung der beiden neuen Kontinente, und verlangten von den Einheimischen, sie sollten diese Fabel als Wahrheit anerkennen und sich der spanischen Krone und dem katholischen Glauben unterwerfen. Wenn sie sich weigerten, war dies der Beweis dafür, daß sie die ihnen offenbarte Wahrheit Gottes zurückgewiesen hatten und folglich samt und sonders niedergemacht werden konnten. Die Tatsache, daß die Einheimischen weder Spanisch noch Latein verstanden oder vielleicht eine eigene Version der Weltgeschichte besaßen, spielte dabei nicht die geringste Rolle. Sie wurden angegriffen, unterworfen und getauft, in eben dieser Reihenfolge. Aber selbst diese Praxis und die spätere Versklavung der Einheimischen auf den *encomiendas* irritierte liberale Kirchenführer und vergrößerte die Unsicherheit des Königs.

In den Jahren 1550/1551 rief König Karl von Spanien die führenden spanischen Theologen und Philosophen in Valladolid zusammen, um mit ihnen über Kriterien zu debattieren, unter denen man einen gerechten Krieg gegen die Einheimischen der Neuen Welt führen konnte. Die Debatte drehte sich um die Frage, ob die Indianer menschliche Wesen mit Gesetzen, Kultur, Religion und Familiensinn waren oder ob sie entsprechend den Definitionen von Aristoteles nicht eher Tiere waren und von daher mit Recht zu Dienern der zivilisierten Menschheit gemacht werden konnten. Die Sache der Indianer wurde von Bartolome de Las Casas vertreten, der über beträchtliche Erfahrungen in der Neuen Welt verfügte und der Meinung war, das Christentum solle durch Güte und Beispiel und nicht durch das Schwert verbreitet werden. Sein Gegenspieler, Juan Gies de Sepulveda, der überhaupt keine Neue-Welt-Erfahrung besaß, vertrat mit großem Eifer die Doktrin Aristoteles'.

Nach ausgedehnten Debatten wurden fünfzehn führende Gelehrte aufgefordert, ihre Meinung schriftlich niederzulegen. Ein Gewinner wurde jedoch nicht bekanntgegeben. Ein umfangreiches Dokument, die «Apologetica» von Las Casas, in der er die Menschlichkeit der Einheimischen verteidigt, wurde von den spanischen Behörden unterdrückt, während modifizierte Versionen der Argumentation Sepulvedas in aller Eile in der Neuen Welt verbreitet wurden, wo sie als beliebte Rechtfertigung für die Versklavung der Einheimischen benutzt wurden. Sie waren durchaus mit greifbaren Vorteilen für die Indianer verbunden, denn wenn indianische

Dörfer dem Schwert unterworfen wurden und es an der Zeit war, schwangeren Frauen den Leib aufzuschlitzen, war immer ein Priester zugegen, für den Fall, daß es dem ungeborenen Kind gelingen sollte, einen Augenblick am Leben zu bleiben, nachdem es aus dem Mutterleib herausgerissen war. In diesen wenigen Sekunden wurde das Baby schnell getauft, bevor es dann ohne weitere Umschweife an einen Stein oder eine Wand geschmettert wurde. Auf diese Weise sicherte die Religion sich ihren Platz in der Eroberung der beiden Amerikas.

Mit einigen, der Zeit und den Umständen entsprechenden Modifikationen wurden Sepulvedas Argumente zustimmend angeführt, wann immer es sich als notwendig erwies, die nicht-weißen Rassen in Amerika zu unterdrücken: Sie waren eben nicht so ganz menschlich und konnten von daher von den Weißen ausgebeutet werden. Die schwarze Sklaverei wurde einst wohlwollend als gutgemeinte Internierung bezeichnet, in deren Rahmen man den Afrikanern die Anfangsgründe des Christentums und der Zivilisation beibringen konnte, während sie für ihre natürlichen Herren auf den Feldern schufteten. Chinesische Arbeiter bekamen beim Bau der Eisenbahnen die gefährlichsten Arbeiten zugewiesen, da sie ja nicht so ganz menschlich waren und körperliche Strapazen weit besser ertragen konnten als die zivilisierten Weißen. Und noch in den zwanziger Jahren dieses Jahrhunderts vertraten manche Sozialwissenschaftler die Ansicht, die Mexikaner seien von der Natur dazu vorherbestimmt, Arbeiten in gebückter Stellung zu verrichten, da sie so dicht am Boden gebaut seien. Es erübrigt sich zu sagen, daß diese wissenschaftlichen Klassifikationen nicht länger zählten, als die Depression in den Vereinigten Staaten immer größere Ausmaße annahm und die Arbeitsplätze auf den Feldern Südkaliforniens für die einströmenden «Arkies» und «Oakies» benötigt wurden. Zusammenfassend kann also gesagt werden, daß der Plan der Entmenschlichung, der erstmals in Valladolid ausgesprochen und auf die amerikanischen Indianer angewandt wurde, zur Rechtfertigung für den Rassismus wurde, der ein Charakteristikum der amerikanischen Erfahrung war.

In Amerika übernahm die Wissenschaft die Glaubensvorstellungen der Theologie, wandelte sie in respektable weltliche Theorien um und hielt dann ungeachtet aller gegenteiliger Beweise zäh an ihnen fest. Eindrucksvoll beginnend mit Thomas Jefferson und bis hinein in die Gegenwart haben amerikanische Wissenschaftler und Freizeitforscher es sich zur Gewohnheit gemacht, die Ursprünge des amerikanischen Indianers zu erforschen, indem sie indianische Gräber und Begräbnisstätten öffneten und für gewöhnlich die Grabbeigaben, die ihnen ins Auge stachen, für sich behielten. Gegen Ende des 19. Jahrhunderts, in den Jahren, in denen Anthropologie und Archäologie sich als formale Wissenschaften etablierten, stieg die Nachfrage nach indianischen Skeletten ins Unermeßliche.

Indianer, die auf den Schlachtfeldern des Westens den Tod fanden, wurden in den Osten verfrachtet, um dort von den Wissenschaftlern inspiziert und examiniert zu werden. Aus zahlreichen Briefwechseln geht hervor, daß Grabräubereien unter den Bundesbeamten, die mit indianischen Angelegenheiten befaßt waren, gang und gäbe waren. Noch widerlicher war der Brauch, indianische Skelette zu enthaupten – dies so geschehen in einer kurzen Periode, in der manche Anthropologen glaubten, die durch die Schädelabmessungen vorgegebene Größe des Gehirns hätte einen Einfluß auf Intelligenz und kulturelles Verhalten. Es ist unmöglich, die Zahl der indianischen Skelette zu schätzen, die in den Magazinen der amerikanischer Museen lagern, in erster Linie weil die meisten Museen fürchten, die Indianer, wenn sie von der Existenz dieser Skelette wüßten, würden die Rückgabe der Gebeine ihrer Vorfahren verlangen, um sie beerdigen zu können.

Museen, historische Gesellschaften und der *United States National Park Service* beharren darauf, diese menschlichen Überreste als «Exemplare» oder «Ressourcen» zu bezeichnen oder sie mit sonstigen wissenschaftlich eindrucksvollen Namen zu belegen, um die Tatsache zu vertuschen, daß es sich dabei um die Gebeine von Menschen handelt. Sie argumentieren lautstark, die Wissenschaft benötige diese Gebeine, um eine Vielzahl bedeutender Fragen erforschen zu können, und wenn die Skelette zurückgegeben würden, würde ein nicht wieder gutzumachender Schaden entstehen. Um dabeibleiben zu können, daß indianische Gebeine in den Bereich der Wissenschaft gehören, muß man argumentieren, daß die Indianer keine Gefühle für ihre lebenden oder toten Verwandten empfinden und daß es folglich nicht nötig ist, ihre religiösen Beweggründe anzuerkennen. Es gibt nur sehr wenige Gesellschaften, die ihren Toten keine Ehrerbietung entgegenbringen. Selbst Gräber aus sehr alter Zeit sind ein deutlicher Beweis dafür, daß es ein hochentwickeltes Verständnis für das Leben – und für den Tod – gab.

Die Gesetze in dieser Situation sind komplex und einseitig gefärbt. Wann immer die Stämme aus religiösen Gründen rechtlichen Schutz vor wissenschaftlichen Übergriffen verlangten, wurde ihnen gesagt, ein solcher Schutz könne nicht gewährt werden, da die Stammesreligionen dadurch vor den anderen Religionen «etabliert» würden. In dieser Analyse wird ganz bewußt darüber hinweggegangen, daß es unter Amerikanern durchaus üblich ist, die Gräber von Verstorbenen *nicht* auszugraben, und daß Grabräubereien nur im Falle der amerikanischen Indianer aufgrund ihrer angeblichen Untermenschlichkeit straflos stattfinden können.

Die Einstellung, die Indianer seien untermenschlich, war von Anfang an ein integraler Bestandteil der staatlichen Landpolitik. Ursprünglich wurden die Great Plains als die «Große Amerikanische Wüste» bezeichnet, da man der Meinung war, kein zivilisierter Mensch könne hier leben und die ganze Region sei höchstens für Tiere und Indianer geeignet. Häufig konfiszierten Verträge das fruchtbarste Land und siedelten die Stämme in Einöden um, in denen es weder Wasser noch Wildtiere gab. Während der Depression der dreißiger Jahre gab es im Landwirtschaftsministerium ein Programm zum Aufkauf der Ländereien bankrotter Farmer, die den Boden durch destruktive Anbaumethoden ruiniert hatten. Sobald dieses Land in den Händen bundesstaatlicher Einrichtungen und als «submarginal» klassifiziert war, was bedeutete, daß man ihm keinen angemessenen Lebensunterhalt abringen konnte, wurde es dem *Bureau of Indian Affairs* zur Ansiedlung indianischer Familien überlassen. Die Indianer, die ja nicht so ganz menschlich waren, würden den erschöpften Boden schon dazu bringen, soviel herzugeben, daß sie nicht verhungern müßten. (...)

Die Wahrnehmung der Menschen, welche die beiden amerikanischen Kontinente bewohnten, und die Wahrnehmung des Landes an sich scheinen in den Köpfen der Einwanderer und ihrer Nachfahren eng miteinander verknüpft zu sein. Wenn die Menschen als Wilde klassifiziert wurden, so mußte auch das Land eine Wildnis sein, gefährlich und gnadenlos. Die Vorstellung, in einem fremden Land zu leben, war so beängstigend, daß die frühen Einwanderer alles nur denkbar Mögliche unternahmen, um ihre physische und psychische Stabilität zu sichern. Die ersten schwedischen Siedler am Delaware River waren so verängstigt und so voller Zweifel, ob es ihnen gelingen würde, ihren Lebensunterhalt zu erwirtschaften, daß sie ihre Nahrungsmittel fast eine ganze Generation lang importierten, bevor sie sich zutrauten, den Boden zu bebauen. (...)

Wo immer die Vertreter der westlichen Welt die Hemisphäre betraten, wurden die gleichen Gefühle geäußert - Staunen über ein Land, das im wahrsten Sinne des Wortes unverdorben war. Aber leider hatte die Geschichte der Menschheit bereits einen Punkt erreicht, an dem es den Neuankömmlingen unmöglich war, sich an das Land anzupassen und die Symbiose mit der Natur einzugehen, die es verlangte. Nach dem ersten Augenblick des Staunens sahen die Europäer das Land als Rohmaterial für die Reproduktion der europäischen Lebensweise zu ihren eigenen Bedingungen. Das Paradies war entdeckt worden, und durch die Entdeckung ging das Paradies wieder verloren.

Die europäischen Siedlungen in beiden Teilen Amerikas spiegelten den Versuch wider, die europäische Kultur hierher zu verpflanzen und in Amerika das aufzubauen, was den Menschen in Europa versagt geblieben war. So gab es frühe Siedlungen mit Namen wie New Spain, New England, New Haven, New Bedford und später, nach der Etablierung der weißen Hegemonie, im Osten der Vereinigten Staaten Syrakus, Troja, Athens,

Sparta und Cairo. In Gebieten unter spanischer und portugiesischer Vorherrschaft fand man die intensiven ekklesiastischen Interessen der Krone widergespiegelt: Erst relativ spät in den Jahrhunderten der Kolonisierung und der Besiedlung wurden Städte und Dörfer nach berühmten Politikern wie Washington, Jefferson, Jackson, Monroe, Lincoln, Juarez und Bolivar benannt.

Namen verraten uns, daß das halbe Jahrtausend der Besatzung in erster Linie davon geprägt war, neue Siedlungen in einem Land zu gründen, das störrisch an seiner eigenen Identität festhielt. Anders als der Hudson und der Columbia tragen die meisten Flüsse, Berge und Seen noch heute ihre ursprünglichen indianischen Namen, und noch heute gibt es in diesem Land vieles, das ganz und gar indianisch ist. Überhaupt blieb die heilige Geographie der Indianer in den fünf Jahrhunderten des Konflikts im Prinzip unberührt. Die amerikanische Geschichte war in Wirklichkeit ein hart erkämpfter Kompromiß zwischen den Versuchen, an diesen Küsten die europäische Lebensweise nachzuahmen, und den beharrlichen Forderungen des Landes selbst, frei zu bleiben und seine eigene Identität zu wahren.

Das unglaubliche Gefühl des Staunens, von dem Fitzgerald schreibt, muß ein Schock erster Größenordnung gewesen sein. Jedenfalls vermittelte es den Menschen, die sich in Amerika niederließen, ein verzerrtes Bild ihrer eigenen Bedeutung. Von Anfang an glaubten die europäischen Einwanderer, sie seien die «ersten» bei allem. Vasco Nuñez de Balboa soll der erste gewesen sein, der den Pazifischen Ozean sah: Die Indianer und die Orientalen hatten anscheinend jahrtausendelang an seinen Küsten gelebt, ohne auch nur einen Blick darauf zu werfen. Die Liste ist erstaunlich, und es ist noch nicht lange her, daß die Schulbücher so taten, als hätte nie zuvor irgend jemand die Wunder vollbracht, welche die ersten Erforscher leisteten, als sie die Wildnis kartographierten. Obwohl die unverschämte Behauptung der Erstmaligkeit inzwischen wenigstens so weit zurückgenommen wurde, daß man jetzt «der erste *weiße* Mensch» lesen kann, glauben die Bewohner der Vereinigten Staaten bis heute, daß ihre Lebensweise einzigartig, bewundernswert und beispielhaft für die ganze Menschheit ist, daß sie in allem die «ersten» sind. So werden nationale Sportveranstaltungen *Welt*wettkämpfe und *Welt*meisterschaften genannt, obwohl der Rest der Welt nicht an ihnen teilnehmen darf, und unsere Politiker sorgen sich unablässig darum, daß sie in irgendeinem Bereich mit schlechtem Beispiel vorangehen könnten. So hielt Richard Nixon störrisch an Vietnam fest, weil er nicht der erste amerikanische Präsident sein wollte, der einen Krieg «verlor». Wir werden wissen, daß der Schock der Entdeckung überwunden ist, wenn die Amerikaner die Tatsache akzeptieren, daß sie nichts weiter sind als eine vorübergehende Episode in der größeren menschlichen Geschichte des Lebens auf diesem Planeten.

Die andere Einstellung, die aus der Entdeckung der beiden westlichen Kontinente herrührt und sich seitdem hartnäckig hält, ist der Glaube an die Unerschöpflichkeit der natürlichen Ressourcen dieser Neuen Welt. Die Europäer waren auf einem Kontinent aufgewachsen, der jahrtausendelang systematisch ausgebeutet worden war. Abgesehen von ein paar Wäldern, die allein dem König vorbehalten waren, gab es in Europa keine unbesiedelten Gebiete mehr, und angefangen mit den frühen römischen Eroberungszügen hatten Kriege zwischen Reichen und Dynastien das Gesicht Europas verändert und seine einheimischen Vögel, Pflanzen und Tiere ausgerottet. Der unglaubliche Reichtum der Flora und Fauna muß die Einwanderer fassungslos gemacht und davon überzeugt haben, daß es unmöglich war, diese Ressourcen jemals aufzubrauchen. Thomas Jefferson soll einmal gesagt haben, in Anbetracht der Tatsache, daß ihm alle Reichtümer der Neuen Welt zur Verfügung stünden, müßte jeder Mann in Amerika nach drei Generationen Arbeit wie ein König leben können.

Im Hinblick auf die natürlichen Ressourcen der beiden amerikanischen Kontinente war vor allem die Tatsache wichtig, daß es keine strikten Regeln gab, die den Menschen vorschrieben, wie sie diese Reichtümer nutzen durften. Die europäischen Regierungen unterstützten die schnelle Ausbeutung des Landes und der Tiere, da dies den Mutterländern schnelles Geld einbrachte. Das Wegfallen der politischen Unterdrückung, welche die Menschen in Europa gekannt hatten, wurde schnell in die Freiheit umgemünzt, die natürlichen Ressourcen der Hemisphäre ausbeuten zu dürfen. Tatsächlich entstand eine enge Verbindung zwischen wirtschaftlichen und politischen Rechten, und die beiden blieben seitdem immer partnerschaftlich verbunden. Die Weißen taten ihr Bestes, das Land zu verändern. Wälder wurden abgeholzt und abgebrannt, um Ackerland zu schaffen; Berge wurden abgetragen, um einfacher an die unter ihnen liegende Kohle heranzukommen; Sümpfe und Feuchtgebiete wurden entwässert oder aufgeschüttet, um Platz für Siedlungen und später für Einkaufszentren und Luxushotels zu machen. Die Geschichte der letzten fünf Jahrhunderte könnte sehr gut als die Geschichte der Zerstörung und der radikalen Veränderung der natürlichen Umwelt beschrieben werden.

Gleich, wo die Einwanderer Fuß faßten, sie verwüsteten das Land, töteten die Pflanzen und Tiere und ersetzten sie durch künstliche Gebilde zu ihrem eigenen Nutzen. Durch das Auswaschen von Erzen und die bewässerte Landwirtschaft wurden die meisten Flußsysteme zu Kanälen degradiert, mit deren Hilfe Wasser dorthin geleitet wurde, wo es genutzt werden konnte. Siedlungen, die völlig von der Technologie abhängig sind und sich nicht mehr selbst erhalten können, bestimmen heutzutage die amerikanische Landschaft. Aber es sieht so aus, als hätten wir die Grenzen der möglichen Ausbeutung erreicht. Große Teile Nordamerikas sind nicht mehr dazu in der Lage, Leben zu erhalten, und je mehr die Umweltbedingungen sich verschlechtern, desto größer wird die Gefahr, daß das ganze Gebilde der Siedlungen über unseren Köpfen zusammenbrechen wird. Das Paradies könnte sich bald als bedrohliche Hölle herausstellen.

Nordamerika steht in dieser Hinsicht nicht allein. Neueste Untersuchungen haben ergeben, daß der südamerikanische Regenwald im Tempo eines Fußballplatzes pro Minute vernichtet wird. Ein ständiger Rauchschleier bestimmt die südamerikanische Atmosphäre. Dazu kommt, daß der Rauch der brennenden Wälder anscheinend in einer Art Mulde festhängt, so daß der Wind ihn nicht auseinandertreiben und er sich auch nicht selbst unter dem Einfluß von Regen oder Temperaturschwankungen auflösen kann. Mit der endgültigen Vernichtung des Regenwaldes wird auch die letzte Chance der Menschheit schwinden, den Treibhauseffekt zu verhindern, der die Lebensbedingungen auf unserem Planeten drastisch verändern wird.

Obwohl die Einstellung der weißen Amerikaner die schnelle Ausbeutung der natürlichen Ressourcen förderte, waren es seltsamerweise die Vereinigten Staaten, von denen das Konzept des Nationalparks ausging. Im Jahre 1872, vier Jahre vor der Custer-Schlacht, wurde der Yellowstone National Park zum nationalen Erbe erklärt, und in den Jahrzehnten seit diesem ersten Schritt wurden unzählige Parks, Wälder und Naturschutzgebiete der gegenwärtigen Nutzung entzogen und der zukünftigen Freude der Amerikaner gewidmet. Wir haben sogar versucht, ein System von wilden Flüssen und wildbelassenen Gebieten zu schaffen, in denen die Spuren des Menschen auf ein Minimum beschränkt bleiben sollen. Private Gruppen gewinnen allmählich Einfluß auf nationale Entscheidungsprozesse in Hinblick auf die Nutzung und Ausbeutung des Landes. Und das Wissen um das, was getan werden muß, um Land zu erhalten oder sogar zu sanieren, wird allmählich zu Allgemeinwissen. Die Vereinigten Staaten scheinen im Hinblick darauf, mit welchen Augen sie ihr Land sehen, auf eine radikale Veränderung zuzugehen.

Veränderte Einstellungen zur Landnutzung kennzeichnen den Anfang des Übergangs von der europäischen Tradition zur einheimisch-amerikanischen Haltung des tatsächlichen Lebens auf dem Land. Theologisch gesehen bedeutet das: Wir akzeptieren, daß wir nur ein Teil der Natur sind, keine über ihr stehende Einheit. Aus indianischer Sicht heißt Landnutzung, daß man das Land mit anderen Lebensformen teilt. Eines der wichtigsten Ziele der indianischen Zeremonien war es, eine gebührende Beziehung zu den Pflanzen, Vögeln und Tieren herzustellen, die den Menschen Nahrung, Kleidung und Material für den Bau ihrer Häuser lieferten. Von daher ist es zugleich tröstlich und verwirrend, das Aufkommen der *Animal Rights Movement* zu beobachten. Obwohl die neue Beschäftigung mit den Interessen der Tiere den Bezug zur Ökologie und zu Fragen der Landerhaltung noch nicht hergestellt hat, läßt sie darauf schließen, daß die wichtigsten Elemente des traditionellen, indianischen Verständnisses des Universums auf neue Weise zusammenkommen.

Es gibt inzwischen eine ganze Reihe effektiver nationaler Organisationen, die sich mit der Frage beschäftigen, wie wir mit den Tieren umgehen. Das Thema ist relativ neu für die meisten Amerikaner, die an eine schwere Kost aus Rind- und Schweinefleisch gewöhnt sind, und wie nicht anders zu erwarten, besteht die erste Reaktion darin, das Ganze ins Lächerliche zu ziehen. In Anbetracht der vielen menschlichen Probleme, die zu lösen wir bislang unfähig oder unwillens sind, mag es seltsam scheinen, daß es Menschen gibt, die sich mit ganzer Kraft dafür einsetzen, daß bestimmte Tierarten nicht ausgerottet werden und daß unsere Nutzung der Tiere einen anerkannt ethischen Aspekt erhält. Während viele Wissenschaftler die Bemühungen um den Erhalt des Landes unterstützen, scheut die Mehrheit der wissenschaftlichen Gemeinschaft davor zurück, den Tieren einen gewissen rechtlichen Schutz zuzugestehen, da sie angeblich für wissenschaftliche Versuche gebraucht werden, die dem Menschen zugute kommen. Die Argumente beruhen jedoch zum größten Teil auf einer mechanistischen und materialistischen Wissenschaft, die in vielen Fällen nicht mehr haltbar oder intellektuell kohärent ist. In Wahrheit dienen viele Tierversuche nur rein kosmetischen Zwecken, und manche Wissenschaftler führen Versuche in erster Linie deshalb durch, um die staatlichen Fördermittel, auf die ihre Institute finanziell angewiesen sind, nicht zu verlieren.

Wenn die *Animal Rights Movement* weiterhin so großen Zulauf erhält, könnten wir einer Zukunft entgegengehen, in der die Grundsätze der indianischen Lebenssicht zum zentralen Thema unserer Gesellschaft werden. In diesem Fall würden die fünfhundert Jahre der Ausbeutung und der Entwicklung wie ein tragischer Fehler von unvermuteten Ausmaßen scheinen. Wir müßten dann eine Neueinschätzung der amerikanischen Geschichte vornehmen, die ganz anders aussehen würde als das, was in diesem Band dargelegt wurde. Die Existenz und die Beharrlichkeit der amerikanischen Indianer, ihre Lebensweise, ihre Bräuche und ihre religiösen Vorstellungen würden dann das zentrale Thema der historischen Interpretation sein, und die Vorstellungen von Zivilisation, Fortschritt und wirtschaftlichem Darwinismus würden verschwinden, so wie abergläubische Vorstellungen, denen unsere Rasse zu früheren Zeiten anhing, es noch immer getan haben.

Wenn man auf die fünf Jahrhunderte seit der europäischen Entdeckung der westlichen Hemisphäre zurückblickt und die Themen auswählt, die näher ausgeleuchtet werden sollen, springt einem die Tatsache ins Auge, daß die wichtigsten Punkte, die Indianer und Nicht-Indianer trennen, nicht gelöst sind, daß aber in einigen kritischen Bereichen die Nicht-Indianer anfangen, die Sichtweise der Indianer zu übernehmen. C. G. Jung stellte bei seinen amerikanischen Patienten ein großes Interesse an den Indianern fest, fast schon eine Besessenheit. Er bemerkte, die amerikanischen Sportarten seien im Grunde genommen die gleichen harten, rauhen Spiele, welche die Indianer so liebten, und außerdem scheine die amerikanische Erde den Körperbau der Einwanderer zu verändern, so daß sie allmählich aussähen, als hätten sie indianisches Blut in den Adern.

Diese Spekulationen sind deshalb interessant, weil wir die ganze Geschichte der amerikanischen Erde noch nicht kennen. Außerhalb des akademischen Rahmens, in dem eine orthodoxe Denkweise vorherrscht, gibt es Unmengen von Studien über die verschiedensten Felsenmalereien und Inschriften, die den Beweis dafür erbringen wollen, daß es eine Vielzahl alter Expeditionen seitens der Kelten, Phönizier, Hebräer, Griechen, Römer und christlicher Flüchtlingsgruppen in die Hemisphäre gab. Die meisten dieser Studien konzentrieren sich auf spezifische Fundstätten und Entdeckungen, bei denen es sich um Abweichungen zu handeln scheint, welche die orthodoxe Anthropologie und Archäologie entweder ignoriert oder fehlinterpretiert.

Der berühmte Bat-Creek-Stein in Tennessee trägt eine Inschrift, von der man lange Zeit annahm, es handele sich um eine Cherokee-Schrift aus dem frühen 19. Jahrhundert, die aber kürzlich als Hebräisch entziffert wurde. In Las Lunas, New Mexico, wurde in einer abgelegenen Schlucht eine Inschrift der «Zehn Gebote» gefunden, und auf einer Mesa darüber die Ruinen dessen, was eine alte Festung gewesen sein könnte. Die Inschriften wurden als Schwindel bezeichnet, da einige Formen der hebräischen Buchstaben beträchtlich von allen bekannten alphabetischen Formen abzuweichen schienen. Jüngste Entdeckungen in der Alten Welt zeigen jedoch einige derselben Buchstabenformen und liefern damit ein Maß an Authentizität, das schwer zu erklären ist. Seit Generationen finden Farmer im Mittleren Westen und im Osten der Vereinigten Staaten goldene Münzen aus der Alten Welt, wenn sie im Frühjahr ihre Felder bestellen. Die orthodoxe Reaktion auf diese Münzen bestand darin, einen frühen amerikanischen Münzsammler heraufzubeschwören, der Teile seines Schatzes wahllos über die verlassenen Maisfelder von Illinois, Indiana und Tennessee verstreut habe. Wenn diese Entdeckungen sich als authentisch herausstellen würden, müßten wir unsere Sichtweise der Geschichte dieser Hemisphäre – und der der ganzen Welt – ändern.

Als ob diese beunruhigenden Entwicklungen noch nicht genug wären, ist noch ein weiteres Geheimnis in amerikanischen Landen zu lösen. Im Oktober 1924 verließ die wissenschaftliche Expedition Doheny Los Angeles, um im Grand Canyon die Stelle zu untersuchen, an der der Supai und der Lee Canyon zusammentreffen. Dort fanden sie unter einer dicken Schicht «Wüstenpatina», einem schwarzen Belag, der sich auf der Erdoberfläche von Sandstein bildet, wenn das in ihm enthaltene Eisen verwittert, mehrere Piktogramme in den Sandstein eingemeißelt, die unsere Sicht der Weltgeschichte völlig über den Haufen werfen. Zum Beispiel findet sich dort ein Dinosaurier, wahrscheinlich ein Diplodocus, in hoch aufgerichteter Haltung und mit deutlich geschwungenem Schwanz. Außerdem gibt es einen Elefanten, der einen Menschen mit dem Rüssel niederschlägt, und eine Steinbockherde, die von Menschen gejagt wird. Auf dem Plateau über dem Grand Canyon fand die Expedition eine alte Festung, deren Mauern aus gigantischen Steinblöcken bestanden, die allem Anschein nach irgendwie auf die kleine Mesa mit dem Namen «The Thumb» hinaufgeschleppt wurden. Samuel Hubbard, der wissenschaftliche Leiter der Expedition, verfaßte und veröffentlichte einen Bericht, der im Peabody Museum einzusehen ist, von Anthropologen und Archäologen aber nie erwähnt wird. (...)

Wenn die Piktogramme, welche die Doheny-Expedition fand, irgendeine Relevanz haben, müssen wir bedeutend mehr über uns selbst nachdenken, bevor wir mit Sicherheit sagen können, wer wir sind und wohin wir gehen – oder wo wir waren. Und so befanden sich die beiden Amerikas an jenem Oktobertag, an dem Kolumbus an Land ging, sozusagen in der Schwebe, erfüllt von Geheimnissen, die zu begreifen wir nicht einmal angefangen haben.

Wir stehen jetzt an einer ähnlichen Schwelle der menschlichen Geschichte. Wir wissen noch nicht, wie die einzelnen Teile des Puzzles zusammenpassen werden, aber wir wissen, daß die Welt ein für allemal eins ist. Die beiden Amerikas sind ein entscheidendes Element in der neuen Ordnung. Die zukünftige Niederschrift der amerikanischen Geschichte muß versuchen, die amerikanische Erfahrung in den bedeutend größeren Rahmen aller menschlichen Bemühungen einzubetten. Sie kann nicht als das Endprodukt eines evolutionären Marsches zur Größe angesehen werden oder als einzigartiges Experiment, das zeigt, wie die Menschen sich gesellschaftlich organisieren sollten. Amerika und Kanada, Australien und Neuseeland bleiben die Länder, in denen die Geschichte der Einheimischen und der Einwanderer noch nicht miteinander ausgesöhnt ist. Diese Länder enthalten immer noch Geheimnisse der menschlichen Vergangenheit, die wir uns nicht vorstellen können. Wir müssen sie lösen, damit sie Teil des ganzen menschlichen Erbes werden können.

Zeittafel

Ausgewählte Daten zu den Dokumenten

(I) Phase des Manufaktur- oder Handelskapitalismus:

Vom Beginn der englischen Kolonisierung des nordamerikanischen Kontinents in Jamestown bis zur Verfassung der Vereinigten Staaten von Amerika
1607–1787

Die ersten englischen Siedlungen, Ausrottungsversuche der Weißen und Vergeltungsschläge der Indianer

Zuerst kommt das Geschäft

1607 – Gründung der ersten ständigen englischen Siedlung in Nordamerika, Jamestown, im Gebiet der Powhatan-Föderation. Wahunsonacock (auch bekannt als König Powhatan) und die beteiligten Stämme bemühen sich um eine Politik des Friedens und des Ausgleichs; es kommt immer wieder zu Übergriffen der weißen Siedler.

1622 – Großer Vergeltungsschlag der Powhatan-Föderation unter Wahunsonacocks Bruder Opechancanough gegen die Kolonisten.

1641 – Letzter großer Angriff der unter dem über 90 Jahre alten Opechancanough vereinigten Powhatan auf die Siedler.

1642 – Die Powhatan sind weitgehend ausgerottet.

König Philips Ruf nach Vergeltung

1620 – Gründung von Plymouth im Gebiet der Wampanoag durch die Pilgerväter. Die Siedler beantworten die Friedenspolitik des Oberhäuptlings (Chief Sachem) Massassoit und seines Stammes mit Übergriffen.

1637 – Pequot-Krieg, in dem die Pilgerväter mehr als 500 Pequot-Indianer töten und den Stamm auslöschen.

1675–1676 – Gegenangriff der Wampanoag unter Massassoits Sohn Metacomet oder König Philip (bekannt als König Philips Krieg). Metacomet vereinigt 20000 Indianer. Es werden 12 Städte der Kolonisten zerstört und 1000 Siedler getötet.

Der Kampf zwischen England und Frankreich um den Fellhandel im Nordosten

Zwischen zwei Fronten

1608 – Gründung der ersten ständigen französischen Siedlung Quebec und Handel der Franzosen mit der Irokesennation der Huron.

ab 1649 – Kampf zwischen Engländern und Franzosen um den Fellhandel. Die Irokesenföderation der Fünf Nationen beginnt mit Hilfe der neuen Waffen der Engländer, indianische Nachbarnationen zu unterwerfen.

um 1684 – Bau von Forts durch die Franzosen im Laufe der Auseinandersetzungen mit den Fünf Nationen.

Massaker und Rassismus der weißen Siedler

In einem Zustand der Verdammnis

1763 – Massaker an Susquehanna in Conestoga durch weiße Kopfgeldjäger.

Die Indianernationen des Ostens zwischen den Großmächten England und Frankreich

Daß das Unheil abgewendet werden möge

1754 – Französisch-indianischer oder englisch-französischer Krieg,

1763 – Letzter großer Kampf der Franzosen und Engländer um die Kontrolle über Nordamerika.

1756 – Kriegserklärung von Gouverneur Morris von Pennsylvania an die Nation der Delaware.

1763 – Friede von Paris. Frankreich verliert Kanada an England und Louisiana an Spanien.

Großes Verteidigungsbündnis der Indianernationen im Nordosten

Pontiacs Aufstand

1763 – Gemeinsame Verteidigung von 18 Stämmen aus dem Gebiet der Großen Seen und des Ohiotals unter der Führung des Ottawa-Häuptlings Pontiac gegen die Engländer (bekannt als Pontiacs Krieg oder Pontiacs Verschwörung). Die verbündeten Indianer belagern 8 Monate lang die Stadt Detroit, eine der längsten Belagerungen in der amerikanischen Militärgeschichte.

1763 – Proklamation der englischen Krone zur Festlegung einer Grenze zwischen weißen Siedlern und Indianern entlang dem Kamm der Appalachen (Ohiogrenze).

Die Indianernationen des Ostens zwischen dem Mutterland England und den Kolonisten

Wessen Unabhängigkeit

Eine Grenze zwischen uns

1776–1783 – Krieg zwischen Amerika und England (Unabhängigkeitskrieg).

1775 – Anerkennung der Rechte der Indianernationen auf von ihnen bewohnte Länder durch den 2. Kontinentalkongreß der Amerikaner, um möglichst viele Indianernationen davon abzuhalten, sich mit den Engländern gegen die Kolonisten zu verbünden.

– Erwerb des heutigen Kentucky durch Daniel Boone für die Transylvania Land Company.

1776 – Amerikanische Unabhängigkeitserklärung.

1778 – Diplomatische Kriegsführung der Amerikaner: Bestimmten Indianernationen, zum Beispiel den Delaware, werden Landrechte und Eigenstaatlichkeit voll bestätigt und eine Vertretung im Kongreß angeboten, um sie von Bündnissen mit den Engländern abzuhalten.

1783 – Friede von Paris zwischen England, Frankreich, den Vereinigten Staaten und Spanien. Anerkennung der Selbständigkeit der Vereinigten Staaten durch die englische Krone. Grenze im Westen ist der Mississippi, Grenze im Norden die Großen Seen.

1784 – Abschluß eines Vertrages zwischen General George Washington und den Irokesen, da die Amerikaner ihre Grenzen sichern wollen, ohne erneut militärische Kämpfe aufnehmen zu müssen.

1785 – Vertrag von Hopewell, erster Vertrag der Regierung der Vereinigten Staaten mit den Cherokee, die als unabhängige Nation unterzeichnen.

1787 – Verabschiedung der föderalistischen Verfassung der Vereinigten Staaten von Amerika durch den Verfassungskonvent in Philadelphia.

(II) Phase des Konkurrenzkapitalismus:

a) Die Konsolidierung des jungen bürgerlichen Staates im Zuge der industriellen Revolution
1789–1814

Bündnisse der Indianernationen und militärische Auseinandersetzungen mit den Vereinigten Staaten von Amerika

Eine Grundlage für den Zusammenschluß

Gegen Ende der langjährigen erbitterten Kämpfe, vor allem um die Gebiete Ohio und Kentucky, die von den Indianern als Guerillakrieg geführt werden, kommt es zu drei großen Schlachten:

1790 – Sieg der Miami und Shawnee im Bündnis mit anderen Indianern unter der Führung des Miami-Häuptlings Little Turtle über eine 1400 Mann starke Armee unter General Josiah Harmar.

1791 – Sieg der vereinigten Streitkräfte der Miami, Shawnee und Delaware, wieder unter der Führung von Little Turtle, über eine 2000 Mann starke Armee unter General Arthur St. Clair. Vernichtende Niederlage für die Amerikaner: Mehr als 600 amerikanische Soldaten werden getötet. Der spätere Shawnee-Führer Tecumtha (Tecumseh) zeichnet sich, wie in der ersten Schlacht, als großer Krieger aus.

1794 – Niederlage der Indianer bei Fallen Timbers. General Anthony Wayne siegt mit einer mehr als 3000 Mann starken Armee über die indianischen Streitkräfte unter dem Shawnee-Häuptling Blue Jacket.

1795 – Vertrag von Greenville, von den Indianern aus Furcht vor der völligen Vernichtung ihrer Völker und unter der Wirkung von Alkohol unterzeichnet. Fast zwei Drittel von Ohio, ein Teil von Indiana und

16 Landstücke im Nordwestterritorium werden abgetreten. Der Vertrag wird von Tecumtha nicht anerkannt.

Der Kampf für eine Nation

1805–1813 – Der Shawnee-Führer Tecumtha vereinigt bis zu 32 Stämme in einem großen Völkerbund.

1811 – Sieg von General William Henry Harrison über die verbündeten Indianer von Prophet Town in Abwesenheit von Tecumtha.

Bündnispolitik der Indianernationen mit den Engländern

Der Krieg von 1812

1812–1814 – Krieg der Vereinigten Staaten gegen England.

1812 – Shawnee, Delaware, Kickapoo, Pottawatomie, Sauk, Fox, Winnebago, Wyandot, Chippewa und Sioux kämpfen unter Tecumtha und Black Hawk auf der Seite der Engländer. Die indianischen Streitkräfte umfassen 3000 Krieger.

1813 – Die verbündeten Indianer werden von den englischen Truppen unter Oberst Henry Procter im Stich gelassen. Tecumtha fällt in der Schlacht am Thames River. Der große Indianerbund zerbricht.

b) Wachstum der Vereinigten Staaten bis zum Bürgerkrieg
1815–1861

Die Vertreibung der Sauk & Fox aus ihren Ländern am Mississippi

Der letzte Halt im alten Nordwesten
Black Hawks Abschied

1803 – Die USA kaufen Louisiana von Frankreich für 15 Millionen Dollar.

1816–1832 – Widerstand der Sauk-Fox unter der Führung von Black Hawk gegen das Vordringen der weißen Siedler in ihre Länder am Mississippi.

1832 – Letzte entscheidende Kämpfe im Sauk-Fox-Gebiet (bekannt als Black Hawks Krieg).

Die Vertreibung der Fünf Zivilisierten Stämme aus dem Südosten

Die Wunden der Freiheit

1775 – Erster großer Landverkauf der Cherokee. Käufer ist die Transylvania Land Company.

ab 1775 – Militärisches Vorgehen der den Landverkauf ablehnenden Widerstandsgruppen um Dragging Canoe gegen weiße Siedler.

1785, 1791, 1798, 1804, 1805, 1806, 1816, 1817, 1819 – Verträge der Cherokee-Nation mit den Vereinigten Staaten, meist über Landabtretungen.

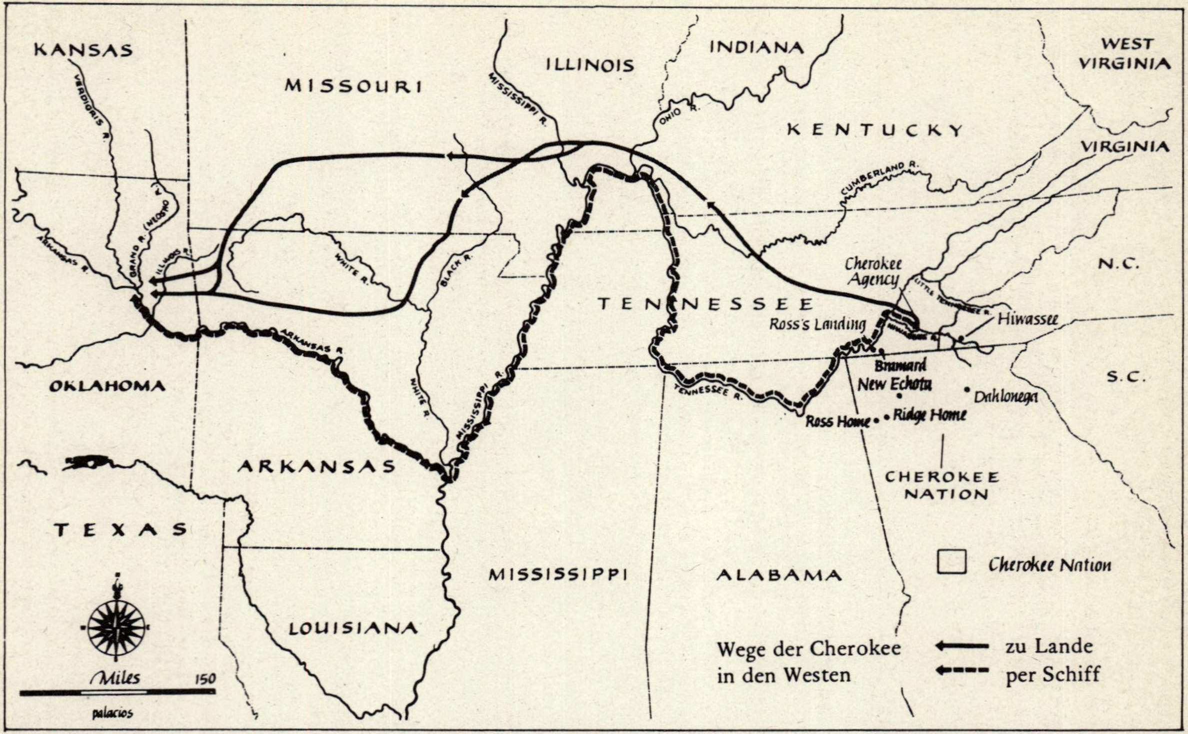
KANSAS
MISSOURI
ILLINOIS
INDIANA
WEST VIRGINIA
KENTUCKY
VIRGINIA
N.C.
S.C.
TENNESSEE
OKLAHOMA
ARKANSAS
TEXAS
MISSISSIPPI
ALABAMA
LOUISIANA
VERDIGRIS R.
ARKANSAS R.
GRAND R. (NEOSHO R.)
ILLINOIS R.
WHITE R.
BLACK R.
MISSISSIPPI R.
OHIO R.
CUMBERLAND R.
TENNESSEE R.
LITTLE TENNESSEE R.
Cherokee Agency
Ross's Landing
Hiwassee
Bramard
New Echota
Dahlonega
Ross Home
Ridge Home
CHEROKEE NATION
Cherokee Nation
Wege der Cherokee in den Westen
zu Lande
per Schiff
Miles
150
palacios

1802 – Georgia Compact, unterschrieben von Thomas Jefferson, dem dritten Präsidenten der USA, in dem die Bundesregierung dem Staat Georgia verspricht, daß alle indianischen Ansprüche auf Land innerhalb der Grenzen Georgias gelöscht werden als Entschädigung für den Verzicht Georgias auf den Anspruch auf westlich angrenzende Gebiete zugunsten der Bundesregierung.

1820 – Die Regierung der Cherokee verhängt die Todesstrafe für unautorisierte Landverkäufe und Landabtretungen.

1827 – Erste schriftliche Verfassung der Cherokee-Nation. John Ross wird zum Oberhaupt der Nation gewählt.

1828 – Entdeckung von Gold auf dem Gebiet der Cherokee in Georgia.

1829 – Gesetz des Staates Georgia zur Beschlagnahmung sämtlicher Cherokee-Länder, die an Weiße verteilt werden sollen.

1830 – Removal Act, Gesetz der Bundesregierung zur endgültigen Entfernung der Indianernationen südöstlich des Mississippi.

1832 – Entscheid des Obersten Gerichtshofes unter seinem Vorsitzenden John Marshall beim Rechtsstreit «Der Fall der Cherokee-Nation gegen den Bundesstaat Georgia». Indianische Volksgruppen in Nordamerika sollen ab sofort nicht mehr als souveräne fremde Nationen, sondern als einheimische abhängige Nationen bezeichnet werden, die den Schutz der USA benötigen.

1835 – Unterzeichnung des Vertrages von New Echota zur Umsiedlung der Cherokee in das «Indianer-Territorium» westlich des Mississippi durch einige Cherokee (Treaty Party) ohne Wissen des Volkes, Ratifizierung des Vertrages vom Senat der Vereinigten Staaten mit einer einzigen Stimme Mehrheit. 15000 Cherokee protestieren in einer Abstimmung gegen das Vertragswerk.

1838 – Zwangsumsiedlung der Cherokee nach Oklahoma (Pfad der Tränen). 4000 Cherokee sterben unterwegs.

Ein sichtbarer Widerstand

1832 – Vertreibung der Choctaw in das «Indianer-Territorium» westlich des Mississippi.

1836 – Vertreibung der Creek in das «Indianer-Territorium».
– Auswanderung der Chickasaw in das «Indianer-Territorium».
Zu den Seminole:

ab 1817 – Noch während Florida in spanischem Besitz ist, führen amerikanische Armeen dort Kämpfe gegen die Seminole durch, u. a. weil diese entflohene schwarze Sklaven in ihre Stämme aufgenommen haben.

1819 – Spanien muß die Halbinsel Florida an die USA abtreten.

ab 1832 – Verstärkte Angriffe verschiedener US-Truppen auf die Seminole. Aus Unmut über die Niederlagen ersetzt Präsident Andrew Jackson nach jedem größeren Sieg der Seminole den Oberbefehlshaber der Armee.

1837 – Gefangennahme des Häuptlings Osceola, als er zu einer ihm vorgetäuschten Friedensverhandlung erscheint. Osceola stirbt Anfang

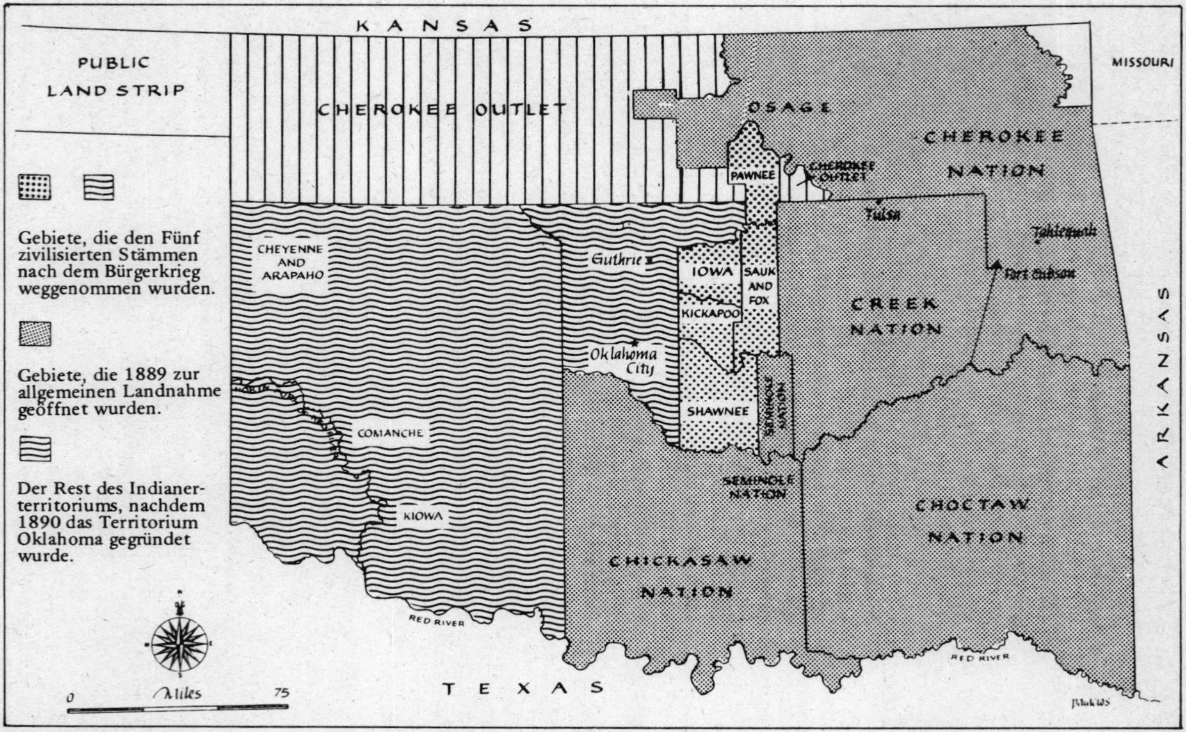
KANSAS
PUBLIC LAND STRIP
CHEROKEE OUTLET
MISSOURI
OSAGE
CHEROKEE NATION
PAWNEE
CHEROKEE OUTLET
Tulsa
Tahlequah
Fort Gibson
CHEYENNE AND ARAPAHO
Guthrie
IOWA
SAUK AND FOX
KICKAPOO
CREEK NATION
ARKANSAS
Oklahoma City
SHAWNEE
SEMINOLE NATION
COMANCHE
SEMINOLE NATION
KIOWA
CHOCTAW NATION
CHICKASAW NATION
RED RIVER
RED RIVER
TEXAS
0
Miles
75
Gebiete, die den Fünf zivilisierten Stämmen nach dem Bürgerkrieg weggenommen wurden.
Gebiete, die 1889 zur allgemeinen Landnahme geöffnet wurden.
Der Rest des Indianerterritoriums, nachdem 1890 das Territorium Oklahoma gegründet wurde.

	1838 in einem Gefängnis in Fort Moultrie.
1838	– Zwangsumsiedlung der Seminole in das «Indianer-Territorium». Ein kleiner Teil setzt unter Wildcat und Alligator den Guerillakampf gegen die US-Truppen fort.
1842	– Die USA stellen den Kampf gegen die unbesiegten Seminole-Guerillas ein. Ihre Nachfahren leben noch heute relativ frei in Florida. Der Krieg kostete die USA mehr als 2000 Soldaten und etwa 60 Millionen Dollar.

Die Ausdehnung der USA bis an den Pazifik

Vom Meer zum strahlenden Meer

1774	– Erste Begegnung der Indianer der Nordwestküste mit Weißen durch eine Expedition aus Mexiko.
1805	– Lewis und Clark erreichen mit ihrer Expedition den Pazifik. In dieser Zeit kontrollieren die Engländer den Nordwesten. Die Mexikaner beanspruchen Kalifornien.
bis 1820	– Fellhandel europäischer und amerikanischer Handelsgesellschaften bis zur fast vollständigen Ausrottung des Seeotters.
1823	– «Monroe-Doktrin», verkündet von Präsident James Monroe: Verbot jeder Einmischung der europäischen Mächte in amerikanische Angelegenheiten, betreffend die USA selbst und Gebiete, auf die sie Anspruch erheben.
1844	– James Knox Polk verspricht, die Grenzfrage mit den Engländern im Nordwesten zu lösen, und wird Präsident der Vereinigten Staaten.
1846–1848	– Eroberungskrieg der USA gegen Mexiko. Mexiko verliert Gebiete, die in der Folge die Staaten New Mexico, Arizona, Kalifornien, Nevada und Utah bilden.
1848	– Goldfunde in Kalifornien beschleunigen die Expansion nach dem Westen und geben den Anstoß zu einem bemerkenswerten wirtschaftlichen Aufschwung.
1848	– Oregon wird vom Kongreß zum Territorium der Vereinigten Staaten erklärt.
1850	– Verkündigung der Oregon-Landschenkungsakte, die jedem erwachsenen Bürger der USA die Möglichkeit gibt, 320 Morgen Land im Oregon-Territorium zu erhalten.
1853	– Der heutige Staat Washington wird Territorium der Vereinigten Staaten. Isaac Ingalls Stevens wird dort Gouverneur und Beauftragter für indianische Angelegenheiten. Innerhalb eines Jahres beansprucht Stevens mehr als 100000 Quadratmeilen indianisches Land (siehe «Überleben im Staat Washington»).
1862	– Beginn des Baus der Central Pacific-Eisenbahn.
1869	– Vereinigung der Central Pacific- und Union Pacific-Eisenbahn bei Promontory Point, damit Fertigstellung der ersten transkontinentalen Eisenbahnstrecke.

(III) Phase des Monopolkapitalismus oder Imperialismus:

1861 bis heute

a) Bürgerkrieg, Rekonstruktionsperiode und Herausbildung des Monopolkapitalismus
1861–1890

Der Kampf der Sioux, Cheyenne und anderer Indianernationen auf den Prärien bis 1876

um 1840 – Festlegung einer «Ewigen Grenze» durch die USA nach der Vertreibung der östlich des Mississippi beheimateten Indianernationen, die die Siedlungsgebiete der Weißen von den Ländern der Indianer trennen soll. Diese Grenze verläuft vom Golf von Mexiko entlang dem Mississippi zum Michigansee. Der weiße Mann meint damals, er habe mit einem Federstrich den Weißen vom Indianer, den Zivilisierten vom Unzivilisierten und nutzbares Land von der «Großen Amerikanischen Wüste» geschieden.

1842 – Eröffnung des Oregon-Pfades als Weg der Siedler, Händler und Abenteurer über die Prärien in den Nordwesten zum Pazifik.
Zwischen 1850 und 1860 überschreiten mehr als 150000 Siedler die «Ewige Grenze» und dringen in das Gebiet der Santee-Sioux ein.

1851 – Verhandlung in Traverse des Sioux am Minnesota-River, bei der die Santee-Sioux überlistet werden, alle ihre Länder im Minnesota-, Iowa- und Dakota-Territorium wegzugeben.

1851 – Verhandlung zwischen Prärie-Indianern und Vertretern der Vereinigten Staaten in Fort Laramie, bei der sich die Indianer verpflichten, die Reisenden auf dem Oregon-Pfad ungehindert durch ihre Länder nach Westen ziehen zu lassen. Gleichzeitig werden Grenzen zwischen den einzelnen Indianernationen festgelegt, um besser getrennt mit ihnen verhandeln zu können.

1862 – Krieg der Santee-Sioux unter Führung von Little Crow im Norden des «Indianer-Territoriums» zur Verteidigung ihrer Länder gegen Armeen der Vereinigten Staaten unter General Henry H. Sibley. Die Santee-Sioux und die bisher mit ihnen verfeindeten Chippewa unter Bagwunagitschik schließen ein Verteidigungsbündnis.

1864 – Gründung des Territoriums Colorado. Die dort lebenden Cheyenne sollen in Reservationen eingesperrt werden. Durch eine Proklamation des Gouverneurs des Colorado-Territoriums John Evans werden die Bürger von Colorado ermächtigt, sämtliche «feindseligen» Indianer der Prärie zu verfolgen, das heißt alle Indianer, die sich nicht in die zugewiesenen Reservationen begeben haben.

1864 – Massaker am Sand Creek. Amerikanische Soldaten überfallen bei Nacht und Nebel eine Gruppe von Cheyenne und töten mehr als 130 Indianer, hauptsächlich Frauen und Kinder. Daraufhin Zusammenschluß vieler Cheyenne, Sioux, Arapaho und anderer Indianernationen zum Widerstandskampf. Beginn des langen Volkskrieges der Prärieindianer.

1865 – Eröffnung des Bozeman-Pfades am Powder-River als weiterer Verbindungsweg in den Westen durch vier Armee-Einheiten der USA.

Red Clouds Krieg

1865 – Krieg der Sioux, Cheyenne und ihrer Verbündeten zur Verteidigung ihrer Länder, bekannt als Red Clouds Krieg.

1866 – Gefecht bei Fort Phil Kearny. 2000 Krieger der Allianz vernichten unter dem Oglala-Sioux Crazy Horse eine Abteilung amerikanischer Soldaten, die von Captain William J. Fetterman befehligt wird.

1868 – General William T. Sherman und seine Armee geben den Kampf gegen die Indianer auf und räumen die Forts am Bozeman-Pfad. Im Frieden von Fort Laramie müssen sich die Vereinigten Staaten verpflichten, weiße Siedler aus den Jagdgebieten der Sioux, den Black Hills, dem Gebiet am Powder River und am Big Horn fernzuhalten.

1870 – Gerüchte über Goldfunde in den Big Horn-Bergen. Die Regierung wird aufgefordert, das Land zu öffnen.

1872 – Beginn der systematischen Ausrottung der Büffel durch weiße Büffeltöter.

1873 – Unerlaubtes Eindringen eines Vermessungstrupps für die Eisenbahn in Sioux-Land unter dem Schutz der 7. Kavallerie unter General Armstrong Custer. Es kommt zu Zusammenstößen mit Sioux unter Crazy Horse. General Custer läßt Nachrichten über Goldfunde in den Black Hills verbreiten.

1874 – Einfall einer 1200 Mann starken Armee unter General Custer, begleitet von Goldgräbern, in die Black Hills. Nach gescheiterten Versuchen der USA, die Black Hills, die heiligen Berge der Sioux, zu kaufen, brechen neue Kämpfe aus.

1874 – Krieg zur Rettung der Büffel, den die Kwahadi-Comanchen unter Quanah Parker gemeinsam mit Kiowa, Cheyenne und Arapaho führen.

Die Verteidigung der Black Hills

1876 – Schlacht am Little Big Horn, in der eine 600 Mann starke Armee unter General Custer von den Streitkräften der Sioux, Cheyenne und ihrer Verbündeten vernichtend geschlagen wird. Custer selbst fällt. Auf indianischer Seite kämpfen mit ihrem Volk Crazy Horse, Gall, Black Moon, Two Moons, Sitting Bull und andere. Trotz dieses militärischen Sieges müssen die Sioux und Cheyenne, die Hunger und Entbehrungen leiden, allmählich in die Reservation gehen.

1877 – Die Gruppe um Crazy Horse gibt den Kampf auf, nachdem ihr ein ehrenhafter Friede versprochen wurde, und kommt in die Reservation nach Fort Laramie. Crazy Horse, 35 Jahre alt, wird in eine Falle gelockt und bei der Gefangennahme ermordet.

1881 – Die Gruppe um Sitting Bull, 45 Krieger und 140 Frauen und Kinder, legt die Waffen nieder. Sitting Bull wird entgegen dem vorherigen Amnestieversprechen gefangengenommen.

Der Indianermessias

1888–1890 – Religiöse Erneuerungsbewegung bei den Indianern, die nunmehr in Reservationen eingesperrt sind, ausgelöst durch Visionen des Paiute-Messias Wovoka (Geistertanz). Obwohl Wovoka Friedfertigkeit predigt, reagieren die amerikanischen Behörden mit Gewalt. In der Zeitung «Chicago Tribune» wird die Regierung aufgefordert, 1000 tanzende Indianer zu erschießen, um dem Spuk ein Ende zu machen.

1890 – Im Zusammenhang mit der Geistertanzbewegung wird Sitting Bull verdächtigt, Aufruhr zu planen, und bei der Festnahme ermordet.

1890 – Massaker am Wounded Knee. Etwa 350 Sioux, Männer, Frauen und Kinder um Big Foot, werden von der 7. Kavallerie, der Einheit, die Custer am Little Big Horn befehligt hatte, getötet. Beunruhigt durch den Mord an Sitting Bull, hatte die Gruppe die Standing Rock-Reservation verlassen, um nach Pine Ridge zu gehen.

Der Kampf der Apachen-Nationen in Arizona und New Mexico

1835 – Beginn des Widerstandskampfes der Apachen unter Häuptling San Juan gegen die Streitkräfte des mexikanischen Nationalstaats. Hinterhältige Ermordung von San Juans Mimbreno-Apachen durch amerikanische Händler für Skalpprämien. Fortführung des Kampfes durch Mangas Colorado.

1855 – Abkommen zwischen dem Chiricahua-Häuptling Cochise und Vertretern der amerikanischen Regierung. Cochise läßt die Amerikaner auf der südlichen Route durch das Chiricahua-Land nach Kalifornien hindurchziehen und bewilligt den Bau einer Poststation am Apache-Paß.

«Die Welt war nicht immer so»

1862–1871 – Erbitterter Guerillakrieg der Apachen gegen die in ihre Länder eindringenden Armeen der Vereinigten Staaten. Verstärkte Kämpfe nach der Ermordung des großen Mimbreno-Apachenhäuptlings Mangas Colorado durch amerikanische Soldaten bei vorgegebenen Friedensverhandlungen. Dieser Krieg kostet die USA 1000 Soldaten und mehr als 40 Millionen Dollar, ohne daß eine einzige Apachengruppe dauerhaft unterworfen wird.

1872 – Friedensschluß zwischen Häuptling Cochise und General Oliver Otis Howard. Die Chiricahua-Apachen erreichen die Einrichtung einer Reservation in ihrem Wohn- und Jagdgebiet am Apache-Paß statt der geplanten Umsiedlung.

1875 – Die meisten der zahlreichen Apachen-Nationen sind in Reservationen eingesperrt oder nach Mexiko geflüchtet.

1876 – Zwangsumsiedlung der Chiricahua-Apachen auf die Reservation San Carlos. Annähernd die Hälfte der Chiricahua nimmt unter Führung von Geronimo den Guerillakampf wieder auf und überquert die Grenze nach Mexiko.

1877 – Verlegung einer Armee-Einheit in die Apachen-Reservation San Carlos, Erschwerung des Nahrungsmittelempfangs für die Indianer. Eine Gruppe von Mimbres unter ihrem Häuptling Victorio bricht aus der Reservation aus.

1879 – Aufstellung einer Guerilla-Armee aus Mescalero- und Chiricahua-Kriegern durch Victorio, um einen «Ewigen Krieg» gegen die USA zu führen.

1880 – Gemeinsames Vorgehen amerikanischer und mexikanischer Armeen gegen die Apachen. Mexikanische Soldaten kreisen Victorios Guerillakämpfer ein. 78 Apachen, darunter Victorio, werden getötet.

1881 – Aufstellung einer neuen Guerillaarmee durch den über 70jährigen Mimbres-Krieger Nana, die in weniger als einem Monat acht Schlachten schlägt, 200 Pferde einfängt und von mehr als 2000 Kavalleristen nach Mexiko verfolgt wird.

1881 – Gerüchte über die geplante Verhaftung sämtlicher am Widerstand beteiligter Apachen-Häuptlinge und provokatives Auftauchen von Kavallerie in der Nähe ihres Lagers veranlassen 70 Chiricahua, unter ihnen Geronimo und Naiche, aus der Reservation San Carlos auszubrechen, um in Mexiko eine Guerillagruppe zur Befreiung der Chiricahua aufzustellen.

1882 – Die meisten Chiricahua folgen den zurückkehrenden Kriegern und verlassen die Reservation. Sie werden von mehreren Armee-Einheiten auf ihrem Weg nach Mexiko verfolgt. Dort stoßen sie unerwartet auf ein mexikanisches Infanterieregiment. Die meisten Apachen, vor allem Frauen und Kinder, werden getötet.

1882 – Untersuchung der Lage der Apachen auf den Reservationen durch General George Crook, der das Kommando über das Departement Arizona übernimmt. Er stellt fest, daß schurkische Agenten und andere skrupellose Weiße die Indianer um die Nahrungsmittel brachten, die die Regierung für ihren Lebensunterhalt zur Verfügung stellte. Er findet genügend Beweise dafür, daß Weiße die Apachen zu Gewalttätigkeiten zu reizen versuchten, damit sie aus der Reservation vertrieben wurden und die Weißen sich ihr Land aneignen konnten.

1883 – Rückkehr der Guerillakämpfer unter Geronimo in die Reservation nach Verhandlungen mit General Crook, der ihnen gute Behandlung in San Carlos verspricht.

1885 – Presseangriffe gegen General Crook wegen angeblich zu guter Behandlung der Apachen und gegen Geronimo, dessen Hinrichtung durch Erhängen gefordert wird. Geronimo, der alte Nana und über hundert weitere Apachen gehen erneut nach Mexiko.

1886 – Ende des Guerillakampfes der Apachen, nachdem 5000 Soldaten unter General Nelson Miles, etwa ein Drittel der gesamten Streitkräfte der USA, und 500 Apachenkundschafter, mehrere tausend Mann Bürgermiliz, eine fliegende Kavalleriekolonne und Tausende mexikanischer Soldaten ein halbes Jahr lang 24 Apachenkrieger gejagt haben, bis Geronimo und seine Männer die Waffen niederlegen und nach Florida gebracht werden.

1886 – Nahezu alle Indianer sind in Reservationen eingesperrt.

1894 – Übersiedlung der überlebenden Chiricahua von Florida nach Fort Sill in Oklahoma, da die Kiowa und Comanchen, frühere Todfeinde der Apachen, sich bereit erklärten, sie auf ihrer Reservation aufzunehmen.

Weitere Maßnahmen der USA zur Unterdrückung der Indianer

1871 – Der Kongreß beschließt, keine Verträge mehr mit Indianernationen auf der Grundlage der Anerkennung als souveräne Nationen abzuschließen.

1880 – Aufstellung einer Indianerpolizei durch das Büro für indianische Angelegenheiten. Indianer bewachen Indianer auf den Reservationen.

1884 – Gesetz, das den Indianern die Ausübung ihrer Religionen verbietet.

1887 – Dawes Act oder General Allotment Act: Diesem Gesetz zufolge sollen die Reservationen aufgelöst und somit Stammesbeziehungen auf der Basis des gemeinsamen Landbesitzes beendet werden. Die Indianer erhalten als Einzelpersonen Parzellen als Privatbesitz zugeteilt. Der Rest wird an Weiße vergeben. Mit fortschreitender Verschuldung der Indianer geht noch mehr Land an weiße Besitzer über. (Von 1877 bis 1966 vermindert sich der Landbesitz der Indianer von 138 Mio. auf 50 Millionen Morgen.)

b) Die Beziehungen zwischen den Amerikanern und den Indianern im Zeitalter des Monopolkapitalismus
ab 1890

1889 – Öffnung der westlichen Hälfte des «Indianer-Territoriums» zur allgemeinen Landnahme für die Siedler. Im «Indianer-Territorium», das den Indianern auf immer versprochen worden war, lebten die letzten 22 freien Indianerstämme, die sich nach ihrer Vertreibung hier neu angesiedelt hatten. – In den nächsten Jahren richtet sich der Zugriff der Weißen auf die östliche Hälfte des «Indianer-Territoriums», die von den Fünf Zivilisierten Stämmen bewohnt wird.

1890 – Die westliche Hälfte des «Indianer-Territoriums» wird zum Territorium Oklahoma erklärt.

1893 – Öffnung des Cherokee-Outlet für die Siedler.

1898 – Curtis Act: Nach diesem Gesetz wird die Selbstverwaltung der Cherokee eingeschränkt und ihre Gerichtsbarkeit abgeschafft. Der Stammesbesitz an Land wird aufgeteilt.

Herkunft der nach Oklahoma umgesiedelten Stämme

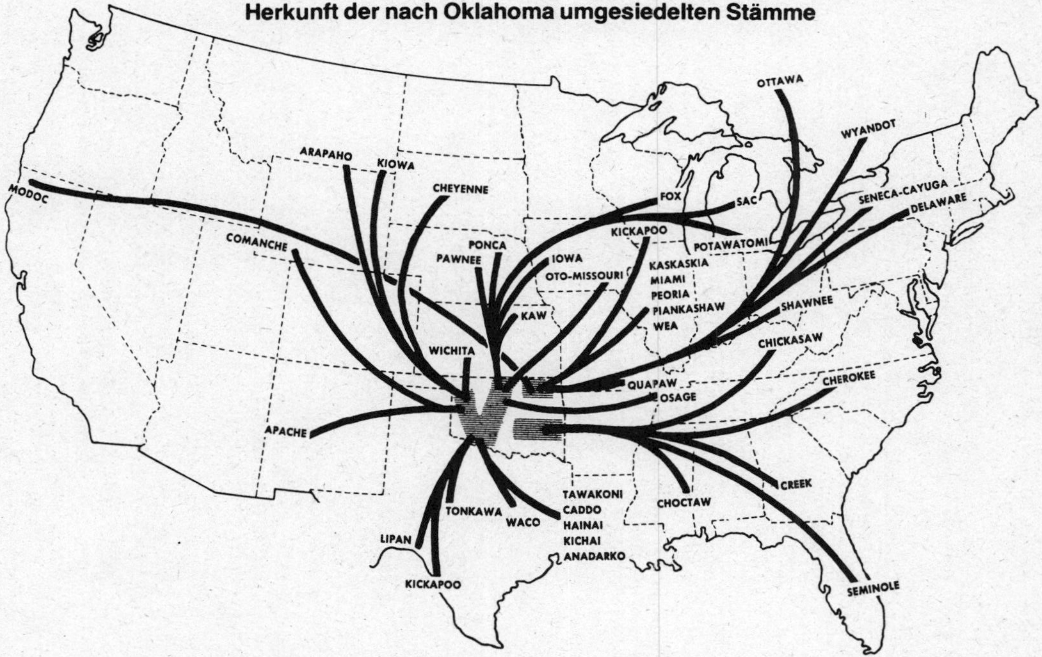

um 1900 – Entdeckung von Ölvorkommen in Oklahoma, u. a. auf der Osage-Reservation.

1906 – Verabschiedung eines Gesetzes zur «endgültigen Beilegung der Angelegenheiten der Stämme im ‹Indianer-Territorium›». Die Bundesregierung übernimmt die Kontrolle über das Schulwesen der Cherokee und schafft die Regierung der Cherokee ab.

1906 – Rückzug der Cherokee-Nation in die hinteren Täler der Ozarks unter Häuptling Redbird Smith. Dort leben die Cherokee abgeschieden bis in die sechziger Jahre unseres Jahrhunderts.

1907 – Gründung des Staates Oklahoma durch Zusammenlegung des Territoriums Oklahoma und des restlichen «Indianer-Territoriums». Die Indianer sind nun eine ganz kleine Minderheit im Staat der Weißen, ihre Selbstverwaltung ist aufgehoben.

1917 – Apachen werden aus dem Gefängnis geholt, um im Ersten Weltkrieg für die US-Armee zu kämpfen. Insgesamt kämpften 17330 Indianer für die USA im Ersten Weltkrieg. 1032 wurden getötet oder starben.

Nach der Eroberung

1924 – Citizenship Act: Die Indianer erhalten die Staatsbürgerschaft der USA. Unter anderem bedeutet dies, daß ein Großteil des indianischen Landes jetzt lokal besteuert wird. Vielen Indianern, die die Steuern für ihren kleinen Grundbesitz nicht zahlen können, wird ihr Land weggenommen und von den Gemeinden verkauft.

ab 1933 – Wirtschaftliche und politische Reformen durch den New Deal unter Präsident Franklin D. Roosevelt, von denen auch die Indianer betroffen sind.

1934 – Indian Reorganization Act: Die Indianer können ihren parzellierten Landbesitz wieder zusammenfassen. Außerdem wird ihnen eine teilweise Stammesselbstverwaltung eingeräumt.

1953 – Der Kongreß beschließt die Politik der «Termination». Unter dem Vorwand, die Indianer müßten nun endlich den anderen Bürgern gleichgestellt und von der Vormundschaft befreit werden, beendet die Bundesregierung ihre besonderen Beziehungen zu den indianischen Volksgruppen. Sie legt die in den Verträgen übernommenen Verpflichtungen für Gesundheitsfürsorge, Wohlfahrt und Erziehungswesen nieder und überträgt sie an die Bundesstaaten. Damit werden die Indianer in verstärktem Maße lokaler Willkür ausgesetzt. Weiter legt die Regierung ihre Treuhänderschaft für das Land der Indianer nieder und «gibt» den Indianern das Land. Das bedeutet, daß Land, welches wieder Stammesbesitz war, erneut zu aufgeteiltem Privatbesitz wird, verpachtet und verkauft werden kann. Außerdem werden die Stämme nicht mehr als Volksgruppen anerkannt. Ihre kommunale Lebensweise und Gesellschaftsstruktur wird zwangsweise aufgelöst.

Die Entwicklung neuer Formen der Selbstbehauptung und Verteidigung bei den Indianern nach 1960, inspiriert von Martin Luther King und der Bürgerrechtsbewegung

Indianer im Aufstand

1969–1971	– Übernahme der Insel Alcatraz durch die Indianer aller Stämme.
1970	– Kampf der Pit River-Indianer um ihr Stammesland. Protest der Seneca-Nation gegen den Bau des Kinzua-Staudamms auf ihrem Reservationsland.
1970	– Widerstand der Navajo in New Mexico gegen die Peabody Coal Company, die in ihrem Gebiet Kohleförderung im Tagebau betreiben will.
1970	– Kampf des National Indian Youth Council gegen den Rassismus an der Intermountain Schule in Brigham City, Utah.

Kampf den Stereotypen

1969	– Gründung des ersten indianischen Verlagshauses, The Indian Historian Press durch The Indian Historical Society.

Kein Ort ist zu weit entfernt

um 1964	– Der Staat Alaska beansprucht große indianische und eskimoische Gebiete an der Prudhoe-Bucht, wo Öl vermutet wird.
1964	– Gründung der Alaska Federation of Natives. Indianer und Eskimos versuchen gemeinsam, dem Landraub des Staates Alaska entgegenzutreten.
1968	– Entdeckung großer Ölvorkommen an der Prudhoe-Bucht durch Atlantic Richfield.
1970	– Alaska Native Claims Settlement Act: Sämtliche Landrechte der Eingeborenen, die gegen einen gültigen Rechtsanspruch auf mehr als 350 Mio. Morgen haben, werden getilgt. 10 Millionen Morgen werden ihnen gelassen, für den Rest erhalten sie eine finanzielle Entschädigung.
1973	– Der Kongreß genehmigt den Bau einer 1260 km langen Ölpipeline aus den arktischen Gebieten Alaskas quer durch die Erdbebenzentren zum eisfreien Hafen Valdez. Eines der letzten von weißer Zivilisation unberührten Gebiete geht verloren. Zugleich ist eine schwere Störung des ökologischen Gleichgewichts zu erwarten.
	Zur Geschichte Alaskas:
1867	– Die USA kaufen Alaska von den Russen für 7200000 Dollar.
1884	– Die erste Zivilregierung wird eingesetzt.
1912	– Alaska wird Territorium der USA.
1958	– Alaska wird Bundesstaat

Überleben im Staat Washington

1964	– Gründung der Survival of American Indian Association zur Verteidigung der indianischen Fischrechte im Staat Washington. Es folgt

ein langer, zäher Kampf von Mitgliedern der Stämme Nisqually, Puyallup u. a. um ihre in Verträgen von 1854 und 1855 garantierten Fischrechte. Der Kampf wird an den Flüssen und in den Gerichten geführt.

1974 – Ein Bundesgerichtsurteil bestätigt die Fischrechte der Indianer und anerkennt die vertraglichen Regelungen.

Wounded Knee 1973

1968 – Gründung des American Indian Movement (AIM) durch Clyde Bellecourt, Dennis Banks und George Mitchell in Minneapolis als Dachorganisation zur Verteidigung der Interessen der Indianer auf den Reservationen und in den Städten.

1972 – Großer Protestmarsch von Indianern aus verschiedenen Teilen der USA nach Washington D.C. (genannt Trail of Broken Treaties).

1973 – Besetzung der historischen Ortschaft Wounded Knee. Die Indianer machen die Weltöffentlichkeit auf die trostlosen Lebensbedingungen in den Reservationen aufmerksam.

Aufruf an die Europäer

1973/74 – Gründung von Incomindios (International Committee for the Indians of the America) in der Schweiz. Integration in das American Indian Movement.

1974 – Erste große Vertragskonferenz der Sioux-Nation zur Sicherung, Verteidigung und Wiederherstellung der vertraglichen Rechte der Indianernationen. Mehr als 4000 Menschen nehmen daran teil.

1974 – Clyde Bellecourt besucht auf Einladung des Weltkirchenrats Europa.

1975 – Europäische Vertretung von AIM in Berlin wird von Dennis Banks und Vernon Bellecourt autorisiert.

Bicentennial – 200 Jahre USA

1976 – Die eingeborenen Völker Nordamerikas feiern 200 Jahre Widerstand. Eine Welle politischer Verhaftungen, die auf konstruierten Anklagen aufbauen, setzt ein. Einer der vielen Opfer: Leonard Crow Dog – spiritueller Führer des American Indian Movement.

1977 – Internationale Protestaktionen gegen die Verurteilung Crow Dogs zu acht, drei und fünf Jahren Haft. Am 23. 3. 77 wird er auf Bewährung entlassen.

– Das International Treaty Council erhält Beraterstatus in der UNO.

– Delegierte der Indianischen Widerstands- und Bürgerrechtsbewegung aus Nord-, Süd- und Mittelamerika protestieren vor einer Sonderkommission in Genf gegen den Genozid und Ethnozid an indianischen Völkern.

Der Widerstand geht weiter

1978 – Longest-Walk: Indianer aller Stämme marschieren von der Westküste nach Washington, D.C. Der fünf Monate dauernde Protest richtet sich gegen eine Reihe indianerfeindlicher Gesetzesvorschläge.

– Indianische Frauen formieren sich zu W. A. R. N. (Women of All Red Nations). Ihr Augenmerk gilt vor allem der Zwangssterilisation und der alternativen Erziehung, wie sie in den Survival Schools seit ein paar Jahren praktiziert wird.

1979 – Indianer und Weiße wehren sich gemeinsam gegen die Zerstörung der Black Hills in South Dakota. Gründung der «Black Hills Alliance».

– Das erste Kraftwerk des James-Bay-Projekts in Nord-Quebec wird am 27. Oktober eingeweiht. Die Stauseen überfluten 11 000 km^2 der traditionellen Jagdgründe der Cree.

1979/80 – Die Mohawks von Akwesasne kämpfen um das Hoheitsrecht ihres Territoriums. Es kommt zur längsten indianischen Belagerung von weißer Seite in der Geschichte der USA.

1980 – 4. Internationales Russell-Tribunal zur Situation der Indianer in Nord-, Mittel- und Südamerika in Rotterdam, Holland.

Der Erde eine Stimme geben

1983 – Die Innu von Labrador schicken die erste Delegation nach Bonn, um über die Völkerrechtsverletzung durch die deutsche Luftwaffe zu protestieren. Diese und folgende Reisen nach Europa bleiben ohne Erfolg.

1986 – Der Widerstand gegen die Zwangsumsiedlung der Navajo und Hopi von Big Mountain in der ehemaligen Joint Use Area in Arizona erreicht ihren Höhepunkt.

1988 – Die Lubicon Cree nutzen die Winter-Olympiade in Calgary, um auf die Zerstörung ihrer Jagdgründe durch Ölförderung und auf die Wortbrüchigkeit der Provinz- und Bundesregierung hinzuweisen. Aufruf zum Boykott der Begleitausstellung «The Spirit Sings», die ohne Leihgaben aus Europa nicht durchzuführen ist. Teilweise Erfolge.

1990 – Eine Delegation von Cree und Inuit erreicht in der «Odeyak» (einer Kombination aus Kanu und Kajak) die Südspitze von Manhattan. Der medienwirksame Protest gegen den nördlichen Ausbau des James-Bay-Projekts zur Stromlieferung.

– Der Widerstand der Apachen gegen das Teleskop-Projekt auf dem heiligen Mount Graham formiert sich.

– In Quito, Equador treffen sich indianische Delegierte beider Amerikas zur ersten «Kontinentalen Konferenz zu 500 Jahren des Widerstands».

– In Quebec stehen sich Militär und Mohawks gegenüber. Die Konfrontation von Oka wird ausgelöst, als ein indianischer Friedhof der Erweiterung eines Golfplatzes weichen soll.

1992 – In Salzburg sprechen die Opfer von Uranabbau, Atomwaffentests und der Lagerung von Atommüll auf der internationalen Konferenz «The World Uranium Hearing». Die Mehrzahl der Betroffenen sind Ureinwohner.

1993 – Leonard Peltier ist seit 18 Jahren in Haft. Er soll bei einem Schußwechsel zwei FBI-Agenten getötet haben. Sämtliche Schuldbeweise haben sich als falsch erwiesen. Unterstützer wenden sich an Präsident Clinton.

Anhang

Kürzungen, Änderungen und Ergänzungen der deutschen Ausgabe:

Es entfielen:

Kapitel Pueblo Wipeout at Taos	1680
Kapitel Logan's Revenge	1774
Kapitel Die Wunden der Freiheit Dokument C	1823–1838
Kapitel Ein sichtbarer Widerstand Dokument B	1816–1837
Kapitel East is East and West is West	1862
Kapitel «Die Welt war nicht immer so» Dokument A	1858–1871
Kapitel Women and Children First	1864
Kapitel Red Clouds Krieg Dokument A, C	1865
Kapitel Verteidigung der Black Hills Dokument A, B, 2. Teil	1876
Kapitel No More Forever	1877
Kapitel No Respecter of Persons	1879
Kapitel Nach der Eroberung Dokument C, 2. Teil	1933–1953
Kapitel Indianer im Aufstand Dokument C, D, F, I	1969–1970
Kapitel Kampf den Stereotypen Dokument B	1969–1971
Kapitel Kein Ort ist zu weit entfernt Dokument A, C	1969–1971

Kapitel 350 Years of Pilgrims Progress 1970

Kapitel Überleben im Staat Washington 1968–1974
Dokument A

Es wurde stark gekürzt:
Kapitel Indianer im Aufstand 1969–1970
Dokument H

Es wurde ausgewechselt:
Kapitel Der Kampf für eine Nation 1810
Dokument A und B
Dafür wurden übersetzt und aufgenommen zwei Dokumente aus: Paul Jacobs and Saul Landau with Eve Pell, «To Serve the Devil», Vol. 1: Native and Slaves, Random House, New York 1971

Es wurde ergänzt:
Kapitel Überleben im Staat Washington 1968–1974
Dokument 2, 3, 4

Es wurde angefügt:
Kapitel Wounded Knee 1973
Kapitel Aufruf an die Europäer 1974
Kapitel Bicentennial – 200 Jahre USA 1976
Kapitel Der Widerstand geht weiter 1978–1980
Kapitel Der Erde eine Stimme geben 1981–1994

Adressenliste

Organisationen in den USA und Kanada

Institute for the Development of Indian Law
927 15th St. NW, Suite 200
Washington, D.C. 20005
USA

Native American Rights Fund
1506 Broadway
Boulder, Colorado 80302
USA

World Uranium Hearing
International Action Center
39 West 14th Street - Room 206
New York, N.Y. 10011
USA

International Indian Treaty Council
Speakers Bureau
Box 6050
Minneapolis, MN 55406
USA
Tel.: 612-341-3358
Fax: 612-341-3766

The Seventh Generation Fund
P.O. Box 536
Hoopa, CA 95546
USA
Tel.: 707-839-1178
Fax: 707-839-5223

Indian Law Resource Center
508 Stuart Street
Helena, MT 59601
USA
Tel.: 406-449-2006
Fax: 406-449-2031

Indian Law Resource Center - Washington Office
601 E. Street, S.E.
Washington, D.C. 20003
USA
Tel.: 202-547-2800
Fax: 202-547-2803

Indigenous Environmental Network
Box 485
Bemidji, MN 56601
Tel.: 715-682-4554

Sinte Gleska College
P.O. Box 490
Rosebud Reservation
Rosebud, S.D. 57570
USA
Tel.: 605-747-2263
Fax: 605-747-2264

Heart of the Earth Survival School
1209 Fourth Street S.E.
Minneapolis, MN 55414
USA
Tel.: 612-331-8862

Akwesasne Notes
Mohawk Nation
via Rooseveltown, N.Y. 13683
USA
Tel.: 518-358-9531 (USA)
613-575-2063 (Canada)
Fax: 613-575-2064 (Canada)

Daybreak
Indigenous Newspaper
P.O Box 255
Gowanda, N.Y. 14070
USA

Lubicon Lake Indian Nation
Information Office
3536 - 106 Street
Edmonton, AB
Canada T6J 1A4
Tel.: 403-436-5652
Fax: 403-437-0719

World Council of Indigenous Peoples
100 Argyle Avenue
Ottawa, Ontario
Canada K2P1B6
Tel.: 613-230-9030
Fax: 613-230-9340

SAIIC - South and Meso American Indian Information Center
P.O. Box 28703
Oakland, CA 94604
USA

Leonard Peltier Defense Committee
P. O. Box 583
Lawrence, KS 66044
USA
Tel.: 913-842-5774
Fax: 913-842-5796

Western Shoshone Defense Project
General Delivery
Crescent Valley, NV 89821
USA
Tel.: 702-468-0230

NACE - Native Americans for a Clean Environment
P. O. Box 1671
Tahlequah, OK 74465
USA

American Indian Community House
404 LaFayette Street
New York, N.Y. 10003
USA
Tel.: 212-598-0100
Fax: 212-598-4909

American Indian College Fund
21 West 68th Street
New York, N.Y. 10023
USA
Tel.: 212-787-6312
Fax: 212-496-1050

Organisationen in Europa
Gesellschaft für bedrohte Völker - GfbV
Postfach 2024
D-37010 Göttingen
Tel.: (0551) 499060
Fax: (0551) 58028

GfbV-Österreich
Mariahilferstr. 105
A-1060 Wien

GfbV-Schweiz
Sennweg 1
CH-Bern

GfbV-Südtirol
Lauben 49
I-39100 Bozen

BIG MOUNTAIN Aktionsgruppe e.V.
Frohschammerstr. 14
80807 München
Tel.: (089) 35 65 18 36
Fax: (089) 35 65 18 37

Coyote – Zeitschrift zur Situation nordamerikanischer Indianer, herausgegeben von der BIG MOUNTAIN Aktionsgruppe e.V.

Indian Project
Postbus 51322
NL-1007 FH Amsterdam

NCIV – Nederlands Centrum voor Inheemse Volken
Postbus 4098
2e Oosterparkstraat 274
NL-1009 AB Amsterdam

Svensk Indianska Förbundet
Swedish-American Indian League
Box 9113
S-10272 Stockholm

IWGIA – International Work Group for Indigenous Affairs
Fiolstraede 10
DK-1171 Kopenhagen K

C.I.S.I.A.
Committee d'Information de Support aux Indiennes d'Amérique
Fauch Rochard & Katell Ortais
2A 6d Sourdille
F-44000 Hautes, Bretagne

KWIA – Supportgroup for Indigenous Peoples
Breughelstraat 31–33
B–2018 Antwerpen